U0909158

《酒泉历史文化丛书》编纂委员会

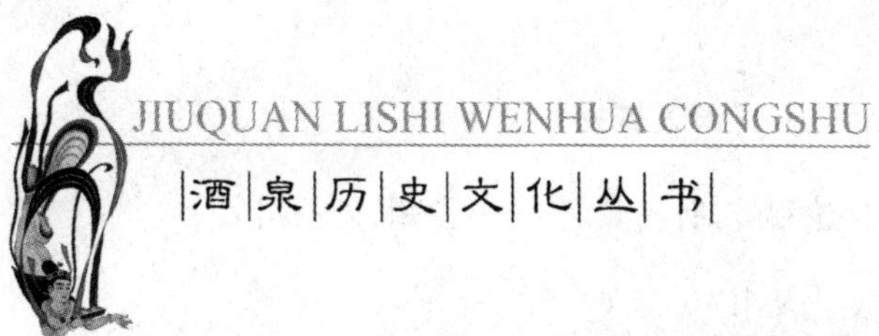

酒泉历史文化论稿

JIUQUAN LISHI WENHUA LUNGAO

孙占鳌 / 著

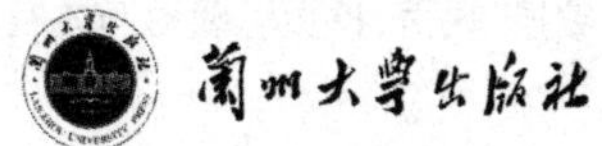

图书在版编目（CIP）数据

酒泉历史文化论稿 / 孙占鳌著. -- 兰州 : 兰州大学出版社, 2016.9
（酒泉历史文化丛书）
ISBN 978-7-311-05018-4

Ⅰ. ①酒… Ⅱ. ①孙… Ⅲ. ①酒泉－地方史－文集②文化史－酒泉－文集 Ⅳ. ①K294.23-53

中国版本图书馆CIP数据核字(2016)第226100号

策划编辑　施援平
责任编辑　高燕平　施援平
封面设计　管军伟

书　　名　酒泉历史文化论稿
作　　者　孙占鳌　著
出版发行　兰州大学出版社　(地址:兰州市天水南路222号　730000)
电　　话　0931-8912613(总编办公室)　0931-8617156(营销中心)
　　　　　0931-8914298(读者服务部)
网　　址　http://www.onbook.com.cn
电子信箱　press@lzu.edu.cn
印　　刷　兰州人民印刷厂
开　　本　880 mm×1230 mm　1/32
印　　张　13.625
字　　数　331千
版　　次　2016年9月第1版
印　　次　2016年9月第1次印刷
书　　号　ISBN 978-7-311-05018-4
定　　价　45.00元

凡　例

本书所引简牍,除特别说明者,出处如下:

简号以"1234"形式标示者,引自《敦煌汉简》;

简号以"Ⅱ0114③:404"形式标示者,引自《敦煌悬泉汉简释粹》;

简号以"EPT1:2"形式标示者,引自《居延新简——甲渠候官与第四燧》;

简号以"73EJT1:2"形式标示者,引自《肩水金关汉简》;

简号以"2002ES11SH1:1"形式标示者,引自《额济纳汉简》;

简号以"1·2"形式标示者,引自《居延汉简释文合校》。

目 录

序

李并成

甘肃省社会科学院酒泉分院院长、研究员孙占鳌先生的文集，付梓了，可喜可贺！

酒泉是一块充满神奇和希望的土地。这里曾孕育过中华最古老的创世神话，燃烧过原始文明的灿烂火光，升腾过农耕文明的绚丽曙色；这里是闻名于世的古代国际交通大动脉——丝绸之路所经的枢纽地带和黄金路段，是世界上四大文化体系的汇流之区，是我国古代率先对外开放的地区之一；是世界上罕有其匹的规模宏大的佛教胜迹荟萃之地和艺术殿堂（拥有世界文化遗产莫高窟，全国重点文物保护单位莫高窟、榆林窟、西千佛洞、东千佛洞、文殊山石窟，以及昌马石窟、五个庙石窟、一个庙石窟、十佛洞石窟、碱泉子石窟、下洞子石窟、旱峡石窟等），是丝绸之路辉煌艺术成就和历史文化最具权威性的代表和杰出范例，是举世瞩目的国际显学——敦煌学、简牍学的故里；酒泉也是我国拥有世界文化遗产数量最多的市级单位（拥有莫高窟、万里长城西段、玉门关、悬泉置、锁阳城5处世界文化遗产），是享誉遐迩的丝路古道上保存各类文物最丰富、文物价值最高的地区之一；是轰动海内外的魏晋墓“地下画廊”，是万里长城所经的重要路段和现存长城长度最长、保存遗迹最多、形态结构最复杂、最具代表“长城文化”的地

区，也是古丝路上古城遗址保存数量最多、类型最复杂、时代序列最齐全、出土文物相当丰富的地区……

酒泉的历史文化表现出鲜明的开放、多元的特色和风格。汉唐时期的中国以其恢宏的气魄、灿烂的文化向世界展开胸怀，随着丝绸之路的畅通，地处四大文化体系汇流之区的酒泉，每每得风气之先，敞开大门，广接八方来客，海纳外来营养，表现出对外来文化强大的融合力。正是由于这种区位优势，酒泉大地得以长时期地吸收、汲取丝绸路上荟萃的各种文明成果来滋养自己，促进自身经济文化发展和繁荣。在过去的两千多年里，酒泉为丝绸之路上东西方经济文化的交流、为我们民族和国家的发展建树过不朽的丰碑。

今天的酒泉又焕发着勃勃的生机和青春活力，是我国现代石油工业的摇篮，是中华民族实现飞天梦想载人航天的基地，是新兴绿色能源基地和开发利用示范区，是全国规模最大集中度最高配套最完备的风光电装备制造基地，是全国最具优势的良种繁育基地和外贸制种基地，拥有中国西部最具国际影响力的旅游目的地和最有人气的旅游名城敦煌，也是目前正在全力打造的“一带一路”甘肃段“黄金区域”和甘肃华夏文明传承创新区建设的排头兵和主力军，是丝绸之路（敦煌）国际文化博览会的永久举办地……

酒泉不仅在物质层面上创造了千古的辉煌，而且在精神层面上也是我国优秀传统文化一块耀眼的圣地，并且在当代又孕育产生了影响亿万人民思想和行为的“铁人精神”（“有条件要上，没有条件创造条件也要上”；“宁可少活二十年，也要拿下大油田”；“石油工人一声吼，地球也要抖三抖”）、“两弹一星”精神（热爱祖国，无私奉献，自力更生，艰苦奋斗，大力协同，勇于攀登）、“载人航天”精神（特别能吃苦、特别能战斗、特别能攻关、特别能奉献）以及“打不走的莫高窟人”精神。酒泉是中华民族当之无愧的重要的精神家园和思想高地。

孙占鳌先生生于斯，长于斯，深切地挚爱着酒泉、河西这片文化资源积淀丰厚的沃土，以自己的所学、所长，苦心孤诣，辛勤耕耘，时有佳作面世，成绩斐然，令人称道。他先后主编了《酒泉市志》（上、中、下3卷）、《酒泉通史》（5卷）等长篇巨著，以及《酒泉年鉴》（12卷），并主编出版了《酒泉历史文化概览》《酒泉人口史》《酒泉民族史》《敦煌文化与敦煌学》《酒泉方言研究》《酒泉华夏文明概论》《酒泉民俗研究》《酒泉文学史》《酒泉艺术史》《河西简牍综论》和甘肃蓝皮书——《甘肃酒泉经济社会发展报告》（2015）、《甘肃酒泉经济社会发展报告》（2016）等著作，曾荣获甘肃省地方史志优秀成果一等奖、甘肃省社会科学优秀成果二等奖、酒泉市社会科学优秀成果一等奖等奖项，在酒泉史志编纂、历史文化研究等方面取得骄人成绩，走在全省各市、州史志编纂与研究的前列，他个人也荣获“全国地方志系统先进工作者”称号。与之同时，他还撰写了30余篇研究论文，其内容涉及酒泉、敦煌历史文化的许多方面，包括丝绸之路历史演变、酒泉历史沿革、河西汉简命名、学术分期、酒泉长城及长城文化、边塞文化、“五凉”文化的特征及历史定位、河西魏晋墓画艺术特色及其所反映的经济社会生活、古代河西饮食文化、春秋战国时期河西

农业的转型、酒泉历代人口及其特征、酒泉酒文化历史渊源、敦煌文化的特征、敦煌遗书的书法艺术、酒泉航天文化、酒泉新能源产业发展趋势及路径等。对于这些方面孙战鳌先生均探其精髓，究其底里，言人之所未言，发人之所未发，新意迭出。相信读者阅后，是会从本书得到有益的启示的。

衷心祝愿孙先生更上一层楼，续展宏图，再赓新章。

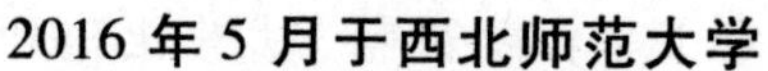

2016年5月于西北师范大学

酒泉历史文化述论

酒泉历史文化博大精深，是学界公认的概念。但酒泉代表性历史文化有哪些？主要形态、特征是什么？至目前为止，还缺乏全面的提炼、概括及系统表述。作为一个土生土长的历史文化研究人员，有责任、有义务来完成这样一个酒泉史学的基本任务。本文试就这一问题作一概述。

酒泉代表性的历史文化，概括起来讲，主要有以下几个方面：

一、史前文化

酒泉史前文化主要有：古代神话传说、马家窑晚期文化、四坝文化、骟马文化、古代岩画等。以昆仑神话为代表的古代神话传说，孕育了酒泉的古代文明，反映了酒泉人类童年时代的发展历程；以马家窑晚期文化、四坝文化、骟马文化、古代岩画为代表的先秦文化遗存，反映了酒泉先民早期的精神文明和物质文明。

（一）神话传说

神话传说是人类文明的最早的表现形式，是人类文明的根基和摇篮。中国的神话传说，大体可分为四大系统：一是西方昆仑神话，二是东方蓬莱神话，三是南方楚神话，四是中原神话。其中，昆仑神话是中国神话的主体，是中国古典神话中故事最丰富，影响最大的神话系统，也可以说是中国古代神话的精华部分。而昆仑神话与酒泉的历史文化有着密切关系。

“昆仑”在我国早期文献中，是一座神圣的大山。这座山不仅是古老神话中的大山，而且是中华民族的象征，人们常用“巍巍昆仑”四字来形容中华民族伟岸不屈的人文性格和博大精深的文化内涵。昆仑山同时还是中华民族的发祥地,所以人们常说“赫赫我祖,来自昆仑”,可见它在人们心目中无可替代的神圣位置。在今天看来,“昆仑”在原始意义上首先是一种圆形的混沌迷茫状态。一些古书里直接写作或者等同于“混沦”“浑沦”“混沌”“浑敦”等等。所以神话里的昆仑山便呈现出一派雄伟浑圆、混混沌沌的气象。“南望昆仑,其光熊熊,其气魂魂”,是《山海经》对这座神山的整体概括。在古代神话传说中,昆仑山是宇宙的中心,其山多玉,山因玉灵。《山海经》中,“玉”出现过137处,其中127处是与山结合的。《山海经》中记载西王母的3处中,《海内北经》《大荒西经》都说西王母在“昆仑虚北”或“昆仑之丘”,而《西次三经》称西王母所居为“玉山”。自古以来,酒泉南部的祁连山以多玉著称,有“玉酒泉”之美名。因而,许多学者认为昆仑山就是酒泉南面的祁连山,酒泉是昆仑神话的起源与传播之地。目前,这一观点学界尚有争议,需要我们深入研究。

(二)马家窑晚期文化

马家窑文化是黄河上游新石器时代晚期文化,因最早发现于甘肃省临洮县的马家窑村而得名,年代约为距今5000—4000年。马家窑文化分早、中、晚三期,从遗存位置变化来看,分布地域在不断西移。最早的遗存多在渭河上游的天水、武山一带,后来河湟地区成为中心,最后延伸至河西走廊西部的酒泉境内。马家窑晚期文化包括半山、马厂两种类型,而酒泉境内主要是马厂类型的遗存。

马厂类型属于马家窑文化晚期。马厂类型在酒泉境内发掘的遗址有酒泉下河清(发现四坝文化在上、马厂类型在下的地层叠压关系)、干骨崖(在十余座四坝文化墓葬的填土中亦发现有马厂类型的彩陶片)、西河滩(遗址包含有马厂类型、齐家文化、四坝文化因素)、玉门火烧沟(遗址包含有马厂类型、齐家文化、四坝文化因素)、玉门砂锅梁遗址、瓜州兔葫芦遗址等。另外在肃州区丰乐红寺村的高疙瘩滩、下河清古坟堆、丰乐涌泉村大树台子等地发现距今5000—4000年前后的人类聚落遗址。

马厂时期的酒泉居民以经营农业为主，在遗址和墓葬中出土了大量的石制和骨制的生产工具。从出土的纺轮和骨针看，纺织业得到了迅速发展。

（三）四坝文化

四坝文化因首先发现于山丹县四坝滩而得名，是一种独立的地区性青铜文化。年代约为距今3900—3400年，相当于夏代晚期和商代早期。

四坝文化的分布，主要在河西走廊的中部和西部祁连山以北地区，东起山丹，西至新疆哈密盆地，北及黑河下游，南涉疏勒河中上游一带。半个多世纪以来，四坝文化遗存已有玉门火烧沟等多处墓地的发现和发掘，但一直未能找到同时期的聚落遗址，使考古学界对该文化的了解和研究无法深入。酒泉西河滩遗址的发掘，首次重现了四坝文化大型聚落遗址，大大丰富了四坝文化内涵，为认识该文化的性质增添了新的依据，使河西走廊史前考古学文化之谜有望得以破解。同时，该遗址的发现对于河西走廊史前考古学文化谱系的建立，以及对于该地区乃至我国西北地区古代民族的构成、民族迁徙及相关问题的研究，都提供了十分重要的新资料。下河清遗址存在四坝文化在上、马家窑文化马厂类型在下的地层叠压关系；酒泉干骨崖遗址十余座墓葬填土中，发现有马厂类型彩陶片，都说明四坝文化晚于马厂类型文化，是马家窑文化马厂类型和当地土著文化的融合，并受到齐家文化和来自北方的某些文化因素影响而形成的一支青铜文化。

（四）骟马文化

骟马文化因1956年在酒泉境内玉门骟马城村发现刻画有三角纹的骟马式陶器而得名。分布于酒泉、玉门一带，是甘肃河西地区独有的一种文化遗存。墓葬为方形竖穴土坑墓，有比较完整的木棺葬具。陶器都是夹砂红褐色平底器。以双耳饰划纹、在肩颈之间有乳钉状双錾的罐居多。还有敞口杯、敛口碗和侈口鼓腹盆。陶器多素面，双耳罐划有方格纹、人字纹，部分器物饰篦纹。

在后来的研究中，学者们进一步认为，骟马文化是距今约3500—3000年，分布于丝绸之路甘肃河西走廊西端的一种青铜文化。目前，已知的骟马文化遗址计7处，出土完整陶器约20多件。在收集的陶片中，能辨认出器形者达数百件之多。由近年的调查得知，骟马文化遗存的分布地域，东起玉门，西到阳关，南起祁连，北达花海长城沿线。它大体重叠在四坝文化分布地域之上，是晚于四坝文化的另一类青铜文化。

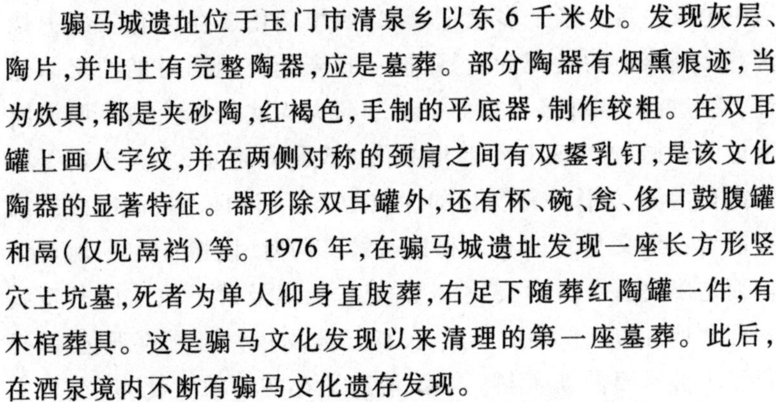

骟马城遗址位于玉门市清泉乡以东6千米处。发现灰层、陶片，并出土有完整陶器，应是墓葬。部分陶器有烟熏痕迹，当为炊具，都是夹砂陶，红褐色，手制的平底器，制作较粗。在双耳罐上画人字纹，并在两侧对称的颈肩之间有双錾乳钉，是该文化陶器的显著特征。器形除双耳罐外，还有杯、碗、瓮、侈口鼓腹罐和鬲(仅见鬲裆)等。1976年，在骟马城遗址发现一座长方形竖穴土坑墓，死者为单人仰身直肢葬，右足下随葬红陶罐一件，有木棺葬具。这是骟马文化发现以来清理的第一座墓葬。此后，在酒泉境内不断有骟马文化遗存发现。

(五)酒泉岩画

岩画是人类最原始的艺术表现形式之一。酒泉境内的祁连山、黑山、马鬃山、石包城、大河等地存有大量岩画，是酒泉先民早期绘画的开始。

1. 祁连山岩画

祁连山岩画多分布在海拔2500~3500米高山的峡谷。其中以肃北蒙古族自治县别盖大黑沟、盐池湾尕尔乃支、石包城灰湾子、七个驴等地最为集中。鱼儿红、小月牙湖也有零星画点。祁连山岩画共发现画面55组、图像300多幅，有的画面高4米、宽3

米，其中最大的骆驼图像高 94 厘米。这些岩画是目前我国发现年代最久远、内容最为丰富的岩画之一，是研究河西游牧民族历史的重要形象资料。

2. 马鬃山岩画

马鬃山岩画多分布在公婆泉周围的高山深谷中，共发现岩画点 8 处，652 幅画面，有动物形象 13 种，包括北山羊、马、双峰驼、狗、盘羊、鹿、狼、岩羊、野牛、羚羊、牦牛、驴、蛇等；人物形象 90 个，面具形象 13 个以及手印、车辆、符号等。动物岩画是马鬃山区岩画的主体。北山羊、马、双峰驼、狗和人物又是马鬃山区各类岩画中出现频率较高的几种。这既表明这些动物与人的关系密切，又说明这一地区是以流动的狩猎游牧经济形式为主的。马鬃山岩画主要有山德尔岩画、霍勒扎德盖岩画、老道乎都格岩画、格干乌苏（和尚井）岩画、洛多呼都克岩画等。

3. 黑山岩画

黑山岩画全称“黑山摩崖浅石刻岩画”，自 1972 年发现后，经 1978 年和 1987 年两次普查，在嘉峪关市西北约 20 千米处的黑山峡崖壁上，共发现有自战国至明代的岩画 5 处，计 153 幅。

黑山岩画题材繁缛，内容丰富，雕凿技法洗练，文化内涵丰富。无论从雕凿技法和构思内容等方面来看，都要比其他地区趋于成熟。例如，在描绘一幅人和野牛对峙的画面中，一头昂首哞叫、尾巴翘起的野牛怒视前方，左前方一人为躲避野牛袭击急速向山下逃窜。后方一骑马人挽辔驻足观望。山脚下一对北山羊若无其事地在山涧交媾。整个画面中野牛被描绘成莽莽黑山的主宰者，人则显得非常渺小。周围的梅花鹿、北山羊在山涧觅食，画面有动有静，动静结合，完美和谐。

黑山岩画中的动物图像，既有适于温湿条件下生存的动物，又有在干冷气候条件下生活的动物。在数千年前，可能由于雨量充沛，水草丰美，偶蹄动物繁多，这里成为狩猎活动的集中场所，同时也引来了猛兽。黑山岩画中除狩猎、动物群、舞蹈之外，很少见到放牧场景，这有可能与黑山沟壑纵横、山高谷深的地形有关。黑山北部石关峡沟地势平坦宽阔，潺潺溪水终年不断，反映放牧的岩画增多。

据考证，黑山岩画属羌族文化遗迹，对研究河西走廊古代羌族的社会生活与历史文化有很重要的价值。黑山岩画凿刻技法虽极简单，但画境古朴，形象生动，粗犷有力，具有独特风格，是古代少数民族的生活记事画，对考古工作者和岩画爱好者有很大吸引力。黑山岩画图像风格粗犷、手法古拙、造型生动、境界高古，具有较高的艺术价值和文化研究价值。

4. 酒泉古代岩画的价值

酒泉古代岩画包含了民族学、民俗学、语言学、原始宗教史、艺术史、经济史、神话学、哲学、天文学史、科技史等各种学科的内容，为这些学科的研究提供了翔实而形象的图形资料，具有重要的文化和艺术遗产价值，将对深入认识史前历史文化产生深刻的影响。[1]

酒泉古代岩画的发现丰富了中国岩画的内涵，扩大了北方地区岩画的体系。酒泉岩画考察工作起步比较迟，目前通过考古工作者的艰辛考察，已经大体了解和把握了酒泉岩画的分布区域和基本内容。酒泉岩画的分布主要集中在肃北马鬃山、石包城、嘉峪关黑山、祁连山等深山幽谷或荒漠戈壁之中。这些发现，与甘肃岩画一起，使欧亚大陆上高原地带岩画体系串联和丰富了起来，从印巴次大陆、中南半岛，跨越珠江流域、长江流域、黄河流域和云贵高原，到内蒙古高原和天山腹地、西伯利亚地区，岩画从线的连接变成了面的分布，岩画的分布范围将太平洋、印度洋、北冰洋、地中海连接了起来，这是任何其他的文化遗产都代替不了的，也显示了岩画艺术特有的普遍性和普及性。

酒泉古代岩画的发现给岩画学这门学科带来了更加广阔的

〔1〕苏胜:《中国岩画述略》,载《中国艺术》1999 年第 2 期。

课题，对岩画断代提供了更多的材料。到目前为止，国际上尚未找到利用自然科学给岩画断代的方法，因此岩画点上的文字题刻就成为岩画断代最直接的证据，比如黑山岩画中的“大漠尘清”和肃北岩画中的“开皇”题记，就可以将岩画的时代范围延续到明清时期。另外，根据气候变化和岩画中的动物形象也可以综合起来考察岩画的时代，比如，在酒泉岩画中发现的北山羊、大角鹿、皮毛犀等在河西地区的旧石器时代遗址和新石器时代遗址中都有发现，它们之间可能在时代上相差的时间不会太长。酒泉岩画的凿刻方法有磨制法、点凿法、划刻法等几种。早期岩画均采用磨制法和点凿法，主要用坚硬的石质工具磨制、敲砸而成，画面比较粗糙模糊；用划刻法创作的岩画时代相对要晚一些，主要用尖硬的金属工具刻画而成，画面比较整齐有力。这些方法也是岩画断代的重要参考依据。

酒泉古代岩画从旧石器时代一直延续到明清时期，多为古代游牧民族的历史遗迹，内容包括生产生活、建筑庙宇、祭祀崇拜、军事活动等，对认识和研究古代民族的经济状况和社会生活提供了重要资料。酒泉自古以来就是多民族活动的区域，先秦以来许多北方民族在酒泉都留下了活动的足迹。酒泉岩画的题材也以反映牧业和狩猎业的居多，这些内容可以帮助我们认识游牧民族的生产和生活方式。肃北蒙古族自治县地处敦煌和西域绿洲的交通地带，先秦、秦汉时代的乌孙、月氏、羌，隋唐时期的回鹘、吐蕃、突厥等民族长期在此活动，广泛的岩画分布点是了解和研究古代民族活动的第一手资料。

分布在河西走廊的古代岩画，有许多是人类文明初期的艺术创作，对探讨人类文明起源和文明传播无疑具有重要的作用。考古工作者在马鬃山岩画点附近就发现了旧石器时代的遗址，粗糙的岩画线条和打制石器之间的因果关系，有待我们进一步考证。马鬃山、黑山一带是漠北地区和漠南地区之间的一条捷径，生活在漠北的古代民族很可能通过河西向西通往西域绿洲，向南奔向青藏高原，向东驰往关中、蜀地以及黄河中下游和长江中下游。

酒泉古代岩画中保存的大量反映原始农牧业发展的史料，为我们进行酒泉经济史研究提供了帮助。酒泉境内岩画的内容多表现人类的生产生活场景，包括大量狩猎、放牧、舞蹈等活动，是研究古代酒泉经济发展，特别是农业生产方面重要的历史资料。

狩猎岩画是酒泉早期岩画的主要题材，肃北大黑沟岩画中表现狩猎活动的画面占到了岩画总量的三分之一，说明狩猎业是当时主要的经济活动，先民在畜牧业生产水平低下的情况下，生存所需的食物主要靠捕获野生动物，充分说明在远古时代，酒泉存在过一个漫长的狩猎时期。到了畜牧时代，酒泉岩画同北方岩画一样，普遍出现以畜养家畜、牧羊放马、季节转场、役使牲畜和牧民形象等反映畜牧经济生活的题材。在马鬃山山德尔岩画中，狩猎活动很少，大规模的围猎野生动物的场面已经消失，呈现出的是人畜共处、牛羊遍野的场景，放牧品种除牛、羊外，还有马、驴等大牲畜，儿童也参与了放牧活动。在肃北灰弯子岩画中出现了牲畜转场的情形，牧民赶牛驮物，奔向新的草场。在格干乌苏（和尚井）岩画中出现了以家庭畜牧业为主体的牧业经济，从山德尔、格干乌苏岩画可以看出，这时畜牧业已逐渐走向驯养繁殖家畜阶段，狩猎活动已退居次要地位，畜牧业得到了一定程度的发展。酒泉岩画中还有很多反映远古先民的农业生活情况和科技创造的画面，比如住所、村落、车辆、畜圈以及人物装束的图形，这些岩画，使我们今天得以较为直观地了解当时先民的生活水平和科技创造力。通过岩画中生动的画面，使我们得以真实还原酒泉远古时期的经济发展状况。

酒泉古代岩画，尤其是早期的岩画是以表现动物为主体的，大多数岩画都有动物形象，如大黑沟岩画几乎所有画面都涉及动物。因此，在很大程度上说，岩画是对动物的图解，我们可以根据各类动物的习性和生存条件，了解古代气候、温度和植被情况，为生态环境变迁提供重要信息。动物的存在与气候和自然环境、人类的活动都密切相关，酒泉岩画中，许多动物目前在酒泉境内已经看不到了，如大黑沟、黑山岩画中的大象、老虎、梅花鹿等许多野生动物，现今均生存在热带、亚热带地区，这说明在远古时期酒泉地区的环境状况与现在有很大的差别。“有关学者在考察中注意到，肃北大黑沟凡有岩画点的地方一般都有泉水小溪和较广阔的草场。说明古代放牧点的生态环境、地貌特征与今日放牧区域基本一致，岩画的制作者很可能是长期居住在这里的游牧民族的先民们。”[1]通过岩画的分布和内容，可以认识酒泉先民选择生活环境的条件和对环境的保护意识。如在对动物狩猎的同时又希望让它们进一步繁衍，在表现动物活动的同时将生存的草原和森林表现了出来，这说明酒泉先民十分重视人和自然环境的协调关系。

酒泉古代岩画是酒泉古代文化的重要组成部分。岩画作为一种有形的文化遗产，同墓葬、寺庙、古塔、石窟寺艺术一样，在酒泉古代文物中同样应该珍视和保存。酒泉岩画属于全人类的文化遗产，它与古墓葬、古遗址的保护具有同样的重要意义，保护好这些珍贵遗产，是我们义不容辞的责任。酒泉岩画的发现，使包括石窟、墓葬壁画在内的河西古代绘画艺术体系得以扩大，使酒泉成为全世界保存古代绘画艺术内容最为庞大的地区之一。岩画多分布在地形偏僻、人迹罕至的地方，如果加以科学的保护，每一个点都可开辟成探险和文化旅游的绝好去处。随着人们生活水平的提高，追求新奇、追求品位、追求特色的旅游业必定会越来越旺盛，酒泉岩画遗迹将对酒泉华夏文明传承创新基地建设发挥特殊的作用。

酒泉古代岩画由一幅幅精美的艺术画面组成，反映了远古

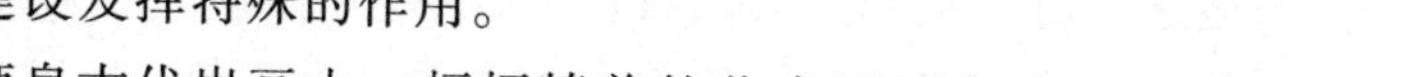

〔1〕孙占鳌主编：《酒泉通史》第一卷，甘肃文化出版社 2011 年，第 251 页。

人类的审美情趣与艺术成就,是我们了解和研究人类原始艺术史不可多得的实物史料。

酒泉古代岩画的表现手法多种多样,有磨刻法、点凿法、线刻法,最具特色的是以“线性结构”为主的造型方法,在简练的线条造型中达到形神兼备的意境。这一特点也是中国艺术千百年来一脉相承的艺术风格,无论是仰韶文化的彩陶、河姆渡文化的陶刻,或青铜文化的纹饰,还是两汉画像石或南宋山水,始终贯穿着中国式的“线性结构”方法和东方独特的艺术意境。从宏观的分析来看,酒泉岩画艺术仍是属于真实于自然的,在这个基础上,对客观事物的最主要特征进行强调与夸张,使图式呈现出真实性和生动性。岩画大多不是简单的机械复制现实,而是按照创作者的美好愿望塑造形象,调查中发现所有岩画图像没有一幅是重复的。

二、敦煌文化

敦煌文化是以敦煌文献、敦煌艺术、河西汉简、敦煌史迹遗存为主要内容的敦煌古代历史文化。

敦煌文化史料、遗存非常丰富,既有文字的,又有图像的;既有可供观览触摸的客体实物,又有可令神思驰骋的意识形态,堪称中国古代的百科全书。

构成敦煌文化的第一大主体是敦煌文献。敦煌文献是中国古代的文献宝库,在58000多件敦煌古代文献中,蕴藏着丰富的文化资源,内容涉及政治、经济、军事、外交、哲学、宗教、文学、艺术、民族、语言、历史、科技等各个领域,并有汉文、古藏文、回鹘文、于阗文、龟兹文、粟特文、梵文等众多语种。蕴涵历史之漫长,领域之广泛,内容之丰富,特色之鲜明,为世界所罕见。

需要指出的是,敦煌文化的文献资料不仅限于藏经洞文献,敦煌文化的研究也不是藏经洞发现后才开始的。清雍正元年(1723)收复敦煌、置沙州所后,敦煌经济逐步恢复发展,敦煌文化开始复苏。汪灊、汪德容、黄文炜、常钧、徐松、苏履吉、许乃谷等一批地方官员、学者，编纂了敦煌历史、地理、人文著作，初步研究并向世人介绍敦煌石窟、壁画、彩塑、汉长城及其他名胜古迹，并创作了诗歌、散文、游记等作品。如常钧的《敦煌杂钞》《敦煌杂录》，苏履吉的《敦煌县志》，许乃谷的《千佛岩歌并序》等。这些著述，不仅延续了敦煌历史文化，成为重要的敦煌文献资料，而且拉开了敦煌学的序幕。

敦煌文化的第二大主体是敦煌艺术，以敦煌石窟艺术为代表。敦煌石窟是现酒泉市所辖敦煌市、瓜州县、肃北蒙古族自治县和玉门市境内的石窟总称，包括敦煌莫高窟、莫高窟北区石窟、西千佛洞，瓜州榆林窟、东千佛洞、水峡口下洞子石窟、肃北五个庙石窟、一个庙石窟和玉门昌马石窟。因这一石窟群最具代表性、规模最大的莫高窟位于古敦煌郡，所以统称为敦煌石窟。

敦煌石窟群现存洞窟 853 个，壁画约 52000 平方米，彩塑 2400 多身。其中：莫高窟现存洞窟 735 个，有壁画彩塑的洞窟 492 个，现存壁画 45000 多平方米，彩塑 2200 多身。是世界上规模最大、内容最丰富的艺术宝库，也是研究古代艺术最珍贵的史料。

敦煌文化的第三大主体是河西汉简。具体内容将在简牍文化中专题介绍。

敦煌文化的第四大主体是敦煌及周边地区的史迹遗存。敦煌及周边地区有大量的历史文化遗存，如汉、明长城，阳关、玉门关、悬泉置、锁阳城等，都是构成敦煌文化的重要元素。

三、简牍文化

简牍文化主要体现在河西简牍中。河西简牍是指自 20 世纪以来，在河西地区汉代烽燧遗址陆续出土的汉代简牍。主要由敦煌汉简、居延汉简、武威汉简、水泉子汉简及河西其他汉简四部分构成。据不完全统计，迄今为止河西地区共出土了60000多枚汉晋简牍。

——敦煌汉简。指酒泉境内的敦煌市、瓜州县、玉门市和肃州区汉代遗址先后出土的28000多枚汉简，因在汉代敦煌郡范围内发现的汉简时间最早、数量最多，故学界统称为敦煌汉简。

——居延汉简。指在酒泉市金塔县和内蒙古额济纳旗出土的30000多枚汉简，因出土地在汉代的居延地区，学界统称为居延汉简。

——武威汉简。包括武威《仪礼》简480枚，王杖简10枚，王杖诏书令共26枚，武威医简78枚。

——水泉子汉简及其他河西汉晋简牍。水泉子汉简是2008年于甘肃永昌县水泉子汉墓出土汉简700多枚，连同残损严重的残片大约1400余枚；2010年张掖市临泽县黄家湾出土晋简37枚。此外，河西地区还有一些零星简牍出土。

河西简牍内容涉及经济、政治、法律、文学、艺术、军事、交通、医学、民族关系等方面，为两汉时期的政治、经济、军事、文化和丝绸之路研究，提供了大量的第一手史料，具有极为重要的历史价值和学术价值。

四、丝绸之路文化

丝绸之路，是一条开放之路、商贸流通之路、文化交流之路，宗教传播之路，具有珍贵的历史文化价值。研究丝绸之路历史文化，对今天的“一带一路”建设，也具有重大的现实意义。

酒泉作为古丝绸之路的黄金地段，在古代经济文化交流中发挥着任何一个地方都无法替代的巨大作用。但在今天“一带一路”建设的新形势下，已经失去了古代那种人流、物流、信息流必经之地的地理优势。在现代社会，信息从互联网走了，物资从铁路走了，人员从空中走了。也就是说，所谓黄金地段的区位优势，已经不复存在。只有准确地分析、判断我们的区位特点，才可能在今天的“一带一路”建设中有所作为。对酒泉来讲，今天的“一带一路”建设中，最大的优势就是有关丝绸之路的历史文化遗产。

关于丝绸之路历史文化的研究，我认为主要应当突出以下几个方面：

一是丝绸之路对外开放研究。丝绸之路是一条对外开放之路。丝绸之路的开辟是人类文明史上的一个伟大创举，是古代东西方最长的国际交通线。这条国际交通线，搭起了丝绸之路沿线各国政治、经济、文化沟通的桥梁，促进了古印度文明、埃及文明、希腊文明与中华文明之间的传播和交流。只有坚持实施对外开放的策略，才能保持丝绸之路的兴旺。

二是丝绸之路商贸文化研究。古代的丝绸之路，通过各种商业贸易活动的开展，推动了中西方经济的发展繁荣。这种商贸文化的核心，是互通有无、互惠互利。

三是丝绸之路文化交流研究。丝绸之路是一条文化交流之路。丝绸之路开通后，中原的服饰、梳妆用具、造纸术、礼俗等传入了西域；同时，西域音乐舞蹈、制作面食的方法、佛教、绘画雕塑艺术、杂技等传入中国，促进了中华文化的发展。这种文化交流的物证，就是历史文化遗产。酒泉境内拥有丰富的丝绸之路历史文化遗产，如阳关、玉门关、莫高窟、锁阳城、肩水金关，近千公里的汉明长城，敦煌文学等等。这些历史文化遗产，是整个丝绸之路上独一无二的。

四是丝绸之路宗教文化研究。丝绸之路是一条宗教传播之路。世界三大宗教都是由丝绸之路传入的，而儒学、道教等中国宗教文化也是由丝绸之路传入中亚和西方的。而这些宗教文化传播交流的枢纽就是敦煌。

五、边塞文化

酒泉独特的大漠风光、风情民俗、边塞军事，是历代文人墨客驰骋诗意灵感的圣地，也是爱国志士建功立业的舞台。特别是唐代，李白、杜甫、岑参、高适、王维等大批文人、志士，或亲历酒泉大地，或与酒泉遇合神交，赋阳关、玉门关之雄壮，写边地景物之苍凉，发戍边将士之情怀，吟内地思妇之幽怨，诗作雄浑瑰丽、壮美峻奇，生动地展现了酒泉边塞的壮丽景色，深切地抒发了边塞生活的真实情怀，造就了独具魅力的边塞文化。主要成就表现在三个方面：

一是边塞诗歌繁荣。唐代边塞诗是边塞文化的杰出代表，也是中国诗歌的经典之作。《全唐诗》中，边塞诗有 2000 首之多，其中 1500 首与酒泉及大西北有关。敦煌遗书中保存的唐代诗歌作品有 2000 多首，其中酒泉地方诗歌创作数量占了大半，且不乏名篇佳作。

二是话本小说兴起。唐代敦煌话本，是通俗小说的早期形态，在中国小说发展史上具有开创作用和里程碑意义。正如鲁迅所说："小说亦如诗，至唐代而一变。虽尚不离于搜奇记逸，然叙述宛转，文辞华艳，与六朝之粗陈梗概者较，演进之迹甚明，而尤显者乃在是时始有意为小说。"[1]

三是散文种类繁多，内容丰富。敦煌遗书中有表、疏、状、牒、帖、书、启、契约、碑文、传记、祭悼文、论、录、杂记等众多散文类型，大多为实用性文体，抒情、状物、论理、表意，生动风趣，富有文采，生动地展现了酒泉及西北地区的社会生活图景和人民群众的思想情感。

边塞文化是特征鲜明的地域文化，它对后世产生了深远的影响，陈寅恪先生如是说："秦凉诸州西北一隅之地，其文化上续汉、魏、西晋之学风，下开（北）魏、（北）齐、隋、唐之制度，承前启后，继绝扶衰，五百年间延绵一脉。"[2]陈先生所说虽着眼于汉、

〔1〕鲁迅：《中国小说史略》，东方出版社 1996 年，第 51 页。

〔2〕陈寅恪：《隋唐制度渊源略论稿》，上海古籍出版社 1982 年版，第 41 页。

魏以来五百年间之河西文化，但对河西文化“承前启后，继绝扶衰”的文化精神确是一语中的。

边塞文化是一种浓郁的民俗文化。一方面，酒泉民情风俗成了边塞文学的重要组成部分；另一方面，它们为作品情节的推进提供了场景或动力。在边塞文学中，葡萄、葡萄酒以及酒俗备受诗人关注，而大量饮酒诗的特殊风貌和格调则与酒泉独特的酒俗文化景观相契合。不论是“葡萄美酒夜光杯”还是“醉卧沙场君莫笑”等诗句，都体现了酒泉的饮酒习俗。酒泉一带少数民族服饰多华丽繁富，尤其见于乐舞表演，反映这种情况的诗歌为数不少，如岑参笔下的“貂鼠袍”“貂鼠裘”、刘商笔下的“羔子皮裘”、“狐襟貉袖”等等。少数民族居处多为穹庐毡帐，在岑参、王昌龄的边塞诗中都有描述。而白居易以《青毡帐二十韵》为代表的十余首毡帐诗则具体细微地介绍了毡帐之由来、形制以及自己在毡帐中待客宴饮、生活起居的细节等等。可以看出，酒泉民俗文化对唐代边塞诗的创作具有重要的影响。

酒泉边塞文化具有多元化的内涵特质。酒泉边塞文化在发展过程中，与各少数民族文化、中原文化、东西方文化、宗教文化在各个历史时期都在不断相互交流、相互作用、相互融合中而发展，成为一种多元文化的综合体。在相互融合的过程中，酒泉边塞文化按照自己的价值观念和标准进行自主选择，吸纳来自于异质文化的精髓，不断丰富和发展自己。因此，酒泉边塞文化是一个动态的、开放的、不断变化着的系统，它的发展、壮大，永远离不开与其他文化的交流、沟通和传播。在融合的过程中，相互渗透、对话、融合和不断竞争，吸收借鉴其他文化的有益成分，使自身文化得以更新和发展。

六、五凉文化

十六国时期，甘肃河西地区（包括今青海的河湟一带）为前凉（301—376）、后凉（386—401）、南凉（397—414）、西凉（400—

421)、北凉(397—439)五个割据政权所统治,史称“五凉时期”。

在五凉政权统治的长达一百多年中,河西地区社会安定、经济发展,文化空前繁荣。主要表现:一是儒学兴盛。五凉统治者历代割据政权均深受儒家文化影响,积极推崇儒家思想和礼仪规范。或开馆讲学、倡导儒学,或大量整理、传播儒学典籍,使儒家文化得到了广泛传播。二是史学发展。五凉诸国都设立史馆,官修、私修史书数量可观,为后世留下了丰富的史料。三是文学繁荣。以武威、酒泉、敦煌为中心,作家云集,作品众多,名篇佳作不少。四是佛学盛行。无论是佛教的传播、佛学经典的翻译,还是佛教洞窟的建造,都盛况空前。五是艺术成就辉煌。文人书法、写经书法、音乐、舞蹈、绘画、雕塑,都取得了前所未有的成就。

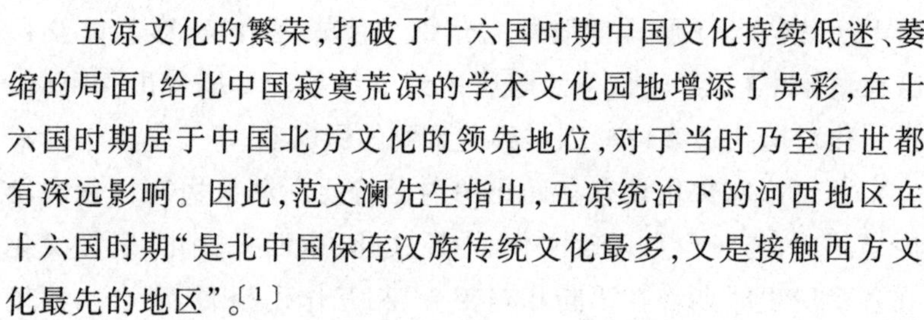

五凉文化的繁荣,打破了十六国时期中国文化持续低迷、萎缩的局面,给北中国寂寞荒凉的学术文化园地增添了异彩,在十六国时期居于中国北方文化的领先地位,对于当时乃至后世都有深远影响。因此,范文澜先生指出,五凉统治下的河西地区在十六国时期“是北中国保存汉族传统文化最多,又是接触西方文化最先的地区”。[1]

七、民族文化

酒泉,自古以来就是多民族生息、迁徙、征战、交流的大舞台,也是中原文化、西方文化和民族文化交融、荟萃的地区。历史上多种民族在这里交错杂居、和战相继,形成了形态多元、内涵丰富、包容开放的民族文化。

先秦时期,羌、乌孙、月氏、匈奴等古代民族曾在酒泉繁衍、生息。秦朝初年,月氏逐走乌孙,独占河西走廊。公元前 203 年左右,匈奴战败月氏,成为河西走廊的主人。公元前 121 年(元

〔1〕范文澜:《中国通史简编》,人民出版社 1965 年,第 343 页。

狩二年)，雄才大略的汉武帝派霍去病收复河西地区，设四郡，据两关，将中原数十万汉族移民到酒泉，掀起了酒泉第一次开发高潮，汉民族的主体地位逐步确立。

魏晋南北朝时期，中原地区战乱不断，而河西地区社会安定，经济繁荣。大批中原人士迁居酒泉，拉开了酒泉各民族融合发展的序幕。

唐代包容并蓄的文化政策，形成了以汉文化为主流，多民族文化共同发展的高潮。“安史之乱”以后，吐蕃占领河西地区，实行民族同化政策，酒泉历史经历了一个“吐蕃化”的过程，西藏文化在河西地区广泛传播。

宋夏蒙元时期，回鹘族、党项族、蒙古族政权先后统治酒泉，留下了大量的回鹘文化、西夏文化和蒙元文化。多民族文化在这里碰撞、交流、融合发展。

明代中原王朝与蒙古政权长期对峙，农耕文明与游牧文明发生激烈交锋；清朝大力调整民族政策，通过一系列的诸如军事、宗教、政治等手段，对河西地区的蒙古、满、汉、回等民族进行卓有成效的管辖，酒泉各民族相互依存，共同发展。

民国时期，在孙中山五族共和思想影响下，大中华民族一元论成为社会主流，民族主义精神空前高涨，民族关系得到了进一步的发展。

中华人民共和国时期，是各族人民融合发展的最好历史时期。在中国共产党领导下，各民族团结互助，共同发展。2014年，酒泉市有40个民族，人口109.6万人，其中少数民族39个，人口6.2万人，占全市人口的5.66%。酒泉人口规模在千人以上的民族有：回族17715人，占少数民族人口的28.58%；东乡族22023人，占少数民族人口的35.50%；蒙古族6216人，占少数民族人口的10.02%；哈萨克族3304人，占少数民族人口的5.33%；裕固族2960人，占少数民族人口的4.77%；藏族7622人，占少数民族人口的12.29%。

酒泉的民族文化,概括起来讲,有以下三个特征:

一是民族的多样性。酒泉民族众多,目前有40个民族。这样多的民族长期生存在同一地区,体现了各民族极强的包容性。实际上,酒泉历史就是多民族共存,多民族交替主导发展的历史。形态多元、体系繁杂、宗教色彩浓厚是酒泉民族文化的显著特征。在古代先后受羌、月氏、乌孙、匈奴、鲜卑、吐谷浑、氐、柔然、吐蕃、回鹘、党项、蒙古、满族等民族统治,虽然有些民族统治时间长,有些民族统治时间短,但都对酒泉的政治、经济、文化产生了重大影响,留下了不可磨灭的印记。

二是文化的边缘性。酒泉地处中原汉文化圈与青藏高原游牧民族文化圈的边缘、交汇地带,为文化多样性的发展提供了得天独厚的条件。酒泉民族文化中,至少有汉文化、藏传佛教文化和伊斯兰文化三大板块,在国内其他地区是很少见的。酒泉地理位置独特,军事战略意义重大,历来是中原王朝与北方游牧民族、西域民族争夺的焦点,也是各民族文化交流、发展的重要舞台。

三是民族文化的融合性。在长期的民族发展中,不同地区、不同民族、不同文化圈的文化,在酒泉大地上交流、融合,形成了独具魅力的酒泉文化。这种文化反映了多民族的迁徙和多元文化的相互交流,各文化圈边缘部分的交叉,反映了经过长期的融合而形成民族的多样性和文化多元化的特点。它不仅形态多样,内容十分丰富,而且就其文化特性来说,具有很强的开放性、包容性和吸纳性。

八、航天文化

一千多年前,酒泉先民创造了动人的飞天故事,塑造了一个个鲜活的飞天形象;一千多年后,神舟载人飞船在酒泉成功升天。古代飞天与现代飞天交相辉映,形成了中华民族独特的航天文化。航天文化所昭示的创造性的思维和开拓精神,是飞天故乡的宝贵财富，也是中华民族再造新辉煌的动力源泉。

关于航天文化的论述详见本书“酒泉航天文化论述”一章，这里不再赘述。

以上只是对酒泉有代表性的历史文化的总体概括。有些重要的文化形态，如书法艺术、宗教文化，目前已成为敦煌学的重要内容，可归入敦煌文化之中。本文所讲的酒泉有代表性八大历史文化只是抛砖引玉，以期活跃讨论。希望更多的有志于酒泉历史文化研究的同仁，进一步挖掘酒泉文化底蕴，提炼酒泉文化精神，塑造酒泉文化风格，把酒泉文化发扬光大。

《酒泉通史》前言

一

酒泉市位于甘肃省西北部,河西走廊西端,东接张掖,南毗青海,西邻新疆,北界内蒙古和蒙古国。蒙古高原、青藏高原、黄土高原在这里交汇、分野;狩猎文明、游牧文明和农耕文明在这里交替、传承;丝绸之路和万里长城在这里并行、延伸;祁连神话、敦煌文化和边塞文学在这里兴起、远播。作为中华民族和华夏文明的发祥地之一,勤劳、勇敢的酒泉各族人民在这块土地上创造了一部辉煌而灿烂的历史。

早在约1500万年前的远古时期,"甘肃古猿"就在酒泉这一带开拓了一方生存繁衍的热土。距今约一万多年前,酒泉先民进入旧石器时代。在求生存的斗争中,他们学会了制造石器和用火烹煮食物。距今约6000年前,酒泉先民进入新石器时代,原始陶器业、畜牧业和农业出现,磨制石器得到了广泛使用。

夏、商、西周时期,酒泉属雍州西界。当时在酒泉境内活动的主要是羌、戎等少数民族。他们随水草而游牧,是金石并用时代。春秋战国时期,乌孙、月氏等游牧民族驻牧生活在酒泉一带。

秦汉之际,匈奴迅速发展壮大,逐走乌孙、月氏,占据了酒泉。过着逐水草,住穹庐,食畜肉,饮奶酪,衣皮革,被毡裳的游牧生活。匈奴控弦之士三十万,不断侵扰汉地,对西汉王朝构成严重威胁。公元前121年,汉武帝命骠骑将军霍去病进兵河西,大败匈奴,成功收复了河西走廊,并设立酒泉郡。酒泉正式纳入中央王朝的统治范围。此后，西汉王朝大举移民实边，迁中原数十万人来酒泉屯田，掀起了酒泉历史上的第一次开发高潮。

魏晋南北朝时期，中原地区战乱频繁。但在酒泉一带政治稳定，经济繁荣，生活富裕，出现了“与中州无殊”的盛况。永和九年(353)，莫高窟创建，敦煌石窟艺术开始兴起。公元400年，李暠在敦煌建立西凉国，后迁都酒泉，成为酒泉历史上唯一建都的时期。

隋、唐时期，酒泉、敦煌成为繁华的中西贸易都市，经济发展，文化繁荣，石窟艺术达到到了全盛时期。“安史之乱”后，唐王朝由盛转衰，吐蕃族趁机大规模进攻，占据酒泉80多年。公元848年，敦煌人张仪潮举兵归唐，酒泉进入一个稳定发展的时期。

五代及北宋、南宋时期，曹氏归义军政权、甘州回鹘政权相继占据酒泉。1036年，西夏攻占酒泉，开始了长达191年的统治。这一时期，酒泉经济和文化渐趋衰落。

蒙古汗国和元朝统治时期，丝绸之路再度繁荣。中国文化连同丝绸、药材、陶瓷等源源不断地流向西方；西方的天文、算学、画学等也输入中原。处于丝绸之路桥头堡的酒泉，扮演了重要角色。

明代前期，酒泉官民筑边墙、兴屯田、办文教，雄关内外绿洲连片，百业俱兴，再度出现“边塞盛世”。中西使团往来，会聚酒泉，盛况不亚于汉唐。后因西部强族侵扰，明朝政府被迫封闭嘉峪关，迁酒泉西部居民于肃州以东，将关外之地弃置二百多年。

清代前期和中期，由于政府实行了积极的经济政策和大规模移民屯田，农业开发达到了历史高峰；清代中后期，近代机器工业、金融业、邮电等经济和学校教育兴起，引起了酒泉经济和社会的巨大变化。敦煌文物的重大发现引起世界轰动，中外考察家纷至沓来，酒泉再度成为世界关注的热土。清代末期，由于政治腐败，自然环境恶化，民族政策失误，内战频繁，导致经济衰退，人民生活艰辛。

20世纪初，资产阶级革命运动兴起，由革命党人组织的酒泉闻家圈起义，为辛亥革命添上了鲜亮的一笔。抗日战争时期，酒泉成为抗战大后方物资供应基地，民国政府加大对交通、农业、教育、能源等基础产业投资，使酒泉工业、农业、教育、社会事业得到初步发展，现代工业、农牧业、科学技术开始起步。解放战争时期，国民政府基于全面内战的需要，大肆抓丁、征粮，强征苛捐杂税，致使物价飞涨，民不聊生，经济处于崩溃的边缘。1949年9月，人民解放军进军河西，酒泉各地和平解放。

新中国成立后，酒泉经济、社会得到了全面发展。特别是改革开放以来，酒泉经济社会进入了一个快速发展的历史时期。以风电、光电新能源和石油、化工、冶金、机械、造纸、印刷、机电、食品、五金、家电、建筑、工艺美术等地方工业体系基本形成；经过"科技革命"洗礼的绿洲农业，向现代化农业迈进，形成了粮食、棉花、制种、草畜乳四大农业支柱产业；交通通信快捷发达，旅游产业迅速崛起，商贸金融业快速发展，社会事业日益兴旺，财政收入持续增长，城市化进程不断加快。2009年，全市完成工业增加值122.8亿元，农村经济总产值86.15亿元，社会消费品零售总额75.83亿元；接待海内外游客348.5万人次，完成旅游收入23.6亿元；金融机构各项存款余额405.78亿元，其中，城乡居民储蓄存款237.6亿元；财政收入达到45.01亿元，城镇居民人均可支配收入达到13705元，农民人均纯收入达到6410元。全市城市化率达到58.02%。

二

酒泉，既是金戈铁马的古战场，也是丝绸之路的交通要道。各民族文化的大冲撞、大融合，形成了独具魅力的"酒泉文化"。

博大精深的敦煌文化。汉唐以来，敦煌一直是中原通向西域、中亚以至欧洲的"咽喉之地"，被誉为"华戎所交一大都会"，中原文化、佛教文化、西亚、中亚文化在这里汇聚、碰撞、交融，形成了独特的敦煌文化。著名的敦煌学者季羡林说:“世界上历史悠久、地域广阔、自成体系、影响深远的文化体系只有四个:中国、印度、希腊、伊斯兰,再没有第五个;而这四个文化体系汇流的地方只有一个,就是中国的敦煌和新疆地区,再没有第二个。”敦煌文化涉及史地、美术、建筑、乐舞、宗教、文学、科技、民俗、古迹等,体系完整,规模巨大,被誉为“中古时代的百科全书”。目前,敦煌学已成为国际性的显学。

大气磅礴的边塞文化。古往今来不知有多少帝王将相、戍边士卒、文人墨客、诗词名家在酒泉留下了不朽的篇章。尤其是唐代,酒泉独特的大漠风光,边塞风情,成为唐代诗人驰骋诗意灵感的圣地。中原各地诗人云集酒泉,形成了边塞诗的风潮,养育了一大批边塞诗人。李白、杜甫、岑参、高适、王维等大诗人或亲历酒泉大地,或与酒泉这片神奇的土地遇合、神交,赋阳关、玉门关之雄壮,写边地景物之悲壮,发戍边壮士之思情,歌内地思妇之幽怨,诗作雄浑瑰丽、壮美峻奇,逼真生动地展示了酒泉边塞的壮丽景色,寄寓眷念边塞生活的情怀,烙上了酒泉大地的印迹。他们的诗作,不仅是边塞诗的代表作,更是中国古典诗歌的经典,成为中国诗歌文学的伟大作品,酒泉也因这些诗作名扬四海。

连绵不断的长城文化。古长城,是古代劳动人民创造的一项伟大工程,也是中国传统文化的一个典型意象符号。汉长城在酒泉境内的金塔、肃州、玉门、瓜州、敦煌、肃北,留下众多文化遗存。长城沿线的阳关、玉门关、肩水金关、嘉峪关,以及敦煌汉简、居延汉简、四坝文化、火烧沟文化、魏晋壁画墓等,都是历史文化研究的珍贵资料。金戈铁马、逐鹿疆场、改朝换代、民族争和等在长城身上都留下了不可磨灭的痕迹。可以说,历史上每当长城一侧的民族越墙而入的时候,就是一场不可避免的惨烈战争。而战争的硝烟一旦散去,长城内外就又出现了新一轮的民族大融合,文化大交流,经济大繁荣,社会大进步。万里长城本身所蕴藏的中华民族两千多年的文化艺术内涵十分丰富，除城墙、关城、镇城、烽火台等本身的建筑布局、造型、雕饰、绘画等建筑艺术之外，还有诗词歌赋、民间文学、戏曲说唱等。长城文化传承了一种不屈不挠的自我奋斗精神，昭示着一种民族精神和创造精神。

横跨欧亚的丝路文化。丝绸之路集商贸流通与文化交流于一体，是古代中国走向世界的友谊之路和开放之路。这条古道在今天早已成为历史陈迹，但在过去，却是中华民族得以向全世界展示其伟大创造力和灿烂文明的桥梁，也是古代中国文化与西方文化交流、融合，共同促进人类文明进程的合璧之路。酒泉作为古丝绸之路的桥头堡，在古代经济文化交流中发挥着巨大的作用。遍布丝绸之路的历史遗迹、考古发现、民俗风情、传说典故，也是不可失传断档的历史密码。

气贯长虹的飞天文化。早在一千多年前，酒泉先民就创造出了动人的飞天故事，塑造了一个个飞天形象。一千多年后，神舟载人飞船在这里成功升空。古代飞天和现代飞天交相辉映，飞天之都再度享誉世界。创造性的思维孕育伟大的精神，伟大的精神孕育伟大的事业，伟大的事业铸就灿烂的文化。这种思维、这种精神、这种文化，是酒泉历代辉煌的根基所在，也是激励酒泉人奋发有为的时代动力。

三

酒泉历史是世世代代酒泉人的杰作。在酒泉这部历史的鸿篇巨制中，酒泉人是贯穿始终的主线，是主人公。自西汉张骞"凿空西域"以来，历代酒泉人民巧手织锦绣，汗水泽绿洲，为社会的发展、时代的进步，付出了巨大的辛劳。生活在这里的汉、回、蒙古、哈萨克、裕固、东乡等各族人民和睦相处，携手共进，谱写了一曲曲民族融合、团结进步、共同繁荣发展的历史交响乐。酒泉也为无数杰出的英雄俊杰，提供了展示特殊才华的广阔舞台。他们当中，有的血脉得自酒泉，有的肩负使命来到古郡，当命运将他们与酒泉联系在一起的时候，其生命都焕发出了奇异的光芒。探险家张骞，军事奇才霍去病、李广利、窦融、班超、张奂，一代"草圣"张芝、索靖，农学家氾胜之，地方官皇甫隆、仓慈，隐士宋纤，大学问家刘昞、郭瑀，西凉王李暠、北凉王沮渠蒙逊、外交家裴矩、边塞大诗人高适、岑参，大旅行家法显、玄奘、马可波罗，军政领袖张仪潮、曹议金，政治家左宗棠，教育家胡文炳，敦煌学开拓者张大千、常书鸿，铁人王进喜，航天英雄杨利伟等，都在这片神奇的土地上大显身手，书写了名垂青史的不朽篇章。他们中有治国安邦的文臣武将，也有博通经史的名士硕儒；有满怀豪壮之气的诗人，也有敢于靖难安民的官员；有科技成就卓著的大家名流，也有誉满西部边陲的技艺百工。他们同世世代代辛勤耕耘这块大地上的酒泉人民一道，为世界文明做出了巨大贡献。这些丰厚的历史文化资源，是酒泉人民的宝贵财富，也是再创酒泉新辉煌的动力源泉。

酒泉的历史，是人类历史的一个缩影，也是中华民族这部辉煌史的一个精彩篇章。因此，我们在编写《酒泉通史》的过程中，既展示了酒泉地域文化的独特性，又把它置于中国历史的大背景之下。

酒泉是一个地域概念，是纵横十九万平方公里的山川河流，是上下数千年的岁月演进、历史更替和文化积淀；通，既表达古今贯通、文脉相承的要义，全面系统地传承历史，又内含通俗易懂、触类旁通的要求，在体现学术著作严肃性的同时，适合当代人审美情趣和阅读方式，深入而不深奥，浅出而不浅薄。正是基于这种认识，我们在编写《酒泉通史》的过程中，遵循"真实是史学生命"的原则，对酒泉从远古到当前的社会经济、政治、文化、民族、宗教、民俗等人文的和自然的内容作出了较为深入地挖掘和客观系统地记述。从横向看，它是酒泉各个时期的断代史；从纵向看，它又是酒泉多个领域的专题史。囊括了酒泉历史演化的曲折历程，社会变革的激烈振荡，穷究了酒泉经济发展的客观规律，文明传承的经验得失。力求成为一部史料详实、视野开阔、论述准确、立意高远的历史大典，一部了解酒泉、认识酒泉、振兴酒泉的资政全书。

（本文为《酒泉通史》前言，甘肃文化出版社 2011 年 11 月；《北方作家》2013 年第 2 期转载）

论敦煌文化的特征

敦煌文化是以敦煌文献、敦煌艺术、敦煌汉简、敦煌史迹遗存为主要内容的敦煌古代历史文化。敦煌文化博大精深、内涵丰富，概括起来讲，主要有以下几个方面的特征。

一、敦煌文化是一种地域文化

敦煌文化的首要特征，是地域文化特征。尽管敦煌学已经成为国际性的显学，但敦煌文化姓"敦"，敦煌学也姓"敦"，它的基本属性仍然是一种地域文化。敦煌文化的地域性主要表现在几个方面。

1. 时空的地域性

每一种文化都是时间性和空间性的统一。以时间坐标划分，文化具有传统性与现代性；以空间坐标划分，文化具有民族性、地域性、世界性。按照这个时空坐标来判断，敦煌文化是一种古代地域文化。

敦煌文化的地域范围，既不是现在敦煌市的行政区域，也不仅仅是古代敦煌郡的行政区域。它的核心地域，应当是古代的瓜沙地区，也就是现在的敦煌市和瓜州县所在区域。随着敦煌周边地区历史遗迹的不断被发现，敦煌文化逐渐放大到酒泉地区的大部分地域。如，敦煌石窟不仅仅指敦煌莫高窟，还包括酒泉辖区内的玉门昌马石窟、瓜州榆林窟、肃北五个庙石窟；作为敦煌文化重要内容的敦煌汉简，也包含了酒泉市境内敦煌、肃州、玉门、瓜州出土的汉简。西凉是敦煌历史上唯一建国、建都的历史时期，也是经济文化最繁荣时期之一。公元400年李暠在敦煌建立西凉，公元405年迁都酒泉，政治、经济、文化中心也随之转到了酒泉。同时，李暠迁都时，将敦煌15万人口中的近11万人迁往酒泉及瓜州、酒泉之间。存在了近200年的归义军政权，是敦煌文化的繁荣时期。归义军政权的统辖范围包括了酒泉西部的敦煌、玉门、瓜州、肃北、阿克塞一带，前期还曾统辖肃州等地。这一时期，敦煌与酒泉大部分地域政治、经济、文化于一体，文化形态基本一致。随着敦煌学的发展，目前敦煌文化的地域背景已经拓展到了甘州、凉州、伊州、西州、龟兹、楼兰、于阗等河西走廊和新疆东部等地区。

敦煌文化就是在这样的地域背景上发育、形成的，也是这样的地域背景造就了敦煌文化，播下了敦煌学的种子，掘开了敦煌学的源头。敦煌文化是敦煌学的土壤和母体，敦煌学波澜壮阔的学术活剧，都是在敦煌历史文化的广阔舞台上演出的。敦煌学之所以能够有别于其他学科而独立存在，就是因为它根植于敦煌，根植于敦煌文化。

2. 自然环境的地域性

敦煌文化中所展现的自然风光、山川地理，具有鲜明的地域性。“独特的地理环境，孕育了广阔的大漠、戈壁，绿洲点缀其间。在这片土地上，有坚挺的胡杨林、骆驼刺，生命力旺盛的沙枣花、野罂粟，构成了西部特有的自然景观。”[1]丝路古道、关隘烽燧、大漠驼铃、戈壁风沙、长河落日、绿洲驻牧，是敦煌文学中经久不衰的创作意象。历代文人墨客以敦煌特定的地理环境为背景，赋阳关、玉门关之雄壮，写边地景物之苍凉，发戍边壮士之悲壮，生动地展示了敦煌地域的壮丽景色、人文环境。

3. 民情风俗的地域性

敦煌文化反映的都是古代敦煌及周边地区所发生的事情，都是大漠边陲多民族聚集区、中西方经济文化汇集地特有的社

[1]孙占鳌、张军山、张志明：《酒泉文学史》，甘肃人民出版社2015年，第18页。

会生活及其民俗风情。这种民情风俗,在敦煌文学作品中一目了然。也正是这种独特的民情风俗,为敦煌文化提供了生动的场景和动力。唐代的大量边塞诗,都生动地描写了敦煌当地的民情风俗。岑参一生两度到河西边疆,前后共五六年,其间沿丝绸之路,过陇头,穿河西,出阳关,渡流沙,体验边塞军旅生活,领略戈壁雪山风光,获得了丰富的创作源泉,积累了大量的边塞素材,为边塞诗的题材、意蕴做了开拓性的贡献。他的《敦煌太守后庭歌》《玉门关盖将军歌》等诗歌,形象地反映了敦煌地区的饮食文化。如《玉门关盖将军歌》写到乳制品酡酥:“灯前侍婢泻玉壶,金铛乱点野酡酥。”[1]特别是《敦煌太守后庭歌》一诗,室内瑰异的装饰,美人艳丽的服饰,热烈奔放的舞蹈,少数民族组成的歌队,宴席上奇异的器皿,野骆驼烹成的驼酥羹等种种美味山珍,葡萄佳酿,具有浓烈、粗犷的塞上情调,真切生动地展现着敦煌地区的社会面貌和生活风尚。[2]

4. 方言词汇的地域性

英国语言学家帕默尔在他的《语言学概论》中指出,方言忠实地反映了一个民族的全部历史、文化,忠实地反映了它的各种游戏和娱乐、各种信仰和偏见。[3] 敦煌文化中,拥有大量敦煌及其周边地区独特的方言词汇。这种独特的地域性语言,是敦煌人民社会心理的长久积淀,是民间思想最朴素的一种表现形式,是含义最丰富最深刻的一种语态,也是地域文化的一种特殊载体。它承载了敦煌人民对生活、对社会、对自然的独特感悟,反映了敦煌人民的人生观、价值观、乡情乡俗、经验教训和喜怒哀乐等情感,体现着地域认同感和地域凝聚力,构成了敦煌文化的语言特色。

---

[1]曹寅、彭定求:《全唐诗》,扬州诗局刻本。

[2]萧涤非等:《唐诗鉴赏辞典》,上海辞书出版社 1983 年,第 1403 页。

[3]L. R. 帕默尔:《语言学概论》,商务印书馆 1983 年。

二、敦煌文化是一种百科全书式的历史文化

敦煌文化史料、遗存非常丰富,既有文字的,又有图像的;既有可供观览触摸的客体实物,又有可令神思驰骋的意识形态,堪称中国古代的百科全书。

构成敦煌文化的第一大主体是敦煌文献。敦煌文献是中国古代的文献宝库,在58000多件敦煌古代文献中,蕴藏着丰富的文化资源,内容涉及政治、经济、军事、外交、哲学、宗教、文学、艺术、民族、语言、历史、科技等各个领域,并有汉文、古藏文、回鹘文、于阗文、龟兹文、粟特文、梵文等众多语种。蕴涵历史之漫长,领域之广泛,内容之丰富,特色之鲜明,为世界所罕见。主要内容分为四大类:

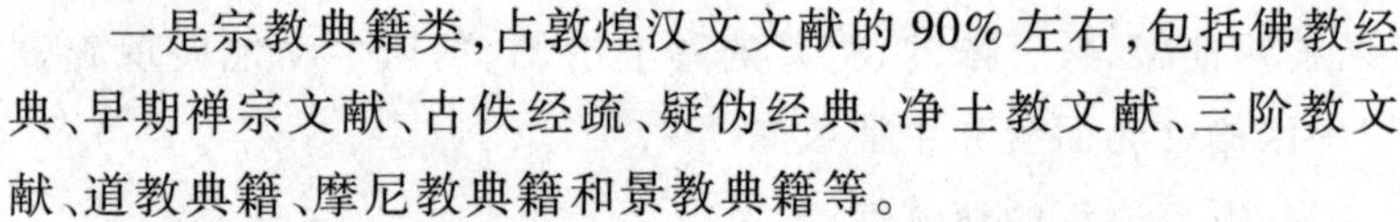

一是宗教典籍类,占敦煌汉文文献的90%左右,包括佛教经典、早期禅宗文献、古佚经疏、疑伪经典、净土教文献、三阶教文献、道教典籍、摩尼教典籍和景教典籍等。

二是官私文书类,约1000件。“官文书”包括符、牒、状、帖、榜文、敕、公验、过所、度牒、告身、籍帐以及官府往来文书等。例如所谓“告身”,是给予新任职事官、散官、勋官等的一种证书,有册授、制授、敕授、奏授、判补等多种形式;又如“籍帐”,指户籍、计账、手实、差科簿等与户籍、田土、公课有关的文书。在敦煌官文书中,还发现与户部、度支、金部、刑部、比部、兵部、敦煌郡县有关的文书,也发现与法律、军制、屯田、水利、驿传与长行马、会计等有关的文书。

“私文书”包括契券、转帖、书牍等。契券中又有租地契、佃地契、借贷契、雇作人契等。此外还有遗书、分产书、物书、放良书、悼文、邈真赞、碑志、私家账等。还有一大批“寺院文书”。其中有度牒、戒牒、僧尼籍、追福疏、燃灯文、行城文、礼佛文、回向文、布萨文、布施文、道场文、愿文、借贷契、器物名簿、寺户名籍等。

三是中国四部书类。按中国古代四部书考察,敦煌文献经、史、子、集样样俱全。

经部文献中,《周易》《尚书》《诗经》《礼记》《春秋左传》等应有尽有,有不少都是名家注疏的珍本孤本。

史部典籍中,有史书、政书、地志、氏族志等。

子部文献中,有“书仪”一百余件,包括朋友书仪、吉凶书仪、状启书仪,不仅是当时的书信范本,也是研究礼学与风俗史的绝佳材料。还有一些医书、算经、占卜、历法等科技著作。

集部文献中,有别集、诗、曲子词、变文、讲经文、押座文、解座文、话本、俗赋、词文、诗话、因缘等。

四是非汉文文书类。有藏文、回鹘文、突厥文、于阗文、龟兹文、粟特文、康居文、吐火罗文、梵文和希伯来文等卷子。

敦煌文化的第二大主体是敦煌艺术,集中体现在敦煌石窟之中。敦煌石窟是现酒泉市所辖敦煌市、瓜州县、肃北蒙古族自治县和玉门市境内的石窟总称,包括敦煌莫高窟、莫高窟北区石窟、西千佛洞,瓜州榆林窟、东千佛洞、水峡口下洞子石窟,肃北五个庙石窟、一个庙石窟和玉门昌马石窟。因这一石窟群最具代表性、规模最大的莫高窟位于古敦煌郡,所以统称为敦煌石窟。

敦煌石窟群现存洞窟 853 个,壁画约 52000 平方米,彩塑 2400 多身。其中莫高窟现存洞窟 735 个,有壁画彩塑的洞窟 492 个,现存壁画 45000 多平方米,彩塑 2200 多身,是世界上规模最大、内容最丰富的艺术宝库,也是研究古代艺术最珍贵的史料。

以莫高窟为代表的敦煌艺术,是一个博大精深、美不胜收的艺术群体。其艺术形式可分为绘画艺术、彩塑艺术、乐舞艺术和建筑艺术四大类。

以敦煌飞天为代表的绘画艺术,内容涉及佛像画、故事画、中国神话题材画、经变画、佛教史迹画、肖像画、图案画、山水画、世俗画 9 个方面,笔法洗练,技艺高超,风格独特,达到了中国古代绘画艺术的最高境界。

莫高窟存有大量音乐舞蹈史料。壁画中绘有十余个朝代、近千年的音乐舞蹈图像。现编的492个洞窟中,236个洞窟有乐舞图像及奏乐图、舞蹈图,各种类型的乐队500余组,乐伎约4000身。弦乐、吹奏乐、打击乐等各类乐器44种、4500余件。

敦煌壁画中的舞蹈图像,数量也极为众多,而且姿态各异,气象万千。尤其是各种各样的乐伎,出现在壁画的各个角落,别开生面地展现出一幅幅古代乐舞活动的场景。它通过浪漫的艺术想象,超越原有的宗教内容,把人们带到了一个绚丽多彩、神秘美妙的极乐世界。

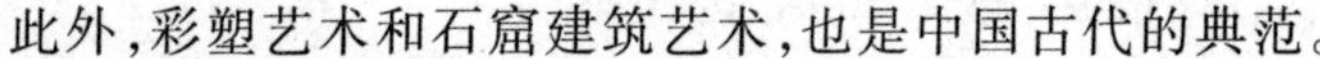

此外,彩塑艺术和石窟建筑艺术,也是中国古代的典范。

敦煌文化的第三大主体是敦煌汉简。20世纪以来酒泉境内的敦煌市、瓜州县、玉门市和肃州区汉代遗址先后出土了28000多枚汉简,因在汉代敦煌郡范围内发现的汉简时间最早、数量最多,故学界统称为敦煌汉简。

敦煌汉简内容涉及经济、政治、法律、文学、艺术、军事、交通、医学、民族关系等方面,为两汉时期的政治、经济、军事、文化和丝绸之路研究,提供了大量的第一手史料,具有极为重要的历史价值和学术价值。

除上述三个方面外,敦煌及其周边地区大量的史迹遗存及历史文化,如阳关、玉门关、悬泉置遗址等等,也是构成敦煌文化的重要元素。

三、敦煌文化是一种多元文化

敦煌文化,是古代中西方政治、经济、文化交流融合的结晶。正如国学大师季羡林所指出的:“世界上历史悠久、地域广阔、自成体系、影响深远的文化体系只有四个:中国、印度、希腊、伊斯兰。而这四个文化体系交汇的地方只有一个,这就是中国的敦煌和新疆地区，没有第二个。”[1]各种文化在这里汇聚、交流，各美其美，美人之美，美美与共，体现了敦煌文化的多元共存、包容开放的特性。

敦煌文化的多元性具体表现在以下几个方面：

一是大量北方各民族文化的元素。敦煌及其河西走廊自古以来就是多民族聚集地。众多北方民族在这里繁衍生息，各领风骚数百年。先秦时期，主体民族是羌、月氏、乌孙，这些民族先后迁出了河西地区。公元前203年前后，匈奴占领整个河西走廊。直到公元前121年，汉武帝派霍去病进兵河西，统辖河西走廊后，实施大规模的移民实边，迁中原数十万人来河西开发，汉民族才成为河西人口的主体。此后，虽然有过吐蕃、回鹘、党项、蒙古、满族较长时期的统治，但汉民族一直是酒泉人口的主体，汉文化一直在敦煌经济社会生活中起着主导作用。历朝历代，众多北方民族在这里交错杂居，长期共处。各民族文化在敦煌这个广阔的舞台上反复碰撞，最终走向融合。

自人类文明形成以后，就形成游牧文化与农耕文化两大板块。敦煌文化是在游牧文明与农耕文明长期的交流、交锋、融合中成长起来的。因而，敦煌文化中，融有众多北方民族文化的元素。

二是大量中原文化的元素。敦煌文化的基因来源于中原文化。西汉建立后，敦煌及河西地区仍在匈奴的统治之下。西汉元狩二年（前121）汉武帝发动的两次河西大战，彻底击垮了匈奴，并将投降浑邪王及休屠王的部下4万余匈奴迁出河西地区，“置五属国”以处之。这时的敦煌及河西地区处于人口的真空状态。因此，司马迁说：“故浑邪王地空无人。”[2]

西汉王朝统辖敦煌及河西后采取的第一个战略举措，就是

---

[1]季羡林：《敦煌学、吐鲁番学在中国文化史上的地位和作用》，载《红旗》1986年第3期。

[2]《史记·大宛列传》。

移民实边——迁中原数十万人来河西走廊进行农业开发。移民的主体多为“关东下贫”，即陕西、山西、河南、河北和山东无地或少地的农民。这些移民迅速成为敦煌人口和敦煌经济社会的主体。他们不仅带来了先进的生产技术，也带来了先进的文化。随着中原文化的传播，敦煌文化开始发育形成。在敦煌文化长期的发展过程中，又不断地吸收中原文化的营养，使各个时期的敦煌文化，都融入了大量各个历史时期中原先进文化的元素。

三是大量的佛教文化、中亚文化、西方文化元素。丝绸之路开通后，中西交往的日益频繁，佛教文化、中亚文化、西方文化进入敦煌。在敦煌文化的成长过程中，大量借鉴、吸收了佛教文化、西方文化、中亚文化的因子，形成了兼收并蓄、包容开放的敦煌文化。正因为如此，敦煌文化才成为中西方文化交流的典范、世界文明交流的窗口。

飞天原是古印度神话中的娱乐神和歌舞神，因周身散发出奇特的香气，又称香音神。后来被佛教吸纳，列入天龙八部，在佛祖讲经说法时献花散香，载歌载舞，飞翔在佛国的极乐世界中，是自由欢乐的象征。

公元前2世纪，飞天在印度的雕刻和壁画中出现。随着佛教的东渐，飞天也沿着丝绸之路传入中国。她既不是印度飞天的翻版复制，也不是中国羽人的完全继承，而是以歌舞伎为蓝本，并大胆吸收外来艺术的营养，促进传统艺术的改变，从而创造出的表达中国思想意识、风土人情和审美理想的中国飞天。从十六国开始，中国飞天跨越了十几个朝代，历时近千年。直到元末，随着莫高窟的停建而消逝。敦煌现存飞天6000多身，其形象、姿态、意境、情趣、风格，都因历史变迁而不断变化。敦煌飞天，飞动千年，虽然是外来艺术，却是在中国大地上独放异彩的艺术奇葩。适应各民族人民的思想意识、风土人情和审美理想，她必然在民族交往和时代变迁中不断变化，尤其是隋唐时期，敦煌飞天和敦煌壁画共同达到了前所未有的艺术高度，创造了具有中国气派、体现中国审美理想的时代风格和民族风格。

四、敦煌文化是理想主义与现实主义并存的文化

从文化发展的一般规律来讲，每一个文化体系都有一种典型的风格特征，但敦煌文化中的文学与艺术两大板块则具有两种不同的风格特征。

敦煌艺术是一种理想主义的艺术。敦煌艺术中，不论是建筑艺术、彩塑艺术，还是绘画艺术、乐舞艺术，都是唯美至尊的理想主义的杰作。敦煌艺术作品雍容华贵、富丽堂皇、气势恢宏，达到了古代审美的最高境界，观赏过后总能给人以美的冲击、美的享受。如莫高窟第220窟南壁的唐代贞观十六年的阿弥陀佛经变图，壁画上面是说法图，下面展示了唐代恢宏的宫廷建筑，两边是胡旋舞蹈和乐队齐奏，展示了大唐盛世的场景，气质高贵，场景华丽，不仅给人以美的视觉冲击力，还给人以美的向往。

敦煌飞天是敦煌艺术的标志和象征。敦煌飞天巧妙地运用夸张和想象，在有限的空间，用豪放的笔力、对比的色调创作出一幅幅超越宗教内容、具有浪漫主义风格的民间风俗画。最具代表性的是莫高窟285窟的飞天画，在这幅6米多长的画卷中，描绘了12身头束双髻、上身裸露、腰系长裙、双手持各种乐器、肩披彩带、逆风飞行的飞天，四周天花旋转，云气飘动，飞天轻灵洒脱、气韵生动，形体之美表现得淋漓尽致。

敦煌飞天之美，美在飞动，即人物的飞动和飞动中的节奏、韵律。敦煌壁画中的飞天的形象、姿态和形式风格，随着时间的推移，都在不断发生变化。通过人物形体的变化，如身体的翻转、扭曲，四肢的伸展、摆动，衣裙飘带的走势，以及背景纹样的流动感，使画面中的人物造型具有流动的意态，从而体现出由力量、运动和速度构成的动态之美，体现出飞翔的节奏与韵律。

敦煌文学是一种现实主义的文学。敦煌文学是以普通大众为基本对象的文学，创作主体是中下层人士，听众和读者也多是

中下层人士。因而，敦煌文化的绝大多数作品，都是反映实际生活的作品，具有明显的目的性、针对性。注重实际，关切人生，朴实无华，真实自然，为广大读者所喜闻乐见。具有通俗质朴的语言、活泼多样的大众化体式，具有以俗为主、以朴见长、平实质朴的大众文化本色。

敦煌文化的这种现实主义的文学思想，来源于儒家学说。敦煌文学发源于中原儒家文化，是儒家文化与本土文化相结合的产物。在敦煌文化的发展过程中，始终坚持儒家文化的主导地位，两千多年来，儒家思想在敦煌文化中一脉相承。同时，敦煌文学的发展过程中，又始终坚守本土文化的特性，实现了儒家文化与本土文化的完美融合。

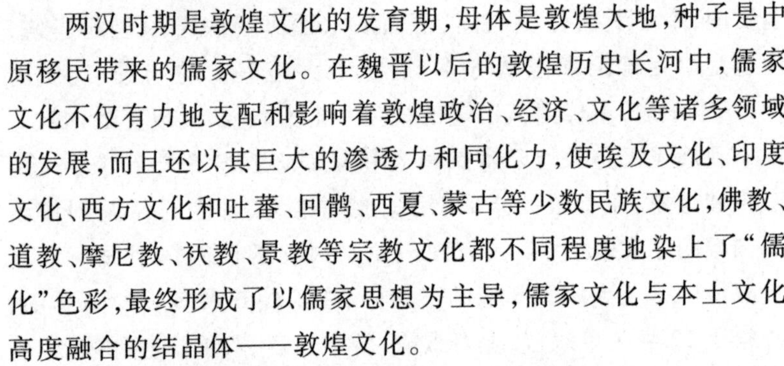

两汉时期是敦煌文化的发育期，母体是敦煌大地，种子是中原移民带来的儒家文化。在魏晋以后的敦煌历史长河中，儒家文化不仅有力地支配和影响着敦煌政治、经济、文化等诸多领域的发展，而且还以其巨大的渗透力和同化力，使埃及文化、印度文化、西方文化和吐蕃、回鹘、西夏、蒙古等少数民族文化，佛教、道教、摩尼教、袄教、景教等宗教文化都不同程度地染上了“儒化”色彩，最终形成了以儒家思想为主导，儒家文化与本土文化高度融合的结晶体——敦煌文化。

敦煌文化中，有着浓烈的家乡情结。敦煌文化的创作主体是西汉移民及其后代。这些迁居者及其子孙，世世代代生活在敦煌地区，把这个“万古不毛发，四时含霜雪”[1]的苦寒荒凉之地建设成了一个繁荣兴旺的戈壁绿洲。因而，他们庆幸自己找到了一个宜居幸福的家园，赞誉为开拓这块土地而付出血汗和智能的祖先，缅怀他们祖根所在的中原腹地。敦煌碑铭文、邈真赞、氏族家传等许多作品中都有溯源寻根、缅怀先祖的文字。这种热爱乡土、怀宗念祖的乡土血缘之情，构成了敦煌文化特有的

〔1〕《敦煌廿咏 · 三危山咏》。

“家乡情结”。这种家乡情结，是儒家文化的具体反映。

敦煌人民长期生活在大西北，长期与北方少数民族交往，长期受游牧文化的影响，特殊的人文环境，造就了敦煌人民淳朴、耿直、豪放的性格。他们对事物的认知，对情感的表达，喜欢开门见山、直来直去；他们爱家乡、爱亲人、爱国家，崇尚“匈奴不破，何以家为”的思想境界，推崇“不斩楼兰终不还”的英雄主义气概。这种性格反映在文学作品中，便形成一种质朴豪放的文风。

五、敦煌文化是一种积极进取的文化

敦煌文化是健康向善、传播正能量的文化。

敦煌文化的格调是积极向上的。与其他文化相比，敦煌文化中很少有讽刺、批判社会现实的作品。敦煌文化所表现的是，不管社会环境怎么变化，不管遭遇多少挫折，都要从容、乐观地面对；任何时候，都要热爱家乡、孝敬父母，都要勤奋敬业，都要忠君爱国。

敦煌文化中，有一种强烈执着的追求和进取精神。敦煌文人的笔下，武将向往立功，僧侣追求正果，农民渴望丰收，商贩追求发财，情侣憧憬爱情，学子向往成名，老人希望子孙满堂。总之，各行各业的人，都有自己的向往和追求。这些愿望和追求，尽管形形色色，各不相同，但都朴素正当，合情合理。这种来自不同阶层的向往和追求汇集起来，给敦煌社会带来的是辛勤奋斗和热情创造，从而形成了一股强烈的进取精神。正是这种全社会的进取精神，极大地推动着敦煌经济社会的发展。

六、敦煌文化是一种动态文化

敦煌文化的发展是动态的。敦煌文化是在各个历史时期的社会变革中逐步形成、逐步发展起来的，是一种与时俱进的文化。

敦煌文化的地域背景是动态的。敦煌文化的地域背景，最初局限在古代瓜沙地区。随着地上、地下遗物的不断发现，敦煌文化的地域背景逐渐放大到了河西走廊和新疆东部地区。

敦煌文化的时限是动态的。敦煌文化的时限，最初局限在西汉至清末。20世纪以来，在敦煌地区发现了新石器时代的遗址遗物，表明敦煌史前文化的存在，把敦煌文化的上限至少往前推进了1500年。从清末敦煌学兴起到现在，敦煌学研究成果大量涌现，使敦煌文化的下限也在不断延伸。

敦煌文化的学科体系是动态的。敦煌学起步时，基本以敦煌文献研究为主；20世纪30年代开始，敦煌石窟艺术、敦煌历史考古、敦煌学理论、文物保护、敦煌学研究成果陆续进入敦煌学学科体系，学科门类、分支在不断增加。因而，敦煌文化的体系结构是在动态中逐渐充实和完善起来的，这种动态性，从敦煌学诞生之日起，从未停止，并且还将继续。

（原载《敦煌文化与敦煌学》，兰州大学出版社2013年；《酒泉日报》2013年12月24日转载）

敦煌遗书的书法艺术

卷帙浩繁的敦煌遗书，是中国古代书法艺术的博物馆。研究敦煌遗书书法艺术，对探讨中国文字、书法发展历程及其规律，具有重大的历史意义和现实意义。

一、敦煌遗书的书写者

敦煌遗书，大都是手卷形式，用纸或绢从右至左抄写，然后粘接成长卷，最长的达十几米，所以也叫敦煌卷子或敦煌写卷。通常在尾部有木轴，使全卷可以卷起来存放，较考究的还加以裱背，但也有不少没有轴的。有少部分为蝴蝶装，即在两面书写，然后装订成册，此外还有一些散页。这些古代文书绝大部分是用毛笔抄写的。

敦煌遗书的内容90%以上是佛经。抄写佛经对于信佛的人来说，是一种功德。因此，古代的善男信女们要抄写很多佛经，送到寺院里。那些文化水平很低，或者不善于书写的人，可以花钱请人代为抄写。于是，一种专门抄经的职业就兴起了，这就是“写经手”，也叫“写经生”。后来有的地方官府也雇用一些抄经的人，除了抄写佛经外，还抄写儒家的四书五经，并兼抄官府文书，称为“官经生”。官经生所抄经书，多是发给各州道以供师法的样本，因此对写经的要求非常严格，形成了一套完整严密的制度。对于佛教来说，写经流传是一项十分重要的事，南北朝时期的写经已出现了抄写者、校阅者署名之例，寺院抄经已成规模。隋唐时期，一些大寺院就设立抄经的组织，有严格的抄写审校制度。由于唐代的帝王崇信佛教，对于写经事业极为重视，于是就产生了宫廷写经的制度。宫廷写经不一定是在宫中所写，可以委托寺院抄写，然后由政府设立监管的官员，严格管理抄经。经过宫廷监制的写经，往往是作为皇帝赐给各地寺院的经卷，具有范本的作用。因此，宫廷写经的要求极严，经卷的末尾，除了抄写人署名外，还有“装潢手”“详阅”“初校”“再校”“三校”以及监造者署名，而往往由官衔较高的人监制。如写于咸亨二年(671)的《妙法莲华经》(S.5319)以及写于咸亨三年(672)的《妙法莲华经》(敦博055)等，除了写经、校经诸人之外，有“行大中大夫少府少监兼检校匠作少匠永兴县开国公虞昶监”的题记，虞昶是当时大书法家虞世南之子，在朝廷中专门负责抄经之事。敦煌写经中有虞昶监制的写经还有不少，都是唐代宫廷写经的代表。

写经生是以抄写为职业，在书法艺术上必须达到一定的水准，另外还必须满足人们的审美时尚。所以，大多数写经反映出那个时代的审美精神，对于认识书法艺术发展的历史，具有重要意义。写经生受雇于人，不仅抄写佛经，道经、儒家经典以及文学作品也可抄写。另外，敦煌文书中也有一些儒家经典及文学作品系读书人所写，风格与写经生的书法不一样。总体来说，敦煌写卷大都是名不见经传的书手所写，书法不像书法名家那样富于创造性。但各时代的写本各自具有不同的时代风格，不同地区的写本也体现出不同的地方特色，可以说，数万件敦煌写本构成了一部完整的中国民间书法艺术史。此外，敦煌写本中还有相当数量的名碑、名帖作品，与传世本又有所不同，是探讨书法史上千年名家书风的珍贵资料。

二、敦煌遗书的书体

敦煌遗书的书体主要有经书体、草书、行书、小篆四种。

(一)经书体

经书体，顾名思义，是指抄写经籍的书体。广义上包括楷、草、行等书体;但从狭义讲,人们习惯上只是把写卷较多的类楷书的书体称为经书体。它是自“汉楷”而后,形成于佛门寺院并具有明显时代特征的主流书体。由于宗教的需要,加之敦煌古代特殊的历史条件,决定了它必然带有浓郁的宗教色彩和酒泉先民鲜明的性格特征。书法的创造发展在民间。经书体不仅翔实地记录了汉字在隶变完成以后向唐楷过渡的全过程,而且真实地显示出民间书家对汉字及书法的发展所起的重大推动作用。

经书体是两晋以来寺院抄写经籍的主要书体。为了表示对佛的虔诚,抄经者总是严格程序,工整抄写,只是时代不同风格亦不同。从经书体的演变发展过程看,大致可分为三个阶段:魏晋南北朝时期(305—580),即自西晋经十六国、北魏、西魏至北周,这二百七十多年为第一阶段;隋唐时期(581—780)的二百年为第二阶段;吐蕃至宋时期(781—1006),即自中唐德宗建中二年(781)吐蕃占领敦煌及张、曹二氏归义军时期,经晚唐、五代延至西夏统治时期,这近两个半世纪为第三阶段。

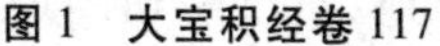

图1 大宝积经卷117

第一阶段的代表作品,有前凉升平十二年(368)的《道行品法句经》、晋《三国志·步骘传》、皇兴二年(468)的《康那造幡发愿文》、北魏《大般涅盘经》、兴安三年(454)的《大慈如来告疏》、延昌元年(512)的《成实论》、正光二年(521)的《大方等陀罗尼经》、540年左右的写本《贤愚经卷第二》、北周保定元年(561)的《大般涅盘经卷第十八》以及欧阳询《化度寺邕禅师塔铭》拓本等。基本特点是,多数墨迹构形上纵而趋方,结体紧凑尚存分书(汉隶)意味,转而融进北碑书风,呈现出一派古雅、峻整、朴厚的风格。

经书体发展到第二阶段,逐渐形成为典型的唐楷。代表作品如唐咸亨三年(672)的《妙法莲花经卷第六》、咸亨四年(673)的《佛说大药善巧方便经卷上》、唐高宗仪凤元年(676)的《金刚般若经残卷》和颜真卿青年时代的开元二十三年(735)的《阅紫录仪》、玄宗《御注金刚经》、典型唐楷《思益梵天所问经卷第一第二》《合部金光明经卷第三陀罗尼最净地品第六》《佛性海藏智慧解脱破心相经》《说苑反质第二十》、肃宗乾元二年(759)的经史写本《古文尚书卷第五残卷》等。书法进入唐代以后,名家辈出,广为影响,书法的社会意识急剧增强,反映在敦煌遗书书法中,也是谨守法度,民间书法也向士族显贵书法靠拢,逐渐形成大同书风。

经书体发展到第三阶段时,写卷书体趋向多样化,唐楷书体相对较少。代表作品如唐昭宗大顺元年(890)的《论语郑玄注卷第二残卷》等。柳公权于长庆四年(824)所书《金刚经》碑拓,是他46岁时的代表作,也是敦煌文献中保存下来的士族书法瑰宝,楷法森严,清劲俊秀,规矩中有变化,方峻中有灵气,俨然"唐尚法"的典范书风。

(二)草书

酒泉是草书的发源地,东汉晚期的"草圣"张芝、"亚圣"张昶"兄弟二圣"和西晋"章草宗师"索靖等皆为瓜州或敦煌人,所以酒泉有着草书传统。但是,敦煌遗书中的一些经书类草书作品,与他们并无直接的承传关系,既无相传张芝所书《冠军帖》那样的连绵激荡的今草形式,更无相传索靖所书《月仪帖》那般“标准章草”的模样;既不同于孙过庭的宗王草法之劲利书风,更没有张旭、怀素那般浪漫不羁的狂草踪影,而完全是别具特色、书风独占的草书风格。按说,抄写佛经是极为严肃的事情,依照程序、书写工整是起码的要求,亦显示对佛的虔诚。但到唐代,由于书法的社会风气十分浓郁,名家众多且影响甚深,连清静的寺院佛堂都被浸染,所以像草书、行书等体现着浪漫主义的书体也成为抄写经籍的书体形式。

从敦煌遗书中有一些名家字帖摹本和书法理论残卷等情况分析,唐以来的敦煌,已不仅将草书、行书等书体作为抄写经籍的书体形式,并已形成了“敦煌草书”的书法风气,而且已然变成了一座庞大的书法学院,众多僧侣、经生手被深深地笼罩在又一个“鸿都门下”,成为有势力的民间书法集群。尽管他们大多未能留下姓名花押,但就书法水平而言,有些绝对不在名垂青史的大家之下;也正因此,敦煌才为后世留下了诸多光耀千秋的书法瑰宝。

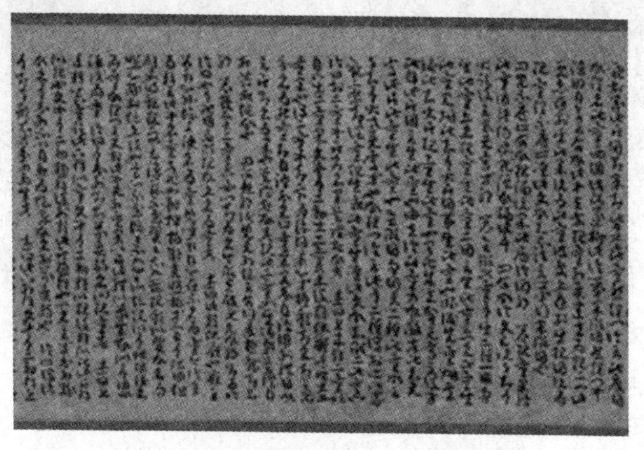

图2　唐《因明入正理论后疏》写本局部

“敦煌草书”的代表作品当以盛唐时的《因明入正理论后疏》最为精彩。字字独立，但字中极尽连带使转、起伏变化，结字简约圆秀，用笔纯熟自然，通篇二万余字一气呵成且无改漏，章法茂密，气韵通畅，显然出自某位学识渊博、功力精深的敦煌书法巨擘之手，堪称不朽杰作。

隋唐时期，由于王羲之声名显赫而噪南播北，连远在西陲敦煌莫高窟的经生们也推崇尊学，时成风尚。所以在敦煌文献中，还有幸留下三帧《王羲之十七帖》的摹本残迹，即《龙保》《瞻近》和《得足》。从三帖中一些字的结体、风格等来看，似出自一人之手，行笔劲健流畅，生动自然，颇得“书圣”笔短意长之神韵，堪为敦煌书法中难得的宝墨佳品。其他草书墨迹还有见唐贞观十五年(641)的《蒋善进临智永真草千字文》等，亦不乏骨力雄强且“半得右军之肉”的妙作之神采。蒋氏所临此《千字文》功力极佳，牵丝连带，平稳自然，精神气韵酷似智永所书之拓本原貌，绝不逊于当时其他摹本。遗憾的是所存太少，只有34行170字。

图3　蒋善进临《智永真草千字文》残卷局部，法国国家图书馆藏

(三)行书

敦煌遗书中的行书墨迹数量颇多，用途也很广泛，不仅用来抄写经文，还应用于一些辅助性经籍注释、疏义、略述及寺院的经济文书等诸多方面。

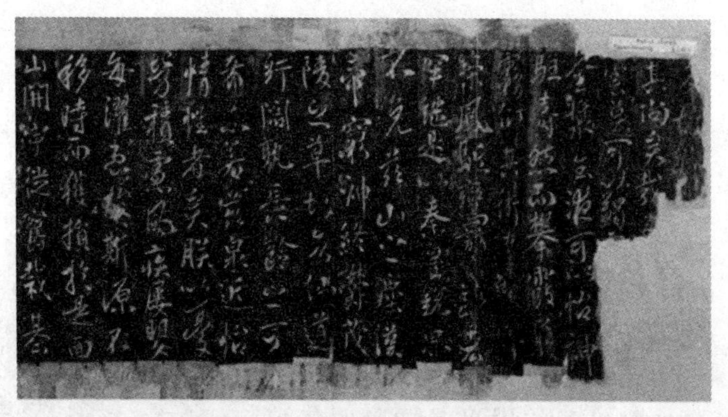

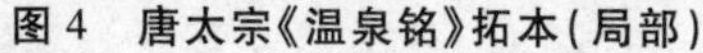

图 4　唐太宗《温泉铭》拓本(局部)

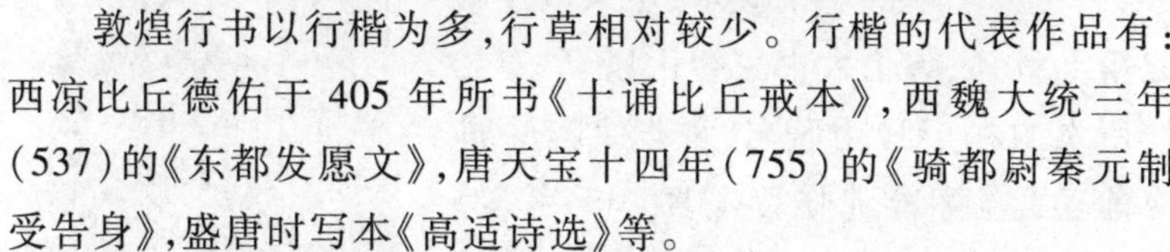

敦煌行书以行楷为多,行草相对较少。行楷的代表作品有:西凉比丘德佑于 405 年所书《十诵比丘戒本》,西魏大统三年(537)的《东都发愿文》,唐天宝十四年(755)的《骑都尉秦元制受告身》,盛唐时写本《高适诗选》等。

行草书代表作品,是隋仁寿元年(601)的《摄论章》,极富节奏韵律和线条变化,是改变了北魏以来的基本笔法却仍略带分书笔意的行书佳作。另外,裹藏于敦煌文献中的贵族书迹,即甘肃籍的唐太宗李世民于 643 年前后所书的《温泉铭》唐代拓本。以行书入碑,唐太宗当为第一人。是铭用笔圆劲,线条清丽,一派“书圣”大风,不愧遒媚机敏之佳品。实际上,敦煌遗书书法中的行书墨迹为数不少,除上述代表作品外,尚有北魏时的《胜鬘疏》,唐代的《众经别录》《春秋经传集解》《开门要训》《兰亭序幕本残卷》,五代时的《曹元忠状》,曹氏归义军时期的《节度使某官发首燃灯文》《正月十五日窟上供养》等等,都可谓敦煌书法之佳品。

值得一提的是,敦煌遗书中约有两万页(以缩微胶片一张为一页计)多种文字的硬笔书法,其中一些汉文也不乏借鉴价值,如中唐和晚唐时期的二纸契据类墨迹等。这说明,一是唐代时民间也盛行硬笔书法;二是这些硬笔书法仅为书写实用墨迹,与当今的硬笔书法有着不同的内涵;三是硬笔在唐代也是一种

(类)书写工具,与毛笔具有相同功能。这里的硬笔书法,是当时用木笔或苇笔书写出来的,说明唐代民间也用硬笔书写,硬笔是唐代的一种(类)书写工具,与毛笔具有相同功能。从甘肃出土的实物来看,硬笔尖端劈为两瓣,完全与今日的蘸水钢笔尖相同。

(四)篆书及其他

敦煌书法中的篆书墨迹为数极少,以《千字文残卷》为代表。《千字文》是南北朝时期梁朝的周兴嗣撰写的集识字、习字为一体的字书教本,历来以王羲之第七世孙、寺僧大书家智永以真、草二体所书的本子最为著名,敦煌文献中即有前述的《蒋善进临智永真草千字文》墨迹,但篆书《千字文》颇为少见。此残卷的发现,可谓填补了隋唐间《篆书千字文》仅有史乘载述而无迹鉴的空白,具有凡响不同的意义。此残卷给人一种有似见到战国时期楚系文字中的《岣嵝刻石》般的感觉,同样可用"奇谲诡异"来作评论,有学人称其为"篆书奇字",就是因其书写颇为奇特,甚至杂有民间迄今流传的"蚊脚篆""香炉篆"等俗篆之意;其中的"丹青"二字又简直是楷书写法,故真当为奇特之书了。

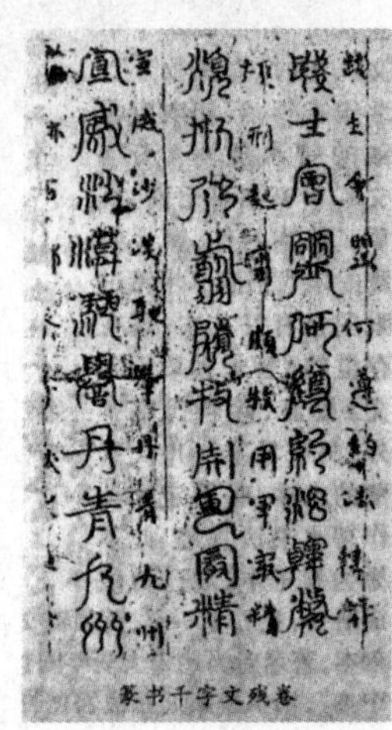
篆书千字文残卷

图5 篆书千字文残卷

敦煌遗书中还有一批为数可观的唐代篆刻印鉴,不仅填补了目前极罕见的唐印空白,而且也显示出各种极尽法度的精彩印风。

敦煌遗书中还保存了多种少数民族文字的写卷。有梵文、蒙古文、回鹘文、西夏文、吐蕃文等。其中以吐蕃文(古藏文)数量最多。这些写卷均系毛笔或硬笔书写,相当工整流利,富有节奏感和独特的审美情趣,具有较高的书法艺术价值。

三、敦煌遗书书法的分期

从文字演变和字体发展完善的角度，敦煌遗书书法分为三个时期：第一个时期即西魏以前，包括北魏、十六国和东晋时期。这一时期在南朝书法上已经发展到了以二王楷书、行书、今草为主流的、完全摆脱隶书八分之风的楷化阶段了。但在遥远偏僻的敦煌，由于频繁的战争，地方割据和政治、经济、交通等方面的相对落后，所以在文字、书法的发展上，仍然停留在由隶书向楷书过渡的初级阶段。这一时期东晋、北凉和北魏早期的写经书法基本上是以隶书和简书的体态为基本形式的。其文字结体稍丰于隶书和简书，变隶之扁平为正方或长方，在用笔上仍然大量地保留了汉简之意。一般横划下笔直入，不作回锋，落笔用力重按，形成了左尖右钝之势。笔法浑厚圆润，笨拙之中却透露出北方民族憨厚纯朴的气质。这种书风在甘肃省博物馆藏《道行品法句经》第三十八、《泥洹品法句经》第三十九、《三国志吴志步骘传残卷》、敦煌研究院收藏的北魏兴安三年(454)的《大慈如来十月二十四日告疏》《优婆赛戒业品之余卷》第七、《佛说幻土仁贤经》《佛说八师经》等为代表。其书法字形比简书纵长而呈圆势，左低右昂，笔画之间的安排随着笔势而转，并不刻意追求空间结构的划分，而是以各种笔法表现浓郁的隶书形态与笔意，形成一种重"气势"与"骨力"的险劲淳厚、雄健刚强的美。而在北魏后期的众多写经作品中，以敦煌市博物馆收藏的《大般涅槃经》《摩诃般若波罗蜜照明品》第十，敦煌研究院收藏的《大般涅槃经》卷第八、《如来性品》第四之五和国家图书馆 7308(莱 52)号《摩诃衍经》卷第一、新 1326 号《大般涅槃经》卷第七等为代表。虽然对早期的一些基本特点有所继承，但对于字形的处理、间架结构的安排亦不像前期那样随意和丰密了。而字形逐渐平稳方正，间架疏密适度，书写风格也由丰腴敦厚转入相对俊秀舒展、自由奔放。但点画撇捺之间，仍有浓厚的隶书笔意。在字的结体上

变早期的圆斜朴密为平直方正，注意结构空间的疏密排列，笔画普遍匀细圆润，夸张字中主要的横、撇、捺等笔画，使之加长，并存有隶书中的雁尾形态，行笔迅疾，十分重视笔势的往来顾盼，虽然笔迹具断，然而笔意、气脉却连绵不绝。通篇观之，刚健潇洒，飞舞灵动，呈现一种风骨兼备、俊宕飘逸之美。

第二个时期则是由西魏、北齐、北周到隋代以前。这一时期是由隶书到楷书转化的最后一个阶段。它在北魏文字演变的基础上，进一步完善了文字的结构和书法的用笔。既保存了前人写经书法中优良的传统，特别是作品中的装饰性因素，又大胆地摒弃了北魏以来的环转、挑捺之笔，变环转为方折，变挑捺为波磔。除少数笔画中稍有隶意外，楷书的面貌基本上已经定型。而且这一时期的写经作品非常注重笔势、行气与整幅作品的气脉贯通等艺术因素。如斯氏 11 号《大方广佛经》卷第五十三、五十四、甘肃省博物馆藏《贤愚经卷第二》、敦煌市博物馆藏《大方广佛华严经》卷第四十五(同上)等，皆属这一时期的代表作品，尤其是后两件经卷，当是西魏之写经高手所为。其书法结体茂密，斜中取势，意态优美，用笔圆润、丰腴，挥洒灵动而不狂放，笔划粗细搭配合理，轻者不浮，重者不浊，趣味淳厚，字字珠玑。其中隶书的形态基本上已不复存在，可见作者在创作过程中将一系列矛盾统一于整体之中，寓精心安排于自然无形之内。它的造型与韵致和江南士人书法如出一辙，成为北朝写经书法中清逸风流美的典型。

第三个时期从隋唐开始直到北宋时期。自隋文帝重视佛教曾亲制愿文，到唐太宗手草《圣教序》提倡佛事，在全国相继设置了不同级别的翻经馆(隋代)、译场(唐代)，并在朝廷专门配设高级官员和大书法家进行监写、校定经书。这对写经书法起到了直接的推动和指导作用，使写经书法达到了前所未有的水平。初唐时期，唐太宗对二王书法的膜拜和对虞世南书法的推崇，影响着敦煌的写经书法。敦煌藏经中很多作品皆为虞书风格。如斯氏36号《金刚波罗蜜经》、斯氏48号《妙法莲花经》卷第五（同上）和敦煌市博物馆所藏《妙法莲花经》卷第六（同上）等作品，都是唐初大书法家虞世南之子、太中大夫守工部侍郎永兴开国公虞昶监写，由经生、书手吴元礼、郭德、王思谦等人书写。其书风承虞氏一脉，结体严谨、用笔圆润、笔势往来、顾盼有致、肃整规范、尽理尽法，为初唐写经中的上品。开元、天宝之后，禅宗思想进入艺术领域，书法改变了初唐时期由二王一路传至虞世南的道劲规整的风格，追求自我灵性的纵逸风格。这种潮流也波及了当时的敦煌写经书法领域，使初唐经书中恪守虞规之风大为改观。如斯氏8号《妙法莲花经》卷第二、斯氏114号《妙法莲花经》卷第七自二十五品至二十八品（同上 ）等作品皆为这一时期之代表作。其卷以行楷书写，笔法精妙，飘逸舒展、潇洒流落，融风流劲健为一体，外柔内刚，气韵高逸，大大推进了经书体书法艺术的发展。

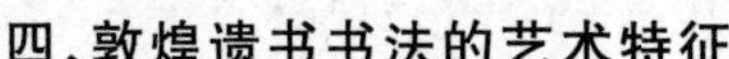

四、敦煌遗书书法的艺术特征

敦煌遗书从书法风格上可以分为两大类。

第一类是佛、儒、道诸家的各种经典和古代重要文献。这类书卷一般内容较多、篇幅较长，书风规范，书写技巧高超，注重通卷的整体性和装饰性。书体以隶书、隶楷和楷书为主，兼有行楷。如斯氏11号《大方广佛华严经卷第五十三、五十四》、斯氏85号《春秋左传杜注》和敦煌经卷文书中的大部分书卷皆属此类。

第二类是诗词歌曲、文牍告敕。这一类题材由于篇幅较短，内容活跃多变，一般都是即兴之作，没有长篇经籍那么严肃规整。在书写上可以更为自由、浪漫一些。因此，此类文书的书写则更能发挥书家、书手的个性，使作者的艺术修养、审美修养以及社会阅历、政治见解等创作因素都能得到充分发挥。书体常以行书、行草甚至小草书写。如斯氏372、373号《李存勖诗五首》《唐玄奘诗五首》(同上)皆用行草书写。其笔法劲健豪迈,在纵逸之中显出古拙之意,笔势翻飞有致,时擒时纵,气势生动流畅,其精魄锋髓颇有北宋大家黄山谷之风,通篇作品洋溢着书手纯真炽烈的感情。

敦煌遗书写卷,绝大部分用笔抄写,为古代民间书法大成。卷子的抄写者都是被人雇用的写经生或一般庶民。他们常年抄写,熟能生巧,久书成艺。有的书写雄强勇猛、大刀阔斧;有的书写娴熟娟秀,温文尔雅。书体行、草、隶、篆皆备,丰富多彩,表现自然质朴,机动灵活。“经书体”,它是在专门制造的黄、白麻纸和皮纸上,按一定的规格,划上乌丝界,以工整清晰的笔法书写的。“经书体”产生于当时社会下层的民间书家之手,特别是早期的经卷书法,字里行间充满了古朴天真、稚拙生动的民间特色和地方特色,是研究北方地区书法和文字发展的重要资料。但是随着佛教事业的不断发展,佛学理论不断深入人心和统治阶级对佛教的进一步重视,写经活动很快从民间进入宫廷,从僧侣阶层进入到仕人阶层,并使写经书法艺术水平得到了极大的提高。

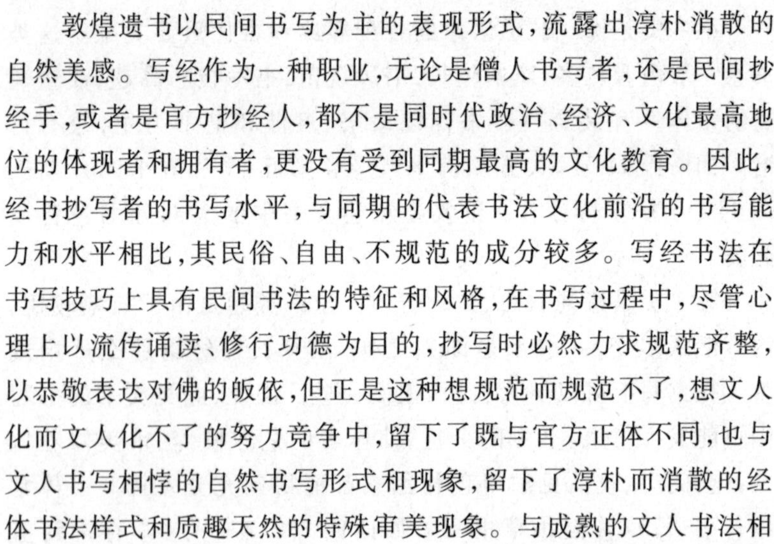

敦煌遗书以民间书写为主的表现形式,流露出淳朴消散的自然美感。写经作为一种职业,无论是僧人书写者,还是民间抄经手,或者是官方抄经人,都不是同时代政治、经济、文化最高地位的体现者和拥有者,更没有受到同期最高的文化教育。因此,经书抄写者的书写水平,与同期的代表书法文化前沿的书写能力和水平相比,其民俗、自由、不规范的成分较多。写经书法在书写技巧上具有民间书法的特征和风格,在书写过程中,尽管心理上以流传诵读、修行功德为目的,抄写时必然力求规范齐整,以恭敬表达对佛的皈依,但正是这种想规范而规范不了,想文人化而文人化不了的努力竞争中,留下了既与官方正体不同,也与文人书写相悖的自然书写形式和现象,留下了淳朴而消散的经体书法样式和质趣天然的特殊审美现象。与成熟的文人书法相对应，写经书法却自成体系，以生动、自然、质趣为特征，自行独立发展，逐步形成了与碑帖相对应的独立书法书体样式，显示了民间的、鲜活的、自然生命的活力。正是写经人想写好而由于书写能力的局限，所表现出的淳朴自然的审美理想和感受，也正是规范的文人书写难以表现的审美特征，这种非自觉而流露出的自然美，在文人书法中却无法找到。特别是行书、草书写经的出现，给写经书法带来了新的生机，这些作品不追求严谨的法度、优美的体形，不讲究用笔技巧的工拙，而是以发掘自我灵性的途径，追求自我情感的抒发和创作过程中个人心理上的愉悦。

五、敦煌遗书书法的价值

以写经为主要内容和形式的敦煌遗书，留存了王羲之、欧阳询、柳公权等著名书法家的经典名帖。这一方面反映了经典书法艺术在同一时期其他社会领域中的传播、渗透和影响，即主流书法文化对寺院经书书写在敦煌遗书书体形成中的推动作用；同时也说明包括写经在内的其他书写领域对经典名家名帖的崇尚、学习、向往和追慕。正是这些经典名帖的留存和传播，为众多的写经人寄予了重文尚法的追求和理想。抄经者尽管由于文化水平的限制，对经典名帖难以完全消化或吸收，但他们仍然将这些经典作品作为学习临摹的范本和样式。

纵观敦煌写经书法的发展，无论是哪个朝代或哪个大的历史阶段，写经书法的作者都不是著名的书法家，而且多数身处偏远的西北角隅，但他们始终没有和内地的士人书法家失去联系。他们常常受到士人审美意识的影响，学习士人书法的风格，有时还反作用于士人书法，形成相互影响、相得益彰的格局，共同反映了古代书法艺术的审美取向。

敦煌遗书的抄写年代，最早的《大般涅磐经》为西晋时代所书，即公元 305 年。最晚的一个写卷《大般若波罗蜜多经》为宋代所书，即公元 1002 年。敦煌遗书在这近八个世纪的形成、发展、演变过程中，一方面极大的浓缩和再现了这一漫长历史时期政治、经济、文化等社会相关问题的全部内涵；同时全面缩影了这一时段的书法文化演进的全过程，全面体现了中国书法在字体书体流变过程中形成的真实面貌及其过渡特征。敦煌遗书形成的时代，正是中国汉字发展最关键的时期，也是书法书体变化最复杂的历史阶段。从汉字发展的角度分析，篆、隶、楷三种官方正体和行、草两种文人书写等五种字体全面形成，其中官方正体中的楷体字以便于书写的优势，得到了长足发展，在众多的使用场合几乎替代了篆、隶字体，并在自身纯化和简化过程中，形成了独领风骚的历史事实。从书法发展的立场和视觉分析，楷书从汉末魏晋的形成到中唐的定型，中间形成了无数种丰富的面目，无论是工具、载体、风格、样式等方面都创造了历史的最高成就。行草书却以流动书写和极具表情的优势，充斥了文人的文化交流和传达性情的精神领域，掀起了行草书书写的最高潮，成为行草书的巅峰时期。

敦煌遗书就是在这种书体字体无限变化和不断发展演进的历史文化背景下形成的，它最真实地反映了这一时期的汉字书写的演变过程，它给后人揭示了以刻石为主要呈现形式的背后，客观地存在着先民徒手书写在纸卷上的书法真迹。它在书写中的丰富变化和字体及字形结构的演进过程，给书法创作和研究提供了最佳也最真实的参照对象。敦煌遗书中篆、隶、楷、行、草五种书体全有表现的书作样式。其中篆书有《篆书千字文》、隶书有《晋人写经》《大涅磐经》等最为典型，而遗书中的行、草、楷这三种书体的作品最为精妙，除了它所具有的文字演变书写的参照价值之外，在书法艺术的创作上更具有丰富的借鉴价值。行书中《劝纳谏文》后记、《大涅磐经疏释》等作品，流露了王羲之书法艺术的精神气息；草书中《贤护经疏》《法华经疏》等作品，表现了章草与今草的衔接和过渡，具有极高的审美价值和书法创作的借鉴价值。如果说五种书体中最有独立审美价值和创新意义的要推以楷书面目出现的敦煌写经体书法。它真实地再现了楷书形成、发展到定型的全过程,并在丰富多变的楷书形态中,最后沉淀了一种具有强烈风格特征的敦煌写经体楷书。其中从《法句经》《十颂比丘戒本》《成实论卷第十四》《华严经》《太上洞玄灵宝智慧上品大戒》《大云经疏》等遗书中,可以看到楷书发展演变成熟的过程和全貌。同时也可以看到写经体书法的艺术特征和在当今书法审美中的价值和意义。

研究和分析敦煌遗书书法的艺术特征,对于开发敦煌书法文化艺术价值具有重要意义。今天,敦煌遗书书法为传统帖学开辟了新的视野和境界,原始地再现了以二王为代表的、以书写为表现手段的真正的帖学面目,以独特的书写样式改变了人们对帖学形成的偏见和长期否定的观念。敦煌遗书书法也使人们真正认识了与书法艺术真正自觉后所留下的古人汉字书写痕迹,从而推断出同期书法家书写的动作和过程。书法艺术的真正审美价值在于书写中所表现出来的文化内涵,碑帖给人的是结构和布局的宏观感受,受到载体、制作技术差异以及时空的限制,人们只能在铸造和刻印的碑帖中推测和借鉴,而在敦煌书法的作品样式中,我们完全可以分析并推测到书写者书写的原始形态,特别是毛笔运行的角度和感受,所有书法所具有的书写情怀完全可以从遗书的字迹中寻根究底。

（原载《丝绸之路》2015 第 20 期）

论春秋战国时期河西农业的转型

河西地区农业文明自新石器时代形成，到夏商西周时期，一直以种植业为主。但春秋战国时期的河西农业却发生了由以种植业为主向畜牧业为主的巨大转变。本文从气候环境变化、原著居民东迁、游牧民族迁入三个方面论证了春秋战国时期河西农业经济的转型及其成因。

一、气候和自然环境的变化

距今约 4000 年左右，西北地区气候和自然环境条件发生了重大变化。年平均气温下降了 3～4℃，降水量大幅度减少。在黄土高原地区，地带性森林南移或抬升，高原的绝大部分被草原和荒漠草原所占据，古土壤发育缺乏。在更北部，风沙活动再次活跃，新沙丘广泛分布。这个持续达数百年之久的气候寒冷期，对西北地区的经济生活产生了深远影响。[1]

距今约 3000 年前后，地球进入地质史上的全新世晚期，经历了新冰期和小冰期后，温度开始波动式下降，北方的气候变得异常寒冷干燥。冰后期第三寒冷期时间跨度为公元前 1000—100 年，春秋战国时期正好处于这一时间范围。著名气象学家莱斯托（O. Leistol）、拉姆（H. H. Lamb）、竺可桢等人都对这一时期的气候做了深入的研究，证明这一时期的西伯利亚地区为一冷槽，且位置稳定、持久。该冷槽的存在，使新疆地区气候变得更为寒冷、干燥。《山海经》记载“又西王母之西四百八十里……无草

[1]任震球等：《行星运动对中国五千年来气候变迁的影响》，载《全国气候变化学术讨论会文集》，科学出版社 1984 年。

木，洵水（叶尔羌河）出焉，……涉流沙而登昆仑”。昆仑“高万仞”，“位于流沙之滨”。“类雾赴云浮，寡见天日”。说明当地比现在还要干旱。《穆天子传》（前 1001—前 987）共 6 篇，前 5 篇记周穆王驾骏马西游，记有“祭王至群玉山（和田）……寡草木而无鸟兽”。齐桓公西征大夏（前 685—前 643），记有“沙石千里而无水，时而沃流出焉……”《离骚》记有“忽吾行此流沙兮，遵赤水（喀什喀尔河）而容与。……路不周（帕米尔高原）以左转兮，指西海以为期”。上述史料表明，新疆在周代的气候总体上比今天要寒冷干燥。而与新疆毗邻的河西地区，在气候和自然环境方面有着非常密切的关系，必定要受到这一区域大气候、大环境的直接影响。另外，根据陈钰萍、林雅真《中国历史上的小冰期气候》的划分，周代中期以后 330 年左右的时间属于中国历史上的第一个小冰河期，在气候、物产、政治方面都有相当大的影响。关于这一时期的气候状况，还可以从《竹书纪年》中所记载的当时长江和汉水结冰的史料来证实。《竹书纪年》记载：“周孝王七年（前 903）冬大雨雹，江汉冰，牛马冻死……周孝王十三年（前 897）冬，大雨雹，江汉冰，牛马冻死。”从今日来看，长江和汉水在冬天就根本不会结冰，可见周代中期以后的气候比今天要低很多。《竹书纪年》还记载，“幽王九年（前 773）秋九月，桃杏实。”现代中原桃杏结实的季节是在夏季，而周幽王时竟迟至秋季九月（已经是公历的十月了），可见周幽王时期的气候非常严寒。

受大气候和自然环境的影响，进入春秋战国时期以后，今河西地区祁连山沿山地区和北部山前地带，由于气温偏低，年平均气温和年积温等条件均已不能满足粟类作物生长的需要，人们只能在临近河谷的低地上维持小规模的农业生产，种植业开始逐步萎缩。

面对气候的变化，人们自然而然地将生存的依托转向畜牧业。研究表明，大约到了商代后期，畜牧业开始逐渐从原始农业中分离，并伴随马具的应用及骑马民族的诞生而不断扩展空间分布范围,农耕区在相应地退缩,这样的退缩过程一直持续到汉代初期。

二、原居住民族大量外迁

先秦时期,是河西地区人口大迁徙的历史时期。这次人口大迁徙经历了一个漫长的过程,大约从商代中期开始,春秋时期到高潮,到战国时期河西原著居民大部分迁至中原。

商代中期,河西一带的羌人开始向南和东南迁移,进入西藏、四川、云南和甘肃陇南山地。而氐人大体都陆续转属周人的范畴,逐渐向原本居住于陕西西北部和甘肃东北部的以农业为基本生产、生活方式的人群迁徙。这一时期,大量仍留居本地的羌、氐人,逐渐与其他各民族互相融合。商代后期,周人迅速崛起。周人是以周文化为基础,融合了甘陕地区若干文化类型的人口而形成的具有先进文化的一个庞大人群。他们以周原为中心,广泛分布在甘肃东部、中部和陕西西部地区,而且广泛联合、团结了甘肃西北部的众多羌人部落,把他们纳入周人势力范围,并借助于商王朝的力量来荫庇和发展自己。此时酒泉一带的羌人也在周人的不断发展中壮大了自己的势力,并逐步开始向东迁徙扩展。正是这些原因,导致了整个商代河西人口在损减中向前发展的形势,期间虽然别的一些氏族部落也可能迁徙补充到河西一带,但人口总体发展比较缓慢。

春秋时期,河西走廊气温持续降低,种植业生产环境进一步恶化,原来以种植业农业为主的羌、氐、周人等人口群体大规模地向气候相对温暖的中原或东南部地区迁移。与此同时,秦人对甘肃境内的羌戎人发动了多次战争,造成河西境内的羌戎人大量迁徙而进入中原。如秦景公十四年(前563),“来,姜戎氏!昔秦人迫逐乃祖吾离于瓜州,乃祖吾离被苫盖,蒙荆棘,以来归我先君(指晋君)”。[1]

这些内迁的羌戎人进入中原后与华夏人融合,到战国时期基本上已经不复存在。

由于东迁的羌戎人和周人是具有较高素质的农业经济人口,具有一定号召力和影响力,他们的东迁必然带动更多的人口东迁,形成了河西地区的地理真空。也正是这一地理真空,为北方游牧民族的迁入创造了条件。

这一时期,河西人口的迁徙呈现时间跨度大、流动范围广等特点。从客观上讲,气候长时期转冷、战争等因素迫使羌、戎和周人陆续踏上东迁的漫漫行程;而从主观上讲,羌、戎和周人是以农业为主的人口群体,气候和自然环境发生变化,影响到了种植业生产活动,向气候相对温暖的东部迁徙就成为一种必然的选择。

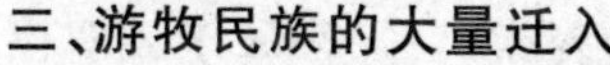

三、游牧民族的大量迁入

春秋战国时期,农业人口的大量东迁造成河西走廊的地理真空;而祁连山下广袤的草原,吸引着北方和西方的游牧民族。于是,大量游牧民族乘机大量迁入河西,填补了这一真空地带,完成了河西人口主体的历史性转变。在迁入人口中,数量最大的当属月氏、乌孙两个民族。

1. 关于月氏、乌孙民族的原居住地

月氏、乌孙的原居住地,学术界历来有不同的观点。

帕米尔说。孙智辉先生认为,月氏是从塔里木盆地西南角帕米尔(古葱岭)一带的游牧民族迁来的。他认为帕米尔一带是我国古民族的发源地,古代民族少数强盛后东迁、逐渐进入中原,月氏人就是东迁时留在河西的。[2]

---

〔1〕《左传》“襄公十四年”条。

〔2〕孙智辉:《西北民族述略》,甘肃省图书馆 1984 年。

突厥族说。王相龄在《东洋史》中提出：月氏旧居阿尔泰山下，被天然环境所驱使，移居今天甘肃的西境，并断定其为突厥族即土耳其族。此外，西方著名的历史学家拉逊、赫尔滋、汪贝利，日本学者白鸟库吉博士以及羽溪了谛、藤田丰八、羽田亨等也认为月氏是由突厥族迁徙而来的。[1]

西来说。19世纪末至20世纪初，英国的斯坦因和法国的伯希和等人相继来到中国新疆地区进行实地考察，就当时所遗留的文书、残简、图画、服饰，骨骼、用具、建筑及其他古迹等进行研究，断定整个新疆地区（包括月氏）是雅利安或伊兰系人种，借此鼓吹中国文化（其中包括月氏等北方民族的来源）“西来说”。

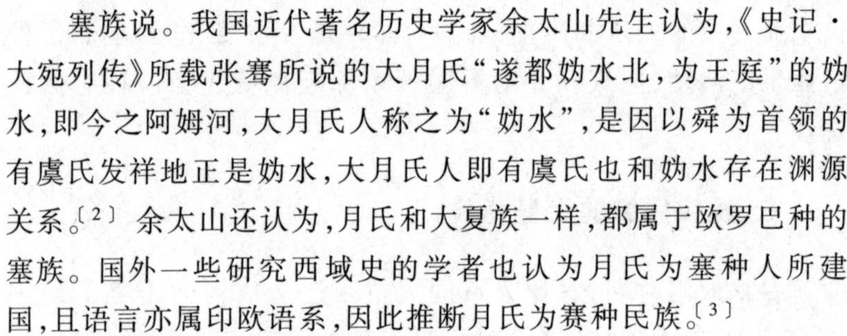

塞族说。我国近代著名历史学家余太山先生认为，《史记·大宛列传》所载张骞所说的大月氏“遂都妫水北，为王庭”的妫水，即今之阿姆河，大月氏人称之为“妫水”，是因以舜为首领的有虞氏发祥地正是妫水，大月氏人即有虞氏也和妫水存在渊源关系。[2] 余太山还认为，月氏和大夏族一样，都属于欧罗巴种的塞族。国外一些研究西域史的学者也认为月氏为塞种人所建国，且语言亦属印欧语系，因此推断月氏为赛种民族。[3]

有虞氏说。清代学者何秋涛《王会解笺释》认为，月氏是北方民族，即我国古代历史文献《逸周书·王会解》中所记载的“禺氏”或“禺知”，“禺”和“月”实为一音之转。日本著名学者桑原骘藏，也对何秋涛的观点给予了相当的肯定。王国维则进一步考证了何秋涛的观点，认为月氏人是秦汉时期从雁门（今山西境内）西迁入河西的。中国著名史学家翦伯赞则认为月氏人是“鄂尔多斯”的后代，他认为，月氏是夏族的一个原始民族，是羌族的一支，最早住在鄂尔多斯（今内蒙古鄂尔多斯市一带）。在史前时期，一支东徙中原，一部残留原处，一支西徙甘肃，还有一部分

[1]余贤杰：《月氏及其西迁》，《西北师大学报》（社会科学版）1987年第1期。

[2]余太山：《古族新考·有虞氏的迁徙》，中华书局2000年，第42页。

[3]余贤杰：《月氏及其西迁》，《西北师大学报》（社会科学版）1987年第1期。

西徙到塔里木盆地。春秋时期叫“禺知”,又渐渐迁徙至河西一带,秦汉时期叫月氏。他们被匈奴击败西迁,“则不过追随其祖先的足迹而已”。现代学者徐中舒也认为,月氏族应为夏王朝灭亡时有虞氏西逃的一支,应为虞夏之后,即“汤灭夏后,虞、夏两族相继西迁,夏称大夏,虞称西虞。虞、夏原是古代两个联盟部族,夏之天下,授自有虞。夏既灭亡,虞亦不能幸存,所以他们只能向同一个方向逃亡”。[1] 月氏即虞氏,音同而异书。兰州大学教授刘光华先生也认为,月氏是有虞氏的一支。[2]

综上所述,尽管学术界对月氏的原居住地说法不一,但有一点却是相同的,这就是月氏民族的原居住地不在河西走廊。

乌孙人的原居住地问题,有河西说、庭州说、突厥说、东伊朗说、欧洲人种说、固原说、哈密说等。

河西说。从20世纪80年代至今,涉及乌孙故地的历史著述多持此论。如《乌孙研究》一书即认为乌孙“原本活动在河西走廊西部”,《中国民族关系史纲要》说“原居于敦煌地区”,《中国民族史》同样指出乌孙“原先游牧于祁连山和敦煌之间”。《西北通史》在谈到乌孙的故地时,也取河西说。

乌孙故地河西说的主要史料依据是《汉书·张骞传》“昆莫父难兜靡本与大月氏俱在祁连敦煌间”和《汉书·西域传》“乌孙本与大月氏共在敦煌间”的相关记载。学者们依此展开论证,逐步形成了“乌孙故地在河西走廊”的认识。

庭州说。日本学者松田寿男先生在《古代天山历史地理学研究》一书中,引述了加藤繁所断定的“《史记》的编者所写的乌孙本来就不住在河西”的观点。认为《史记·大宛列传》中找不到证据表明乌孙在河西活动过。松田氏注意到了三条重要史料:《通典·州郡》庭州条“前汉乌孙之旧壤”、[3]《旧唐书·地理

[1]徐中舒:《徐中舒历史论文选辑》,中华书局1998年,第168页、1350页。

[2]刘光华:《甘肃通史·先秦卷》,甘肃人民出版社2009年,第384~386页。

[3]杜佑:《通典》,中华书局1988年,第4559页。

志》全满"前汉乌孙部旧地"、[1]《太平御览·州郡部》"十道志曰庭州雍州之外,流沙之西北,前汉乌孙旧地"、[2]据此他认为"庭州"是乌孙的原居地。根据他的推断,乌孙故地应在今新疆维吾尔自治区吉木萨尔一带。

突厥说。主此说的有俄国突厥语学家B.B.拉德洛夫、日本学者白鸟库吉等人。所持理由:一是乌孙与突厥开国始祖的传说均与狼有关。突厥族以狼为图腾,而《汉书·西域传》载乌孙难兜靡被月氏攻杀时,国破民亡,"子昆莫新生,傅父布就翕侯抱亡置草中,为求食,还,见狼乳之",其中就隐含着昆莫为狼生的神话印记;二是乌孙称国王为昆莫或昆弥,乌孙贵族也多称"靡",靡即突厥语中的bak,hi;乌孙官号"翕侯"即突厥之"叶护";"乌孙"之称与突厥的"阿史那"氏,为同名异议,[3]以上见于记录的少数乌孙语均属于突厥语族;三是突厥阿史那氏系乌孙的后裔;四是乌孙分布的区域恰为后来突厥族兴起的基地。

东伊朗说。20世纪30年代以来,苏联以A.H.伯恩什坦为代表的一些考古学家认为乌孙很可能属于东伊朗族。特别是从20世纪50年代起,苏联考古学界有更多的学者认为乌孙是东伊朗族塞卡人(即中国史籍中的塞种,亦称塞人)的一支,塞卡文化与乌孙文化是一种文化的两个阶段。《周书·突厥传》称:"突厥之先,出于索国。"此"索"字,学界普遍认同即Saka(塞族)之音译。刘光华主编的《甘肃通史·先秦卷》中说:"就目前所能检索到的资料立论,谓乌孙属吐火罗族的意见,在诸说中比较可取。"吐火罗族是塞种的一支,可知乌孙与突厥同族说,实系乌孙塞种说的具体化。

欧洲人种说。唐代的颜师古对《汉书·西域传》作的一个注中提到"乌孙于西域诸戎,其形最异,今之胡人青眼赤须状类弥

---

[1]刘昫等:《旧唐书》,中华书局1975年,第1646页。

[2]李昉:《太平御览》,中华书局1960年影印版,第806页。

[3]余太山:《塞种史研究》,中国社会科学出版社1992年。

猴者,本其种也”。据此推断,乌孙人应为赤发碧眼、浅色素之欧洲人种。近代中外学者比较了苏联中亚地区和我国天山以北地区乌孙时代的人类学材料,认为形成乌孙部落的人类学类型的大人种基础是欧洲人种。此外,与甘肃相邻的新疆东部如哈密地区发现有公元前10世纪至公元前5世纪人类骸骨,有学者对该地区被认为含塞种人和乌孙人的墓葬人骨进行过研究,认为乌孙人在体质上同塞种人较为接近,可归于欧罗巴人种的支系,确定为古代欧洲人种。因此,对上述两种考古发现做出的比较合理的解释是:乌孙人或许与新疆东部的古代欧洲人种有关,他们很有可能就是从新疆一带进入河西的。

哈密说。余太山先生是哈密说的积极倡导者,他认为“乌孙人本来游牧于今哈密一带”,[1]“乌孙故地当在今哈密一带”。[2]

固原说。史学家、北京大学历史系研究院钱伯泉先生通过考证提出“先秦时期,乌孙人原称‘昆戎’、‘绲戎’、‘混夷’,原来游牧于今宁夏固原一带。春秋战国时期,逐渐迁徙到河西地区”。[3]

从以上各种说法可以看出,乌孙原居住地问题学术界尚无定论,目前仍处于研究、探讨阶段。客观地讲,新中国成立以来,“河西说”影响力最大。但我们认为,乌孙不应该是河西走廊的土著民族。否则,就很难解释夏、商、西周时期河西地区以种植业为主的历史事实。因为,乌孙是一个传统的游牧民族,以畜牧业为主要生产方式,这个观点在学术界是一致的。

2. 月氏、乌孙迁入后对河西经济的影响

月氏、乌孙迁入河西后,构成了河西人口的主体。月氏人在兰州以西、酒泉以东祁连山下广阔的草原驻牧;乌孙人则在玉门

[1]余太山:《两汉魏晋南北朝与西域关系》,中国社会科学出版社1995年,第17页。

[2]余太山:《两汉魏晋南北朝正史西域传要注》,中华书局2005年,第27、87页。

[3]钱伯泉:《乌孙和月氏在河西的故地及其西迁的经过》,载《敦煌研究》1994年第4期。

以西至瓜州、敦煌一带游牧。

月氏人是一个传统的游牧民族。畜牧业发达，畜牧种类主要有羊、牛、马、驴等。羊是月氏人的第一大畜牧品种，他们养的羊数量多，尾巴大。郭璞注《山海经》记载：“月氏国有大尾羊，如驴，即羬（大也）羊也。”《太平御览》记载：“月氏国有羊，尾重十斤，割之供食，寻生如故。”牛作为主要畜种之一，既是驮物的役力，也是食品——肉和乳的重要来源。马更是重要的畜种，可以吃肉喝奶，可以代步驮物；打仗时还可以冲锋陷阵，更代表一个民族的战斗力。匈奴人在月氏的人质冒顿太子，盗月氏的“善马”逃回，说明月氏人不仅有马，而且有“善马”，养马技术已相当高。同时，祁连山里有野驴，月氏人也有能力驯养它。既养马，又养驴，对繁殖牲畜的后代十分有利，说明其畜牧业很发达。

《史记·大宛列传》记载：“大月氏……控弦者一二十万。”

有学者根据大月氏的兵力情况推算出月氏人有十万余户，四十余万人口，一二十万骑兵。月氏在河西的众多人口，分属于各个种姓。他们按照种姓建立的氏族部落联盟，已具有国家的功能。它的组织机构平战结合。平时是游牧生产的成员，在各自的分地内游牧、打猎，也从事农业生产；战时是勇猛的士卒，听从指挥，冲锋陷阵，驰骋疆场。由于月氏人放牧的草场自然条件优越，既是天然草场，又适宜发展农业，久而久之，游动少了，居住固定了，月氏人又开始重新重视农业。这从月氏人离开河西辗转到大夏，并很快适应当地农业生产的事实就可以得到印证。此外，匈奴占据河西后，大部分月氏人西迁，一小部分则留下与祁连山一带的羌人逐渐融合，过着定居的农耕生活。乌孙也是一个游牧民族，《汉书·西域传》记载乌孙的情况说：“地莽平。多雨，寒。山多松。不田作种树，随畜逐水草，与匈奴同俗。”汉代的《史记》一书根据张骞对乌孙社会的考察指出，乌孙西迁塞地后主要以畜牧业为主，其畜牧种类主要有马、羊、牛、骆驼、驴等，以马、羊的养殖居多。《汉书·匈奴传》说其“国多马，富人至

四五千匹”。媒娉细君公主,即以“马千匹为礼”,可见其养马之多。羊是乌孙的另一大类牲畜,而且在数量上比马还多。乌孙墓葬内出土的羊骨,往往都和一把小铁匕首出现,小铁匕首甚至穿插在羊骨中,形象地表现了这是当时的人们为死者到另一个世界安排的肉食,而这自然也是乌孙畜牧业生活的真实写照。作为畜牧经济的补充,乌孙在酒泉一带驻牧时,受当地以农业为主的氏族部落的影响,在一些地势较低,接近河谷,宜于农业生产的地段,也从事小规模的农业种植。战国时期的乌孙墓葬中,发现有谷物和农业劳动工具,如碾谷子用的石头碾子、磨盘、青铜镰刀、烧焦的谷物等。这说明,农业虽已在乌孙社会生产中出现,但规模仍然较小,在整个社会生产中不占重要地位。

乌孙平常的生产组织与战时的军事组织是完全合一的。其政权组织比较简单,昆弥(王)是最高统治者,其下为大禄,相当于相。大禄之下,有左、右大将二人,这是王国最重要的军职。大将以下有“翕侯”,其地位、权势亦极重,大概是实际带兵管民的高级负责人,也就是本部族的首领。畜牧业是乌孙经济的主体,草场因此成为主要生产资料。乌孙的最高统治者昆弥(王)曾颁布政令,明确保护对草场的占有、使用,不允许侵夺和进入“王室”的草场牧地,也不允许互相侵夺,这既保证了贵族利益,也相对地调节了贵族之间的矛盾,使社会相对安定,有利于畜牧业经济的发展。

综上所述,月氏、乌孙民族迁居河西后,以畜牧业为主要生产生活方式,畜牧经济得到了快速发展,最终完成了河西农业由以种植业为主向以畜牧业为主的经济转型。

关于春秋战国时期河西以畜牧业为主的经济形态,我们还可以从沙井文化考古发掘发现中得到印证。

沙井文化属于河西走廊青铜时代末期的一种文化,所反映的正是春秋战国时期的经济社会情况。沙井文化因首先发现于甘肃省民勤县沙井村而得名。根据永昌三角城、蛤蟆墩、西岗三处遗址采集木炭和木棒标本的碳14年代测定，其绝对年代为公元前900—前409年之间，相当于中原地区西周至春秋晚期。[1]。

关于沙井文化的族属问题，甘肃省文物考古研究所经过实地考证后认为："就地理位置而言，正处于河西走廊的东端，与月氏族的原居住地正好相符。……沙井文化就是古代月氏族的遗存。"[2]也有学者主张"沙井文化为乌孙族之文化遗存"。[3]

刘光华先生主编的《西北通史》记载说："史前时期这一地区水草丰美，非常适合于畜牧业的发展。当时人们以畜牧为主，采用相对定居的驻牧方式放牧。沙井文化中发现的大量青铜带饰，也是与这种生活方式相适应的，说明畜牧业经济一度发达。同时人们也经营一定的农业，在遗址中发现有农业工具、粮食加工工具和粮食的朽灰，还种植有麻类经济作物。"[4]

杨建新先生主编的《中国少数民族通史·先秦卷》指出："沙井文化遗址的墓葬中大多流行随葬羊、牛、马等的头和蹄等物品，以蛤蟆墩第15号墓为例，该墓中殉羊头、马头20余具。在竖穴坑的填土中，距墓口0.80米处，发现一批牲畜头骨，计羊头骨15具、马头骨1具，集中放在墓的头向端。偏洞内也置有羊头骨两具。有的羊头骨上尚留有皮毛，表明是专为墓主人殉牲而宰杀的。随葬物品均放在偏洞内，计有长方形木盘(盒)、圆形木筒、铜刀、骨珠、绿松石、骨镞、弓弭、铜泡等，共20多件。从沙井文化遗址出土物品和墓葬主人生前生活习惯分析来看，人们畜养的牲畜有羊、马、牛和驴、骆驼等，以羊为主。其主要经济形态是畜牧业。此外，沙井文化的人们往往身着皮制衣裤。皮有牛

[1]谢端琚、张文彬：《甘青地区史前考古》第13章"沙井文化"，文物出版社2002年。

[2]甘肃省文物考古研究所：《永昌三角城与蛤蟆墩沙井文化遗存》，载《考古学报》1990年第2期。

[3]刘起釪：《周姬羌与氐羌的渊源关系》，载《华夏文明》第2集，北京大学出版社1990年。

[4]刘光华主编：《西北通史》第1卷，兰州大学出版社2005年，第253页。

皮、马皮和羊皮，还有生皮、熟皮和半熟皮之分，这些都是以畜牧生产发展兴旺为基础的。”[1]

（原载《西北民族大学学报》2014年第6期）

[1]杨建新主编：《中国少数民族通史·先秦卷》，民族出版社2009年，第159页。

丝绸之路的历史演变

丝绸之路，是古代中国经中亚通往南亚、西亚及欧洲、北非的陆上交通道路，因早期以丝绸贸易为主而被称为丝绸之路。最早由德国地理学家李希霍芬（F. V. Richthofon）在1887年出版的《中国》一书中提出。丝绸之路，是一条集商贸流通和文化交流为一体的开放之路、友谊之路，为中西方经济、文化交流做出了重大贡献。丝绸之路的发展，大体经历了五个历史时期。

一、先秦时期丝绸之路的雏形

文献记载和考古资料证明，在汉代张骞通西域之前，中原经河西走廊通往西域、中亚、西亚的丝路贸易就已经存在。《穆天子传》及注本记载，周穆王曾经西巡经陇西、兰州、武威、张掖、居延海及巴丹吉林大漠，驱驰于阴山、蒙古高原、塔里木盆地，最远至葱岭、中亚一带。周穆王每到一处，就慷慨馈赠各部落酋长，带给各个部族的不但有丝绸、金银器皿、贝饰、药材、漆器，甚至还有交通工具——车辆和饲养放牧的人，由此可见这支队伍的庞大。周穆王的众多随员携带大量宝物，驾车浩浩荡荡向西，给西域诸部落带去丰富的生活用品，以及先进的交通工具和掌握先进生产技术的人。各地少数民族首领也热情地为穆王提供所需的大量马、牛、羊、猪、狗、骆驼和穄酒，并以当地特产最精美的白玉回赠穆王。《穆天子传》所记载的周穆王西巡河西，是西周民族关系史上最重大的事件。穆王西巡的情况基本上是符合历史实际的。在汉朝设置河西四郡、据两关之前，过往商旅很难径直沿河西走廊西去，而是必须在经过武威、张掖后折而北上至居延，然后再折而西行到鄯善，进而南绕塔克拉玛干沙漠，经于阗、叶尔羌，越葱岭而西入中亚。此即后世所谓“丝绸之路”南道。而今内蒙古额济纳旗等地出土的许多丝绸织物也说明，早在汉开河西以前，这条经过居延的商路确实是存在的。《穆天子传》记载了周穆王在西巡河西沿途赐赠各部落首领的物品，主要有丝绢、黄金、白银、贝带、车子、肉桂、生姜等，而沿途各游牧部落献给周穆王之物，亦即他们同中原交换的商品，则有良马、牛、羊、骆驼、玉器和毛皮等物。不论是当时双方交换的商品种类还是数量，都与两汉时期与西域贸易往来的情况大致相当。这也说明，丝绸之路的出现不是偶然的，更不会是在汉代突然出现的，而是汉以前若干世纪以来东来西往的各国商队走出来的。中外文献记载说明，由中国内地经河西走廊和新疆到中亚、西亚和欧洲的交通路线早在先秦时期就已存在，中西交通路线由开辟而完善，经历了很长的过程。

20 世纪以来，考古发现为先秦时期丝路贸易存在提供了更为有利的物证。20 世纪初，从波斯、蒙古国和中国额济纳河流域及古楼兰等地发现有大量残绢表明，在公元前 5 世纪时，中国之缯或已越帕米尔，而至印度、波斯，及亚历山大东征以后，又经叙利亚人输入欧洲。可见，至迟在公元前 5 世纪中国丝绸已从陆路传入波斯，再转贩至罗马帝国。公元前 4 世纪西方古文献中已对蚕丝有了记载，并指明其丝货有贩至印度者。由于先秦时期中外居民之间主要是通过丝绸贸易进行交往与联系的，因而，古代希腊、罗马人称中国为“赛里斯”(Seres)，其拉丁语意为“丝之国”。当然，中西方经贸文化往来并非直接进行，而是经过沿途各国、地区及不同民族间的中间环节辗转进行，尤其是在游牧地区，丝路交通更是多有不便，就连商贾自身安全也难以保证。因此，在汉武帝之前，丝绸之路虽然已经存在，但由于山川阻隔、道路艰险以及沿途各族分裂战争等人为因素，通行极为困难，东西方之间没有正式通使，也并没有形成一条畅通的交通线。

春秋战国时期，中原丝织业已相当发达，丝织品贸易成为中西方经济文化交流的重要内容。1976—1978 年，在天山峡谷鱼儿沟、阿拉沟春秋战国时期的古墓葬中，就发现了大量彩陶、木器和毛织衣物、铜器、铁器等。其中出土的一件素色绢上，有用绿色丝线锁绣的凤鸟图案。其同墓出土的木质葬具的碳 14 测定年代为距今约 2600 年左右，不论是此绢本身，还是其上的凤鸟纹图案，都是出自中原地区。在这批春秋战国时期的墓地中，除了发现有来自中原的丝织物以外，在多座墓葬中还见到了木胎漆盘、漆耳杯等漆器。这些墓葬的朝代，主要是在春秋战国时期，如此多的漆器出土，说明汉代以前，曾有相当数量的中原地区漆器西来新疆。所有这些都说明，包括新疆在内的古代少数民族，在远古时期，已经和中原汉族文化有着比较密切的联系。

二、两汉时期丝绸之路的开拓

丝绸之路有狭义广义之分。狭义的西域是指玉门关、阳关以西，葱岭以东，昆仑山以北，巴尔喀什湖以南，即汉代西域都护府的辖地。广义的西域包括玉门关、阳关以西至中亚细亚、罗马帝国等地，包括今阿富汗、伊朗、乌兹别克，至地中海沿岸一带。张骞先后两次通使西域，开拓了从中国陕西、内蒙古、甘肃、新疆到今阿富汗、伊朗等地的陆路交通，即著名的“丝绸之路”，开启了古代东方与西方交流的新时代，即从零星的、断续的、小规模的交流，转变为大规模的、持续的、官民结合的交流，促进了东西方经济文化的广泛交流。丝绸之路是古代中国率先对外开放的例证，是一条横贯亚、欧、非三大洲的古代商业贸易通道，更是亚、欧、非大陆民族及文化交流融合的核心通道和历史纽带，深刻而久远地影响了欧亚大陆的文明演化和历史进程。

西汉建元三年（前 138），张骞第一次出使西域，目的是联合西域各国共同抗击匈奴。当时，匈奴控制着西域的大部分地区，汉朝通西域的路线也被匈奴控制，张骞在出使中途即被匈奴截留，在匈奴十多年，却始终保持着汉朝的特使符节。后来，张骞寻机率部逃离匈奴到达西域，但此时的西域各国，有的不敢得罪匈奴，还有的如大月氏等国在匈奴的压迫下已迁往别处，不再想和匈奴发生战争。张骞回到汉朝以后，向汉武帝报告了西域的情况，这成为《汉书·西域传》资料的最初来源。张骞第一次出使西域的最初目的没有达到，只是增进了双方了解，探明了路线，但对于西域的地理、物产、风俗习惯有了比较详细的了解，为汉朝开辟通往中亚的交通要道提供了宝贵的资料。

西汉元狩四年（前119），张骞第二次出使西域。此时，匈奴已被汉朝打败，西域各国也摆脱了匈奴统治，出使西域的目的就是增进汉王朝同西域各国的经济文化交流和友好往来。张骞率领300人组成的使团，每人备两匹马，带牛羊万头，金帛货物价值"数千巨万"，到了乌孙，游说乌孙王东返未能成功。他又分遣副使持节到了大宛、康居、月氏、大夏等国。此后，汉朝使者还到过安息（波斯）、身毒（印度）、奄蔡（在咸海与里海间）、条支（安息属国）、犁轩（附属大秦的埃及亚历山大城）。张骞二次出使西域受到了各国的欢迎，中原丝绸、瓷器等物品以及先进生产方式传到了西域，西域名马、香料及水果等特产传到了中原。同时，西域各国也纷纷遣使来汉进行政治、经济、文化交流，如元鼎二年（前115）张骞返回汉朝时，乌孙就曾派使者几十人随同张骞一起回到长安。

张骞两次通使西域，推动了汉朝与西域及中亚各地之间在政治、经济、文化等各方面的交流。从张骞"凿空"西域到汉武帝设立河西四郡，构筑以长城为主干的军事防御体系，保障丝绸之路东段沿线的安全和畅通，以及与乌孙联姻，清除匈奴对西域的奴役，移民屯田，为东西方使者和商旅提供安全和粮食保障，这条东西通路将中原、西域与阿拉伯、波斯湾紧密地联系在一起。此后，各国使者、商人沿着张骞开通的道路，来往络绎不绝。经过几个世纪的不断开拓，丝绸之路向西伸展到了地中海。丝绸之路促成汉族和边疆少数民族乃至中亚许多国家的第一次文化交融。当时,各地丝绸和其他商品主要集中在长安,再由各国商人把一捆捆的生丝和一匹匹绸缎,用油漆麻布和皮革装裹,然后组成浩浩荡荡的商队,从长安出发,西行过咸阳、陕甘高原,越陇山至陇西高原,通过武威、张掖、酒泉、敦煌到达西域及欧洲。西域的核桃、葡萄、石榴、蚕豆、苜蓿等十几种植物,逐渐在中原栽培。龟兹的乐曲和胡琴等乐器,丰富了汉族人民的文化生活。汉军在鄯善、车师等地屯田时使用地下相通的穿井术,习称“坎儿井”,在当地逐渐推广。此外,大宛汗血马在汉代非常著名,名曰“天马”,“使者相望于道以求之”。那时大宛以西到安息国都不产丝,也不懂得铸铁器,后来汉的使臣和散兵把这些技术传了过去。中国蚕丝和冶铁术的西进,对促进人类文明的发展贡献甚大。当时,中国丝织品在欧洲享有盛誉,特别是在罗马帝国,将中国的丝织品当作珍贵物品,称中国为“丝国”;罗马共和国执政官恺撒身着丝袍现身剧场曾轰动欧洲一时,后来穿中国丝袍成为罗马及欧洲上流社会的时尚。

汉宣帝神爵二年(前60),出于对匈奴的不断骚扰和丝绸之路上强盗横行的状况考虑,汉朝为加强对西域的控制,设立西域都护府。这是中央王朝在葱岭以东,今巴尔喀什湖以南广大地区正式设置行政机构的开端。西汉政府在西域设置常驻官员,派士卒屯田,设校尉统领保护,使汉族同新疆少数民族交往更加密切。以汉朝在西域设立西域都护府为标志,丝绸之路这条东西方交流之路开始进入繁荣时代。从西汉的敦煌出玉门关,进入新疆,再从新疆连接中亚细亚的一条横贯东西的通道,再次畅通无阻。这条通道,就是后世闻名的“丝绸之路”。

西汉后期,丝绸之路因中原内患增加而时断时续,但中原王朝却始终没有放弃对西域的控制和交往。西汉哀帝以后,车师与匈奴连年不断的战争更令出入塔克拉玛干的商路难以通行,当时为防止西域动乱波及汉朝边境,经常关闭玉门关,这些因素最终导致丝路东段天山北南路交通陷入半通半停状态。新莽时期(9—23)丝路彻底中断。公元97年,班超在重新建立起汉朝在中亚的主导地位后,重开丝绸之路,派甘英携带大量丝织品出使大秦(罗马帝国),甘英西经条支(今中东伊拉克)、安息等国,至安息西界(今波斯湾)。甘英出使欧洲,熟悉了沿途地理情况和风土人情,为日后中西交通发展和经济文化交流提供了有利条件,他是历史上第一个探险开辟欧亚交通的人,他最后到达的终点是汉代中国使者在"丝绸之路"上到达的最西点。班超出使欧洲拓展了中欧联系的渠道,此后双方交流日益频繁。据《后汉书》记载:东汉延熹九年(166),大秦王安敦派使者来到中国,还带来献给东汉桓帝的象牙、犀角、玳瑁等礼品。大秦使者到中国是东汉同大秦的第一次直接联系,也是中国同欧洲的第一次直接联系,这是中西交通史上的一件大事。

汉代以后,丝绸之路成为东西方交流的一条大通道。丝绸之路全长8000多公里,在中国境内约4400公里。

丝绸之路的基本走向形成于汉代,其主干线起点在都城长安(今西安)。丝绸之路一般可分为三段,而每一段又分为北、中、南三条线路。

东段从长安到玉门关、阳关。主要的三条线路均从长安出发,到武威、张掖汇合,再沿河西走廊至敦煌。线路选择,多考虑翻越六盘山以及渡黄河的安全性与便捷性,北线:从泾川、固原、靖远至武威,路线最短,但沿途缺水、补给不易。南线:从凤翔、天水、陇西、临夏、乐都、西宁至张掖,补给容易,但路途较长。中线:从泾川、平凉、会宁、兰州至武威,距离和补给均属适中。

中段从玉门关、阳关以西至葱岭,主要是西域境内的诸路线,随绿洲、沙漠的变化而时有变迁。中段在西汉大体有南北两条道路。南道:指昆仑山北麓和塔克拉玛干沙漠之间的东西通道。东起阳关,沿塔克拉玛干沙漠南缘,经楼兰、且末、尼雅(精绝)、和田、莎车等,越葱岭(今帕米尔),向西或向西南,可到达大夏(今阿富汗)、粟特(今乌兹别克斯坦)、安息(今伊朗)、条支(今伊拉克),最后可到达大秦(罗马帝国)。北道:从玉门关向西,经车师国(今吐鲁番地区)的高昌古城和交河古城,沿天山南麓向西南,再经危须(今新疆和硕)、焉耆、尉犁(今新疆库尔勒)到龟兹(今新疆库车)。再往西有两条岔道,一条西行过姑墨(今新疆阿克苏)、温宿(今新疆乌什),到乌孙首府赤谷城,再向西过阗池南,沿纳林河向西到塔拉斯河中游的郅支城(今哈萨克斯坦江布尔城)。另一条则是由龟兹向西南行,到疏勒(今新疆喀什噶尔),越葱岭上的休循到大宛(今费尔干纳)。东汉时,又开辟了新北道,即由玉门关西行,过莫贺延碛沙漠北缘到伊吾,再向西北行,到蒲类海、车师后部,西通乌孙。

西段自葱岭以西经中亚、西亚直到欧洲。西段的北、中、南三线分别与中段的三线相接对应,其中经里海到君士坦丁堡的路线是在唐朝中期开辟的。北线:沿咸海、里海、黑海的北岸,经过碎叶(今吉尔吉斯斯坦托克玛克)、怛罗斯(今哈萨克斯坦江布尔城)、阿斯特拉罕(伊蒂尔)等地到伊斯坦布尔(君士坦丁堡)。中线:自喀什起,经费尔干纳盆地、撒马尔罕、布哈拉等到马什哈德(伊朗),与南线汇合。南线:起自帕米尔山,可由克什米尔进入巴基斯坦和印度,也可从白沙瓦、喀布尔、马什哈德、巴格达、大马士革等前往欧洲。

三、隋唐时期丝绸之路的繁荣

隋唐时期,中原王朝屡次对突厥用兵,一举控制西域各国,设立“安西四镇”作为中国政府控制西域的机构,兴修玉门关,再度开放沿途关隘,并打通天山北路丝路分线,将西线打通至中亚。于是,丝绸之路东段再度开放,新的商路支线被不断开辟,丝绸之路贸易迎来了繁荣时期。

裴矩开中央政府主持贸易之先河,在西北民族尤其河西民族贸易史上具有重要意义。隋炀帝时,西域各族或政权使者纷纷前来河西地区从事贸易，为发展与西域的商路交通，中央政府派遣吏部侍郎裴矩前去张掖主持中原与西域各民族和西方各国间的相互联系、贸易及交流等事宜。隋大业元年至九年(605—613)，裴矩利用和胡商接触的便利条件，倾心结交西域各国官吏、商人等，注重了解西域各国的山川地势、风土人情、服饰物产等，尽力搜集西域各国山川险易、君长姓族、风土物产等资料，绘画各国王公庶人服饰仪形，“丹青摹写，为《西域图记》，共成三卷……仍别造地图，穷其要害”。[1]《西域图记》详细记录了当时从敦煌通往西域的三条道路，即北道(又叫新北道)、中道(即汉代的北道)和南道。这三条大道“故伊吾、高昌、鄯善并西域之门户也，总辏敦煌，是其咽喉之地”。[2] 三条道路具体走向为：北道从伊吾出发，经蒲类海、铁勒部，突厥可汗庭，渡北流河水，至拂菻国，达于西海。中道从高昌出发，经焉耆，龟兹，疏勒，渡葱岭，又经钹汗，苏对沙那国，康国，曹国，何国，大、小安国，穆国，至波斯，达于西海。南道从鄯善出发，经于阗、朱俱波、喝槃陀，渡葱岭，又经护密、吐火罗、挹怛、延漕国，至北婆罗门，达于西海。

隋大业五年(609)，隋炀帝西巡河西，成为中外交往的一次盛会。这次出巡意图包括以武力解决吐谷浑侵扰，保障丝绸之路畅通；亲赴张掖巡视西域各国贸易情况，接受各国君王及使者朝见，举行盛大集会，宣扬国威；沿途访风问俗，优抚耆老等。大业五年正月二十日，炀帝一行离开洛阳，经长安、扶风旧宅(今陕西凤翔县)、陇西(今陇西、渭源一带)、狄道(今临洮)，武威，出临津关(今青海循化撒拉族自治县东黄河南岸)，渡过黄河到达西平(今乐都)，过星岭(今青海大通县北)、浩门河(今大通河)，收降吐谷浑十余万口。六月初八经大斗拔谷(今民乐县扁都口)，十一日至张掖。二十一日在张掖举行盛会，“上御观风行

[1]《隋书》卷67《裴矩传》。

[2]《隋书》卷69《裴矩传》。

殿，盛陈文物，奏九部乐，设鱼龙曼延，宴高昌王、吐屯设于殿上，以宠异之。其蛮夷陪列者三十余国”，[1]充分显示了隋王朝与河西的繁盛。

隋炀帝西巡解决了长期以来中西交通不畅的矛盾，进一步促进了丝绸之路贸易和文化繁荣。隋炀帝西巡和对吐谷浑征伐的胜利，彻底解除了丝绸之路上的威胁，隋的疆域一直拓展到且末、鄯善、伊吾等广大地区。中原与西域、西亚交往的所有道路全部畅通，南北门户洞开，为后来丝绸之路贸易的更加繁荣奠定了基础。特别是张掖盛大商品交易会的举行，不但向域外各国显示了中国的强大与富有，更重要的是向各国表达了与之进行经贸文化交流和友好交往的强烈愿望。大业五年，炀帝西巡两次盛会西域诸国首领后，次年，“突厥启民以下，皆国主亲来朝贺”，“大献方物”。因之向诸国展示中原深厚文化的歌舞活动在这一年达到顶峰，洛阳、长安两地万人空巷。在洛阳“天津街盛陈百戏，自海内凡有奇伎，无不总萃。崇侈器玩，盛饰衣服，皆用珠翠金银，锦罽絺绣，其营费巨亿万……金石匏革之声，闻数十里外。弹弦擫管以上，一万八千人。大列炬火，光烛天地，百戏之盛，振古无比”。[2] 通过规模宏大、精美绝伦、喧腾欢跃的艺术活动，隋朝自豪地向周边各族及域外展示了中原文化的多彩，将自身艺术成就完全以一种开放的姿态呈现。大业十一年(614)，又有“突厥、新罗、靺鞨、毕大辞、诃咄、传越、乌那曷、波腊、吐火罗、俱虑建、忽论、诃多、沛汗、龟兹、疏勒、于阗、安国、曹国、何国、穆国、毕、衣密、失范延、伽折、契丹等国并遣使来朝”。[3] 这说明，炀帝西巡彻底清除了丝路障碍，以文化活动和优惠待遇大力招商，中原与西域各国，尤其是丝路沿途各国的政治、经贸、文化关系在受阻数百年后全面恢复。这一系列具有开拓性的努

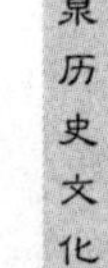

[1]《资治通鉴》卷181。

[2]《隋书·音乐志》。

[3]《隋书·炀帝纪下》。

力，为丝路贸易在唐代的繁荣奠定了基础。

隋朝丝绸之路的畅通无阻，保证了河西丝路贸易的正常开展，不同地区、不同民族间的经济贸易和文化交往更加密切。河西地区是多民族居住区，有汉、突厥、吐谷浑等民族，又是外来商人往来的必经之地，农耕区与畜牧区犬牙交错，民族间的经济贸易异常活跃，构成了河西地区经济的一大特色。尤其重要的是，丝绸之路贯穿全境，使得中原地区的纺织品尤其丝织品、纸张、瓷器等手工业品，源源不断地通过河西地区流入西域、中亚、欧洲等世界各地；西亚、欧洲等地的马匹、金银珠宝等奢侈品又通过河西流向中原地区。隋代丝路贸易分为国内贸易和国际贸易两种形式；从贸易经营者身份可分为民间贸易和官府直接控制的各国贸易。形式多样的丝路贸易，一是加强了民族交往，使各民族间得以互通有无、共同发展、优势互补，促进了民族团结，有利于中华民族一体化的形成。二是丰富了丝绸之路的内容，进一步扩大了中原王朝对周边少数民族和外国的影响，同时积极吸收外来民族新鲜血液，并为盛唐时期的开放风气及文化繁荣奠定了基础。三是活跃了丝绸之路沿途的社会经济。国内贸易和国际交往，在一定程度上刺激了丝路贸易的活跃，扩大了商品贸易范围，丰富了贸易内容，有利于农业、手工业、交通运输业及服务业开发，为以农业和畜牧业为主导地位的社会经济注入了一定的商品经济成分，因而更具活力。

唐代政治稳定，经济、文化全面繁荣，唐政府以全面开放的姿态参与东西方交流。当时，丝绸仍是丝路贸易的主要过境商品。西域诸国使团来华进贡名贵的土特产，唐的回赐也很丰盛，其中以丝绸为大宗。胡商也携带大量珍宝来贩取丝绸及丝织品。《吐蕃历史文书》记载，“汉之财物往运河西，贮存于瓜州，悉为吐蕃所夺”，普通的吐蕃百姓也能穿上上等丝绸，证明运至瓜州的丝绸数量很多。唐代诗人张籍描述丝路：“边城暮雨雁飞低，芦笋初生渐欲齐。无数铃声遥过碛，应驮白练到安西。”除丝绸之外，西域商客还需要瓷器、药材、粮食、驼、马等物。大批胡商因丝绸贸易客居敦煌、酒泉等丝路沿线城镇，商品经济十分活跃。

唐代丝路贸易的一个显著的特点就是，西北民族贸易中的茶马贸易逐渐取代了贡赐贸易和绢马贸易，成为西北地区民族贸易的主体。茶马贸易主要指我国西北地区从事畜牧业经济的少数民族，用马匹换牲畜及畜产品与内地农耕民族生产的茶叶、布帛、铁器等生产和生活必需品的比较集中的大规模的集市性贸易活动。少数民族的饮食结构，决定了其对于茶叶需求的迫切，不仅吐蕃如此，其他游牧民族对茶叶的需求也大体相同。但是受交通运输工具的限制，进入游牧民族的茶叶数量毕竟有限，交易成本比较高，因此茶叶一开始只是作为少数民族上层的高级奢侈消费品，社会下层一般与茶叶消费无缘。茶马贸易的兴起，则在一定程度上对于在西北游牧民族中普及茶叶饮用具有非常重要的推动作用。此外，唐代部分边境贸易在一定程度和范围内还具有禁榷的性质。禁榷制度是把诸如盐、铁、酒、茶等商品的经营，从私人手中夺取过来，由政府实行统购统销，并完全由政府垄断。实际上这是将私营商业变为官营商业，使私人商贾失去牟取暴利的机会，或者说即使商人从事经营，也必须在官府的严格控制下进行。茶马贸易中政府对于茶叶的控制，不仅仅只是出于对这种资源垄断或配置的考虑，它同时还涉及国家安全、国家职能、民族利益、经济均衡发展等诸因素。

唐代，河西走廊丝绸之路沿线城镇在中外贸易中扮演重要的角色，成为中外使节、客商聚居和频繁交流的重要平台和渠道。以敦煌为例，其作为一个国际性大都市，外来商品极为丰富，仅市场上常见的就有几十种之多。这一时期，敦煌市场上的商品大都从外地进口，进行中转贸易，这主要依靠粟特人来完成。从敦煌带出的物品以丝绸居多，贩来的物品有银器、棉布、铁器、药材、化妆品、消费品等。这些外来商品，既有产自朝鲜的高丽棉,又有来自波斯和拜占庭的胡锦和蕃锦;既有从印度进口的香料,又有从今蒙古高原一带流入敦煌的兵器。在众多的外来商品中,胡粉、棉布、玉器、珠宝等商品极具西域特色。传入敦煌贸易市场的珠宝比较常见的有琉璃、玛瑙、珊瑚等,琉璃原产地是波斯,是波斯倾销于唐代中国市场的主要商品;珊瑚主要出产于中国南部沿海地区和南亚地区,是敦煌地区的典型进口商品,反映敦煌对外贸易的范围之广。敦煌设有供胡商贸易的"市"。敦煌周围还设有清泉、白亭、阶亭、双泉、悬泉、黄谷等21个驿站、邸店。《沙州图经》所记的"石城镇"是外国商人聚居之地。敦煌以西百里的兴胡泊,则是通过玉门关往返的胡商居住之地。

四、元明清时期丝绸之路的衰落

元代以后,丝绸之路贸易整体上趋向于衰落。主要原因有两个:一是政治、经济、文化中心的南移,二是海上丝路贸易的繁荣,替代了陆上丝绸之路的地位。

唐代"安史之乱"后的数百年间,北方地区战火纷飞,为丝绸之路贸易提供直接服务的黄河流域丝绸生产几乎陷于停顿。同时,西北地区各民族政权的分裂、对立,使丝路贸易安全难以保障,丝绸之路因此逐渐衰落。北宋靖康二年(1127),金军攻占北宋都城开封。次年五月,北宋灭亡,赵构即位称帝建立南宋,定都临安(今浙江杭州)。政治中心南移对经济中心南移有重要影响。南宋建立后,人民抗金斗争阻止了金军南进,北方劳动人民纷纷南迁,补充了江南的劳动力,并带去先进生产技术和经验,南方相对和平稳定,这些条件促使南方经济在原有基础上得到突飞猛进的发展。在农作技术最发达的江浙地区,水田增加,水稻种植面积扩大,产量大幅提高,"苏湖熟,天下足"的谚语形象地反映了太湖流域农业生产在全国所占的重要地位。这一时期,南方棉花的种植推广、棉纺织技术的提高、造船技术的进步以及商品经济发展和海外贸易的繁荣，都是北方所不能企及的，至于元朝开通漕运和海运，中国资本主义萌芽首先产生于江南地区，更是说明南方经济已经超过北方，取得了不可动摇的经济重心地位。

“海上丝绸之路”是古代中国与外国交通贸易和文化交往的海上通道，该路主要以南海为中心，起点主要是广州。海上丝绸之路形成于秦汉时期，发展于三国隋朝时期，繁荣于唐宋时期，转变于明清时期，是已知最为古老的海上航线。海上丝绸之路开辟后，在隋唐以前只是陆上丝绸之路的一种补充形式。但到了宋元时期，随着欧洲海权及阿拉伯世界的兴起，特别是马可·波罗的中国游记刊行后，中国及亚洲成为许多欧洲人向往的一片繁荣富裕的文明国度，东西海上往来逐渐频繁。此后，西班牙、葡萄牙等西方国家开始绕过被意大利和土耳其控制的地中海航线与陆上丝绸之路，经由海路接通中国，并希望能从中获得比丝路贸易更大的利润。一些国家也希望将本国的所信仰的宗教传至东方。元代中央政府、元代官方积极经营对外贸易和允许私人出海贸易的开放政策进一步促进了海上丝绸贸易的繁荣。元政府大力鼓励外国商人来中国进行贸易，并在广州设立了市舶使专管外贸事务。当时中国与南洋和波斯湾地区有6条定期航线，这些航线都集中在广州，其中最著名的一条航线叫“广州通海夷道”，广州起航，越南海、印度洋、波斯湾、东非和欧洲，途经100多个国家和地区，全长共14000公里，是当时世界上最长的国际航线。同时，伴随着中国造船、航海技术的发展，其通往东南亚、马六甲海峡、印度洋、红海，及至非洲大陆航路的纷纷开通与延伸，海上丝绸之路替代陆上丝绸之路，成为对外交往的主要通道。

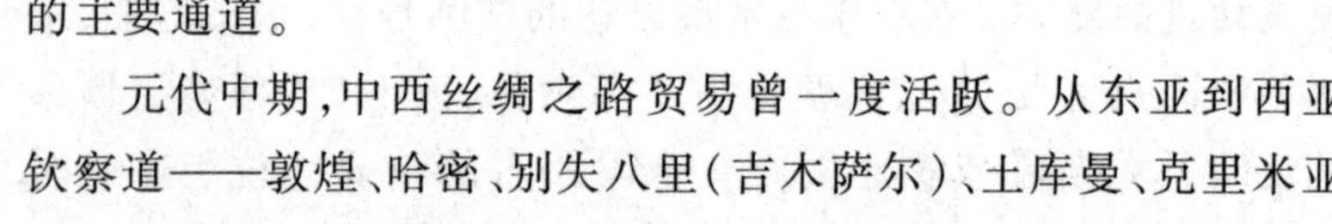

元代中期，中西丝绸之路贸易曾一度活跃。从东亚到西亚钦察道——敦煌、哈密、别失八里(吉木萨尔)、土库曼、克里米亚半岛；波斯道——敦煌、罗布泊、天山南路、大不里士到土耳其，

驿道纵横交错,意大利人马可·波罗就是这个时候由这些驿道来到中国,这是丝绸之路的又一个繁荣时期。但好景不长,到15世纪初,察合台后王势力进一步分裂,新疆和中亚地区各自割据,不相统属。同时,为了推行伊斯兰教并控制丝绸之路的咽喉要道,察合台后王与明朝争夺哈密,这场战争前后进行了一百三十余年。在蒙元时期,由于蒙古的西征和对中亚、西亚广大地区的直接统治,使东西驿路通畅,许多欧洲使者、教士和商人,都沿此路东来中国,丝路又繁荣一时。但蒙古帝国也摧毁了以往在丝绸之路上大量关卡和腐朽的统治,令丝绸之路通行比以往任何朝代都要方便。元代丝绸之路交往的主要目的也发生了明显的变化,大多是以宗教信仰及其他文化交流为使命,而不再是以商人为主导。诸如马可·波罗和长春真人的游记就体现了这一点,这从侧面反映西北丝绸之路贸易的衰落。

明代中期以后,采取闭关政策。与此同时,造船技术和航海技术不断发展,海上交通更是代之而起,使丝绸之路贸易全面走向衰落。

五、21世纪丝绸之路的复兴

进入21世纪,丝绸之路贸易和投资在古丝绸之路上再度活跃,出现了复兴热潮。

随着改革开放的逐步深入,中国经济发展令世界瞩目,重建丝绸之路也成为丝路沿线国家和地区的共同愿望。与中国相邻的中亚各国希望与中国扩展合作领域,在交通、邮电、纺织、食品、制药、化工、农产品加工、消费品生产、机械制造等行业对其进行投资,并在农业、沙漠治理、太阳能、环境保护等方面进行合作。同时中国一些有识之士也不断呼吁,在现代交通、资讯飞速发展和全球化发展背景下,促进丝绸之路沿线区域经贸各领域的发展合作,既是对历史文化的传承,也是对该区域蕴藏的巨大潜力的开发。由于远离全球贸易的主要通道,内陆地区比较贫穷和落后,除非拥有丰富的自然资源;而沿海地区依靠全球贸易,更为发达和富裕。中国国内是这样,全球也是如此。丝绸之路经过的国家很多是内陆国家,其人均 GDP 远低于世界平均水平。几十亿人生活的内陆处于全球经济发展的边缘,造成了发展失衡。建设“丝绸之路经济带”,从中国国内来看,可以使西部地区成为对外开放的前沿;从全球来看,可以使亚欧大陆的内陆地区更多地参与全球贸易,中国和全球经济发展都将更为平衡。

2013 年 9 月 7 日,中国国家主席习近平在哈萨克斯坦纳扎尔巴耶夫大学作重要演讲,提出了共同建设“丝绸之路经济带”的构想。习近平提出,为了使欧亚各国经济联系更加紧密、相互合作更加深入、发展空间更加广阔,中国和中亚国家可以创新合作模式,共同建设“丝绸之路经济带”,以点带面,从线到片,逐步形成区域大合作。这将是一个东起西太平洋沿岸、西到波罗的海、横跨欧亚大陆的新兴经济合作区。中国政府的基本设想是,“丝绸之路经济带”建设可以通过“五个沟通”逐步实施。首先,加强政策沟通。各国就经济发展战略进行交流,协商制定区域合作规划和措施。其次,加强道路联通。打通从太平洋到波罗的海的运输大通道,逐步形成连接东亚、西亚、南亚的交通运输网络。第三,加强贸易畅通。丝绸之路经济带总人口 30 亿,市场规模和潜力独一无二。各方应该就推动贸易和投资便利化问题进行探讨并作出适当安排。第四,加强货币流通。推动实现本币兑换和结算,增强抵御金融风险能力,提高本地区经济国际竞争力。第五,加强民心相通,加强人民友好往来和社会交往。

“丝绸之路经济带”的建立是一个多赢的构想,是造福沿途各国人民的大事业,必将使形成于 2000 多年前的古丝绸之路焕发出新的生机。新丝绸之路经济带的建设,将为中国营造一个与周边国家的良好政治、国防、民族环境,有利于中国和中亚地区的经济联系更紧密、文化更互融、政治更互信,有利于中国新疆等地区的稳定发展和周边国家安全建设;推进区域间基础设施在内的各种互联互通，提高区域合作水平，推进区域一体化进程，激发区域内经济增长潜力，为全球经济提供新的增长力量；有利于构筑以开放促进中国西部大开发，以促进国内改革红利的释放来推动可持续发展。“丝绸之路经济带”集中体现了中国政府在坚持全球经济开放、自由、合作主旨下促进世界经济繁荣的新理念，也高度揭示了中国和中亚经济与能源合作进程中如何惠及其他区域、带动相关区域经济一体化进程的新思路，更是中国站在全球经济繁荣的战略高度推进中国与中亚合作跨区域效应的新举措。

从国内来看，建设“丝绸之路经济带”是国内经济稳增长的一个强有力的着力点，填补中西部经济发展不平衡的短板。“丝绸之路经济带”的建设构想将西部地区推送到对外开放的前沿，将极大地拓展我国经济发展战略空间，为经济持续稳定发展提供战略支持；建设“丝绸之路经济带”，将促进中国的西进战略，依托沿线交通基础设施和中心城市建设，以综合交通通道的开拓为发展空间，对域内贸易和生产要素进行优化配置的产业升级，促进区域经济一体化，实现区域经济和社会同步发展；建设“丝绸之路经济带”，也将对我国的外贸出口产生积极影响，有利于拓展中亚、西亚和南亚市场。更大意义上说，“丝绸之路经济带”很可能会成中国新的经济增长极，成为中国民族复兴的新动力。

从更高层面看，建设“丝绸之路经济带”将促进区域经济贸易合作共同繁荣，共享合作之益，共享互补之利。新丝绸之路经济带，东边牵着活力四射的亚太经济圈，西边系着发达的欧洲经济圈，沿线国家经济互补性强，在交通、金融、能源、通信、农业、旅游等各大领域开展互利共赢的合作潜力巨大。中亚国家与我国的友好交往已有上千年历史，在现代交通、资讯飞速发展和全球化发展背景下，促进丝绸之路沿线区域经贸各领域的发展合作，既是对历史文化的传承，也是对该区域蕴藏的巨大潜力的开发。中亚国家有很丰富的自然资源，中国在制造业、路桥建设等基础设施建设方面有很强大的技术力量，双方互有所需。更重要的是，“丝绸之路经济带”的构想如顺利实施将重新打通阻滞多年的亚欧经济动脉，实现各国从交通、贸易直至投资、金融的互联互通，描绘出惠及经济带沿线各国甚而影响更深远的亚欧经济新版图。同时，“丝绸之路经济带”的建设，也将联动亚欧涵盖30亿人口的巨大市场，使辐射太平洋至波罗的海间亚欧大陆“共振”，使全球经济格局随之改变，开创内陆和沿海共同发展、更加平衡的新局面。

（原载《发展》2014年第4、5、6期）

河西简牍学百年发展述论

20 世纪以来,甘肃省河西地区出土了 60000 多枚汉晋简牍,占甘肃出土简牍的百分之九十多,全国出土简牍的四分之一强。其中绝大多数是汉简,占全国汉简出土量的百分之八十以上。河西简牍真实地反映了汉晋时期,尤其是两汉时期的政治、经济、法律、军事、外交、丝绸之路、民族关系、交通邮驿、科学文化、宗教信仰,具有重要的史料价值和学术价值。在河西简牍研究的开山之作——《流沙坠简》发表百年之际,本文拟对河西简牍学的发展情况做一简要论述,并提出了一些需要反思的问题。

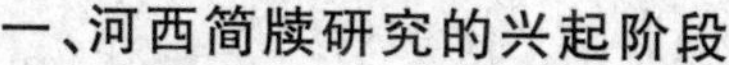

一、河西简牍研究的兴起阶段

河西简牍研究的兴起阶段(1907—1949),也就是从 1907 年斯坦因在敦煌汉塞烽燧遗址发现汉简,到 1949 年新中国成立前这一阶段。

1907 年,斯坦因第二次中亚考察,在敦煌附近的长城烽燧掘获了大量汉代木简。斯坦因将这批简牍交由法国著名汉学家沙畹(EdouardChavannes)博士承担。1913 年,沙畹发表《斯坦因在东土耳其斯坦考察所获汉文文书》,刊录斯坦因在新疆、甘肃所获简牍 991 枚,其中出自敦煌者 708 枚。沙畹除了发表照片外,还著录了各简编号及原简长度宽度数据,次以中文释文及考证。沙畹在刊印是书前,曾将手稿寄给了正在日本考释甲骨的罗振玉。因此,罗振玉和王国维得以对简牍文书展开考释研究。1914 年,由罗、王二人合著的简牍学名作《流沙坠简》出版。《流沙坠简》收录了斯坦因所获汉简文书 585 件,依据简文内容和性质的不同而分为三类。第一类为小学术数方技书 65 件,第二类是屯戍丛残 390 件,第三类是简牍遗文 86 件,主要为各类书信。[1]《流沙坠简》改变沙畹以编号著录简牍的方式为按照内容分类著录,充分揭示了这批简牍的历史文献价值,为简牍学研究提供了重要范例。

《流沙坠简》是我国简牍学的奠基之作,鲁迅先生曾评价:“中国有一部《流沙坠简》,印了将有十年了。要谈国学,那才可以算一种研究国学的书。开首有一篇长序,是王国维先生做的,要谈国学,他才可以算一个研究国学的人物。”[2]

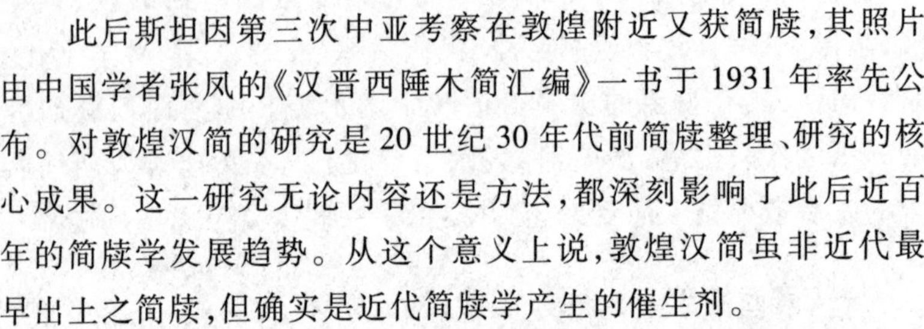

此后斯坦因第三次中亚考察在敦煌附近又获简牍,其照片由中国学者张凤的《汉晋西陲木简汇编》一书于 1931 年率先公布。对敦煌汉简的研究是 20 世纪 30 年代前简牍整理、研究的核心成果。这一研究无论内容还是方法,都深刻影响了此后近百年的简牍学发展趋势。从这个意义上说,敦煌汉简虽非近代最早出土之简牍,但确实是近代简牍学产生的催生剂。

1930—1931 年内蒙古额济纳河流域出土上万枚居延汉简,引起国内外学者的关注。马衡、向达、贺昌群、余逊、劳榦等人开始了整理和研究工作,其中以劳榦(1907—2003)的研究最为突出。

1936 年中瑞西北联合科学考查团首先将劳榦、余逊二人的部分考释用晒蓝纸印刷成册,世称“晒蓝本”,这是最早的居延汉简释文稿本。

1943 年和 1944 年,劳榦又分别出版了《居延汉简考释·释文之部》和《考证之部》,实现了对居延汉简最早的系统考证。

这一阶段,对简牍的整理、发表、考释是研究的重点,以简证史、利用简牍进行历史、地理考证是核心内容,王国维开创并为

[1]罗振玉、王国维:《流沙坠简》,中华书局 1999 年,第 3 页。
[2]鲁迅:《鲁迅全集·热风·不懂的音译》,人民文学出版社 2005 年,第 419 页。

劳榦等学者承袭的“二重证据法”成为简牍学初兴时期的主要研究方法。比较重要的论著还有马衡的《记汉居延笔》《汉兵物簿记略》，傅振伦的《道院简牍说》《汉武帝年号延和说》，贺昌群的《近年西北考古的成绩》《烽燧考》，陈槃的《汉晋遗简偶述》、夏鼐《新获之敦煌汉简》等。

二、河西简牍研究的发展阶段（1949—1978）

从1949年到1978年，是河西简牍研究的发展阶段。这一阶段，随着旧简牍资料尤其是图版照片的整理公布和新简牍资料的出土，河西简牍研究成为举世瞩目的焦点，研究人员和著述逐渐增多。

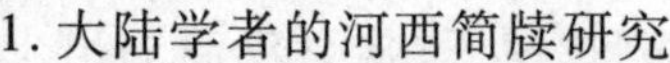

1. 大陆学者的河西简牍研究

新中国成立后的前30年，中国大陆简牍学研究主要集中于对20世纪前半叶所发现的敦煌和居延汉简，以及20世纪50年代发现的武威汉简研究。20世纪70年代，居延新简及睡虎地秦简、银雀山汉简的发现虽是这一时期简牍学界的盛事，但由于材料公布的滞后，故并未成为此阶段简牍研究的热点。因此，毫不夸张地说，这30年的简牍学研究是以河西汉简为中心的研究，尤其在居延、武威汉简研究领域取得了较显著的成就。从研究成果来说，中国大陆学者中以陈梦家和陈直二人最为突出。

陈梦家（1911—1966），我国现代著名诗人、古文字学家和考古学家。他在简牍学方面的主要成果，一是对武威汉简的整理研究，二是对居延汉简的整理研究，在简牍书籍和简牍文书两大领域，在简牍学与考古学的结合等方面，都取得了巨大成就。

武威“仪礼简”出土后，甘肃省博物馆请中国科学院考古研究所帮助整理。1960年6至7月，中科院考古所派陈梦家赴兰州参加了这批简的整理和研究工作。1964年甘肃省博物馆、中国科学院考古研究所合编、陈梦家完成主要工作的《武威汉简》一书出版。该书既是武威汉简的整理报告，也集中体现了陈梦家的研究成果，包括《绪论》《释文》《校记》《摹本》《图版》等部分，不仅收录了该墓及磨咀子18号汉墓出土简牍的照片、摹本和释文，还包含了陈梦家撰写的《简本仪礼在汉代经学上的地位》《由实物所见汉代简册制度》等考释性文章。

《武威汉简》出版后，陈梦家又对居延汉简进行了系统研究，发表了《汉简考述》《汉简所见居延边塞与防御组织》《汉简所见奉例》《汉简年历表叙》《玉门关与玉门县》等一批研究居延汉简的重量级著作，后以《汉简缀述》为名结集出版。作为著名考古学家，陈梦家非常重视出土地等考古信息对简牍研究的重要意义。他根据瑞典学者索马斯特罗姆的《内蒙古额济纳河流域考古报告》，并参考其他资料，最终查明全部居延汉简的出土地点，并以此重新整理和研究居延汉简，撰写了《居延汉简的出土地点与标号》《额济纳河流域烽燧述要》两文，同时编制了相关地图。陈梦家对出土地及额济纳河流域汉代烽燧的确定，成为以后居延汉简研究的基础。陈梦家的《汉简缀述》是居延汉简研究中的划时代之作，他以出土地为标准整理简牍文书的方法和穷尽式的简牍排列研究，为简牍学研究开创了新的途径。[1]

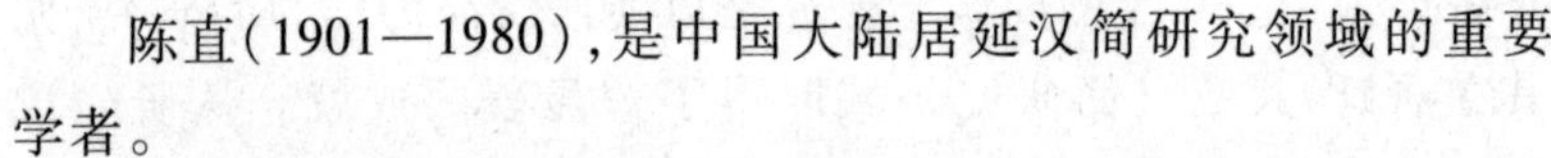

陈直（1901—1980），是中国大陆居延汉简研究领域的重要学者。

他的《居延汉简研究》一书，包括《居延汉简综论》《居延汉简解要》《居延汉简释文校订》《居延汉简甲编释文校订》《居延汉简系年》五部分，从释文校订、简牍年代排比，到利用简牍资料展开具体秦汉史研究，从各个方面对居延汉简进行了“通考”。[2]

这一时期，陈公柔、徐苹芳、陈邦怀、于豪亮等学者在河西汉简研究上也颇有建树。陈公柔、徐萍芳的《关于居延汉简的发现

〔1〕陈梦家：《汉简缀述》，中华书局1980年；2004年重印；2008年第三次印刷。

〔2〕陈直：《居延汉简研究》，天津古籍出版社1986年；2009年中华书局再版。

和研究》一文结合《居延汉简甲编》的出版讨论了居延汉简的出土状况及研究价值，涉及烽燧驿骑、屯田、屯戍组织、士兵装备、士兵生活等内容。陈公柔、徐苹芳的《大湾出土的西汉田卒簿籍》考察了大湾出土田卒的身份与年龄特征，以及骍马田官、农令、候农令、别田令史、丞等管理农事的职官和农具、牛耕及谷物名称，认为大湾出土的田卒簿籍是肩水都尉府保存的与屯田有关的档案资料。陈邦怀的《〈居延汉简甲编〉校语》《〈居延汉简甲编〉校语增补》两篇论著，对《居延汉简甲编》的图版及释文作了校正。他的《居延汉简考略》则是对汉简具体词汇的考证，有作墼、作绳、田租、盐、酒、井等28条，涉及考工、经济生活、方药、政治、刑狱、军法军服、保卫、邮程文书、画押等多个方面，是居延汉简研究的重要成果。于豪亮的《〈居延汉简甲编〉补释》，[1]对居延汉简中23个重要词汇作了考释，《居延汉简中的"省卒"》对汉简"省卒"及省作现象予以分析，《居延汉简校释》又对居延汉简8个重要词汇作了考释，并对《居延汉简甲编》的释文作了15条补校，推动了居延汉简的释读。[2]

2. 港台学者的河西简牍研究

这一时期，中国香港地区的河西简牍研究以饶宗颐先生为代表，他主要侧重于社会风俗、宗教方面的研究。如《居延汉简术数耳鸣目润解》《居延零简》等论作就是对居延汉简中术数问题的探讨。

中国台湾学者侧重于居延汉简研究，代表人物是劳榦、陈槃、张春树、马先醒等。

劳榦于1957年出版了《居延汉简考释·图版之部》，[3]第一

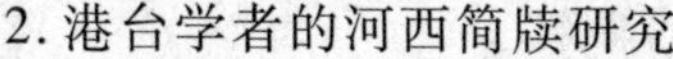

[1]于豪亮：《〈居延汉简甲编〉补释》，载《考古》1961年第8期；收入于豪亮：《于豪亮学术文存》，中华书局1985年，第232~240页。

[2]于豪亮：《居延汉简校释》，载《考古》1964年第3期；收入于豪亮：《于豪亮学术文存》，中华书局1985年，第207~212页。

[3]劳榦：《居延汉简·图版之部》，台北："中央研究院"历史语言研究所1957年；1977年再版。

次向世人公布了大部分居延汉简的照片，促使居延汉简研究走向新天地。1960 年他又根据简文照片对《居延汉简考释》一书进行了较大的修改，出版《居延汉简 · 考释之部》，反映了他在释文校订方面的新收获。[1]

陈槃这一时期则发表了《汉晋遗简偶述之续》《汉简剩义》《汉简剩义之续》《汉简剩义再续》《敦煌木简符箓试释》等论作，并于 1975 年结集为《汉晋遗简识小七种》出版。张春树的《汉代边疆史论集》以敦煌、居延等地出土汉简为材料，在汉代边塞制度史和社会史研究方面，取得了重要成果。杨希枚的《论汉简及其他文献所载的黑色人》对汉简所记的“黑色”问题提出了自己的看法，都是台湾地区对河西汉简研究的重要成果。[2]

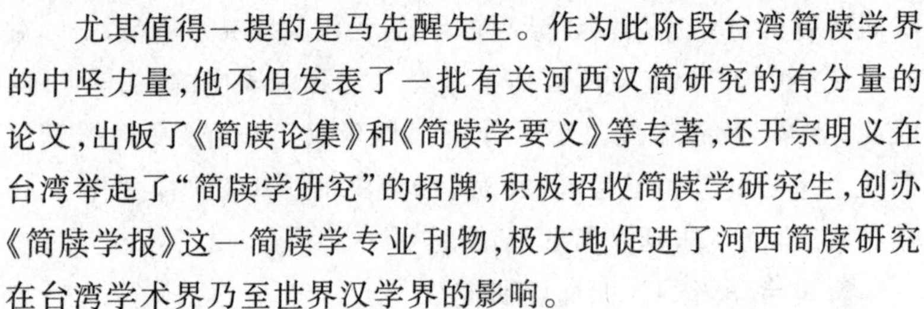

尤其值得一提的是马先醒先生。作为此阶段台湾简牍学界的中坚力量，他不但发表了一批有关河西汉简研究的有分量的论文，出版了《简牍论集》和《简牍学要义》等专著，还开宗明义在台湾举起了“简牍学研究”的招牌，积极招收简牍学研究生，创办《简牍学报》这一简牍学专业刊物，极大地促进了河西简牍研究在台湾学术界乃至世界汉学界的影响。

3. 国外学者的河西简牍研究

这一时期的简牍学研究不仅在中国有巨大影响，也同样成为国外汉学研究的热点，尤其是日本学者取得了丰硕成果。1951 年京都大学人文科学研究所成立了“居延汉简研究班”，专门整理居延汉简中的汉代文书，并据出土汉代文书综合研究汉代史。正是因为有了这样的组织形式，日本产生了一批优秀的汉简专家，在河西汉简研究方面取得了显著的成绩，其中成就卓著者有森鹿三、大庭脩、永田英正等人。

森鹿三是日本居延汉简研究的组织者。他开创了简牍集成

---

[1]劳榦：《居延汉简 · 考释之部》，台湾：“中央研究院”历史语言研究所 1960 年。

[2]杨希枚：《论汉简及其他汉文献所载的黑色人》，载《先秦文化史论集》，中国社会科学出版社 1995 年，第 969～989 页。

的方法，利用整理同类性质简牍文书的方式，对居延汉简中的相关人物与事类进行集中研究，从而取得了较大成果。如《居延出土的王莽简》就是对居延汉简中王莽简的集中研究，分析了王莽时简牍文书的特征，为此后的新莽简判断提供了一系列重要标准。《关啬夫王光》《关于令史弘的文书》《居延汉简集成——特别是关于第二亭食簿》等文也以具体人物、簿籍来集成部分汉简，通过汉简的集成发现了很多看似无联系的简牍间的内在联系，推动了研究的深入。

大庭脩于1951年参加京都大学人文科学研究所"居延汉简研究班"，其研究重点在于简册的复原。他的《关于居延出土的诏书册与诏书断简》成功地复原了地湾出土的元康五年(即神爵元年，公元前61年)诏书册，并以此为基础对汉代诏书的传递程序及御史大夫一职的性质进行探讨，向学界展示了简册复原在简牍学、历史学研究方面的重要作用。后来，大庭脩又对地湾出土的骑士简册、敦煌凌胡燧出土册书及部分檄书予以复原，并从理论上对汉简文书分类，尤其是复原册书的操作规则进行了分析。此外，大庭脩《秦汉法制史研究》一书，围绕秦汉法制问题对河西汉简进行了全面研究，成果丰硕。[1]

永田英正也是日本居延汉简研究的代表学者。他的最主要的贡献在于对居延汉简簿籍作了系统集成和文书学分类。他继承并深化了森鹿三提出的文书集成式方法，将居延汉简划分为定期文书和不定期文书，然后以簿籍简的形状、内容、出土地以及书写格式为中心，以破城子、地湾、博罗松治、瓦因托尼、大湾等地出土簿籍简为集成对象，判断并整理出70多种不同的簿籍书式，并对每一种书式的具体格式进行了分析。他围绕这些簿籍文书的制作、运转、传递等问题展开分析，进而对汉代边塞地区候官的执掌及边郡统治组织、文书行政情况予以讨论，取得了

〔1〕大庭脩：《秦汉法制史研究》，上海人民出版社1991年。

很大成就。

此外,藤枝晃的《汉简职官表》利用敦煌、居延汉简对汉代郡太守、都尉、属国都尉、农都尉、县五个机构的属官进行了详致考察,是汉简研究的重要成果。《长城的防御——河西地区出土的汉代木简内容概观》则对河西简牍反映出的汉代军事戍守问题作了讨论。尾形勇的《汉代屯田制的几个问题——以武帝、昭帝时期为中心》整理了居延汉简中的田卒名籍,进而对河西四郡的屯田作了研究。米田贤次郎的《秦汉帝国的军事组织》结合居延汉简考察了汉代对匈奴的防守,涉及防守组织、供给情况、赋钱及屯田诸问题。佐藤武敏的《汉代的户口调查》结合简牍资料分析了汉代户籍登记状况,认为汉代的户口调查是以设置什伍组织和征收算赋为主要目的,每年进行一次大规模的调查。日比野丈夫的《汉简所见地名考》对居延汉简中的部分地名,如东郡畔县、东平国新桃县、淮阳国高平县以及昌邑的三部等地理问题作了考证。

除日本学者外,国外河西简牍研究成就最显著的是英国学者迈克尔·鲁惟一。他先后发表了《中国汉代除爵制》《汉代谷物量制》《汉代的军政》等论文,并于 1967 年发表《汉代行政纪录》这一简牍文书学专著。该书共分两卷,第一卷是历史述评,论述了居延简牍及其价值、书面通信及其传递、汉朝势力的扩张、汉代兵役的组织、汉代士卒的工作与生活五个方面,是总体的论述。第二卷则是依照出土地点从内容和形式上分类。他以出土地点为标准复原出了 43 种册书,对简牍文书的册书复原工作做出了重要贡献。

海外学者的研究是河西汉简研究的重要组成部分,尤其是日本学者开创的以简牍集成和简牍复原为代表的简牍文书学研究方法,更是对此后的河西汉简研究造成了深远的影响。

三、河西简牍研究的繁荣阶段(1978 年以后)

1978 年以后,随着学术研究大背景的好转和学术交流的方便，河西简牍研究也进入了繁荣阶段。20世纪70年代出土的居延新简陆续整理公布，大大充实了河西简牍研究的资料。1979年敦煌马圈湾、1986年金塔地湾城、1990—1992年敦煌悬泉置、2008年永昌水泉子等河西简牍的不断出土，更是持续不断地为河西简牍研究提供新材料。新材料、新方法的使用促进了河西简牍学术研究的繁荣，研究群体不断增加，研究成果较前两个阶段也更为丰富。

1. 大陆学者的简牍学研究成就突出

这一阶段，大陆河西简牍研究得到了快速发展，主要特征：

一是甘肃学者成果丰硕。新时期以来，甘肃的简牍发掘者、研究人员，整理、刊布了大量的简牍文献，积极开展河西简牍研究和学术交流活动。

1991年，甘肃省文物考古研究所、甘肃省博物馆、中国文物研究所和中国社会科学院历史研究所等单位在兰州举办了首届简牍学国际学术研讨会，对推动简牍学的发展起了重要作用。2011年，由甘肃省文物局主办，甘肃简牍保护研究中心、甘肃省文物考古研究所、甘肃省博物馆和西北师范大学共同承办的甘肃省第二届简牍学国际学术研讨会，吸引了海内外近200名简牍学者参会，会后出版了《甘肃省第二届简牍学国际学术研讨会论文集》，大大促进了河西简牍研究。2013年，酒泉市金塔县、甘肃简牍博物馆等单位联合举办了“居延遗址与丝绸之路”国际学术研讨会，将国际简牍学盛宴办到了居延汉简的出土地，会议组织相关学者考察了地湾、肩水金关等汉代关隘烽燧遗址，促进了国内外学者对河西简牍研究的关注。

文物考古机构与高等院校的合作开展简牍学研究，是甘肃简牍学研究的一个显著特点。从1996年开始，西北师范大学历史系与甘肃省文物考古研究所合作编辑了简牍学研究的专业刊物《简牍学研究》，专门刊载简牍学研究论作。1996年、1998年、2002年、2004年共刊出四辑。2014年，刊出了《简牍学研究》第五辑。《简牍学研究》是较早成立的专门性的简牍研究专刊，体现了甘肃简牍学的研究成果。

甘肃省文物考古研究所编辑出版了《汉简研究文集》和《秦汉简牍论文集》两部著作。《汉简研究文集》对玉门花海汉代烽燧遗址出土木简、敦煌酥油土汉代烽燧遗址出土木简、武威征集到的王杖十简等新发现汉简介绍、研究。《秦汉简牍论文集》收录了甘肃学者整理河西汉简的二十余篇论著。这些成果大部分由简牍发掘、整理第一线的工作人员完成，对相关信息的披露和独特的研究视角是其重要特点。2000 年，初师宾先生主编的《中国简牍集成》(1—12 册)出版，该书既是简牍整理的重要著作，也是河西简牍研究的集成性成果的集中体现。

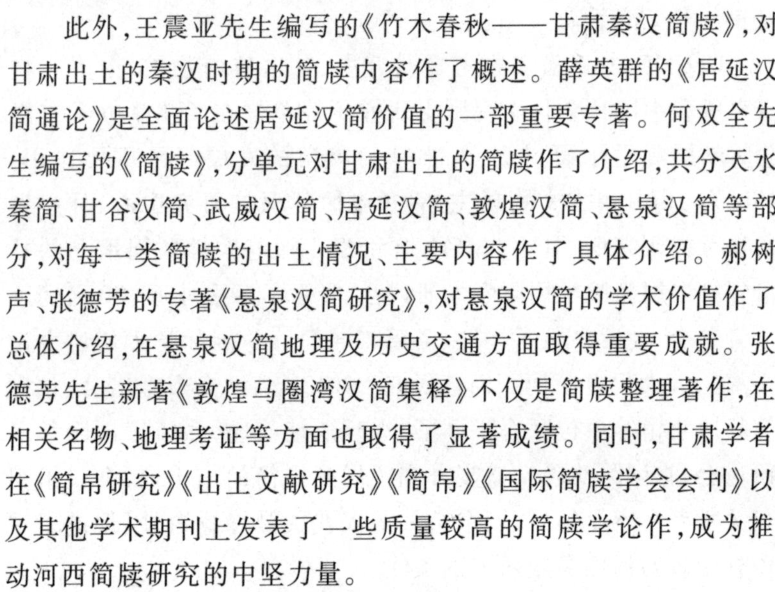

此外，王震亚先生编写的《竹木春秋——甘肃秦汉简牍》，对甘肃出土的秦汉时期的简牍内容作了概述。薛英群的《居延汉简通论》是全面论述居延汉简价值的一部重要专著。何双全先生编写的《简牍》，分单元对甘肃出土的简牍作了介绍，共分天水秦简、甘谷汉简、武威汉简、居延汉简、敦煌汉简、悬泉汉简等部分，对每一类简牍的出土情况、主要内容作了具体介绍。郝树声、张德芳的专著《悬泉汉简研究》，对悬泉汉简的学术价值作了总体介绍，在悬泉汉简地理及历史交通方面取得重要成就。张德芳先生新著《敦煌马圈湾汉简集释》不仅是简牍整理著作，在相关名物、地理考证等方面也取得了显著成绩。同时，甘肃学者在《简帛研究》《出土文献研究》《简帛》《国际简牍学会会刊》以及其他学术期刊上发表了一些质量较高的简牍学论作，成为推动河西简牍研究的中坚力量。

二是研究论著大量涌现。林剑鸣的《简牍概述》，高敏的《简牍研究入门》，郑有国的《中国简牍学综论》，沈颂金的《二十世纪简帛学研究》，骈宇骞、段书安的《二十世纪出土简帛综述》，张显成的《简牍文献学通论》，李均明的《古代简牍》，王子今、赵宠亮的《简牍史话》，赵超的《简牍帛书发现与研究》，饶宗颐、李均明的《敦煌汉简编年考证》,李振宏、孙英明的《居延汉简人名编年》,李均明的《居延汉简编年——居延编》,饶宗颐、李均明的《新莽简辑证》,李天虹的《居延汉简簿籍分类研究》,张国艳的《居延汉简虚词通释》,沈刚的《居延汉简词语汇释》,沈文倬的《汉简〈服传〉考》,赵宠亮的《行役戍备:河西汉塞吏卒的屯戍生活》,陆锡兴的《汉代简牍草字编》、陈建贡的《简牍帛书字典》,裘锡圭的《汉简零拾》,胡平生的《胡平生简牍文物论集》等,都从不同角度对河西汉简作了重要论述。

三是简牍文书学基于河西简牍的研究而兴起。河西汉简的主体是各类屯戍文书。20 世纪 80 年代以后,我国学者的研究更加重视从简文本身记载的文体出发,对各类文书的格式及表现形式做出了细致深入的研究,从而形成了简牍文书学这一分支学科,产生了一批重要专著,这是河西汉简最鲜明的特色所在。重要论著有,汪桂海的《汉代官文书制度》,李均明、刘军的《简牍文书学》,李均明的《秦汉简牍文书分类辑解》等。

2. 港台学者继续关注河西简牍研究

这一阶段,中国港台地区的河西简牍研究热度不减。香港方面,饶宗颐先生与李均明合著了《敦煌汉简编年》《新莽简辑证》[1]等论著。作为饶宗颐先生主编的"补资治通鉴史料长编稿系列"中的两种,两书运用系年的方法考证河西汉简,对于河西历史的研究具有重要意义。

中国台湾的简牍研究工作,则主要体现在对 20 世纪 30 年代出土居延汉简的重新整理和研究上。20 世纪 80 年代后期,台湾"中央研究院"史语所简牍整理小组在核对原简的基础上,以"补充过去的遗漏,并澄清过去存在的疑问和错误"为目的,[2]利用红外线设备对居延汉简作了重新整理,于 1998 年出版了《居延

〔1〕饶宗颐、李均明:《新莽简辑证》,台北:新文丰出版公司 1995 年。

〔2〕史语所简牍整理小组:《居延汉简补编》,台湾:史语所专刊 99,1998 年第 1 页。

汉简补编》一书，对原释文多有纠正和补充。这一时期，台湾地区河西简牍研究成就突出的有马先醒、吴昌廉、邢义田、陈文豪等。马先醒的《汉居延志长编》，结合汉简材料对汉代居延地区的历史、地理概况予以全面论述。[1] 邢义田的《地不爱宝：汉代的简牍》，通过对简牍实物的测量及简牍出土地的实地考察、地理数据分析而展开研究，是简牍学研究方法在新时期的又一次升华。[2]

此外，中国台湾学者非常重视简牍数据库的建设，台湾"中央研究院"史语所建立了可电脑检索的简帛金石资料库，将河西及其他地方的简帛文献及研究文献目录全文输入，极利于检索研究，是利用电子文献研究出土文献的重要成果。

3. 日本等国外学者的河西简牍取得新成就

随着简牍学的国际影响力与日俱增，以日本学者为核心的国外学者在河西汉简研究方面的成果也层出不穷。

大庭脩先生于 1992 年出版《汉简研究》，集中反映了他在河西汉简研究方面的新成绩。他主编的《居延汉简索引》是居延汉简整理的一部重要著作，该著对居延汉简中的地名、人名、官职、物品等信息作了分类索引，是一部很有价值的索引专著。大庭脩先生还编有《大英图书馆藏敦煌汉简》，较早对斯坦因所获未刊汉文简牍作了介绍，在敦煌汉简的研究史上有重要地位。

1992 年，在大庭脩的组织下，日本关西大学东西学术研究所召开了汉简研究国际讨论会，会上中国大陆、台湾地区以及日本的简牍学研究者共同就河西地区新出土简牍特别是悬泉汉简的出土情况进行了交流。会后出版了《92 年汉简研究国际讨论会报告书——汉简研究的现状与展望》，收录了中日学者研究河西汉简的一批论作。

---

[1]马先醒：《汉居延志长编》，台北：编译馆 2001 年。

[2]邢义田：《地不爱宝：汉代的简牍》，中华书局 2011 年。

冨谷至《木简竹简述说的古代中国——书写材料的文化史》一书通论中国简牍文化,以汉代河西简牍材料为中心,论述了简牍记述的文书行政,《文书行政的汉帝国》主要利用居延汉简探讨了汉代边塞防御系统中文书行政的实施情况。西嶋定生的《二十等爵制研究》以居延汉简为材料,通过对汉代爵制的研究,重新考察了中国古代帝国的形成与结构。籾山明的《中国古代诉讼制度研究》利用居延汉简的司法诉讼资料探讨了中国古代的司法制度。此外,藤田胜久、鹤间和幸、工藤元男等日本学者,及金秉钧、尹在硕等韩国学者在河西简牍研究方面也都有重要论著问世,值得参考。

综上所述,百年来河西汉简研究一直是中国简牍学研究的核心组成部分。河西汉简推动了近代简牍学的产生,促进了简牍学研究内容的拓展、研究方法的进步,百年来持续哺育了简牍学的发展、壮大,吸引了国内外无数学者的关注,取得了众多学术成就。

四、河西简牍研究的历史反思

尽管百年来河西简牍研究取得了巨大成就,但就河西简牍研究的学科建设、学术成果、学术影响而论,不仅与同时期兴起的、已成为国际显学的敦煌学反差巨大,甚至落后于后起之秀"上博简""清华简""里耶秦简""张继山汉简""走马楼吴简"等。河西简牍的史料价值、学术价值、社会功用,远没有显现出来,需要我们认真反思。笔者认为至少存在以下值得关注的问题:

第一,河西简牍的整理刊布工作需要加速。随着 1996 年长沙走马楼吴简的出土,甘肃让出了垄断近百年的中国第一简牍出土大省的宝座,但客观来说甘肃尤其是河西出土、保有简牍的数量仍相当可观。河西出土的 6 万余枚汉简仍占全国汉简保有量的百分之八十以上。笔者认为,整理、刊布工作的滞后,是影响河西汉简研究发展的一个重要原因。时至今日,仍有相当部分河西汉简没有刊布,如肩水金关汉简出土已四十余年,尚未完全公布;悬泉汉简、地湾汉简出土已二十余年,系统的材料也未问世;很多与简牍有关的考古发掘报告也迟迟不能面世,而材料与发掘报告不能面世,直接影响了河西简牍研究的进程。

第二,河西简牍整理应进一步采取新科技手段,争取为学界提供更全面的信息和质量更高的材料。河西简牍史料价值较高,但简牍能被大家真正有效利用的前提是有高质量的照片图版。目前正在公布的肩水金关汉简同时刊布了彩色照片和红外照片,效果很好。但此前刊布的甲渠候官汉简、武威汉简的照片,由于未采用红外甚至彩色拍照技术,基本不能正常使用。由于图版质量较差,研究者就不能对简牍文字、信息进行深入研究,很多学术多问题不能正常解决,这自然影响了河西汉简的学术研究。今天,当东部各省纷纷采用红外、冷光等多种技术手段摄取简牍影像的时候,我们甘肃简牍工作者应该对此前发表的甲渠候官、武威等汉简重新用高科技手段摄像、整理、发表,为学界提供最好的图版、最全的信息,以促进学术研究的繁荣。

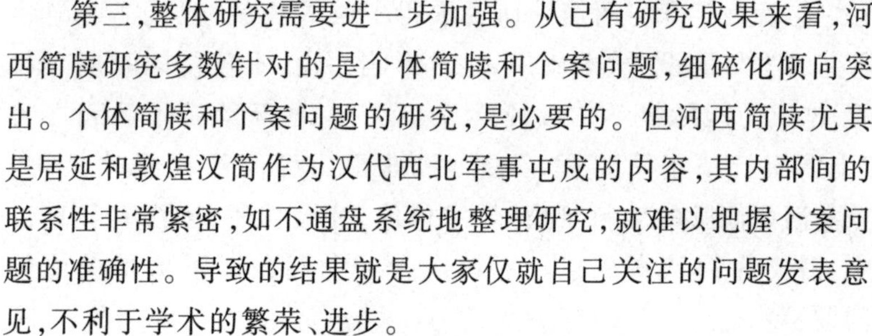

第三,整体研究需要进一步加强。从已有研究成果来看,河西简牍研究多数针对的是个体简牍和个案问题,细碎化倾向突出。个体简牍和个案问题的研究,是必要的。但河西简牍尤其是居延和敦煌汉简作为汉代西北军事屯戍的内容,其内部间的联系性非常紧密,如不通盘系统地整理研究,就难以把握个案问题的准确性。导致的结果就是大家仅就自己关注的问题发表意见,不利于学术的繁荣、进步。

第四,努力打造河西简牍研究新的兴奋点。河西简牍研究已经过了百年历程,有丰富的历史积淀,但历史积淀同时也会影响人们的学术兴趣。由于长期以来,人们对河西简牍尤其是居延、敦煌简牍的定性就是西北屯戍文书,故学者对河西简牍的研究多集中于军事屯戍防御等问题,而忽略河西简牍中的其他信息。其实,河西简牍中有不少典籍内容,除了武威《仪礼》简外,居延、敦煌简中的典籍内容虽比例不大,但绝对数量并不算小。今天大家关注“上博简”“清华简”等书籍文献,忽视河西简牍,其实河西汉简中有许多久已失传的汉代经学典籍和反映汉代普通民众思想的术数、方技类文献,这些材料对历史文献学、经学史、思想史、文化史研究有重要意义,尚未得到应有重视。

第五,加强文物考古与学术单位合作研究。河西简牍的发掘、收藏单位众多,大部分藏简机构和研究单位不能有效对接。如此,不要说大规模的合作不现实,即使小规模的新出简牍整理、研究也无从谈起。这些年河西各地出土简牍不在少数,但不要说研究,就是出土信息大家都不能了解。因此,当前非常需要一种能整合甘肃各地出土简牍和各研究者的力量,只有信息和资源共享,才有可能促进河西简牍研究的真正繁荣。

第六,加大政府扶持力度。河西简牍研究的快速发展归根结底最需要社会各界的大力支持。由于甘肃经济发展的滞后,长期以来各级政府对河西简牍研究的投入不够。希望省政府及河西市县政府加大人力、财力投入,调动、整合各方面的资源,制定出台利益联动机制,促进河西简牍研究深入、持久地发展。

总之,河西简牍研究经过百年历练,呈现出良好的发展态势,但总体发展不尽如人意,社会功用和学术价值远没有显现出来,有许多问题亟待解决。希望各级政府及社会各界,进一步重视河西简牍这一历史文化遗产的学术价值,把河西简牍研究作为建设丝绸之路经济带和华夏文明传承创新区建设的重要内容,集聚、整合相关力量,推动河西简牍研究进一步走向繁荣。

(原载《丝绸之路》2015 年第 4 期)

河西汉简命名刍议

河西简牍学经历了百年的发展历程,但仍存在命名、归类不当,概念交叉重复等问题,影响着河西简牍研究的深入发展。本文简要回顾了河西汉简中敦煌地区、居延地区出土汉简命名的历程,提出了这两个地区出土汉简命名中存在的问题以及规范命名的一些建议。

一、敦煌汉简命名的历史及存在问题

"敦煌汉简"概念的提出有一个复杂的历史过程。斯坦因第二、三次中亚考察时在敦煌汉塞发现的汉简与少量的西域简牍被沙畹、马伯乐等西方学者称为"斯坦因在东土耳其斯坦沙漠发现的中国文书"、"斯坦因第三次中亚考查所得的中国文书",后来罗振玉、王国维和张凤又分别以"流沙坠简""汉晋西陲木简"概念来界定这两批汉简。1923年,王国维作文《敦煌新出汉简跋十四首》,虽指出"敦煌",但仅将其作为出土地,未用于命名汉简。直至1948年,夏鼐在介绍他和阎文儒于1944年在敦煌小方盘城附近发掘的汉简时,才使用了《新获之敦煌汉简》的书名,以"敦煌汉简"这一带有地名属性的词语来指定敦煌区域出土的汉简。1949年劳榦发表《敦煌汉简释文》,明确将斯坦因第二次中亚考察在敦煌所获简牍称为"敦煌汉简"。此后,陈槃的《敦煌木简符箓试释》、陈直的《敦煌汉简释文平议》,日本学者高村瀛次的《论斯坦因所得敦煌木简》、大庭脩的《敦煌汉简释文私考》等著作也都采用了"敦煌汉简"的称谓。"敦煌汉简"作为20世纪前半期敦煌及其附近地区出土简牍的通名的用法,在一定程度上得到了学界的认可。然而,1984 年林梅村、李均明整理斯坦因考察所获汉简时,却放弃了“敦煌汉简”称谓,称之为“疏勒河流域出土汉简”。但不久之后,1991 年甘肃省文物考古研究所在发表 1979 年敦煌马圈湾出土汉简的同时,将当时所能收集到的斯坦因所获汉简及其他疏勒河流域汉代遗址出土汉简一并刊出,总称“敦煌汉简”。从此,“敦煌汉简”这一称谓作为包括汉代敦煌郡、酒泉郡辖区在内的河西疏勒河流域汉代遗址出土简牍的概称,应该说是得到了学界的普遍认可。《中国大百科全书》中对敦煌汉简有这样的定义:“甘肃省敦煌县汉代敦煌郡烽燧遗址和玉门市、酒泉县汉代酒泉郡烽燧遗址中发现的简牍,统称为敦煌汉简。”〔1〕《辞海·历史分册》中也作了类似的表述:“中国河西疏勒河流域汉代烽燧遗址中出土的简牍。因最先发现于敦煌,故名。实际出土地点包括汉代敦煌郡和酒泉郡,即今甘肃敦煌市、玉门市和酒泉市。”〔2〕综上所述,“敦煌汉简”这一称谓的形成、确立,用其代称敦煌及其附近地区出土简牍,是半个多世纪中众多简牍学者深思熟虑后的慎重选择,在今天已成为学界共识。大家公认,敦煌汉简并非对某一具体批次汉简的专称,而是对 20 世纪以来汉代敦煌、酒泉郡,即今天疏勒河流域汉代遗址出土简牍的通称。

然而,随着悬泉置遗址大量汉简的发掘,新的归类、命名问题就出现了。1987—1988 年,悬泉置遗址陆续出土汉简 69 枚。1991—1993 年,甘肃省文物考古研究所对该遗址进行全面发掘,发现汉简 35000 余枚,其中有字者 23000 余枚。

悬泉置遗址位于酒泉市瓜州县与敦煌市交界处瓜敦公路南侧 1.5 千米的戈壁滩上,北临疏勒河汉塞烽燧,东去瓜州县城 60 千米,西距敦煌市区 64 千米,从行政上说归属于今敦煌市五墩

---

〔1〕徐苹芳:《中国大百科全书·考古学》,中国大百科全书出版社 1986 年,第 157 页。

〔2〕夏征农、陈至立:《辞海·历史分册》,上海辞书出版社 2011 年。

乡，汉代该地应在敦煌郡效谷县境内。“置”即邮驿。应劭《风俗通义》：“汉改邮为置。置者，度其远近之间置之也。”《广雅·释诂四》：“置，驿也。”《汉书·文帝纪》：“太仆见马遗财足，余皆以给传置。”颜师古注曰：“置者，置传驿之所，因名置也。”悬泉置遗址位于丝绸之路的交通孔道上，是迄今为止我国发现的保存最为完整、出土物最多的一处汉魏驿置机构。

悬泉置简牍出土之初，学界一般以“敦煌悬泉汉简”之名指代这批汉简。如《文物》2000年第5期发表的甘肃省文物考古研究所编《敦煌悬泉汉简释文选》《敦煌悬泉汉简内容概述》和何双全《敦煌悬泉汉简释文修订》都称“敦煌悬泉汉简”，而不称“悬泉汉简”或“悬泉汉简”，反映了简牍发掘者和最初整理者都认为出土于汉代悬泉置遗址的这批简牍，是20世纪以来出土的“敦煌汉简”的有机组成部分。2001年，由张德芳、胡平生编撰的《敦煌悬泉汉简释粹》一书出版，该书收录简牍、帛书及泥墙墨书题记计272号，收简既丰，且体例严密、注释精当，至今仍是大家研究悬泉汉简的资料圭臬。此书仍以“敦煌悬泉汉简”命名，说明该称谓面世后确实已在一定程度为大家接受。

然而近年来，一些论文多将悬泉置遗址出土的汉简直接称之“悬泉汉简”，大有取代传统“敦煌悬泉汉简”称谓之势。这样，客观上形成了敦煌汉简和悬泉汉简两个概念直接并列、互不统属的现象。在一定程度上导致了概念使用的混乱，影响了人们对“悬泉汉简”出土于敦煌、与“敦煌汉简”同质等客观现象的认识，对初学者准确把握“敦煌汉简”内涵、使用“敦煌汉简”，对研究者全面利用“敦煌汉简”思考、研究相关学术问题，对敦煌当地政府对“敦煌悬泉汉简”进行历史文化资源保护、建设、开发，都会造成不同程度的消极影响。

二、居延汉简命名的历史及存在问题

居延汉简指黑河流域出土的汉代简牍，也就是今甘肃省酒泉市金塔县与内蒙古自治区阿拉善盟额济纳旗一带出土的汉简。20 世纪以来,居延地区共有四次简牍大发现。

第一次是 1930—1931 年中瑞联合西北科学考查团在黑河流域发现 10000 余枚汉简。其中金塔县大湾遗址(A35)约出土 1500 枚、地湾遗址(A33)约出土 2000 枚、金塔县肩水金关遗址出土 850 枚,额济纳旗破城子遗址(A8)出土 5000 枚左右。这批简牍大部分属于汉昭帝至王莽时期,但有个别简牍如大名鼎鼎的《永元器物簿》则是东汉简。它们目前都藏在中国台湾"中央研究院"。

第二次是 1972—1976 年甘肃居延考古队的发掘,1972 至 1976 年,甘肃居延考古队沿黑河流域,南起金塔县双城子,北至额济纳旗居延海,进行了全面的考古调查和发掘工作,取得了丰硕成果。其中 1973 至 1974 年,甘肃居延考古队对甲渠候官(即破城子)、甲渠塞第四燧、肩水金关等三处不同类型的汉代遗址进行了发掘,其中甲渠候官遗址出土 7933 枚,第四燧出土 195 枚,肩水金关出土 11577 枚,总计新出简牍 19700 余枚。再算上 1972 年考古调查时采集的近 800 枚和 1976 年对额济纳旗布肯托尼以北地区考古调查时采集的 173 枚,总数则超过两万枚,藏于甘肃简牍博物馆。

第三次是 1986 年甘肃省文物考古研究所对地湾遗址的发掘。1986 年甘肃省文物考古研究所对地湾城进行考古发掘,共出土汉简 1000 枚左右,藏于甘肃简牍博物馆。

第四次是 1999 年至 2002 年,内蒙古自治区文物考古研究所在额济纳旗汉代烽燧遗址发掘的 500 余枚汉简,藏于内蒙古自治区文物考古研究所。

上述汉简的出土地都属于汉代的居延地区。在多年的河西汉简研究中,学界习惯称 20 世纪 30 年代居延地区出土的第一批简牍为"居延汉简",如收录该批简牍图版、释文的重量级著作分别有劳榦的《居延汉简·图版之部》《居延汉简·考释之部》,中国社会科学院考古研究所编的《居延汉简甲乙编》，谢桂华、李均明、朱国照的《居延汉简释文合校》，台湾“中央研究院”历史语言研究所简牍整理小组的《居延汉简补编》以及最近出版的《居延汉简》等，皆以“居延汉简”为称。称1970年代甘肃居延考古队发掘简牍为“居延新简”，如1988年甘肃省文物考古研究所编的《居延新简释粹》，1990年甘肃省文物考古研究所等编的《居延新简——甲渠候官与第四燧》，1994年甘肃省文物考古研究所等编的《居延新简——甲渠候官》都以“居延新简”为称。1986年地湾出土简牍由于尚未公布，故学界对其也尚无命名。至于1999—2001年出土的第四批简牍，内蒙古自治区文物考古研究所出版了《额济纳汉简》一书，因此“额济纳汉简”也成为时下学界对这500枚左右汉简的称谓。

由于居延地区出土简牍具有批次多（成系统的至少四批）、具体出土地点分散（有肩水金关、大湾、地湾、破城子、博罗松治等30多个点）、发掘者身份各异（有中瑞西北科学考查团、甘肃居延考古队、内蒙古自治区文物考古研究所等单位）、目前收藏机构多样（如台湾“中央研究院”历史语言研究所、甘肃简牍博物馆、内蒙古自治区文物考古研究所等）、简牍所跨朝代较多（西汉、新朝、东汉、西晋）等特点，再加上黑河流域的行政区划争议等因素，造成了30000枚居延汉简称谓凌乱的现象。

关于“居延汉简”命名与归类的争议，早在居延地区第一批汉简发现后，研究工作者就使用了“居延汉简”这一名称。现藏于北京、香港、台湾等地的20世纪30年代出土居延汉简的早期整理档案中，有部分释文簿册即题以“居延汉简释文”。[1] 20世纪30年代，贺昌群参与居延汉简整理，所作部分释文即自题为“居延汉简释文”。[2] 1940年，马衡致傅斯年信函中也明确提到

[1]参邢义田：《地不爱宝：汉代的简牍》，中华书局2011年。

[2]贺昌群释：《汉简释文初稿》，北京图书馆出版社2005年，《出版说明》第1页。

"居延汉简"。[1] 劳榦于1943年石印出版的《居延汉简考释·释文之部》,于1944年出版的《居延汉简考释·考证之部》,于1957年出版的《居延汉简·图版之部》,也均以"居延汉简"为名。

但当时就有学者对居延地区出土的这批简牍命名提出了其他看法。陈梦家在1963年发表的《汉简考述》中主张按照出土地所属汉代郡名命名。他认为,1930年贝格曼在额济纳河两岸及黑城南的卅井塞采获的一万余枚汉简,"就其出土地点考之,一半属于张掖郡居延都尉,一半属于张掖郡肩水都尉,所以应称它们为'张掖汉简',更适宜些。"[2] 傅振伦在《回忆西陲简牍的发现及研究》中也指出:这批简牍是张掖郡居延都尉和肩水都尉遗物,当以"居延简"正名为"张掖简"。[3]

1972—1974年间,甘肃居延考古队在额济纳河流域的甲渠候官、甲渠塞第四燧、肩水金关三地又发现了近两万枚汉简。这批汉简公布后,命名问题就更加复杂了。这批简牍公布时,称呼就没有统一,有"居延简""新简""居延新简""新居延简""新出土居延汉简""居延七三、七四出土简"等等。1990年《居延新简——甲渠候官与第四燧》、1994年《居延新简——甲渠候官》相继出版,尤其是后者带有图版,成为二十多年来学界研究这批汉简的权威资料,故"居延新简"的称谓逐渐流行。

然而当时中国台湾简牍学者马先醒对"居延汉简""居延新简"的提法都不赞同。他说:"中瑞西北科学考察团团员贝格曼获简地区,计北自居延海西岸的宗间阿玛,南至北大河,纵贯千余里获简计万余。然除北大河出土的四简外,余均属汉张掖郡

[1]邢义田:《傅斯年、胡适与居延汉简的运美及返台》,载《地不爱宝:汉代的简牍》,中华书局2011年,第390、391页。

[2]陈梦家:《汉简考述》,载《考古学报》1963年第1期,第77页。

[3]傅振伦:《回忆西陲简牍的发现及研究》,载西北师范大学历史系、甘肃省文物考古研究所编:《简牍学研究》(第1辑),甘肃人民出版社1997年,第189页。

地境。又南北属二都尉,自小方城以南为肩水都尉区,自布肯托尼以北为居延都尉区,是宜分别名为肩水汉简及居延汉简,或统一名之为张掖汉简。北大河处汉酒泉郡,是所出四简当名酒泉汉简。……即居延汉简除超出居延地境外,也不限于汉简,此外尚有新简,且竹简之外,尤多木牍,单简之外,列多两行。综之,居延汉简四字,可谓一无是处。但沿用既久,约定俗成,学者称便。"[1]马先醒从出土地、简牍时代、简牍材质等各个方面对"居延汉简"的命名提出全面批评,但囿于约定俗成,尚觉可以接受。但对于"居延新简"的命名,则表示了绝对无法接受之意见。他认为,"居延新简"命名的主要弊病在于"新"字,担心"新"简会误导人们认为1972—1976年出土简牍"全属新莽时代的简牍",同时提出:"不如用'新居延汉简',新字意为新获、新出土之意,绝非'居延汉简'中之汉代、汉朝之意。"[2]

此后,马先醒对这批简牍的命名曾提出两个方案,一是以具体简牍的实际出土地命名,名甲渠候官与甲渠塞第四燧出土简牍为"甲渠塞简",名肩水金关出土简牍为"肩水金关简";[3]二是以较广大的出土地区命名,即名之为"张掖汉简"。马先醒所著《〈居延新简〉商榷》一文从空间、时间及文物性质三方面检讨了居延汉简和居延新简的命名问题。主张:"为统筹兼顾,宜彻底更为'张掖简牍'或'张掖汉新简牍'。'简牍'系出土文物的性质,'张掖'系其出土地,'汉新'系其所属时代。为一劳永逸计,宜更名《居延汉简》为《张掖汉新简牍》,更名《居延新简》为《张掖汉新简牍》,今后若续有所获,依次名为《张掖汉新简牍》,乃至无穷。"[4]

然而这一意见由于放弃了"居延汉简"这一具有悠久历史和

---

〔1〕马先醒:《居延汉简命名之合理性与精确化》,载《简牍学报》1992年第14期。

〔2〕马先醒:《汉居延志长编》,台北编译馆2001年,第20页。

〔3〕马先醒:《居延汉简命名之合理性与精确化》,载《简牍学报》1992年第14期。

〔4〕马先醒:《"居延新简"商榷》,载《民间史学》1991年春季号,第210~211页。

传统的命名习惯，而遭到部分学者反对。成文生即不赞同马先醒的意见，明确提出："居延"一词应用已久，在国内外学术界已经有了很大的影响，若将其更改为"张掖"或"额济纳"，只能是给学术界对居延汉简的认识带来更大的混乱。所以，在居延遗址出土汉简的命名过程中不应将"居延"二字改掉。[1]

成文生还主张："若以其出土年代来命名，即将'居延汉简''居延新简'和'额济纳汉简'分别命名为'1930—1931年出土居延汉简'、'1972—1976年出土居延汉简'和'1998—2002年出土居延汉简'，或者'20世纪30年代出土居延汉简'、'20世纪70年代出土居延汉简'和'20世纪90年代出土居延汉简'，或者也可以分别简称为'1930s居延汉简'、'1970s居延汉简'和'1990s居延汉简'。这样既可以通过汉简的出土年代对其进行区分，又可以将各次出土的居延汉简纳入一个规范的学术命名系统，而且也极大地方便了外界对居延汉简的认识与了解，必将更有利于中国简牍学的发展和中华文明的传承。"[2]

日本学者大庭脩也主张："无论居延、敦煌还是江陵，希望出土简的名称能够统一，应当以1930—1931年出土居延汉简、1973—1974年出土居延汉简这种名称为宜。其理由是，如果又有埋藏地下的居延汉简、敦煌汉简被新发掘出土，居延旧简、居延新简这种称呼，恐怕会带来麻烦。"[3]但同时表示，按照目前一般的方法，称1930—1931年出土的居延汉简为"居延旧简"或略称为"旧简"，称1973—1974年出土的居延汉简为"居延新简"或略称为"新简"的做法，也可以无奈接受。[4] 1999—2002年，内蒙古自治区文物考古研究所在额济纳旗汉代甲渠塞辖区烽燧遗

〔1〕成文生：《居延遗址三次出土汉简命名商榷》，《中国文物报》2007年2月16日"考古版"。

〔2〕成文生：《居延遗址三次出土汉简命名商榷》，《中国文物报》2007年2月16日"考古版"。

〔3〕大庭脩著、徐世虹译：《汉简研究》，广西师范大学出版社2001年，第4页。

〔4〕大庭脩著、徐世虹译：《汉简研究》，广西师范大学出版社2001年，第4页。

址又发现500余枚汉简，定名为“额济纳汉简”。

这批汉简出土地点、性质与20世纪30年代、20世纪70年代甲渠候官出土简牍几乎完全一致，在命名上却采用了以现县旗地名命名的方法，可以说进一步增加了居延汉简命名的困扰。

关于居延汉简命名的问题及所带来的困扰，不但影响到了研究者，还直接影响到了相关简牍的整理者。20世纪70年代甘肃居延考古队的发现，除了近千枚采集简和出土于甲渠塞第四燧的少量简牍（195枚）外，绝大部分简牍出土于肩水金关遗址（11577枚）和甲渠候官遗址（7933枚），这两处遗址在20世纪30年代同样也有较大规模简牍出土。1990年代初，出土于甲渠候官遗址的近8000枚简牍整理工作基本完成，但在最后命名时出现困扰，最后确定了释文简装本名《居延新简——甲渠候官与第四燧》、图版精装本名《居延新简——甲渠候官》的方案。关于这一决定的做出原因，在中华书局编辑部所作《居延新简——甲渠候官》一书的《出版说明》中曾有说明：“关于本书的书名，曾经有过不同的考虑，学术界同仁也发表过种种意见，经与编写单位多次讨论、协商，最后选定为《居延新简——甲渠候官》。尽管这个书名仍有不尽如人意之处，但它顾及了与本局1980年出版的《居延汉简甲乙编》在内容上的衔接与区别，也注意了约定俗成的惯例和简洁明白、易于记诵的称谓要求。”[1]“不同的考虑”、“多次讨论、协商”，可见该批简牍正式命名之难，最终选择“居延新简”之名更多是考虑到习惯与历史传承，而非科学性。在这篇《出版说明》中，作者还预想了肩水金关出土11000余枚简牍的命名，即《居延新简——肩水金关》。可见，当时的考虑是以“居延新简”作为20世纪70年代额济纳河流域出土简牍的总称，其下再以具体出土地点具体命名。但一方面由于这种命名方式本

[1]甘肃省文物考古研究所等：《居延新简——甲渠候官》，中华书局1994年，《出版说明》第1页。

身有其不科学的一面，另一方面也由于后来11000余枚肩水金关出土简牍的出版机构发生了转变，至2011年8月肩水金关遗址出土简牍开始陆续出版时，正式命名为《肩水金关汉简》，放弃了“居延新简”的称法。这种放弃“居延新简”概念，直接以具体出土地点命名的方式，似乎是采用了马先醒先生的第一种意见，以简牍的实际具体出土地命名。但实际问题仍未解决，居延汉简总名不被考虑，那么这些简牍的内在联系如何体现？命名的历史传承还是否需要顾及？尤其是，“肩水金关汉简”之名是否只称20世纪70年代肩水金关遗址简牍，那么20世纪30年代肩水金关遗址出土简牍怎么办，以后如若在肩水金关遗址出土简牍怎么办？“汉简”之名能否包含新莽简？

总之，居延地区出土汉简的归类和命名上，确实存在着居延旧简、居延新简的概念范畴问题，存在着以具体出土地命名，还是以出土大区域命名的问题，存在着居延汉简、居延新简、肩水金关简等内涵与外延不清的问题。此外，还涉及“新”“汉”问题，以后新出土汉简的命名的问题。可以说，困扰着陈梦家、大庭脩、马先醒等学者的诸多问题仍在给今天的学界带来困扰，仍有待摸索和尝试，以期能在解决的漫长道路上前进哪怕微不足道的一小步。

三、关于河西简牍命名的思考

（一）关于敦煌汉简命名的思考

敦煌汉简的命名问题，主要是“敦煌汉简”与“悬泉汉简”概念并列的问题。笔者认为：

第一，既然学术界认同包括汉代敦煌郡、酒泉郡部分辖区范围在内的疏勒河流域出土汉代屯戍遗址简皆可称为“敦煌汉简”，那么出土于汉代敦煌郡效谷县境内的悬泉汉简理应归入“敦煌汉简”概念之内。

第二，“悬泉汉简”出土地从今天的行政区划来说，属于酒泉市所辖敦煌市五墩乡，也在汉代的敦煌郡内。既然出土于今天酒泉所辖其他县境内的简牍尚可概称为敦煌汉简，那么出土于今敦煌市境内的悬泉置遗址之汉简也当然应归入敦煌汉简。

第三，虽然悬泉置遗址集中出土汉简数量庞大，超出了此前所有“敦煌汉简”的总量，但这并不能构成其可以单独命名的必然理由。因为敦煌地区出土的其他汉简，都以地理概念归入了敦煌汉简，没有从数量的角度考虑命名问题。

第四，悬泉置出土汉简与其他敦煌汉简内容上具有一致性。敦煌汉简除较多反映汉代西北边疆屯戍活动外，由于敦煌作为中西交通孔道的特殊地理优势，还出土有不少反映汉代中西交流，尤其是中原与西域交流的史料。1979年敦煌马圈湾出土汉简中就有100余条王莽政权与西域交战的战况汇报书。悬泉置汉简也有大量中西交通史料，几乎汉与西域诸国交往中的重要环节，在悬泉汉简中都有反映。总之，悬泉汉简从内容上讲，也在“敦煌汉简”范围之内。

第五，目前学界对简牍命名尚无统一规定，各时期各地区出土简牍的命名依据、命名习惯也各有不同。在这种情况下，从保持历史延续性来看，敦煌地区出土简牍的命名应尽可能与历史上敦煌地区出土简牍的命名习惯相符，这样便于学界对敦煌地区出土简牍的总体把握和利用。客观来说，当今国内出土简牍的命名，有依据出土地之小地名者，如走马楼吴简、睡虎地秦简、张家山汉简等；有依据出土遗址名称者，如南越王宫简、未央宫简；有依据简牍收藏单位名称者，如上博简、清华简、北大简、岳麓书院秦简；有将某一区域内出土简牍概称者，如居延汉简、敦煌汉简、武威汉简；有一区域出土很多同时代简牍却不概称者，如湖北荆州附近地区的郭店、包山、望山、九店等地出土众多楚简，却很少使用“荆州楚简”或“江陵楚简”的称谓，同样长沙东牌楼、走马楼、五一广场等地出土众多批次汉简却很少使用“长沙汉简”的称谓。应该说，各地出土简牍的命名已有学界较认可的习惯，在没有统一、科学的标准出台之前，延续原有习惯，有利于学术的传承。而敦煌地区出土简牍，从历史习惯来说，从发现、研究之初，就是以出土地域命名，而非以具体遗址命名，因此将“悬泉汉简”概念纳入“敦煌汉简”中，于理于情都是说得过去的。

基于上述理由，笔者认为将悬泉置出土汉简归入敦煌汉简的大概念之内不仅恰当，而且必要。当然随着敦煌地区出土汉简的逐渐增多，为了方便研究，可在敦煌汉简的大概念下，再具体细化对各批次简牍的称呼，如斯坦因第二次中亚考察所获敦煌汉简、斯坦因第三次中亚考察所获敦煌汉简、敦煌马圈湾汉简、敦煌酥油土汉简、敦煌清水沟汉简等等。对于悬泉置遗址出土汉简，则应采取简牍发掘者和张德芳、胡平生等学者的意见，命名为“敦煌悬泉汉简”。

这样的命名，无论于学术传承还是学界利用，应该说都是有积极意义的。

（二）关于居延汉简命名的思考

第一，居延汉简出土数量多，时间跨度长，“居延旧简”“居延新简”等概念既已在学术研究中长期使用、广为传播，且过去整理的材料，发表的论著都是使用这样的名称，一旦改变，可能会发生混乱，不利于学科的发展。

第二，居延地区在汉代归张掖郡管辖，现在分属甘肃省酒泉市金塔县和内蒙古自治区阿拉善盟额济纳旗。若像陈梦家、马先醒所说，完全依据汉代行政关系改为“张掖汉简”，不仅不利于学术传承、造成概念混乱，而且酒泉市、额济纳旗也难以接受。采用汉代居延地名命名，各方面都比较容易接受。

第三，出土居延汉简的地区在汉代属于张掖郡辖区，但今天张掖市与居延汉简的出土地金塔县、额济纳旗无任何行政关系。如将居延汉简依据汉代隶属关系改为“张掖汉简”，极容易造成居延汉简出土于今张掖市境内的误区。并且完全不顾现实行政区划而改居延汉简之名，也会给今后的实地考察、研究平添诸多不必要的麻烦。

第四，今张掖市的高台、临泽等县，近年来不断有汉晋简牍出土，这些简牍多出土于墓葬之中，与居延遗址屯戍汉简性质差异极大，如果居延汉简改名为张掖汉简，则易与此类汉简发生概念混淆，出现新的困扰。

第五，和敦煌汉简的命名原则一样，既然近百年来西北地区敦煌、居延、武威等地出土简牍都倾向以较大区域内的概称命名简牍，如采用小地名甲渠候官、肩水金关、额济纳命名，容易撕裂历史传承性，造成部分读者概念的分歧。因此，应在保留使用“居延”“敦煌”“武威”等大地名的前提下，加具体出土地和时间标识的方法命名。

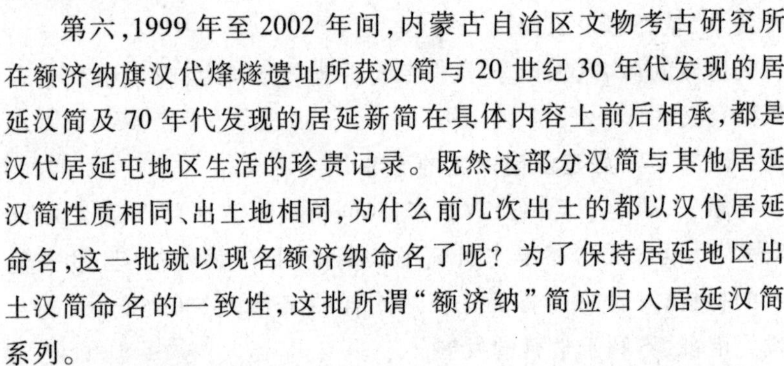

第六，1999 年至 2002 年间，内蒙古自治区文物考古研究所在额济纳旗汉代烽燧遗址所获汉简与 20 世纪 30 年代发现的居延汉简及 70 年代发现的居延新简在具体内容上前后相承，都是汉代居延屯地区生活的珍贵记录。既然这部分汉简与其他居延汉简性质相同、出土地相同，为什么前几次出土的都以汉代居延命名，这一批就以现名额济纳命名了呢？为了保持居延地区出土汉简命名的一致性，这批所谓“额济纳”简应归入居延汉简系列。

第七，考虑到今后居延地区出土简牍的整理研究，“居延新简”之“新”和“居延旧简”之“旧”这类相对概念最好不要使用，尤其如马先醒所顾虑的那样“新”还有误导大家联系到“新”朝的可能。当然“新”不能用，并不是说“汉”不能用，因为从习惯来看“新”当然不能涵盖“汉”，但用“汉”来涵盖居于两汉之间、与汉朝有千丝万缕联系、仅存在 15 年左右的“新”朝确是学界通例。既然“汉简”之名可保留，“新”“旧”称谓应放弃，那么在“居延汉简”的大概念下以附加具体出土地点和出土年代的方法命名不同批次、不同出土地点的汉简应是一个可以考虑的办法。

总之，关于黑河流域出土简牍，在继续使用居延汉简概念的同时，可以采用附加具体出土地点和出土年代的方式规范具体命名，做到居延汉简命名的精确化。具体来说，就是采用“20世纪30年代居延甲渠候官汉简”“20世纪30年代居延卅井候官汉简”“1973年居延肩水金关汉简”“1974年居延甲渠候官汉简”“1974年居延甲渠塞第四燧汉简”“1986年居延地湾汉简”“1999—2002年居延汉简”等名称，虽然稍为繁琐，但指代明确。当然为了避免过于繁琐，我们还可以在不同的学术和语言环境中使用并行不悖的另外两种命名方式，一种突出时代，一种突出具体出土地点。在对所有居延汉简做宏观研究，不用考虑具体出土地点的差异时，可以采用成文生提出的“出土时间＋‘居延汉简’”的命名方式，如20世纪30年代居延地区出土的简牍可命名为“20世纪30年代居延汉简”；20世纪70年代出土居延汉简可采用“20世纪70年代居延汉简”之名，当然还可具体为“1973年居延汉简”或“1974年居延汉简”等；1999—2002年出土居延汉简可采用“1999—2002年居延汉简”之名。在需要突出具体出土地点的研究时，可采用“居延甲渠候官汉简”“居延肩水金关汉简”“居延大湾汉简”“居延甲渠塞第四燧汉简”等命名方式。

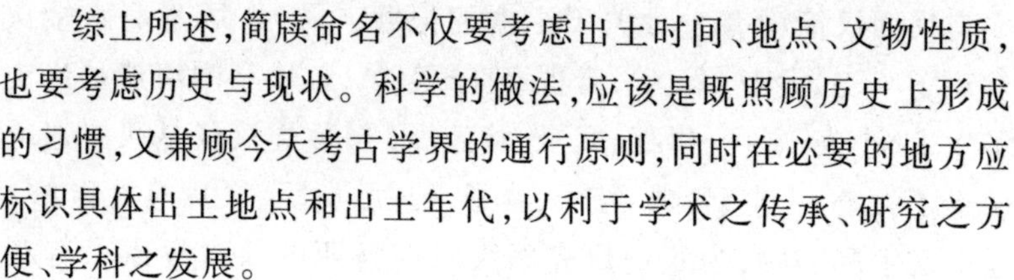

综上所述，简牍命名不仅要考虑出土时间、地点、文物性质，也要考虑历史与现状。科学的做法，应该是既照顾历史上形成的习惯，又兼顾今天考古学界的通行原则，同时在必要的地方应标识具体出土地点和出土年代，以利于学术之传承、研究之方便、学科之发展。

（原载《简牍学研究》第六辑）

从出土简牍看汉代河西饮食

20世纪以来，河西地区出土了大量汉简：一是酒泉境内的敦煌市、玉门市和肃州区等汉代遗址出土的28000枚简牍，因以古敦煌郡遗址出土的数量居多，学术界统称敦煌汉简；二是酒泉市金塔县和内蒙古额济纳旗境内出土的近35000枚简牍，因均属汉代的居延地区，故学术界统称为居延汉简；三是武威、高台等地出土的600余枚汉简。上述简牍总计达到60000多枚，占到了全国出土汉简的82%、甘肃出土汉简的90%以上。河西简牍内容涉及两汉时期政治、经济、军事、文化及社会生活各个方面，具有重要的学术价值。其中，大量关于饮食方面的简牍，为我们深入研究两汉时期的饮食文化提供了真实可靠的第一手资料。

一、两汉时期河西主食

河西汉简中有大量关于主食的记载。同时，居延肩水金关发现了小麦、大麦、糜、谷、青稞、麻子等；[1]敦煌马圈湾遗址出土了大麦、小麦、谷子、青稞、糜子、豌豆等；[2]敦煌汉代悬泉置遗址出土了大麦、小麦、青稞、谷子、糜子、豌豆、扁豆、黑豆等食物。[3]这些文字和实物，为我们研究两汉时期河西的饮食提供了有利的佐证。

---

〔1〕甘肃居延考古队:《居延汉代遗址的发掘和新出土的简册文物:汉简研究文集》,甘肃人民出版社1984年,第486页。

〔2〕甘肃省博物馆等:《敦煌马圈湾汉代烽燧遗址发掘报告:汉简研究文集》,甘肃人民出版社1984年,第505页。

〔3〕甘肃省文物考古研究所:《甘肃敦煌汉代悬泉置遗址发掘简报》,载《文物》2000年第5期,第16页。

(一)谷类

谷类是汉简中记载最多的粮食作物,也是汉代河西居民的主要粮食品种。研究表明,汉代河西地区主要的谷类食物有黍、稷、粟、秫、糜等。

黍、稷是先秦时期河西先民最主要的主食。黍、稷,无论是作物,还是种子的外表,看起来大致是相同的。《本草纲目·谷部稷》曰:“稷与黍,一类二种也。黏者为黍,不黏者为稷,可做饭,黍可酿酒,犹稻之有粳与糯也……今俗呼为黍子不复呼稷矣。”《毛诗》曰:“有稷有黍,有稻有秬。”《释名》曰:“黍,汝也,相黏汝也。”它的籽实为饭有黏性,古代常用以酿酒、做饵餈。其不黏者,别名稷,可以做饭。二者都是粟,都是禾,都是黄米,连带秸秆都叫禾,果实都叫粟,碾完之后都叫米。因为色黄,所以称黄米;因为果实比稻、豆的籽粒小,所以又称小米。居延新简[1]有大量关于黍、稷的记载,如:

卒陈万又取粟桼斗又取青黍五斗(《新简》E.P.T4:49A)

青黍二石(《新简》E.P.T65:317A)

“青黍”为未去皮的黍。居延汉简[2]还记载:

对祠具鸡一酒二斗黍米一斗盐少半升稷米一斗(《合校》10.39)

秫为稷的一种。《说文》曰:“秫,稷之黏者。”《尔雅》孙炎注曰:“秫,稷粟也。”《广雅》曰:“秫、稷,粳也。”秫也是河西的主食之一。

籴秫四斗(《合校》6.6)

出秫粟大石(二石《合校》269.12)

粟,为狗尾草属,古代又称禾、谷或谷子,其籽去壳后俗称小

[1]甘肃省文物考古研究所:《居延新简释粹》,兰州大学出版社1988年。后文所引简称《新简》皆出自此书,不再一一注明。

[2]班固:《汉书》,卷24,《食货志四》。

米。《仓颉篇》释粱为“好粟也”,《说文》:“嘉谷实也,禾属黏者。”段注:“古者民食莫重于禾黍,故谓之嘉谷。谷者百谷之总名。嘉者美也。嘉谷之实曰粟。”《氾胜之书》曰:“粱,秫粟也。”古人以黏为秫,则粱为粟之黏者,粟之上品。粟是两汉时期军粮供应的主要品种之一。《汉书》曰:“有石城十仞,汤池百步,带甲百万,而亡粟,弗能守。”[1]

可见粟对于军事行动的重要性。粟也是河西边防史卒的主食用粮之一。汉简中有大量用粟的记载,如:

> 廪城仓用粟百卅六石令史□曰卒冯喜等十四人廪五月尽八月皆遣不当。(《新简》E. P. T4:48A)
>
> 出粟卅石(《合校》160.8)
>
> 出粟二石二斗直钱百七十□,出粟二石四斗直钱百九十□(《新简》E. P. T5:134)
>
> 有粱粟二石,直二百廿(《新简》E. P. T56:104)

糜子,居延简文又作“穈”、“靡”等,《说文》:“穈,穄也。”段注:“穈,黍之不黏者。”《广雅·释草》:“穈,穄也。”故穈实与黍同,只是两种不同称呼而已。穈子亦为汉代边防屯戍系统主要用粮之一,如:

> 出穈大石五石四斗(《合校》148.10)
>
> 卒苏登三石三斗三升少审登取卩(《合校》44.26)

穈子为黍的一种。甘肃黍的栽培历史也很久远,秦安人地湾遗址发现了炭化的黍粒,[2]敦煌马圈湾就有穈子的实物出土,说明河西军民普遍食用穈子。

(二)麦类

麦也是河西的五谷之一。早在距今5000年的民乐东灰山遗

[1]谢桂华,李均明,朱国炤:《居延汉简释文合校》,文物出版社1987年。后文所引简称《合校》均出自此书,不再一一注明.

[2]何双全:《甘肃先秦农业考古概述》,载《农业考古》1987年第1期。

址中，就发现了小麦的炭化籽粒。[1]《尔雅》曰："夏时民乏食，麦最先登。"即在青黄不接时，麦子先熟，可以供人们食用。麦分大麦和小麦。

大麦也称为"穬麦"。《玉篇》云："穬，大麦也。"大麦较小麦颗粒瘦而长，不甚饱满，长穗芒。汉代，随着大量中原移民迁居河西，小麦在河西地区大量种植。敦煌马圈湾遗址有两处发现小麦，居延肩水金关汉代遗址也有发现。汉简中则有大量小麦的记载：

出穬麦二石六斗(《合校》387.23)

出穬二石六斗，以廪夷胡燧卒(《合校》253.6)

□月八日受燧长上官武大麦四石七斗五升(《新简》E.P.T10:3)

载肩水仓麦小石卅五石输居延(《合校》75.25)

小麦十二石九十(《合校》260.25)

出麦六十石(《合校》90.46)

从以上记载可以看出，大麦、小麦的用量都非常大，已经成为当时河西的主要食物。

(三)豆类

豆，是战国以后的称呼，此前叫菽。豆的种植始于何时，已无法考证。成书于西周中后期的《诗经·大雅·生民》记载周的祖先后稷"艺之荏菽，荏菽旆旆"，是有关豆类最早的记载。但是豆的种植，肯定要早于此。朱骏声的《说文通训定声》中言："古谓之尗，汉谓之豆，今字作菽。菽者，众豆之总名。"

汉代，豆菽是河西居民的食粮，也是边郡屯戍系统的食粮之一。如：

以食士卒菽(《合校》41.9)

[1]李瑶：《甘肃省民乐县东灰山新石器遗址古农业遗存新发现》，载《农业考古》1989年第1期。

胡豆四石七斗(《合校》310.2)

《战国策·韩策一》:“五谷所生,非麦而豆民之所食,大抵豆饭藿羹。”菽与粟、黍并提,可见都是主要的农作物。汉以后,民间的主食仍是“豆饭”“豆粥”,副食是“豆羹”“藿羹”。“麦饭豆羹”仍然是汉代的基本民情。

二、两汉时期的河西副食

两汉时期河西的副食品主要包括肉类(含动物脂肪和杂碎)、家禽类、鱼类、蔬菜类、调味品类等类别。

(一)猪羊等肉类

两汉时期,随着农业生产的发展,养猪、养羊业也随之发展。《史记·货殖列传》在谈养猪业时,就指出当时“泽中千足彘”(250头),“此其人皆与千户侯等”。可见西汉前期已出现了大规模的养猪专业户,并借此发家致富。同时养羊业也进入了大发展时期。《史记·货殖列传》谈到养殖业领域中的商品生产时,说当时许多人家拥有“千足羊”(250只),富比千户侯。汉武帝反击匈奴胜利后,匈奴的马、牛、羊络绎入塞,以及“地广人稀,水草宜畜牧”的河西归入西汉版图,使养羊业的发展迅速进入高潮。由于养猪和养羊业的迅速发展,猪羊成为人们饮食生活中最主要的肉类来源。除猪、羊以外,家养畜类还有马、牛、狗等。马、牛多用于生产、运输和战争,一般很少食用,多食用羊、猪、狗等。野生的鹿、貑(獾)、黄鼠鼬(黄鼠狼)、兔、鼠等也是人们猎食的对象。

汉简中记载有民居者饲养羊、鸡、驼等牲畜。如《居延汉简甲编》[1]75简记有:“入小畜鸡,一鸡子五枚。”这是有关官府向百姓征收家畜家禽的税项之一。连鸡之类的小畜禽都需要交相

〔1〕中国科学院考古研究所:《居延汉简甲编》,科学出版社1959年。以下所引简称《甲》皆出自此书,不再一一注明。

应的税,可想这里的民户饲养畜禽类的数量相当可观,也从另一方面说明当时河西居民的肉类食品多样。市面上用于流通的牛、马、羊、驼等畜牧产品很丰富。如《甲》117 号简下半文说:"有马十匹,贵□三万三千。"《居延新简》[1] E. P. T22:585 简又说:"□言已买騩牝駠牝各一匹特齿□。"这二枚简显然是说关于马的交易。《居延新简》E. P. T51:223 简文记有:"受甲渠君钱千,出二百五十买羊一,出百八十买鸡五只,出七十二买骆四于,出六十八糟米七斗,出百卅沽酒一石三斗。凡出八百六钱,今余钱二百。"这枚简中可看出这个甲渠君一次购买有羊、鸡、骆(驼)、糟米、酒等物品,用钱八百六钱。可见市场中的畜牧产品和生活日用品是较为丰富的。

河西汉简还记载有不少用钱买肉或以谷物兑换肉的记载,说明居民的食肉量还是较大的。如居延汉简载:

出钱百七十买脂十斤(《合校》133.10)

肉十斤直卅(《合校》173.8A,198.11A)

正月丁未买牛肉十□(《合校》237.26)

凡肉五百一斤直二千一百六十四(《合校》286.19A)

肉卅斤直百廿(《合校》附编·乙附 29A)

居延新简载:

肉百斤直七百(《新简》E. P. T51)

饭孰肉直九百六十(《新简》E. P. T52:212)

肉廿斤直谷三石(《新简》E. P. T65:99)

肉五十斤直七石五斗(《新简》E. P. T22:457A)

母纫中君肉十五斤钱百……徐长卿肉十五斤钱百……

---

〔1〕甘肃省文物考古研究所等:《居延新简(甲渠侯官)》,北京:中华书局 1994 年,第 82 页。

肉十五斤钱百，张子游肉十五斤钱百(《新简》E.P.S.4.T2:15)

敦煌悬泉置汉简载：[1]

出钱六十，买肉十斤，斤六钱，以食羌豪二人(《悬泉》Ⅱ0213②:10)

敦煌汉简载：[2]

肉十斤直二石斗八升(《敦》309)

肉二十斤直一石二斗升(《敦》310)

从上述记载来看，肉类的交易和食用很普遍，肉的价钱在1斤3钱至1斤9钱之间；如果用谷物兑换，则1斤肉可以兑换6升至2斗谷物。

汉代河西民众和士卒食用的肉类品种主要有牛肉、马肉、猪肉、羊肉、狗肉等。当时牛、马主要用于运输和作战，但牛、马一旦死亡，其肉及杂碎不免为人所食。与牛、马不同，人们饲养猪、羊，则是为了满足肉食品消费的需要。猪的饲养在河西很普遍。如：

□□猪一青黍十斛(《新简》E.P.T59:108)

府记曰收小畜息猪(《新简》E.P.Tl0:13)

出豚一(《合校》339·10)

羊也是当时的主要食物，河西汉简中有大量记载。如居延汉简记载有羊的买卖：

出羊一头，大母，子程从君巨买，贾泉九百；出羊一头，大母，子程从君巨买，贾泉九百泰十五；出羊一头，大母，勒君兄买，贾泉千……(《合校》413·6A)

居延新简记载：

[1]胡子生，张德芳：《敦煌悬泉汉简释粹》，上海古籍出版社2004年，第171页。后文所引简称《悬泉》均出自此书，不再一一注明。

[2]甘肃省文物考古研究所：《敦煌汉简》，中华书局1991年，第231页。后文所引简称《敦》均出自此书，不再一一注明。

受甲渠君钱千，出二百五十买羊一（《新简》E. P. T51:223）

羔羊万余（《新简》E. P. S4. T1:12）

敦煌汉简载有：

私从者广陵嘉平里丘丑羊二头二百九十……（《敦》788）

狗肉也是居民的肉食品种之一。汉酒泉边塞障燧中通常都养狗，用来协助士卒守卫。如果障燧豢养的狗因各种原因而死去，狗肉就成为人们的美食。汉简记载有人们买狗、杀狗及狗的价钱等内容：如敦煌汉简载：

从□一狗直石五斗，从诛虏卒寿明斗（《敦》1847）

居延汉简载：

狗一直贾五百，褒今年十月廿八日□府君狗□（《合校》163·6）

买狗四枚（《合校》246·40）

额济纳汉简载：[1]

正月中省卒治炭，日与卒具之第八燧杀狗，与诸皆反，候史房贤与卒用故卒多（《额》2000ES9SF4:15A）

除上述猪羊狗等肉类外，汉代酒泉军民还广泛食用动物的杂碎，包括心、肺、肠、胃、肝、肾、舌、头、蹄、颈、脾等，汉简中就有购买动物杂碎的大量记载。如居延汉简载：食"牛舌一只，母，直六十"（《合校》217·29），牛舌一条需60钱；再如："出钱廿，买肾二具给御史"（《合校》258·13），一具肾值10钱。

居延新简载：

肉卅斤直百廿，丁取；胃肾十二斤直卌八，尊取……肝一直卌二，尊取；……牛头直百八十，丁取（《新简》R. P. T51:235A）

〔1〕魏坚：《额济纳汉简》，广西师范大学出版社2005年，第241页。

按这条简文记载，肉一斤值4钱，胃、肾12斤值48钱，每斤也值4钱；一件肝值42钱，一件牛头值180钱。

居延新简载：

……任头直五斛，杨子仲取脾直三斛，李子产取肠直三斛五斗黍，陈伟君取脯直三斛，斡幼光取宽直二斛黍，……陈子房取边将迹直二斛清黍……唐子春取项直一斛清黍，孙任君取应肋于取直二斛清黍，陈伯取肝直二斛……口大凡直粟三十九斛（《新简》E. P. T40：76B）

这份简册所记的牲畜的头值5斛，脾值4斛，肠值3.5斛黍，脯值3斛，宽（髋）值2斛黍。边将迹值2斛清黍，项值1斛清黍，应肋值2斛清黍，肝值2斛。说明日常生活中动物内脏的交易很频繁，人们吃动物杂碎很普遍。

（二）家禽类

两汉时期河西居民家养还有鸡、鸭、鹅等禽类。如敦煌悬泉置遗址出土的《元康四年鸡出入簿》简册记载了悬泉置当年用鸡招待来往官员和使者的情况：

出鸡一只（双），以食长史君，一食，东。出鸡一只（双），以食使者王君所将客，留宿，再食，东。出鸡二只（双），以食大司农卒史田卿，往来四食，东。出鸡一只（双），以食丞相史范卿，往来再食，东。出鸡二只（双），以食长史君，往来四食，西。……（《悬泉》10112③：113～121）

这份简册还记载了鸡的来源：

人鸡二只（双），十月辛巳，佐长富受廷。人鸡一只（双），十月甲子，厨啬夫时受毋穷亭卒口。入鸡一只（双），十二月壬戌，厨啬夫时受鱼离乡佐逢时。十月尽十二月丁卯，所置自买鸡三只（双），直钱二百卌，率只（双）八十，唯廷给。正月尽十二月丁卯置自买鸡十五

只(双)一枚。直钱千二百五十,唯廷给。(《悬泉》10112③:122～131)

居延简牍也有鸡的记录,如居延汉简载:

对祠具:鸡一,酒二斗,黍米一斗,稷米一斗,盐少半升(《合校》10.39)

居延新简载:

出百八十买鸡五只(《新简》E.P.T51:223)

朱君长偿鸡钱廿,王聚卿廿,侯卿廿,□卿廿(《新简》E.P.T51:402)

从上述记载反映的鸡的买卖和消费情况看,河西民众在举行祭祀活动的时候通常会吃鸡,鸡的价格通常在一只40钱上下。

当时的野生禽类很多,其中主要有雉、雁、鹄、鹤、鸠、鸽、麻雀、鹌鹑、鹧鸪等,这些都是人们猎食的对象。

(三)鱼类

两汉时期,鱼在人们的饮食生活中占据重要地位。河西虽然地处内陆干旱地带,但因祁连山雪水的润泽,境内的大小绿洲形成较多大大小小的河流、水塘、湿地、湖泊,出产很多淡水鱼可供人们食用,就连沙漠边缘的居延地区捕鱼也很盛行,因此捕鱼业在河西民众生计中应该具有重要地位。居延汉简就有关于鱼价的记载:

出鱼卅枚,直百□(A)(《合校》274·26)

掾鱼卅头,直谷三斗(《新简》E.P.T65:33)

前一枚简说30枚鱼值100钱,后一枚简说30头鱼值谷三斗,这与上文"肉卅斤直百廿"(《合校》173.8A,198.11A)、"肉廿斤直谷三石"(《合校》附编·乙附29)两简相比,鱼价比肉价要便宜很多,可见当时居延地区鱼类资源很充足。

居延甲渠候官遗址发现的著名《建武三年候粟君所责寇恩事》简册,就是围绕载鱼5000头到觻得县贩卖纠纷而形成的文书。一次就贩鱼5000头,说明当时黑河流域渔业资源丰富,据此也表明当地居民日常生活中经常有鱼可供食用。居延新简中也有较多的捕鱼内容。如：

①诣官封符持鱼廿头遣党受博鱼(《新简》E. P. T20:15[2]70)

②吴猪病卧吴强燧仁使通持鱼廿头遣猪余鱼三百八十头仁□(《新简》E. P. T52:80[2]232)

简①说官府派名叫“党”的人接受名叫“博”的人所送的 20 头鱼。简②说一位叫吴猪的人卧病在床，燧长仁派人送给吴猪 20 头鱼，剩下的鱼还有 380 头。两简都与捕鱼有关，或为官府送鱼，或官吏为生病的下属送鱼，数量都比较多(20 头)，还反映出燧长驻地存有较多的鱼。看来当时居延地区渔业有相当的发展，在官府或者军民之中，日常食用鱼类比较普遍。

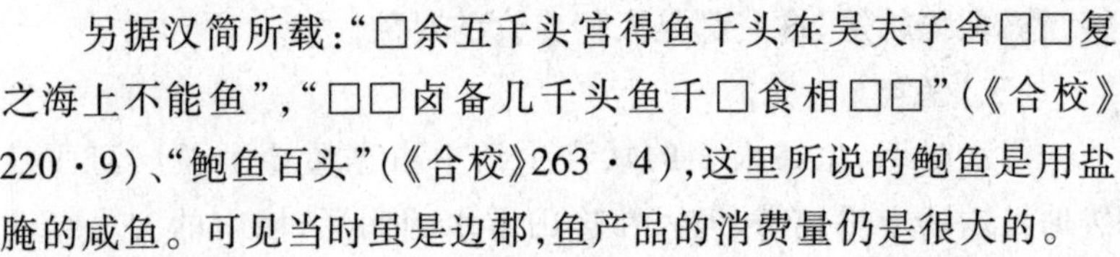

另据汉简所载：“□余五千头宫得鱼千头在吴夫子舍□□复之海上不能鱼”，“□□卤备几千头鱼千□食相□□”(《合校》220·9)、“鲍鱼百头”(《合校》263·4)，这里所说的鲍鱼是用盐腌的咸鱼。可见当时虽是边郡，鱼产品的消费量仍是很大的。

(四)油脂类

汉代河西居民的生活虽然简单，但人们的一日三餐离不开油脂，它不仅使食物香美可口，促进食欲，更是人体正常生命活动所需要的营养物质。从汉简记载看，当时主要是动物脂类，市场上供应丰富。如：“出钱百七十，买脂十斤”(《合校》133·10)，一斤值 17 钱；再如：“二月壬寅买脂五十斤斤八十”(《合校》237·46)，一斤脂值 80 钱；又如：“脂六十三斤直三百七十八”(《合校》286·9)。居延新简载：“脂七斤，出四斤八两副东官，余二斤八两直十五”(《新简》E. P. T51:381)。这是最便宜的脂价，每斤为 6 钱。上述记载表明，油脂在当时的消费量很大，脂的价格比肉要贵。

(五)蔬菜水果类

蔬菜是人们日常生活不可或缺的生活资料，对维系人类身体健康有着十分重要的作用。两汉时期河西的蔬菜主要有葵、藿、薤、葱、韭等,此即所谓的“五菜”。葵在植物分类上称冬葵,汉时葵有“百菜之首”之称。《说文》:“葵菜也。”藿是大豆的嫩叶。葱,为多年生草本植物,叶圆筒状,中空,茎叶有辣味,是常用的蔬菜。《说文》曰:“葱,菜也。”韭,《说文》:“韭,菜名,一种而久者,故谓之韭。”韭菜叶细长而扁,多年生宿根蔬菜。此外,还有荠、芥、芹、芋、菘(白菜)、萝卜、葫芦、菠菜、蔓菁。荠,《玉篇·䒑部》:“甘菜。”戎介,一种辛辣的蔬菜。《尔雅·释诂》:“戎,大也。”《广韵》:“芥,辛菜名。”当时的瓜果有甜瓜、梨、桃、李、杏、柿、核桃等。汉武帝时,张骞通西域以后,开展了中外文化和物质等的交流,引进一些蔬菜和水果品种,其中有黄瓜、大蒜、紫葱(洋葱)、胡芫、苜蓿、石榴、葡萄、胡桃等,大大丰富了烹饪原料,是中国饮食史上的一件大事。东汉时又派班超长期武装护路,使丝绸之路商旅往来,络绎不绝,葱岭以西的土特产等陆续传入,逐渐在全国繁殖开来。

从简牍记载来看,河西民众食用的蔬菜品种大约有葱、芜菁、韭菜、大芥菜、葵菜、姜、苜蓿等。居延汉简有买葱、韭的记录:

买葱卌束束四钱给社(《合校》32.16)

城官中亭治园条韭三畦葵七畦葱三畦凡十二畦其故多过条者勿减(《合校》506.10A)

有购买毋菁、韭菜的记录,还有省卒择韭菜的记录:

出廿五毋菁十束,出十八韭六束……(《合校》175·18)

省卒廿二人。其二人养,二人涂泥,……四人择韭。一人注竹关。……五人塗(《合校》269·4)

有购买姜的记录:

姜二升,直卌(《合校》505·16)

二月壬子置佐迁市姜二斤(《合校》300·8)

敦煌汉简也记有葱的价格：

葱一石直百(《敦》2453A)

这里葱的计量单位是石,一石值100钱。居延新简载有士卒取韭菜的情形：

卒宗取韭十六束,其三束为中舍,二束掾舍,十一束卒史车父,复来二石。唯掾分别知有余不足者。园不得水出……多恐乏(《新简》E.P.T51:325A)

关于河西戍卒种植蔬菜的情况,居延汉简中也有记载：

韭三畦,葵七畦,葱三畦,凡十二畦。其故多过条者勿减(《合校》506·10A)

从这枚简的记载来看,城宫中亭拥有菜园,种有韭菜、葵菜、葱。居延新简有"诸燧治园"的记载(《新简》E.P.T59:612),似乎各烽燧也有专门种植蔬菜的园圃。

(六)调味品类

汉简记录的河西地区调味品有盐、酱、醋、豉、桂等。其中,盐是人们生活之必需品。居延新简载:"永始三年计余盐五千四百一石四斗三龠"(《新简》E.P.T50:29),从这个记载看,汉代河西地区储存的盐数量是可观的。居延新简还有:"官卒十一人,盐三斗三升"(《新简》E.P.T53:136),这当是按月给士卒发放食盐的记录,士卒每人每月可以领取3升食盐。

居延汉简还记载:"桂十二,胡豆三……"(《合校》488·1)、"出钱廿五籴豉一斗……"(《合校》214·4);敦煌汉简载:"酱二斗,醯三斗"(《敦》246);居延新简载:"度用豉半斗"(《新简》E.P.T4:106)。这些简文记载了河西地区军民消费桂、酱、醋、豉等调味品的情况。需要指出的是,在汉代,姜、葱、蒜既是蔬菜,也是重要的调味品。

三、两汉时期的河西饮料

汉代河西居民的饮料主要是酒,人们在聚会、交友、祭祀、娱乐时常常以酒助兴。汉简中记载有士卒在完成本职工作之外，还可以参加一定的文化、娱乐活动。边境戍卒参加祭祀活动，祭毕可以分得酒肉，聚众宴饮，这也成为他们枯燥的戍守生活之外一项重要的娱乐活动。如简文记载：

①此酒县索下饮酒两杯从迹尽界还谓忠曰为候长取酒(《合校》264.40)

②□孝信到上亭饮酒(《新简》E. P. T50:92)

③私去署之它亭聚会奉□饮(《合校》403·10)

④伏地再拜拜请具酒少赐子建伏地再拜请具(《合校》10·25A)

⑤□所得酒既饮之拓奴对曰从廐徒周昌取酒一石昌私沽酒一石拓奴(《合校》198·13)

以上简文都是河西边塞士卒饮酒生活的真实记录，其中简①“为候长取酒”可能体现为某种较为特殊的社会关系；简②③“到上亭饮酒”“它亭聚会”，好像是暗示当时军营附近有专门的酒业经营机构或是酒类作坊；简④“酒少”可能是当时的饮酒口语。简⑤中的“私沽酒”可能与官府的禁酒有关。汉代真正的禁酒并不多见，一般都会在发生天灾人祸，年荒谷贵的情况时才采取比较严厉的禁酒措施。

汉简中有很多记载居民买酒的简文，如居延汉简载：“对祠具：鸡一，酒二斗，黍米一斗，稷米一斗，盐少半升”(《合校》10·39)，反映边塞祭祀场合用酒的情况。居延新简有：“酒二石三斗直四石六斗”(《新简》W. P. F22:457A)、“出百卅沽酒一石三斗”(《新简》E. P. T51:223)，这两条记录均反映了酒的价钱，前者所记为一石酒兑换二石谷物，后者所记为一石酒值100钱，可以看出当时与饮酒有关的商品交换。

敦煌汉简也记有酒的价格：“酒一石八斗，直二百七十”(《敦》776)，酒价为一石150钱。居延新简载：“陈袭一领，直千二百五十，居延如里孙游君所，约至……朝子真故酒二斗”(《新简》E. P. T59:555)。这枚简记录了买卖成交后,当事人酤酒犒劳见证人的情形。居延新简有"共酿二斗麴"(《新简》E. P. T65:365)的记载,反映了当地酿酒的情况。悬泉置汉简ⅡT0113②24载:"出钱百六十,沽酒一石六斗,至以食守属董并、叶贺所送莎车使者一人,𧨿宾使者二人,祭越使者一人,凡四人,人四食,食一斗",此简记录了悬泉置买酒招待外国使者的情况。[1] 按照该简文记载,悬泉置为每位使者提供的酒为每顿1斗(大约相当于2000毫升)。(王莽)地皇三年(公元22年)《劳边使者过界中费》简册记录了肩水金关27名军吏集资280钱买酒二石招待劳边使者的情况,其酒价为一石140钱。[2] 以上简文都体现了当时当地酒价的数值,也反映了边地用酒的情况。

汉简中还有与酒有关的祝福语,如《居延汉简甲乙编》乙附51:"寒时,信愿次君君平,近衣,强酒食,察事毋自易,信幸甚。"《居延汉简甲乙编》34.7B:"愿调衣、进酒。"《敦煌汉简》MC.779:"唯丈人,慎衣、数进酒食。"人们将酒与衣、食这两种生活必需品相提并论,这"近衣"是一种祝福语,而"进酒"可能与食疗有关,这些说明酒在河西军民生活中有着重要的分量。

汉代河西,酒应用极为广泛。《汉书·食货志下》认为:"酒者,天之美禄,帝王所以颐养天下,享祀祈福,扶衰养疾。百礼之会,非酒不行。"《后汉书·周燮列传》即有"岁以羊酒养病"的实例,说明当时的人们认为酒是饮食养生中不可或缺的尚品。

结论:河西简牍研究表明,两汉时期是河西饮食文化的快速发展时期。这一时期,酒泉的主食和副食都较为丰富,饮食结构也得到了很大改善。主要原因来自于两个方面:一是中原大批移民移居河西的同时,带来了大量的农作物品种和中原先进的

---

[1]吴礽骧:《说"都吏"》,载甘肃省文物考古研究所、西北师大历史系:《简牍学研究(第四辑)》,甘肃人民出版社2004年,第178页。

[2]甘肃省文物考古研究所:《居延新出土的汉简(图版捌)》,载《文物》1978年第1期。

饮食文化，改进了河西的饮食结构；二是张骞出使西域后，西域大量的食物通过丝绸之路传入了酒泉。这两个方面共同作用，推动了河西饮食文化的快速发展。

（原载《甘肃社会科学》2014 年第 6 期，作者：孙占鳌，刘生平）

酒泉长城与长城文化

长城,古代中国为抵御塞北游牧部落联盟侵袭而修筑的规模浩大的军事工程的统称,东西绵延上万华里,因此又称作万里长城。长城是我国古代劳动人民创造的最伟大的奇迹,1987 年 12 月长城被列为世界文化遗产。

中国修建长城始于战国时代。当时,有 20 多个诸侯国修筑过长城。公元前 5 世纪,齐国修筑西起平阴,经泰山北麓,东至密州琅琊台入海全长 500 余公里的长城,是我国历史上建筑最早的长城。赵国于肃侯十七年(前 333)以漳水、滏水(今滏阳河)的堤防为基础,筑长城,以防齐、魏。因所筑长城位于南部,史称为"赵南长城"。赵武灵王二十六年(前 300)于内蒙古云中、雁门、代郡一带筑长城,以防匈奴。因位于赵境的北部,史称"赵北长城"。

燕国筑北部长城,西起造阳(今河北独石山),东至襄平郡。魏国先后修筑了魏河西长城,史称"滨洛长城"和魏河南长城,史称"卷之长城"。秦昭王时,秦国修筑了北部长城,西起临洮郡,经陇西郡、北地郡、上郡三郡的边境,东至黄河。

秦始皇三十三年(前 214)遣大将蒙恬北逐匈奴,筑长城万余里,以防匈奴南进,史称秦长城。秦长城把过去秦、赵、燕三国长城连接起来,从临洮到辽东的绵延万里,从此始有"万里长城"之称。秦长城可大致分为西段和北段。西段起于今甘肃省岷县,循洮河北至临洮县,经定西县向东北至宁夏固原县、甘肃环县、陕西靖边、横山、榆林、神木,然后向北折至今内蒙古托克托南,抵黄河南岸。北段即黄河以北的长城沿阴山西段的狼山,向东至大青山北麓，再向东经今内蒙古集宁、兴和至河北尚义，再向东北经今河北张北、围场，再向东经抚顺、本溪后向东南，终于朝鲜清川江入海处。

汉代是中国历史上修筑长城最多的一个朝代。汉长城东起辽东，经阴山、河西走廊，向西延伸至新疆。为加强防御，在阴山以北修筑的是两道平行的外长城。汉长城全长两万余里，工程浩大，规模空前。汉王朝在反击胜利后，首先把秦长城加以修缮利用，接着又构筑新的长城和亭障、烽堠、列城，使防务加强起来。公元前126年，汉武帝命苏建在今内蒙古河套西部筑朔方城，并于阴山山脉之中修缮秦时所筑长城障塞，整修“当路塞”加强防范。汉长城（当时称为“塞”）的规模及长度都远远超出了秦代。特别是甘肃境内的长城，东起令居（今兰州河口），经武威、张掖、酒泉、敦煌，西止于玉门关外的大煎都侯官燧（今敦煌榆树泉盆地湾窑）。这些汉塞一方面在战略上起到了阻断羌匈联系的作用；另一方面，又为汉代与西域的交通、丝绸之路的安全提供了保障。

明代200多年间，统治者几乎没有停止过对长城的修筑工程。使整个长城东起鸭绿江畔辽宁虎山，西至祁连山东麓甘肃嘉峪关，从东向西行经辽宁、河北、天津、北京、山西、内蒙古、陕西、宁夏、甘肃、青海十个省（自治区、直辖市）的156个县域，总长度8851.8公里。其中，人工墙体的长度为6259.6公里；壕堑长度为359.7公里；天然险长度为2232.4公里。

坚固的长城，险要的关隘，连绵不断的亭障、烽燧等防御工程建筑，与天田、鹿角、柃柱悬索、蒺藜、木菱、关门墼及壕沟等辅助设施，构成了边塞军事防御工程体系。在冷兵器时代，是一道非常坚固的屏障，既保证了军事情报的快速传递，又兼有进攻与防御的双重功能；既对北方匈奴及其他游牧民族的南下侵扰与劫掠起了一定的阻碍作用，又保证了丝绸之路的畅通；既促进了中原与西域贸易的发展，又加强了中原与西域乃至中亚、欧洲的经济、政治、文化交流。

酒泉境内近千公里的长城遗存，是中国长城文化的经典之作。研究、弘扬酒泉长城文化，对于推动丝绸之路经济带建设，有着重大的现实意义。

一、酒泉长城的修筑

酒泉长城由汉长城和明长城两部分构成。

（一）汉长城

汉代边塞军事防御是一个以长城为主干，包括长城、关隘、亭障、烽燧等设施组成的多层次国防工程体系。

汉代称长城为塞垣。西汉在河西设立郡县后，在十余年时间内，征集数十万人，先后四次将秦长城由朔方郡经陇西沿河西走廊向西、向北延伸。西到盐泽（今新疆罗布泊，又称蒲昌海），北到居延海（今内蒙古额济纳旗境内），呈丁字形，全长三千多公里。《汉书》又称居延的一段长城为“遮虏障”。

长城不仅仅是军事防御工程，更是中原王朝开拓边疆的进攻堡垒。汉王朝正是凭借长城及烽燧构成的坚固屏障，才能够把自己的统治区域不断向西推进到西域地区。

酒泉汉长城是汉武帝时期分段修筑而成的。北线长城经张掖、额济纳旗、金塔、嘉峪关、玉门、瓜州等地，直到敦煌西湖的马迷兔附近。在北线汉长城南侧的祁连山麓，当时还修筑了一条塞墙，以防南羌。在肃北蒙古族自治县的石包城一带，就可见到南塞的遗迹。同时，在敦煌境内由玉门关到阳关，阳关到党河口，由终点马迷兔到湾窑等均筑有长城支线，当地称为边墙或风墙子。若将汉代北线、南线以及支线的长度相加，酒泉境内汉长城达1000多公里。

汉武帝占领酒泉后，修筑了永登至酒泉的长城。对此，相关史籍中记载：

其明年，南越反，西羌侵边为桀。于是……数万人发三河以击西羌，又数万人渡河筑令居。初置张掖、酒泉郡。[1]

自博望侯骞死后，匈奴闻汉通乌孙，怒，欲击之。……乌孙乃恐，使使献马，愿得尚汉女翁主为昆弟。天子问群臣议计，皆曰："必先纳聘，然后乃遣女……而汉始筑令居以西，初置酒泉郡，以通西北国。"[2]

初，天子发书《易》，曰"神马当从西方来"。得乌孙马好，名曰"天马"。……而汉始筑令居以西，初置酒泉郡，以通西北国。[3]

其后骠骑将军击破匈奴右地，降浑邪、休屠王。遂空其地，始筑令居以西，初置酒泉郡……[4]

及武帝征伐四夷，开地广境，北却匈奴，西逐诸羌，乃渡河湟，筑令居塞、初开河西，列置四郡，通道玉门，隔绝羌胡，使南北不得交关。于是障塞亭燧出长城外数千里。[5]

河西走廊长城的修筑，有利于保障河西走廊的安全，使西汉王朝初步实现了隔绝匈奴与西羌交通的战略构想。

元封三年（前108），为保护汉朝的西行使者，同时也是为了在西域的东部取得一个足以支持西域诸国亲附汉朝的据点，汉王朝发动了楼兰之役。在攻破楼兰、姑师之后，修筑了酒泉至玉门关长城。

王恢数使（西域），为楼兰所苦，言天子。天子发兵，令恢佐破奴击破之，封恢为浩侯。于是，酒泉列亭障至玉门矣。[6]

---

〔1〕《史记·平准书》。
〔2〕《史记·大宛列传》。
〔3〕《汉书·张骞传》。
〔4〕《汉书·西域传》。
〔5〕《后汉书·西羌传》。
〔6〕《史记·大宛列传》。

> 楼兰、姑师小国，当空道，攻劫哀号内使王恢等尤甚。而匈奴骑兵又时时遮击之。使者多言外国利害，皆有城邑，兵弱易击之。于是天子遣从骠侯破奴将属国骑及郡兵数万以击胡，胡皆去。明年，击破姑师，虏楼兰王。酒泉列亭障至玉门矣。[1]

文中所说“玉门”就是指敦煌玉门关，乃玉门都尉治所。这段汉长城，起自毛目（今金塔县鼎新镇西），沿北大河（今临水）至三墩西北，至酒泉西北营盘堡北，又傍疏勒河向正西而行至玉门关，全长大约500千米左右。

汉武帝太初三年（前102）后，汉王朝修筑了由酒泉郡沿弱水（今黑河）向北修筑至居延泽（今内蒙古额济纳旗境内居延海）的长城。

> （太初三年）夏四月……遣强弩都尉路博德筑居延。[2]

图1　敦煌境内的汉长城遗址

这段南北走向长城，从高台镇夷峡以东的合黎山起，顺黑河

〔1〕《汉书·张骞传》。

〔2〕《汉书·武帝纪》。

东而下,沿毛目东山(今金塔县境内)向北延伸,到狼心山以北,再折向西。这一段长城为汉朝“居延强弩都尉”路博德奉朝廷之命主持修筑的。他利用天然地形,因地制宜,就地取材,或黄土夯筑,或石块垒砌,或筑篱笆栅栏,或利用地形险阻,或在河流处筑闸以防偷渡。又称“遮虏障”,是居延边塞防御工程的重要组成部分。

在修筑居延长城的同时,汉王朝修筑了金塔到敦煌的长城。即从金塔县地湾城溯河而上,向西沿北大河至酒泉,再沿疏勒河过瓜州到玉门关的长城。

汉武帝天汉年间(前100—前97),汉王朝将长城由敦煌玉门关开始,一直向西修筑到疏勒河下游三角洲的榆树湾盆地。而烽火台与支持烽燧的城障一直延伸到“盐泽”(今新疆罗布泊)以西。关于这一段长城的修筑《史记·大宛传》中记载:

> 汉已伐宛……岁余……而敦煌置酒泉都尉,西至盐水,往往有亭,而仑头有田卒数百人,因置使者,护田积粟以给使外国者。

《汉书·西域传》记载:

> 于是自敦煌西至盐泽,往往起亭,而轮台、渠犁皆有田卒数百人,置使者校尉领护,以给使外国者。

从以上史料来看,出玉门关疏勒河下游榆树湾盆地以西长城,或为烽火台与亭障构成的沿交通线分布防御工事与通信设施,一直延伸到盐泽以西,到库车西北地区。构成了汉朝西进的军事防御与通信工程,以保障交通畅通和往来人员的安全。该长城向西延伸了3275千米,成为一条贯穿汉朝北疆东西的防线,在盐泽以西沿孔雀河,还修筑了连续不断的烽火台,直至西域都护驻地乌垒(今新疆轮台县境),对此,汪受宽在其所著《筑塞垣守卫边防,筹军粮屯田西北》一文中有较详细的论述。

此外,还有碱墩子至马迷兔干线,玉门关至阳关、阳关至党河口、马迷兔至弯腰墩的汉长城支线。随着两千多年岁月的流逝和风雨流沙的破坏，部分长城被夷为平地，多半长城保存下来。其中玉门关西面党谷燧一带的长城保存较好，地基宽3米、残高3米、顶宽1米，为我国目前汉代长城中保留最完整的一段。这些长城的结构并无砖石，而是就地取材建造。利用红柳、芦苇、罗布麻、胡杨树等植物的枝条为地基，上铺土砂砾石，再夹芦苇层层夯筑而成。

（二）明长城

弘治七年（1494），经略哈密的兵部右侍郎张海提出："甘肃东、中、西三路，延袤二千余里，四当敌冲，盗贼出没无时，若不因地制利，务为悠久之图，恐盗贼滋蔓，为祸不可胜言。臣按诸路或当增筑墩墙，或当修理壕堑，动有数十百里。"并要求敕谕甘肃守臣"督官于农闲之时，渐次修理边防，或地有沙石者，用古植木立栅之法；或水路不通者，用他边窖水之法，使营垒相望，哨守相闻，靖虏安边计得矣"。[1] 此议被朝廷采纳后，甘肃巡抚杨博组织实施了大规模的长城修筑，"以暇修筑肃州榆树泉及甘州平川境外大芦泉诸墩台"。[2]

修筑边墙的费用由朝廷承担，如万历初年，为了用砖修筑肃州、凉州、镇番、庄浪等地的边墙，就一次性地从国库存中拨银1.79万余两。[3] 修筑边墙的具体方法是：凡边墙之当修者，"分别险夷，酌量缓急，计画丈尺，以定其难易先后之序。一切工程皆坐派操守及轮借驿递夫而分用之"。[4] 经过嘉靖、隆庆、万历三朝的集中修筑，甘肃镇的边墙基本告成。据《明会典》载：到万历前期，甘肃镇"现存城垣堡寨四百九十五座，关隘一百四处"。[5]

〔1〕《明孝宗实录》卷89。

〔2〕《明史》卷214《杨博传》。

〔3〕《明神宗实录》卷37。

〔4〕庞尚鹏：《清理甘肃屯田疏》，载《明经世文编》，卷360。

〔5〕《明会典》卷130《镇戍》。

明代，甘肃境内长城由一条主干线和一条复线组成。主线修建于嘉靖初期，西起嘉峪关，经野麻湾堡、新城堡到达肃州卫（今酒泉市肃州区），东行至镇夷所（今高台天城），沿黑河（弱水）南下过高台所（今高台县）抵达甘州五卫，继续东行至山丹卫（今山丹县）过定羌墩堡达永昌卫（今永昌县），再过金川峡、河西堡、新园折向东行，以野猪湾、蔡旗堡环抱镇番卫（今武威市民勤县），沿洪水河南下达凉州卫（今武威市）境内，继续东南行过古浪所（今武威市古浪县），溯古浪河谷而上，越过乌鞘岭，复沿庄浪河谷而下，经平番（今永登县）抵黄河边的兰州；再由兰州沿黄河向东北延伸，经靖远进入宁夏的固原（今宁夏回族自治区固原市）继续北行。复线边墙修筑于万历二十七年（1599），明兵部尚书兼三边总督李汶奏请修建，由武威黄羊镇附近从主线长城分出，东行，经泗水、土门、西靖、裴家营、红水而东南至黄河索桥（今景泰县境内），跨过黄河与靖远境内主线长城汇合。复线长城（长约400里），不仅较绕经兰州的主线长城（此段长约1500里）大大缩短，并且使得明王朝在甘肃的北部防线自黄河沿岸向北扩展了300多里。

明长城在甘肃境内长2000多里，由墙、墩、列障、烽燧构成。墙体主要用黄土或黄沙土夯土版筑而成，墙基宽约4米，包含裙墙在内共高约5米，大墙上建烽火台，又称随墙墩，墩底边长8～12米。长城墩的南面向内一侧，与墙面平齐，北面面向塞外的一侧凸出。正面没有马道，需用绳梯攀缘。大墙上有巡道，宽约1～1.5米。裙墙筑在墙顶外缘，高约1.5米。在长城沿途经过的城池或堡寨处都留有一闇门，门外修有瞭望台，用以观察北面敌情。长城内侧有烽火台，烽火台每隔十里一座，台顶上设有瞭望哨所。长城的烽燧形制模仿汉代旧制，两烽之间的距离大约有两华里半左右。夯土层厚约15～25厘米，内部插有韧木，夹有草绳、木楔，四周有壕，还有列障、旗墩、房基等建筑。如遇敌人入侵，烽火台立即报警，白天燃烟，夜间点火，这样可以很快传告全线戍兵做好御敌准备。

肃州地处“九边”最西端。明代为长久防御计，从明初即开始在这里修筑肃州长城。至明代中期，明政府在肃州共进行了四次集中修建，逐步修筑了肃州的西长城、北长城、东长城，总长度超过了 220 里。肃州的长城以嘉峪关关城为中心，向西、北、东三个方向辐射，在肃州城周围形成了若干段，如鸳鸯池段、明沙窝段、两山口段和下古城段等。

位于今嘉峪关市的南面和北面，是明长城的最西端。肃州西长城南自文殊山讨赖河北岸，向北接嘉峪关西南角墩，穿过关城，又自关城东北角墩起，向西北至石关峡东口止，长约 30 里。其中一边墙从关城东北五里墩台起向东延伸至野麻湾，全长约 80 里，与弘治十年(1497)所修肃州北长城连为一体。另外，嘉峪关外还有以往修筑的大草滩、石烟墩、黑山儿墩台 3 座。嘉靖八年(1529)，修筑了骟马城、上柏杨、下柏杨、回回墓、红泉墩台 5 座；后增加榆树泉、三条沟、火烧沟、古墩儿墩台 4 座，关外墩台共计达到 12 座。[1]

西长城的北端有 231 米的长城攀缘于 150 米、倾斜度约 45°的山脊上，这段长城今天被人们命名为“悬壁长城”，有“万里长城万里关，叠嶂黑山暗壁悬”的赞誉。至此，形成了以嘉峪关关城为中心的、连接左右两翼的完备的军事防御体系，成为明王朝沟通中外的重要关防要塞，在明代中后期发挥着极其重要的军事作用。

明弘治十年(1497)，甘肃镇参将彭清驻镇肃州，十一年(1498 年)五月征集民工创修肃州北长城。肃州北长城地处肃州城以北 30 里处，西起野麻湾、新城、两山口经明沙窝、下古城，跨北大河至闇门(今酒泉市肃州区临水乡闇门村)，原高一丈三尺，厚五六尺，用夯土、沙草夯筑而成，全长约 70 里，约在弘治十三年

[1]黄文炜:《重修肃州新志》，酒泉县博物馆翻印，1984 年。

(1500)修完。在闇门有进出隘口供军民出入,沿边有烽火墩台亭障等57座。嘉靖二十七年(1548),巡抚杨博考察肃州一带的边墙时,要求兵备使赵得祐、参将刘勋将已经破损的边墙维修加固,在一些重点防御地段,或新筑或重筑,以使其充分发挥防御作用。万历元年至二年(1573—1574),重修北长城之西段,即新城至两山口长城60里。万历三年(1575),又开挖临水闇门至苦水界牌墩的边壕一道,宽2丈,深至见水,长38里,东与高台双井子边壕相接,作为防止北寇的二道防线。万历二十五年(1597),又在金塔堡四周筑起塔院大墩、塔院腰墩、北闇门墩等墩台13座。万历三十五年(1607),在距离金塔大堡八里周围筑边墙一道,以拱卫肃州。

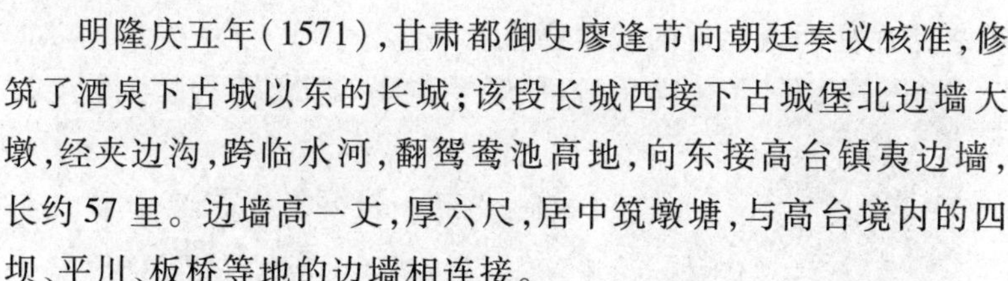

明隆庆五年(1571),甘肃都御史廖逢节向朝廷奏议核准,修筑了酒泉下古城以东的长城;该段长城西接下古城堡北边墙大墩,经夹边沟,跨临水河,翻鸳鸯池高地,向东接高台镇夷边墙,长约57里。边墙高一丈,厚六尺,居中筑墩塘,与高台境内的四坝、平川、板桥等地的边墙相连接。

二、酒泉长城遗迹

(一)关隘遗迹

据河西汉简记载,汉王朝在河西地区设置有玉门关、阳关、居延县索关、肩水金关四个关隘。玉门关、阳关,是汉王朝“通西北国”的重要关卡,是《汉书》中“列四郡、据两关”的“两关”,在中西交通史上有重要意义。肩水金关、居延县索关则扼守河西走廊沿弱水(即额济纳河)通向居延地区、进而进入匈奴的要地,具有重要的军事意义。

秦汉时期,“关”有军事防御、稽查商旅、管理交通等多种职责。

边塞日常军事防御事务仍主要由“佐守典武职甲卒”的部都尉负责。《汉书》卷28《地理志》记载,河西四郡共有12个都尉,敦煌郡有中部、宜禾、玉门关、阳关都尉，酒泉郡有北部、东部、中部都尉，张掖郡有居延、日勒、番和农都尉，武威有郡都尉和北部都尉。其中，除番和农都尉与武威郡都尉外，其余都尉大部分是部都尉。部都尉的设置，多在边郡，应与边郡军事防御有密切关系，每一部负责一段边塞和一片军事防区，部都尉管理其中的具体事务。近年来河西汉简研究表明，除上述 12 个都尉外，《汉书·地理志》漏载了张掖郡的肩水都尉。居延汉简中有关肩水都尉的记载较多，不再赘述。本文主要介绍与酒泉长城有关的玉门关、阳关、肩水金关和嘉峪关。

玉门关俗称“小方盘城”，蒙古语称“跌烈半斤”，意为方城。位于敦煌市西北约 90 千米处。是西汉玉门都尉的治所，也是丝绸之路通往西域北道的咽喉要隘。

图 2　玉门关遗址

相传古代西域和田等地所产美玉、珠宝，经此关口传入中原，玉门关因此得名。该城建于汉武帝时期。关城全用黄土夯筑而成，面积 600 多平方米。城垣东西长 24.5 米，南北宽 26.4 米，残高 9.7 米，城墙上宽均为 3.7 米，东西墙下宽 4 米，西北墙下宽 4.9 米，开西、北两门。城顶四周有宽 1.3 米的走道。城内东南角有一条宽不足1米的马道，靠东墙向南转上可直达顶部。玉门关南边有盐碱沼泽地，北边不远处是哈拉湖，再往北是长城，长城北是疏勒河故道。东西走向的长城蜿蜒逶迤，一望无际，每隔5里或10里，就筑有一座方形烽火台，在长城烽燧的周围，还有明显房屋遗迹。在东西长城之南，另有一支南北走向的长城，绕过玉门关西侧，向南直达阳关，关城北坡东西走向车道直通西域。

1944年，中国考古学家夏鼐、阎文儒等曾在此地北边废堙中掘得汉简数枚，其中有一木简，文字清晰，上有“酒泉玉门都尉……”等字，从出土的简文中断定是当年玉门都尉的公文。由此可知，在西汉敦煌还未建立郡县前，此城已经存在，隶属酒泉郡。1989年被列为全国重点文物保护单位。玉门关地势险要，北有沼泽作屏障，南有阳关为侧翼，东有郡城为后援，形成犄角之势，易守难攻，为古丝绸之路锁钥。唐代边塞诗人岑参曾作《玉门关盖将军歌》：“……玉门关城迥且孤，黄沙万里百草枯。南邻犬戎北接胡，将军到来备不虞。五千甲兵胆力粗，军中无事但欢娱。……”

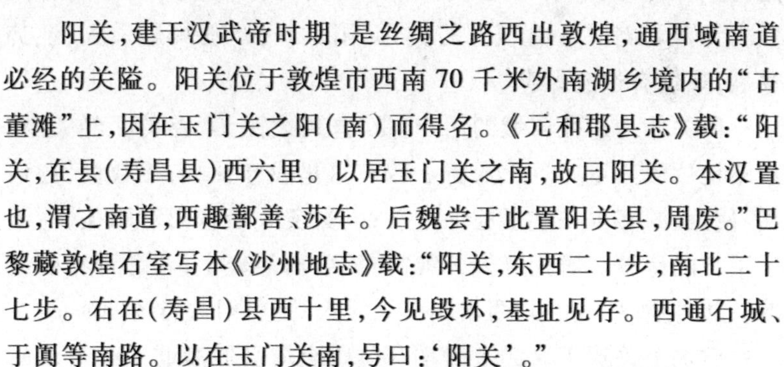

阳关，建于汉武帝时期，是丝绸之路西出敦煌，通西域南道必经的关隘。阳关位于敦煌市西南70千米外南湖乡境内的“古董滩”上，因在玉门关之阳（南）而得名。《元和郡县志》载：“阳关，在县（寿昌县）西六里。以居玉门关之南，故曰阳关。本汉置也，渭之南道，西趣鄯善、莎车。后魏尝于此置阳关县，周废。”巴黎藏敦煌石室写本《沙州地志》载：“阳关，东西二十步，南北二十七步。右在（寿昌）县西十里，今见毁坏，基址见存。西通石城、于阗等南路。以在玉门关南，号曰：‘阳关’。”

阳关在西汉时为阳关都尉治所。据史料记载，西汉时，南湖置龙勒县，阳关为治所。魏晋时，设置阳关县。唐代设寿昌县。高僧玄奘从印度取经回国，就是走丝绸之路南道，入阳关返回长安的。

图 3　阳关遗址

边塞诗人岑参曾写下“二年领公事，两度过阳关”的诗句，可见当时出入阳关的次数较多。

汉代阳关地势险要，水源充足。附近渥洼池和西土沟是最大的独立水源。古代阳关向北至玉门关一线有 70 千米的长城相连，每隔数十里即有烽燧墩台。阳关附近亦有十几座烽燧。尤以古董滩北侧墩墩山顶上的称为“阳关耳目”的烽燧最大，地势最高，现仍有遗迹保存。

阳关作为通往西域的门户，是“丝绸之路”南路的必经关隘，战略地位极其重要。无数将士曾在这里戍守征战；无数商贾、僧侣、使臣、游客曾在这里验证过关；无数文人骚客面对阳关，写下了不朽的诗篇。唐代诗人王维“渭城朝雨浥轻尘，客舍青青柳色新。劝君更尽一杯酒，西出阳关无故人”更将阳关名扬四海。

肩水金关建于汉武帝时期。位于金塔县城东北 152 千米的黑河东岸，距东大湾城 7 千米，处于额济纳河上游东岸的谷地。是蒙古高原进出河西地区的咽喉门户。肩水金关为汉代烽塞关城，其主要建筑有两座对峙如阙的长方形夯土楼橹构成的关门、烽台、坞和一方堡等遗址，现仅有一烽台，台方 8 × 8 米。肩水金关故址四周是戈壁荒漠，有零星适宜耕种的土壤，有极少耐旱植物生长。在肩水金关周围还有居延甲渠侯官、甲渠塞第四燧等汉代边塞遗址，共同构成了汉代酒泉境内的军事防御体系。

图 4　嘉峪关关城

嘉峪关关城的修筑始于明代初期。《重修肃州新志》记载："嘉峪关，在州西七十里，嘉峪山西麓，明初置。"明洪武五年(1372)，明朝征西大将军宋国公冯胜下河西，认为嘉峪山山下是重要的咽喉之地，于是选"九眼泉"西北坡上，置关首筑土城，并以山名命名为嘉峪关。嘉峪关山下的九眼泉，古称"峪泉活水"，冬夏澄清，碧波不竭，被列为"肃州八景"之一。《靖边纪略》上记载："初有水而后置关，有关而后建楼，有楼而后筑长城，长城筑而后关可守也。"当时，嘉峪关土城周长 220 丈，高 2 丈多。弘治六年(1493)，关外吐鲁番回鹘部落崛起东进，连破"关西七卫"。警报传至京城，明朝政府大为震惊，一方面决定关闭嘉峪关，调兵遣将充斥西北边塞；一方面决定在弘治七年(1494)增修嘉峪关。弘治八年(1495)，肃州兵备道李端澄主持修建嘉峪关城楼及关城内的设施，次年嘉峪关关城筑成。此后，明政府就以嘉峪关关城为中心，先后修筑西长城和东长城。正德元年(1506)，兵备副使李端澄驻节肃州，命承信校尉王镇依据先年修筑关城的样式，修筑了嘉峪关的东西二楼，并添筑角墩6座、敌台2座，又在城内修建了官厅、夷厂、仓库等建筑。

这次工程用时七个多月，到正德二年(1507)二月完工，其势“望之四达，足壮伟观，百里之外，了然在目”。[1]

嘉峪关关城布局合理，结构严密。无论是设计、修造还是施工、运输，均是古代劳动人民聪明和智慧的体现。

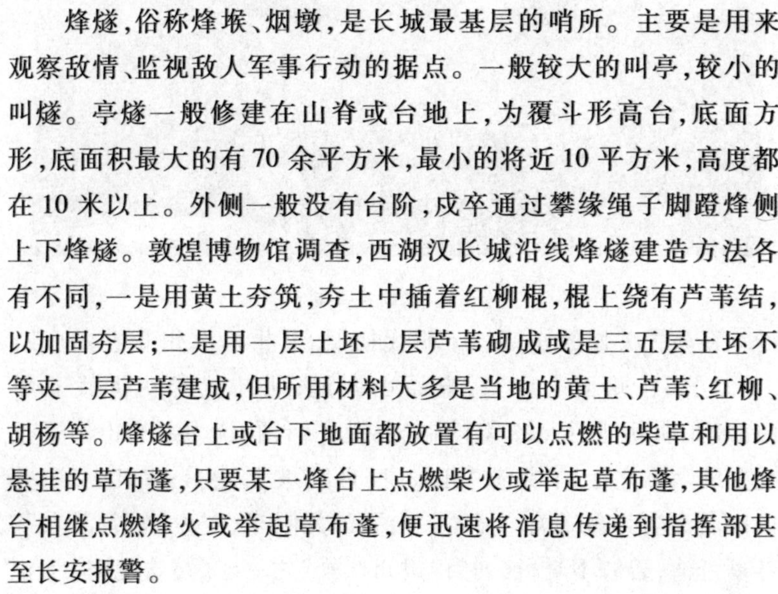

(二)烽燧、障亭遗迹

烽燧，俗称烽堠、烟墩，是长城最基层的哨所。主要是用来观察敌情、监视敌人军事行动的据点。一般较大的叫亭，较小的叫燧。亭燧一般修建在山脊或台地上，为覆斗形高台，底面方形，底面积最大的有70余平方米，最小的将近10平方米，高度都在10米以上。外侧一般没有台阶，戍卒通过攀缘绳子脚蹬烽侧上下烽燧。敦煌博物馆调查，西湖汉长城沿线烽燧建造方法各有不同，一是用黄土夯筑，夯土中插着红柳棍，棍上绕有芦苇结，以加固夯层；二是用一层土坯一层芦苇砌成或是三五层土坯不等夹一层芦苇建成，但所用材料大多是当地的黄土、芦苇、红柳、胡杨等。烽燧台上或台下地面都放置有可以点燃的柴草和用以悬挂的草布蓬，只要某一烽台上点燃柴火或举起草布蓬，其他烽台相继点燃烽火或举起草布蓬，便迅速将消息传递到指挥部甚至长安报警。

障是汉代长城内外建造的一些中小型的城，是长城一段防线的守卫中心，驻有士卒守卫。《汉书·武帝传》颜师古注曰：“汉制，每塞要处别筑为城，置人镇守，谓之候城，此即鄣也。”由此可知，城障实际上就是建筑在地势险要或位置重要之处的，驻有戍卒守卫的立体式防守中心。障一般建在长城的内侧，也有少数建在长城外侧。金塔县天仓乡北面黑河东岸戈壁滩发现的

[1]黄文炜：《重修肃州新志》，酒泉县博物馆翻印，1984年。

地湾城遗址，就是一座汉代城障。该城平面方形，每边长约22.5米，墙厚5米，残高8.4米。北垣和东南墙角处有成排的木棍洞。障东北角有高约1米的小屋。障外有3道坞壁。根据1930年在此遗址出土的汉简上的文字判断，此处是肩水都尉所辖肩水候官治所的城障。金塔县鼎新镇西北的A49号遗址，可能是酒泉东部都尉的汉所东部障。该障平面呈正方形，每边长78米，夯土筑，夹压芦苇和柴草，基厚4米，残高4~5米。四角置角墩，南垣正中开门，有矩形瓮城。北、西、东三垣各筑马面一座。

根据统计，汉代敦煌、酒泉二郡共发现164座烽燧遗址，其间距最远的是8千米，最近的是0.13千米，这样的烽燧各有一座，但绝大多数的烽燧相距1~2.5千米。[1] 西汉的这种报警办法，可以日传千里，据历史学家向达先生在《敦煌考古》一文中估计，敦煌距长安四千余里，大约两三天就可到。从居延出土的汉简可知，仅居延都尉管辖下的亭障就有一百多个。住在亭障的戍卒，除警戒敌人外，还从事各种农业生产活动。这些戍卒都是由农民中的壮丁组成，每个亭或燧住着几十名到一二百名戍卒，由"候长"或"燧长"管理，障里住的戍卒，由"候官"统率。各候官又由郡城或县城等地的都尉管辖。

汉代边境的塞、亭、障、燧的外围有侦迹和防护设施。侦迹设施一种是天田，就是在边境山口、渡口或敌军来犯必经之地，挖出宽一丈、深二尺的沟，用细沙或细土填入，将其表面刮抹平整。巡逻的士兵检查天田，可以依据人马足迹判断来敌的数量，形成一条连绵不绝的侦迹线。

另一种是柃柱悬索，就是在沿边塞线埋设一系列木柱，在柱间横拉细索，称为悬索。亭燧兵卒观察天田和柃柱悬索，就可以侦知敌军或其他人非法入境的情况。还有虎落或强落，为城障烽燧外围的屏障，对敌骑可以起到一定的阻碍作用。考古发现

[1]程喜霖:《汉唐烽堠制度研究》，三秦出版社1990年。

酒泉境内的虎落，有的是由柳条编成的一道篱笆墙，外表还要涂泥，以防被敌人焚毁。

还有一种叫鹿角，就是将木杆的一头削尖，以60~70厘米的间隔，呈三角形垂直埋设于城塞、障、燧基脚周围，一般为4行，从而在边境防御设施之外又形成一道宽数米的保护带。另外还有非常屋、回门、悬户、辟门蒺藜、木菱、关门壍等。非常屋是密室或暗门复道以备紧急情况时隐蔽或撤退之用。回门指迂回曲折的门径、门户，以便保护门户，限制敌军的进攻方向，便于内部拒守，是保卫烽燧尤其是门户的特殊装置。

酒泉境内的明长城有三种修筑方法。第一种修筑方法是在少水不潮湿的地方，用土夯筑城墙。如酒泉城北30里处的长城，当年的夯墙高一丈三尺，厚五六尺，还留有暗门，供军戍出入，后来杨博又重修，加固、增厚、增高。在下古城的这段就更厚更高，墙基厚度达到一丈，顶部厚六尺，几乎可以行车，在墙顶上又加筑有三尺高的垛墙，通高一丈五尺（合5米高），致成一段不易越，马不能过的防线，殊为一道屏障。第二种修筑方法是在多水易潮，不适宜筑墙的地方便挖成深而宽的壕沟，以壕代墙，也称作长城，也起防御作用，一般称为“边壕”。今在酒泉境内的边壕，起自临水乡闾门村四组，向东到高台双井子界牌墩止，共长12千米的一段还清楚可见。这段壕沟也是明代隆庆年间（公元1567—1572）开掘的。当时，壕沟面宽二丈，深至见水为止，底宽一丈。两岸各筑土堰一道，底宽四尺，顶宽一尺五寸，高五尺。这样宽而深的壕沟，加上驻兵的防守，也不易为人马越过。第三种修筑方法是在长城通过的大河两岸修筑崖榨。如酒泉长城下古城段东端临讨赖河，当年在河岸修筑了高三丈，阔二丈的崖榨。

明代设在酒泉境内的“烽燧”有一百多座，保留至今的也还有18座，依其布局走向可以分成五路。最北的一路在长城外面（北面）的北夹山上，在西起怀茂乡西坝村西端，东到鸳鸯池的山梁上，自西向东有梧桐林墩、沙岗墩（今称狼心墩）、火石峡墩、前墩、后墩、长山墩、明盐墩、新添墩、大干粮山墩、大口子墩、沿河墩等；在长城中线上的一路，其西段的墩已全毁，东段夹边沟水库旁尚遗有三十里大墩（今称猴儿墩）、梁家山墩；在长城里面（南面）的一路，西起丁家坝，东到黄泥堡，自西向东可见的有丁家坝墩、高闸沟墩、新墩、北闸沟墩址、暗门墩址和临水东面的十里墩、黄泥堡墩、营尔墩、官营墩址、碱滩墩（今称颠倒墩）；第四路在酒泉城南部，西起文殊山口，东至屯升马营滩，自西而东尚遗存的有：洪水坝墩、红桥墩、荒凉堆墩、半截墩、新墩子、长沙岭墩、高涝池墩、五坝崖头墩、和丰乐北滩的白塔儿墩、半坡墩址及清水的韩秀墩、屯升的河古墩、马营墩、五个寨墩，此外还有下河清墩、将台墩、单垮子墩；第五路也是最南的一路在沿南山山顶或山北坡上，自西而东今尚遗存的有金佛寺堡角墩、榆林坝墩和屯升的螺墩。这些墩现在都还保存较好，或者遗址尚存，是研究古代军事设施的实据之一，其中大部分已列入重点文物保护单位，加以永久性的保护。

河仓城是汉代西部防线储备粮秣的军需仓库，位于玉门关以东，呈长方形，故又称方盘城。河仓城由南向北，夯土版筑。东西长约 132 米，南北宽约 17 米，残垣最高处 6.7 米，城内有南北方向的两堵墙，将其隔为相等并排的三座仓库。每库向南开一门，墙壁上下置三角形小洞，上三下五，间隔距离交错相等，可能是通风设施。外围的东、西、北三面加筑有两重围墙。

马圈湾烽燧，位于敦煌小方盘城西 11.5 千米，马圈湾与盐池湾之间的戈壁走廊上。北距塞墙 3 米。烽燧平面长方形，底部长 8.35 米，宽 7.6 米，残高 1.87 米，为三层土墼夹一层芦苇叠砌。东南角砌有登顶台阶。堡早期筑于烽燧东侧，堡门西开，堡内有过道和套房三间，房内均有灶。后焚毁弃之，改筑于烽燧南侧，门向南开。堡南 22.3 米有东西向的长方形牲畜圈。出土汉代简牍 1221 枚，记载有关出入玉门关、玉门关侯及其管辖范围和屯兵、屯田活动等。其他遗物300余件，有粮食、麻纸、毛笔、石砚、丝织残片、毛织残片、丝绵、麻布、麻鞋、竹编织器、漆器、木器、骨器、铁器、铜器、五铢钱等。居延汉塞是西汉武帝时派遣强弩都尉路博德在居延泽上兴筑的长城，属于张掖郡（郡治在今甘肃省张掖市）管领，沿线设置有居延都尉和肩水都尉。居延都尉驻在居延城，下属有殄北候官、居延候官、甲渠候官、卅井候官，管领障塞和烽燧都包围着额济纳河下游居延海周围的屯田区域。肩水都尉驻在肩水城，下属有广地候官、橐（音驼）他候官、肩水候官、仓石候官、庾候官，管领的障塞和烽燧分布在今额济纳河中游。

居延汉塞遗迹，自东北向西南分布的总长度约350千米，约合汉代900里。称作塞墙的遗迹，大多被风沙淹没或被刮走。当时有些地段也可能就是“因河为塞”，利用河水作为防守工事，故未曾兴筑长城。现今在额济纳河沿岸及原绿洲地带的城、障、塞、燧等遗址共约170处，其中有城障16座，烽燧150余处。建筑时都是因地制宜，有的用夯土版筑，有的用土坯垒砌，有的用石块或石板垒砌；各烽燧间的距离不等，有的两燧间距约1300米，有的两燧间距2000米，是根据地形和建筑材料而定。

居延汉塞遗迹，由于气候干燥，多风少雨，地下埋藏的有机物都能长期保存下来。自1930年中瑞西北科学考察团发现居延塞遗址内埋藏有丰富的汉代简牍以来，先后在各城、障、燧遗址内共采集和发掘简牍约3万件。居延汉简是继敦煌汉简之后发现的最为重要的汉代边塞屯戍文书，在内容和数量上都大大超过了敦煌汉简，为研究汉代历史开辟了一个新的领域。

嘉峪关长城第一墩，是万里长城第一墩的俗称，又名讨赖河墩、头墩，位于嘉峪关关城南7千米处，沿戈壁滩至讨赖河陡壁的北岸边上，与祁连雪峰隔河相望，以河为险，是明代长城上西端第一个台墩起点。

长城第一墩于明嘉靖十八年（1539）年由肃州兵备道李涵监

筑，北距关城7.5千米，墩台矗立于讨赖河边近56米高的悬崖之上。对于它的雄险，著名长城专家罗哲文先生曾经有过生动的吟咏："嘉峪关，雄险画皆难，墩堡遥遥相互望，长城道道连关山，猿臂也难攀。"在一万多华里的明代长城线上，墩台无数，密如繁星，而嘉峪关长城第一墩与河北山海关渤海之滨的"老龙头"遥相呼应，共同构筑起中华长城"龙"的首尾，成就了中华民族"龙"的美名。如果说长城是中华民族的丰碑，那么长城第一墩就是这座丰碑崛起的地方。现在，这座墩台残高约10米，其底部呈不规则正方形，底宽14米，内部仍呈正方形，长宽均为6米。用黄土夯筑而成，夯土层厚10～20厘米。

三、长城文化的特征

在人类发展史上出现过许多文明古国，各自都留下了其称奇于世的文化遗产。但是无论哪一个古国，都不曾有过像长城这样汇纳岁月风尘、面向博大精深未来的巨型信息载体。长城出现的直接原因是军事的，但深层原因却是经济的和文化的。生存空间自然地理条件的差异，不仅划出了两种类型的生产方式与文化形态，也带来了社会发展时序上的不平衡：一方控弦纵马飘忽不定，以游牧劫掠为生存手段，在布帛菽粟的需要上对农业经济有很大的依赖性；一方则日出而作日入而息，苦恋着土地与固定的农园，祈盼着丰收与安宁。这就不可避免地要造成摩擦与冲撞，兄弟阋墙，兵戈相向，所以说长城的应运而生有它深刻的历史必然性。而且，就中原民族可供选择的抗御策略而言，"万里袭取"也绝非上策。茫茫荒原无所依托，少发则兵力不足，难有所获，多发则补给困难，不能毕其功于一役。汉武帝、明成祖都有过如此苦涩的体验。而修筑长城据险省戍，则可收到以常备防突袭、以步兵御骑兵、先处战地以逸待劳的功效。故而长城之兴是中原政权的统治者权衡利弊、掂量了战争效费比之后的明智选择；同时也是务静方内不求辟土，中国既安四夷皆服之传统政治文化心理的物质体现。长城犹如一座巍巍丰碑,一部煌煌青史,镌刻着古老文明的发生发展,封建王朝的更迭兴衰,中华民族的磨合交融以及精英人物的奇思伟想。

(一)长城是中国古代重要的军事防御工程

在中华民族历史上,构筑长城的直接目的是用于抵御北方游牧民族南下,军事效应是评价长城首先要辨明的前提。在冷兵器时代,长城防御体系的军事作用应该说是卓有成效的。秦时,"北筑长城而守藩篱,却匈奴七百余里,胡人不敢南下而牧马。"[1]汉武帝时,"建塞徼、起亭燧、筑外城,设屯戍以守之,然后边境得用少安。"[2]明代因火炮应用于战争,攻城之矛愈益锋利,但守城之盾也相应强化。明长城重点设防地段多用砖石砌筑,极其坚固,明守军也广泛配置火器。因此,明清时代,长城的防御作用仍可发挥。

长城,对巩固中原封建王朝的统治、保护广大农业地区人民生产与生活的相对安定,确实起到了其他防御手段所不能有的巨大作用。汉武帝是一个继秦始皇统一之后,把封建专制国家进一步巩固下来的重要人物。他对掠夺成性的匈奴奴隶主,早有戒备,并予以坚决的回击。在他继位的第七年元光元年(前134)就派了"卫尉李广为骁骑将军屯云中,中尉程不识为车骑将军屯雁"。[3] 但是,到了元朔年间,匈奴不断入辽西、上谷、渔阳杀掠吏民,武帝命卫青、霍去病统兵大破匈奴。为了有效地阻止匈奴奴隶主的突然袭击,除了抗击之外,必须要加强经常的防御工事。修筑长城以抗匈奴,是秦始皇时即已行之有效的办法。

长城从某种意义上讲,是一种边防设施,或者是有险可守的第一道防御阵地,然而古人在设计长城体系时,又不仅仅满足于边防的稳固,而是从整个国家的战略形势来考虑问题的。长城

---

〔1〕《新书·过秦》。

〔2〕《汉书·匈奴传》。

〔3〕《汉书·虢帝纪》。

是当时战略方针的物质体现，它针对了主要的敌人，控制了所欲的战场，突出了主要防御方向。汉时为了拱卫长安，派苏建率兵10万依蒙恬旧规模置郡朔方（今内蒙古杭锦旗北），列障戍于河南（今内蒙古河套一带），又开河西五郡（酒泉、武威、张掖、敦煌、金城），隔绝羌与匈奴的联系，故而关中可以无患。北魏建都平城（今山西大同东北），先于长城要害之处设沃野、怀朔、抚冥、武川、柔玄、怀荒（俱在今内蒙古及河北坝上地区）等六重镇，继而征发百姓10万，筑"畿上塞围"，东起上谷（今北京延庆附近），西至于河（黄河），从而形成了对平城的拱卫之势。明代长城体系最称完善，大体沿长城一线划为九个防区，是谓"九边"："九边"之前，设置了大宁（宁城）、开平（多伦）、东胜（托克托）三卫；并且分别以居庸、紫荆、倒马"内三关"和雁门、宁武、偏关"外三关"为枢纽，构成两道长城防线。占燕山、军都山、太行山以及恒山、管涔山、吕梁山之地利，加大了防御纵深，瞰制了主要歼敌战场。这种防御部署，不仅着眼于敌人从正面（蓟州、宣府、大同）进攻，而且考虑了敌人取陕、晋组织战略迂回的可能，是比较缜密的。京师核心防御的组织，充分体现了环形防御的思想。主要防御方向居庸关的外镇在八达岭，再往北有岔道城，而南口堡则既是接应前出的据点，亦是防敌侧背包抄的对外正面。京东方向，则针对通州北塞篱村至怀柔苏家口间地形平漫的不利情况，密筑敌台，界之以墙，使京师有重关之险。如上，以长城为主要阵线而组织的国土战略防御，包含着许多成熟的设防思想，不愧为关乎封疆形势和社稷安危的大手笔。

长城的外在形态是军事对峙，其本质却是对国家利益的守护。游牧民族的掳掠，给农耕地区的人民造成许多灾难和痛苦，自然也影响到一个国家的安全与稳定。《诗经》中所谓"靡室靡家，猃狁之故""天子命我，城彼朔方"，大概就是农耕民族筑城以自卫的源头。公元前215年，秦王朝收复匈奴盘踞多年的河套地区，在连贯原秦、赵、燕所筑长城的同时，因河为塞，建筑44座县城，并把内地人口迁移到这一地区屯垦戍边，乃有贾谊所称“胡人不敢南下而牧马，士不敢弯弓而报怨”的格局。西汉王朝在取得河南、河西、漠北三大战役的胜利之后，向西把烽燧、亭障从酒泉伸展到盐泽（今新疆罗布泊）；向北则把“塞外列城”修到了居延海。这样一来，就控制了祁连山和焉支山，打通了河西走廊，从而比较彻底地解除了匈奴威胁。之后，张骞出使西域，丝绸之路畅通无阻，中西经济文化交流日益频繁；而呼韩邪单于自请留居塞下，为汉守边，则开了匈奴政权接受中原政权领导的先河。兹后六七十年间，北部边城晏闭，牛马布野。长城作为一种势力范围的标志，显示着某种战略优势，构成了一种对敌人的潜在威慑。汉王朝在威慑所及的地区，设屯戍守卫，组织大规模移民垦殖，迁徙安置降众，逐渐拓展中原先进的耕作制度与生产方式，也促进了边境地区经济的繁荣和各民族间文化的交流与渗透。长城非但没有割裂各民族间的联系，反倒是因为有了长城及其戍守军人的管理监护，才更加有利于各民族之间的有序交往与文化趋同。因为不少朝代都注重把依附而来的游牧民族，安置于长城内外的边境郡县，这就使他们更有机会接近中原地区的生产方式与文化传统，同时也为边境口岸的双向贸易提供了市场。如今沿长城一线不少称为“口”的城镇，都是基于边境贸易而逐渐发展起来的。山西民歌中的“走西口”，也是指到长城以北（即口外）去贩牲口，做生意。如万历年间，俺答部归顺明朝，明廷封俺答为顺义王，在偏关水泉营长城外和大同、张家口三个地方，开互市市场，供其和汉人相互贸易。

（二）长城是丝绸之路经济、文化交流的重要屏障

长城沿线地区，原来多是西汉王朝统治相对薄弱，经济、文化比较落后的地区。当汉边塞在这些地方构成军事防御线之后，同时构成了经济、文化的传播线。边塞的施工及维护，大量戍卒及内地人口迁入边疆，在一定程度上刺激了当地经济的发展。汉武帝不仅修缮秦城，而且新筑长城。元狩二年（前121），武帝令骠骑将军霍去病出陇西，击破匈奴，匈奴的昆邪王杀休屠王，并率四万人来降，武帝以河西地置酒泉郡。此后开始了河西长城的建筑。西汉（主要是武帝时期）所筑河西长城、亭障、列城、烽燧，有力地阻止了匈奴的进犯，对发展西域诸属国的农牧业生产，促进社会的进步，特别是对打通与西方国家的交通，发展同欧亚各国的经济贸易、文化交流起了重大的作用。两千年前中国的丝织品即是通过这条“丝绸之路”经康居、安息、叙利亚而达于地中海沿岸各国的，在国际市场上享有很高的声誉。这条“丝绸之路”从长安出发远及两万多里。这条大道上长城、亭障、列城、烽燧正是起到了保护这条漫长的国际干道安全的作用。

（三）长城是中华民族科技进步的智慧基石

长城，作为军事筑城，是我国古代各民族统治者为维护自身利益而组织防御的产物。长城从放大了的城堡到最终成为烽堠相望、绵亘谨严、敌台林立、纵深梯次的巨大防御体系，是两千多年十数个朝代无数先贤才智的积淀。许多深邃的军事思想由此脱颖而出，为中国特色的军事科学的形成提供了参照，准备了基石。

烽堠又称烽火台，是警戒和传递军情的工程设施，长城防御的组成部分。它的设置比较灵活，有的直接建于城墙之上，有的则独立构筑在长城内外，有的又将几个成犄角配置，构成烽堠群。但不管建在什么地方，烽堠间都必须要有可通视性，遇有敌情，白昼施烟，夜暗举火，以可见光为载体传递信息，实际上是一套情报保障体系。这在通信手段十分落后的时代，是很具独创性的。其情报传递速度之快，与“马拉松”那种靠人奔跑告捷的方式相比不可同日而语。有了这套设施，信息流的输入输出成为可能，上层对末端的控驭，决策层对边境情况的掌握以及夺取先机的处置等等，即所谓“运筹于帷幄之中，决胜于千里之外”，才有了基本的物质手段和前提。显然，这对于我国古代战争的组织、军队的结构分工以及战略概念的形成，都有重要意义。

长城的建筑特点是因地形用险制塞，它是用人工筑城的办法对既有战场进行改造与加强。在山地，则居于峰峦之脊；在平原，则扼于要冲之处。长城对制高点的控制，对隘路山口的控制，就是以今天的眼光来衡量，也完全是高水平的。长城大抵是以口设关，着眼于控制敌人的主要进攻走廊，同时依托关城，伸出两翼，扼守制高点，瞰制一定的防御地幅，形成点线结合、互为依傍的筑城体系。如山海关长城、居庸关长城都是这方面的典型代表。长城是天然阵地与人工设防的巧妙结合，追求襟带岩峦，表里形胜。明代戚继光督修之金山岭长城，在控制战场和增大防御弹性方面，就想了很多方法：每座敌楼的战台和类似瓮城的挡马墙使敌人很难接近，与东西走向之长城主体同样坚固的支墙伸向当面浅近纵深，支墙左右两翼可瞰制前沿的制高点上还筑有独立的瞭望墩台。这样，便构成了前哨要点、斜切阵地和主阵地有机联系的筑城体系。敌若来攻，防御者不但可利用支墙机动兵力兵器提前接应，一旦进攻者楔入，还可组织倒打火力，使之腹背受敌。不要小看了这一道支墙，它能使长城脱出一线式防御的被动。它的出现，比被恩格斯称道为开辟了筑城新纪元的蒙塔郎贝尔的堡垒体系，要早两个多世纪！蒙塔郎贝尔是法国人，他的堡垒体系就是在某一大要塞周围的制高点上，修建一列或两列小堡垒。这些堡垒在外形上看是孤立的，但可用火力互相支援，而且可以为大规模出击创造有利条件，使敌人的锋芒不至于很快就危及要塞本身。这里还只是主阵地与外围要点之间火力的衔接与联系，还没有构筑直接用于机动兵力兵器的联络阵地。

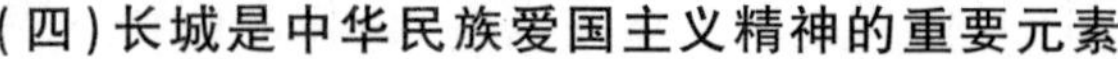

（四）长城是中华民族爱国主义精神的重要元素

中国是由56个民族凝聚成的统一多民族国家，中华文明是世界上唯一没有中断的文明。这在很大程度上得益于较好地解决了农牧民族之间的碰撞交融问题。基于生产、生活的需要，互相联系交往是北方游牧民族与中原地区人民的共同愿望，长年攻伐征战则给双方带来巨大灾难。但历史地看，只有凭靠长城的坚强护卫，才能遏制游牧民族军事上的侵扰，才有可能实现长期有序的交往。以汉代为例，汉文帝时，“遣将吏，发卒以治塞”，匈奴始稍收敛；景帝时，“时时小入盗边，无大寇”；武帝初，“匈奴自单于以下皆亲汉，往来长城下”；[1]宣帝时，则有赖于“北边自敦煌至辽东万一千五百余里，乘塞列燧……虏数大众攻之，而不能害”，以至“边城晏闭，牛马布野，三世无犬吠之警”。[2]在漠北匈奴墓中出土的铁制农具也表明中原先进生产技术、生产方式对游牧民族产生了深远影响。匈奴“乐关市，嗜汉财物”，往往“驱牛马万余头来与汉贾客交易”。[3]在从中原获得大量生活、生产必需品的同时，也推动了匈奴畜牧经济的发展。这种互市交往也使中原地区受益匪浅。汉初牲畜奇缺，将相或乘牛车，但到武帝时，长城以南“滨塞之郡”已是“马牛放纵，畜积布野”，大批畜力投入农耕、交通运输，极大地提高了中原地区的社会生产力。蒙古族非但“孳牧渐多”，而且逐渐改变单一畜牧经济结构，“其耕具有牛有犁，其种子有麦有谷有豆有黍”，瓜、瓠、茄、芥、葱、韭之类，“种种俱备”。[4]经蒙汉居民共同努力，塞外古丰州还屹立起一座归化新城(今呼和浩特市)，垦田万顷，连村数百，“城郭宫室布满丰州川”。[5]《明史·方逢时传》所载“九边生齿日繁，守备日固，田野日辟，商贾日通，边民始知有生之乐”，便真实体现了长城边防与屯田实边、交通网道、互市贸易之间环环相扣内在关联的辩证关系。农牧民族在长期和平交往中彼此增进感情，消除隔阂，在思想文化、生活习俗上也互相熏染融合；而蒙

[1]《汉书·匈奴传》。
[2]《汉书·赵充国传》。
[3]《后汉书·南匈奴传》。
[4]《宝颜堂秘籍·夷俗记》。
[5]《明穆宗实录》卷23。

古族渐习华风，竟至“每于佛前忏悔，求再生当居中华”。[1]

中华统一多民族国家的形成发展，既表现为政治上明确归属、实现统一，军事上疆域稳定、边防巩固；也体现于经济上内地与边疆相需相靠、联为一体，民族关系上和平交往、融洽相处，包括在价值取向和习俗心理上相容认同。只有出现“边人大都五分类夷”和“求再生当居中华”这种趋同融合，以及像明代那样塞外畜牧经济与江南商品经济千丝万缕地连接在一起，才最终使辽阔的北部疆域成为祖国牢不可分的组成部分。正是在这些方面，长城防线发挥了连接、凝聚统一多民族国家的纽带作用。

事实上，中国古代并非只是汉族中原王朝修建长城，北魏、东魏、北齐、北周、辽、金等少数民族政权进入农耕地区后，也都相继构筑长城。长城是中华各民族共同建造的历史丰碑。历史上匈奴、乌桓、鲜卑、氐、羌、突厥、柔然、契丹、党项、女真、蒙古等少数民族中，有相当一部分沿着这条既是军事防线又是经济、文化汇聚线的长城地带融入汉族之中。长城蕴涵的巨大向心凝聚力，是使中华民族能够屹立于世界民族之林、中华文明得以持续发展的重要因素，也是构成中华民族爱国主义精神的重要元素。

纵观中国古代北部边疆地区开拓发展的历史，大多与以长城为核心的边防建设密切相关。构筑与护卫长城防线，基本上以长城为轴心或以之为后盾向外辐射扩展的屯田实边与辟置郡县举措，刺激了边地经济的发展。秦汉数以百万乃至千万计的屯垦军民运用中原的先进生产工具、技术和组织经营方式，累世艰苦开拓，初步建立起鄂尔多斯（时称新秦）、河西、辽阳三大新经济区。西汉时，新秦业已“人民炽盛，牛马布野”。[2] 明代在军屯、民屯之外，还行“开中”法鼓励商屯，遂使“近疆水陆屯田，

〔1〕《两朝平攘录》卷1。
〔2〕《汉书·匈奴传》。

悉垦治如内地”,[1]九边如大同“其繁华富庶,不下江南”。[2] 北疆交通网络最初也是直接由于构筑长城防务的军事需要而建立起来的。畅达无阻的交通网道是运输粮草、调集兵马,使长城防线贯通一气的动脉。构筑长城和屯田实边、开辟交通以及互市贸易相辅相成,从而发挥了传播先进文明、开发边疆、孕育“塞上明珠”的生命线作用。

长城本身不过是“有备则制人,无备则制于人”[3]的战略防御设施,与封闭、保守、退缩之间并无必然联系。“筑长城,自代并阴山下,至高阙为塞”的赵武灵王正是以“变俗胡服,习骑射”而著称于世的政治家,[4]而标榜“众志成城”、斥长城无用的清朝恰恰又深深地陷入闭关锁国的泥潭。事实上,当中原王朝转入战略进攻态势时,烽燧亭障随着前锋兵马的挺进而向前延伸,在步步为营不断巩固前沿阵地的同时,又提供交通供给之便,为新的拓展进击奠定坚实的基地。汉武帝时曾派李广利征讨大宛,首战即因后援不继,“不患战而患饥”,[5]招致惨败。这之后才“因暴兵威以动乌孙、大宛之属……于是汉列亭障至玉门矣”。[6] 秦皇汉武,包括明初,无不是在主动出击、军事上取得压倒优势时修建长城的。这说明,修筑长城既是一种积极防御,又是积蓄力量、继续进取的谋略。

毋庸讳言,长城本身不能决定战争的胜负;在不同历史时期不同政治家、军事家手中,长城的效应也不尽相同。但对于古代高明的政治家来说,长城从来不是限制文明空间的环节。如《斯坦因西域考古记》提及“中国最初进入中亚,急遽创造同继续保护这条通道”时所述,“看一看这种前进政策功成圆满所经过的

[1]《张文忠公全集·行实》。
[2]《五杂俎》卷4。
[3]《盐铁论·险固》。
[4]《史记·匈奴列传》。
[5]《汉书·李广利传》。
[6]《汉书·西域传》。

那一段可怕的地面，不禁令我们感到中国人势在必行的展长长城以及后来汉朝猛进的政策，在人力方面所受的痛苦和牺牲，一定是很伟大的了。”开辟与西方交流的通道，“以通西北国”，[1]显然是西汉在西域构筑障塞亭燧的战略构想。所谓“自敦煌西至盐泽，往往起亭，而轮台、渠犁皆有田卒数百人，置使者校尉领护，以给使外国者”。[2] 在这里，长城绝非是阻断与其他民族、国家交往的障碍；相反，正是“旷哉绝域，往往亭障”确保了丝绸之路畅通和东西方政治、经济、文化的频繁交流。修筑长城所表现出的这种开拓、探索精神，对人类文明的发展也产生了深远的积极影响。

历史已经证明，中华民族运用万里长城这道军事防卫线和经济、文化汇聚线，巧妙地控制、调节中原王朝与北方游牧民族的关系，把农耕文明和畜牧经济紧密地连接在一起，有效地促进了民族融合、边疆开发和国家统一。长城沿线诸如榆林红石峡“华夷天崭，蒙汉一家”的巨幅石刻，各民族和中外文化荟萃交融异彩纷呈的甘肃敦煌石窟及大同云冈石窟，被定为中国邮政标志的嘉峪关魏晋墓室《驿使》图，作为中国旅游标志的武威铜奔马，其间所折射的文化意蕴堪称是长城精神的真实写照。两千多年来长城在中国政治、经济、军事、文化等方面产生的积极效应构成中华民族心理认同的客观依据，而这种底蕴、内涵又与长城极为雄伟博大的景观所激发出的豪情壮志竟是这样完美和谐地融为一体，上下两千年，纵横十万里，最终积淀熔铸成勤奋智慧、坚韧刚毅、开放交流、开拓进取和充满向心凝聚力、维护统一、热爱祖国的民族精神的象征。

（原载《丝绸之路》2015 年第 6 期）

[1]《史记·大宛列传》。

[2]《汉书·西域传》。

论五凉文化的特征

十六国时期，甘肃河西地区（包括今青海的河湟一带）分别有五个凉国政权割据称雄。这五个凉国是：汉族张氏建立的前凉（301—376），氐族吕氏建立的后凉（386—401），鲜卑族秃发氏建立的南凉（397—414），汉族李氏建立的西凉（400—421），匈奴卢水胡沮渠氏建立的北凉（397—439），史称五凉。

五凉时期，中原地区战乱不断、经济遭到极大破坏。大批中原有识之士为躲避战乱，纷纷迁入河西，或开馆延学，倡导儒术；或著书立说，弘扬传统文化；或辅佐王侯，出谋划策，申管晏之志；或身体力行，保据河西，躬行治国之道。期间，涌现出张轨、张骏、李暠等治国安邦的政治人才，谢艾、沮渠蒙逊等功勋卓著的军事名将，宋纤、郭荷、郭瑀、刘昞、阚骃等誉满河西的儒士文豪。他们与河西人民一道，创造了繁荣昌盛的五凉文化。概括起来讲，五凉文化繁荣的特征主要有以下几个方面。

一、儒学兴盛

五凉时期，各个割据政权出于安定邦域、维护统治的需要，大力倡导儒学，积极培养和选拔人才。张轨统治时期，“中州之人避地河西，张氏礼而用之，子孙相承，故凉州好为多士”。[1] 张轨到凉州不久，即“征九郡胄子五百人，立学校，始置崇文祭酒，位视别驾，春秋行乡射之礼”。[2] 张重华统治期间，闻酒泉人祁嘉博通经史，精究大义，征他为儒林祭酒，让他传授儒学。当时

〔1〕《晋书》卷86《张轨传》，中华书局1965年。

〔2〕《晋书》卷86《张轨传》，中华书局1965年。

“在朝卿士，郡县守令彭和政等，受业独拜窗下者二千人”。[1]西凉国主李暠，出身于官宦世家，“通涉经史，尤善文义”。他执政期间，注重教育，兴办学校，“立泮宫，增高门学生五百人”，各郡设立五经博士。李暠还经常训诫诸子，要他们“熟读周礼之教”，他认为唯有通晓儒学，才能“为国足以治安，立身足以成名”。[2] 北凉时期，沮渠蒙逊、沮渠牧犍父子不断招揽儒士，重用儒学人才。

五凉政权重视汉文经籍的典校和编著。北凉时敦煌学者阚骃“博通经传”，被沮渠牧犍拜为秘书考课郎中，后阚骃率文士30人进行古籍整理，典校经籍三千余卷。敦煌学者刘昞学识渊博，沮渠牧犍尊其为国师，令敦煌学者索敞、阴兴为助教，令国人皆从而授教。刘昞曾主持编写《略记》130篇，84卷。他编著的《人物志注》一书经近代学者翻译在美国出版后，曾经引起极大轰动，被誉为“早于西方千年的人文主义著作”。

此外，这一时期敦煌、酒泉一带名儒开设私学之风盛行，仅宋纤、郭荷、郭瑀、祈嘉、刘昞等几位大教育家的受业弟子就多达六七千人。如前凉敦煌学者宋纤隐居酒泉南山，前来求学的弟子多达三千。敦煌学者郭瑀，精通经学，擅长辩论，“多才艺，善属文”，隐居临松薤谷（今张掖市甘州区城南60公里的临松山下），专事著书授业，门下有弟子千余人。在西凉和北凉做过儒林祭酒的敦煌人刘昞，最初曾拜郭瑀为师，他隐居酒泉时，开设私馆，纳弟子五百余人。大批名儒开馆办学，使儒学得到广泛传播，也极大地推动了河西教育的发展。

二、文学繁荣

自西晋中期开始，中国北方处于十六国时期，战乱频繁，文

〔1〕《晋书》卷94《隐逸·祁嘉传》，中华书局1965年。

〔2〕《晋书》卷87《凉武昭王李玄盛传》，中华书局1965年。

学创作整体处于低迷的状态。河西地区成为北中国的文化中心,学者云集,文风大振。在河西本土文士与外来英才的联袂创作下,开创了五凉文学的繁荣局面。

五凉文学上承建安,下启隋唐,创作成就居于当时北中国之首。《晋书》《北史·文苑传》《十六国春秋》《隋书·经籍志》都记载了这一时期文学创作的盛况。南朝文学评论家刘勰在《文心雕龙》中有两处对五凉文人张骏、谢艾、王济的创作给予充分肯定,说明五凉时期的文学作品在南朝也有较高声誉。

在五凉文化的发展过程中,形成了凉州、肃州、敦煌三个创作中心,就作家、作品而言,敦煌居多。诗歌创作方面,五凉诗人首推张骏。张骏擅长写五言诗,《隋书·经籍志》著录有《张骏集》8卷,作品题材多为咏史与感怀两类,代表诗作有乐府诗《薤露行》和《东门行》。其中:《薤露行》系咏史之作,悲叹晋朝亡乱,模仿建安风格的曹操作品而成篇。主要抒发诗人对西晋"皇道昧不明,主暗无良臣",以至于"祸衅萌宫掖,胡马动北垌;三方风尘起,猃狁窃上京"的扼腕之情,表达了世人对国家和民族的忧心和作者本人欲荡戎狄、复中华、澄清乾坤的志向。《东门行》是对前凉政治清明、安居乐业景象的描写,字里行间流露出作者的满心喜悦,但很快思绪又转入对乱世中盛衰不定的忧虑,表现了政治家的眼光与气度,尤其是"春游诚可乐,感此白日倾。休否有终极,落叶思本茎。"表达了作者居安思危和心怀故国的凄凉感情。此外,五凉时期著名的诗作还有马岌的《题宋纤石壁诗》,宋钦的《赠高允诗》,段成根的《赠李宝诗》,张湛与崔浩的《酬唱诗》以及后凉段业的《七讽》《九叹》等表志诗等,均有很高的文学价值。

五凉时期的民歌以谣谚为主,代表作为后凉时期的《朔马谣》。这首民谣产生于吕光麟嘉六年(394),谣词"朔马心何悲,恋旧中心劳。燕雀何徘徊？意欲还故巢”,[1],表达了河西各族人民对吕光民族压迫政策的不满和被徙离家园后的悲愤心情。这一时期的谣谚还有张骏时的《凤凰鸣》,沮渠牧犍时期的《破带石》等。

五凉时期有六篇赋传至后世:前凉张斌的《葡萄酒赋》,西凉李暠的《述志赋》《槐树赋》《大酒容赋》,后凉段业的《龟兹宫赋》,南凉秃发归的《高昌殿赋》,北凉张穆的《玄石神图赋》。其中,《龟兹宫赋》《高昌殿赋》《玄石神图赋》等作品为典型的汉大赋,而李暠的三篇作品是抒情小赋。张斌的《葡萄酒赋》,“作葡萄酒赋,文致甚美”。[2] 刘昞在《酒泉颂》中说:“中州板荡,戎狄交侵,僭伪相属,生灵涂炭,唯有文章黯焉……唯有刘延明之铭酒泉,可谓清典。”[3]

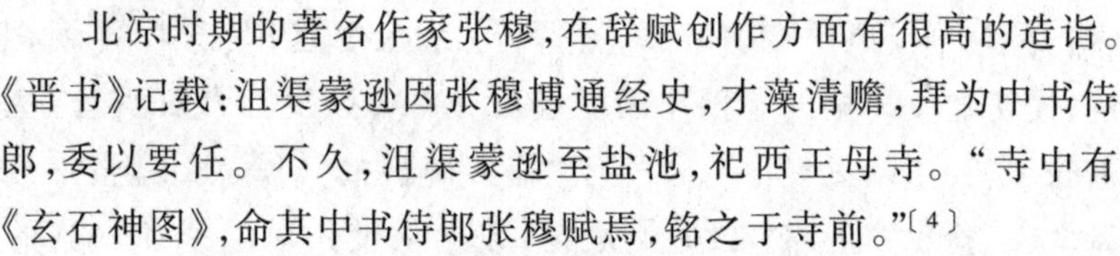

北凉时期的著名作家张穆,在辞赋创作方面有很高的造诣。《晋书》记载:沮渠蒙逊因张穆博通经史,才藻清赡,拜为中书侍郎,委以要任。不久,沮渠蒙逊至盐池,祀西王母寺。“寺中有《玄石神图》,命其中书侍郎张穆赋焉,铭之于寺前。”[4]

西凉李暠的《述志赋》《槐树赋》《大酒容赋》是五凉文学的佳作。作品以表现对兵难繁兴、世道沧桑、时俗喧竞的感伤为内容,文辞绮丽,对仗工整,在五凉文学中占据重要地位。尤其是以《述志赋》为佳,全文一气呵成,意蕴悠长,气势浑成。《述志赋》载于《晋书》本传,是存留至今的五凉乃至整个十六国时期唯一完整的赋作。这篇赋文长920余字,共分6段,追溯了河西自张轨以来的治乱历史,分析了重新统一河西的现实可能和面临的困难,表达了李暠决心克服一切困难,要以“跨弱水以建基,蹑昆墟以为墉,总奔驷之骇辔,接催辕于峻峰”的勇气来完成河西

[1]《晋书》卷122《载记》第22《吕光》。
[2]《太平御览》卷972。
[3]《北史》卷83《列传》第71。
[4]《晋书》卷129《载记》第29《沮渠蒙逊》,中华书局1974年版。

统一的宏图大志。也有“榛棘交横，河广水深，狐狸夹路，鸮鵄群吟”的艰险；既能“思留侯之神遇”、“想孔明于草庐”，亦能“嘉关张之飘桀”、“绍樊韩之远踪”；但放眼河西，“人希逐鹿之图，家有雄霸之想”，面对这种局面，只能是“求欲专而失逾远，寄玄珠于罔象”，令人无可奈何。全赋中，作者使用了比兴手法，如“秽鵄鸢之笼吓，钦飞凤于太清”；还引用了神话传说，如“将戢繁荣于常衢，控云辔而高骧；攀琼枝于玄圃，漱华泉之渌浆”。纵观全赋，一方面呈现出李暠作为政治家的那种波澜起伏、跌宕回环的宏伟气势；另一方面，全赋古奥典雅、情笃意切，字里行间表达出作者壮志难酬的心情，是十六国时期北方文学中难得的佳作。

李暠重视文学创作，对繁荣酒泉文化做出了突出贡献。据《晋书·凉武昭王李玄盛传》记载，李暠曾在敦煌、酒泉等地组织过三次较大的文学创作活动，一是敦煌靖恭堂图赞，二是勒铭酒泉，三是曲水诗宴。这三次活动，李暠都亲自参加，或勒铭颂德，或赋诗为宴，说明他极为热爱文学，其僚佐也大都具有相当的文学才能，他们作文赋诗，曾创作了大量作品。这种有组织的文学创作活动，在十六国时期绝无仅有。

五凉时期的名士散文作品极其丰富，大到子集类，小到表章、疏文、政论、铭文等各类散文一应俱全。其中，李暠的《诫子书》与西凉建初元年《上东晋朝廷表》、刘昞的《靖恭堂铭》等都是名篇。这一时期，大部分散文作品见于北凉末年献给刘宋王朝的一些文集。前凉国主张骏的《上疏请讨石虎、李期》与张重华的《上疏请伐秦》两篇文章是五凉散文的代表作品。这两篇文章都是前凉较强盛时期的作品，记述了凉州张氏以地方臣属的身份请缨讨伐胡虏政权的内容。其中，《晋书》列传中就记载有前凉张骏写给晋成帝的《上疏请讨石虎、李期》奏疏：

> 东西隔塞，逾历年载，夙承圣德，心系本朝。而江吴寂蔑，余波莫及，虽肆力修途，同盟靡恤。奉诏之日，悲喜交并。天恩光被，褒崇辉渥，即以臣为大将军、都

督陕西雍秦凉州诸军事。休宠振赫,万里怀戴,嘉命显至,衔感屏营。

……

臣闻少康中兴,由于一旅,光武嗣汉,众不盈百,祀夏配天,不失旧物,况以荆阳栗悍,臣州突骑,吞噬遗羯,在于掌握哉!愿陛下敷弘臣虑,永念先绩,敕司空鉴、征西亮等泛舟江沔,使首尾俱至也。[1]

《上疏请讨石虎、李期》一文情感真挚,颇有苦谏的意味,责斥东晋朝廷偏安一隅,不思进取的现状。张骏在疏中分析了当时形势,认为用兵可获成功;建议东晋北伐,他将东下积极配合,使得“首尾俱至”,胜券“在于掌握哉”。该疏文风犀利,行文略带骈俪气息,情真意切,富有气势,被刘勰评为“文致耿介”、“陈事之美表”,[2]是五凉文学的代表作品。

李暠的散文也很有名,以《诫子书》和《上东晋表》为代表作。在《诫子书》中,李暠借教育子弟表达自己的处世思想。他在《诫子书》中写道:

节酒慎言,喜怒必思,爱而知恶,憎而知善,动念宽恕,审而后举。众之所恶,勿轻承信。详审人,核真伪,远佞谀,近忠正。蠲刑狱,忍烦扰,存高年,恤丧病,勤省案,听讼诉。刑法所应,和颜任理,慎勿以情轻加声色。赏勿漏疏,罚勿容亲。耳目人间,知外患苦;禁御左右,勿作威福。勿伐善施劳,逆诈亿必,以示己明。广加咨询,无自专用,从善如顺流,去恶如探汤。……

《诫子书》质朴无华,言简意赅,说理清晰,是五凉时期最具代表性的教子格言。

[1]《晋书》卷86《列传》56《张骏传》。

[2]刘勰:《文心雕龙》,人民出版社1981年版,第244页。

三、史学成果丰硕

五凉时期,史学开始脱离儒学藩篱,成为一门独立的学科。在五凉政权的高度重视和大批史学家的辛勤努力下,五凉史学取得了巨大成就。

一是设立史馆或置史官,撰修国史。五凉诸国都设立史馆,或置著作郎,或置太史令,负责记载和修撰国史。前凉张骏时,刘庆迁儒林郎、中常侍,在东苑撰有国书。敦煌索绥被征为儒林祭酒,张骏命边浏搜集材料,由索绥修撰《凉春秋》50 卷。南凉秃发乌孤时,以其参军郭韶为国纪祭酒,撰录南凉国史。西凉也设有史官,据《凉武昭王李玄盛传》记载,李暠迁都酒泉后,由于敦劝稼穑,五谷丰登,百姓乐业,于是使儒林祭酒刘彦明为文,刻石颂德。北凉沮渠蒙逊时征宗钦为中书郎,撰《凉记》10 卷。五凉史学在十六国史学中占有重要地位,对北魏的史学有重要影响,也是为唐代大规模官修史书的渊源之一。

二是史书成果丰硕。据《隋书·经籍志》《史通》《旧唐书·艺文志》及《太平御览》等史书记载,五凉史学家有 11 人,其中曾修撰过前凉史的史学家就有索绥、刘庆、刘昞、索晖,张谘、喻归等 6 人。敦煌人索绥作《凉国春秋》50 卷(又作《凉春秋》),今佚。

前凉刘庆、张重华时专修国史二十余年,著《凉记》12 卷记前凉张氏事,今佚。

敦煌人刘昞隐居酒泉多年,潜心于典籍,是五凉时期的一位史学大师。刘昞一生著述甚多,内容丰富,总计著书 5 种共 118 卷、注述 4 种(本)。其中:著《略记》130 篇、84 卷,《凉书》10 卷,《敦煌实录》20 卷,《方言》3 卷,《靖恭堂铭》1 卷;另注《周易》《韩子》《人物志注》《黄石公三略》。刘昞著述受到西凉王李暠的重视,曾“书史穿落者亲自补治”。[1] 北凉统治时,刘昞仍“专管注记”,备受沮渠蒙逊父子恩宠。《敦煌实录》是我国古代第一部实录体编年史,在中国史学史研究中占有重要地位;《略记》是删削《史记》《汉书》《东观汉记》三书而成的一部通史著作。在魏晋以前,还没有一部直接叙述上古至魏晋的通史,司马迁的《史记》虽然是我国第一部纪传体通史,但是其内容只记载到西汉武帝太初年间,班固的《汉书》只记载了西汉的历史,《东观汉记》也只断断续续记载了东汉至曹魏的历史。刘昞对此三本书进行了大规模的删削,去繁就简,加工整理成一部系统而又全面反映几千年的纪传体通史,是对史学的一大贡献;《凉书》是专门记述前凉史实的纪传体国别史,也是第一部详细记载公元 4 世纪河西历史的一部史书,成为专门记载河西历史的第一人。

史料记载五凉时期的史书有:

索晖,敦煌人,著有《凉记》10 卷,记前凉张轨事,今佚。张谘,敦煌人,著有《凉记》8 卷,记前凉张轨事,今佚。喻归,著有《西河记》2 卷,记前凉张重华事,今佚。张澍《二西堂丛书》中有辑本。

段龟龙,著有《凉记》10 卷,记后凉吕光事,今佚。张澍《二西堂丛书》中有辑本。

高道让,著《北凉》10 卷,记北凉沮渠氏事,今佚。宗钦,著《凉书》10 卷,今佚。《魏书 · 宗钦传》云:“(宗)钦在河西,撰《蒙逊记》十卷。”《蒙逊记》即《凉书》之异名,实为一书。

此外,还有北凉时阚骃所撰《十三州志》10 卷,刘昞的《三史略记》等著作。

三是促进了与东晋、南朝的文化交流。五凉史学的发展,不仅表现在政府设立史官组织修史和成书卷帙之多,而且表现在他们与东晋、南朝的学术交流方面。前凉张氏统治期间,曾“遣

[1]《魏书》卷 52《列传》第 40《刘昞传》。

督护王该送诸郡贡计，献名马方珍、经史图籍于京师。”[1]说明前凉与东晋王朝保留着经济上和文化上的密切联系。北凉与前凉一样，不仅在政治上与江南的东晋、刘宋王朝信使往还，而且在文化上的联系也特别密切。宋文帝元嘉三年(426)，北凉遣使至宋，“请《周易》及子、集诸书合四百七十五卷。”[2]元嘉十四年(437)，沮渠茂虔“奉表献方物”，并献……《三国总略》20卷，《十三州志》10卷，《敦煌实录》10卷，《凉书》10卷，《汉皇德传》25卷，《皇帝王历三合记》1卷，共154卷。“茂虔又求晋赵《起居注》诸杂书数十件，太祖赐之。”[3]由此可见，河西地区与江南之间的文化交流相当频繁，它们互赠书籍以史书最多，是五凉史学发展的一个重要标志。

四是五凉史学对后世史学影响深远。五凉史学的发展，为后世留下了不少重要资料，这些资料是研究五凉历史的重要资料，更是研究我国西北地方史、西北民族史和中西交通史的珍贵资料。

五凉史学对后世史学的影响，主要表现在两个方面：

其一，对中原史学的影响深远。一些著名的五凉史学家在北魏进入中原，成为北魏史学界乃至学术界的重要人物。敦煌史学家刘昞在迁魏之后，被拜为乐平王从事中郎，潜心著述百余卷，以史传为主，兼涉文学和诸子哲学；宗钦入北魏后，拜著作郎，著有《凉书》10卷；阚骃入北魏后，被拜为乐平王从事中郎；索敞入魏后为中书博士；宋繇入魏后拜著作郎，参与撰修国史。他们的成果既是当时史学的重要组成部分，同时也对后来中原史学产生了不同程度的影响。

其二，为后世史学研究提供了大量史料。后世研究五凉史主要依据的是《晋书》和《十六国春秋》。北魏崔鸿依据十六国旧

[1]《晋书》卷86《张轨传》，中华书局1965年。

[2]《宋书》卷98《氐胡传》，中华书局1974年，第2145页。

[3]《宋书》卷98《列传》第58《氐胡》。

史，利用15年时间写成《十六国春秋》，多取材于《五凉录》。唐代官修的《晋书》除了取材于十八家的《晋书》外，还引用了《十六国春秋》的相关史料。

四、佛学广泛传播

河西走廊是佛教东传必经之地，佛教在从西域沿着丝绸之路向中原地区传播的过程中，敦煌、肃州、凉州逐渐成为佛教传播的中心。

五凉统治者多信奉佛教，佛图澄、道安及鸠摩罗什等一批大德高僧，驻留河西，传播佛学，弘扬佛法，使佛教在河西地区发扬光大。佛图澄为西域僧人，他精通经文并擅长幻术。道安为佛图澄的弟子，他致力整理和翻译佛经，编定的《综理众经目录》中的《凉土异经录》搜集流传于河西而失译的佛经59部，79卷。他还为僧团制定法规，为寺院制度奠定基础。道安的弟子后来分布各地，成为传教的重要力量。前秦统治时期，苻坚尤其信佛，他听从道安建议，于东晋太元七年(382)命大将吕光西征龟兹后，迎接鸠摩罗什到长安。后吕光割据凉州，鸠摩罗什留居凉州共17年。东晋隆安五年(401)，后秦姚兴将鸠摩罗什迎到长安，以国师之礼相待。当时僧人群聚长安，在鸠摩罗什主持下共译出《槃若经》和大乘中观学派的论书《中论》《十二门论》《百论》及《大智度论》《法华经》等35部200余卷经典，成为后来佛学教派和宗派所依据的主要法典。北凉时期译经之风盛行，成就卓著。据《魏书》卷114《释老志》记载，北凉主沮渠蒙逊“亦好佛法”，甚至为其子取名“菩提”。随着佛教的传播，酒泉、敦煌出现许多高僧。酒泉僧人慧觉，不辞辛苦，跋涉西行，到西域拜师求法。前凉时期，世居敦煌的大翻译家竺法护被称为“佛教入中华以来，译经最多者”。[1]

〔1〕汤用彤:《汉魏两晋南北朝佛教史》，武汉大学出版社2008年版，第110页。

竺法护，原名竺昙摩罗刹，世居敦煌。他8岁出家，拜外国僧人竺高座为师，是河西佛学方面的代表人物，被后人称为“敦煌菩萨”。竺法护曾游历西域诸国，通晓36国语言文字，熟谙印度、西域各国字体、发音等，并携带《贤劫》《大哀》《法华》等梵本佛经165部东归，奠定了他翻译经典的基础。竺法护自武帝太始二年至怀帝永嘉七年(266—313)先后译经47年，除他后来去长安、洛阳等地的时间，大部分时间在敦煌与酒泉。他翻译的经典，据唐代《开元录》刊定法护译本存在的凡91部，208卷。他所译的《光赞盘若》《法华》《维摩诘经》等在敦煌一带颇为流行。在竺法护的组织和推动下，酒泉、敦煌出现了以竺法护为核心的许多译经团体，形成西晋时期酒泉译经活动蓬勃发展的局面。敦煌、姑臧、长安、洛阳、邺城成为北方著名的译经中心。竺法护围绕译经，培养出不少高僧。如竺法护的弟子敦煌人竺法乘，在敦煌“立志延学，忘身为道，悔而不倦地宣传佛法”，使“豺狼革心，戎狄知礼，大化西行”。[1] 众多胡汉高僧聚集酒泉、敦煌讲经说法，译经印经，对佛教文化在中国传播发挥了重大作用。北凉昙无谶少习小乘，后从一白头禅师专攻大乘。他由印度去罽宾，辗转龟兹、鄯善到敦煌、姑臧，开始译经。据《高僧传·昙无谶传》记载，当时参加译经工作的僧俗有数百人之多，疑难纵横，独有谶(昙无谶)“灵机释滞，清辩若流”，加上他的文字功底深厚，能使翻译完成得十分出色。昙无谶翻译的佛经共11部，104卷，均属宣传“一切众生皆有佛性”的大乘教佛经。其中《大涅槃经》40卷，是中国涅槃宗的根本经典。此经译成后在河西广为流传，对大乘教的传播起到了推动作用，使河西成为佛经翻译和传播中心。这一时期，河西僧人沮渠京声、道泰、宝云、法盛、僧表等前往西域，求取真经，中原与江南也有许多僧人经河西前往西域。如东晋的法显、智严、法勇、支法等。五凉佛学的兴盛，得益

〔1〕慧皎:《高僧传》卷4《义解》。

于这些文化使者的传播，他们带回大量佛学经典，首先落户于河西，然后传到中原和江南地区。

佛教在北凉达到极盛。蒙逊并不满足于拜僧译经，他又在凉州南山开始进行大规模的凿窟造像活动，使河西石窟林立。

总之，佛教在五凉时期得到广泛传播。各地广建寺庙，开窟造像，大兴佛事活动；大德高僧，驻锡讲经，翻译佛经，弘扬佛法；民间信众，慷慨布施。河西地区香火旺盛，佛事盛行，寺庙林立，窟龛密布，呈现出空前繁荣景象。据《魏书》卷114《释老志》记载："凉州自张轨后，世信佛教，敦煌地接西域，道俗交得其旧式，村坞相属，多有塔寺。"

五、艺术成就辉煌

五凉文化中，艺术是最为辉煌的篇章之一。

（一）书法

五凉时期是写经书法的创立时期。由于佛教广泛传播，经卷翻译、抄写风靡一时，写经书法由此诞生。代表作品是敦煌发现的书写于前凉升平十二年(368)的《法句经卷下》、西凉建初七年(411)书写的《妙法莲花经》、北凉承平十五年(457)书写的《佛说菩萨藏经》，这些写经书法的笔法古朴、结构端严，真楷中略带隶法。其中以《法句经卷下》最具代表性。

该写经书法作品出于敦煌莫高窟藏经洞，用黄麻纸书写，纵24.9厘米，横135厘米，现由甘肃省博物馆收藏。卷首有剪截痕，现存《道行品法句经第二十八》《泥洹品法句经第二十九》。题记二则："升平十二年(368)沙弥净明"；"咸安三年(373)十月二十日沙弥净明诵习法句起墨笔"，可知这是东晋十六国时期前凉张天锡当政时的写经。前凉张氏在河西地域建都后，一直奉晋正朔，先奉建兴年号至四十八年，再用升平年号至十五年，又用咸安年号至六年，表示不忘晋室。该写经题有两个年号，是极少见到的。其书体正处在由隶书向楷书过渡的初期阶段，保留了敦煌经书体的早期风貌。文字沉雄朴茂,是国内现存时代最早的写经书法作品。

五凉时期的写卷,直接继承汉隶的笔法,如写于西凉建初元年(405)的《十诵比丘戒本经》,根据题记可知为敦煌僧人所书,具有浓厚的隶书特色,字形不太严整、大小不一。通篇显得意态潇洒,奔放不羁,行笔迅疾,很多字末笔重顿或拉长,与汉简之风一脉相承。著名的作品有前凉的《李柏文书》、前秦的《譬喻经》、西凉的《十诵比丘戒本经》和《妙法莲华经》等。其中《李柏文书》与东晋王羲之的《姨母帖》皆留有行、楷书变迁痕迹,具有很高的研究价值。这些写经风格基本展示出脉络清晰的民间书法艺术史,所书经卷都记录着典经师令狐崇哲之名。[1] 令狐氏为敦煌世家豪族,有的经卷是他作为经生师书写,更多的是作为"典经师"的身份出现。写经生都是由当时书法水平很高的人来担任,"典经师"是负责审阅写经的高职。此外,还有负责校对抄写正误的人员。当时写经行业的组织形式非常严密,由于组织的严密和"典经师"的特殊地位,保证了每部佛经书写工整仔细、一丝不苟,直接反映出五凉时期书法的审美趋向。

(二)绘画

五凉时河西绘画多取圣贤、神仙、高士的形象,以人物画为主。《山海经》里的神话传说由于统治者的附应礼拜,也成了画工们施展才能的天地。《晋书·张骏传》引了酒泉太守马岌给张骏的《宜立西王母祠》的疏文,其文曰:"酒泉南山,即昆仑之体也。周穆王见西王母,乐而忘归,即谓此山。此山有石室玉堂,珠现镂饰,焕若神宫。宜立西王母祠,以裨朝廷无疆之福。"而《太平御览》和《初学记》中,也保留有张骏所作《山海经图赞》的零星佚文。这就说明,在张骏之前,酒泉南山已有了"珠现镂饰,焕若神宫"的石室玉堂,其中所绘有《山海经》记叙的西王母

〔1〕张怀瓘:《书断》。

故事。张骏也看到过画工们取材于《山海经》的画作，因有图赞之文。至于北凉沮渠蒙逊所祀西王母寺，位置在金山（今甘肃山丹县南）以西，也应该在南山（即今祁连山），是否即前凉所立西王母祠，很准判定，但其中有玄石神图，则说明从前凉至北凉的各个五凉时期，河西在尊奉西王母的寺中是绘有图画的。

1977年，酒泉、嘉峪关发掘了一批魏晋墓，其中酒泉丁家闸五号墓的年代大致在五凉后期，墓室中的彩绘壁画不仅内容丰富，而且艺术高超，是不可多得的珍品。墓室除顶部的莲花藻井图案外，四壁分五层，分别描绘了天、地、人间的内容。第一、二层绘的是天上的符瑞图，四壁上部各有一倒悬龙首，龙首两侧是庆云，下部是山峦，山峦间分别绘有青鸟、神马、神兽及汤王纵鸟等形象，中部绘的是东王公（东壁）、西王母（西壁）、神马（北壁）、白鹿和羽人（南壁），还有陪伴的侍女，以及映衬上下左右的日、月、树、华盖、九尾狐、三足乌等形象。第五层四壁各绘一龟，象征四方之地。第三、四层是表现人间的内容，绘有燕居行乐、出游等图以及坞壁内外饲养、耕作的场面，具体反映了墓主人日常生活起居的环境。

丁家闸五号墓壁画的彩绘技法十分讲究，很有特色。以用色而论，除用土红或墨色作底色、勾勒线条外，尚有朱砂、朱磦、石绿、石黄、白、灰等色，同一色的浓淡处理（如山峦先以淡墨染色，再用墨线勾勒）和几种色彩的配合运用（如墓主人及其周围乐工、舞伎的衣着器物的用色）都给人一种和谐协调的感觉。以运笔而论，庆云的飘浮变化，神马的昂首奔跑，山峦的叠嶂起伏，人物的动静神态都显得刚柔相济，粗细得当，流畅自如，显示了画工娴熟的技巧。再从构图来看，诸凡天上人间、虚构符瑞和现时场景，都要集中在有限的画面来实现，实在是件不容易的事，画工的高明处在于：采用虚实相间的手法，使整个画面错落有致，构成了气象万千而远近高低不同层次的绚丽图画。可以毫不夸张地说，南北朝时期谢赫总结的绘画“六法”（气韵生动、骨法用笔、应物象形、随类赋彩、经营位置、传移模写),在壁画中融为一体,得到了生动的体现。比如西壁所绘的墓主人燕居行乐图,除跪坐榻上的墓主人外,服侍主人的男女侍仆、演奏乐器的乐工乐伎、百戏演唱的舞伎,多达十余人。壁画既反映出他们各自的身份地位,又表现了他们不同的神态动作,甚至连人物的须眉鬓发和飘拂的衣袖都有细腻的描摹刻画,给人以构图严谨而形象生动传神的深刻印象。这样众多的人物容纳在小小的画面里,如果没有高超的艺术才能,那是无法调度摆布,更不可能达到产生如此强烈的艺术效果的地步。

图1 丁家闸五号墓奏乐图

五凉时期,佛画大量出现。酒泉文殊山和敦煌莫高窟,都有五凉时期的壁画遗存。比如酒泉文殊山石窟群中的千佛洞,其西、北二壁所绘的千佛和佛说法图。敦煌莫高窟第268、272、275三窟开凿于北凉时期。第268窟南北两侧壁绘的是坐佛和药叉,其上部为飞天形象。第272窟的侧壁绘画分三段:上绘天宫伎乐,中绘说法图、千佛、供养菩萨,下绘三角垂帐纹。第275窟侧壁的中段和下段绘有壁画:中为佛传和本生故事画,并有一列供养人像;下绘三角垂帐纹。总之,以现存的河西石窟壁画来看,这一时期佛画内容为佛说法图,并绘有千佛、飞天和供养人(或菩萨)像,构图比较简单,线条较为粗犷,风格上受到西域的影响。

五凉时期河西绘画无论内容还是形式，都不同程度地受到中原和西域的影响。一方面，画工们沿袭汉魏以来的传统，题材上既取古代神话和圣贤故事，又注意反映现实生活图景。绘画的技巧显得较为成熟，在线条的处理、色彩的运用和细节的刻划等方面，都有值得称道的地方；另一方面，由于佛教的传播，佛画的绘作开始出现，从形象到线条都可以看出西域画风的痕迹。

（三）彩塑

五凉时期的彩塑，以敦煌石窟最具代表性。敦煌莫高窟第268、272、275窟为北凉时期作品。主像的弥勒菩萨多交脚而坐，一般在窟中心柱或南北壁上层阙形龛中，象征居于“兜率天宫”中，北凉第275窟为其典型。北凉第268窟的交脚弥勒像就是莫高窟最早的彩塑佛像。它的手臂已残损，整体造型简洁洗炼，身披红色袈裟，两脚相交，垂在座前，全身和头部完好，含笑慈祥，神情庄重。这一时期的菩萨像多为思维像，他们与交脚弥勒一样高居天阙，但多半跏坐，右足叠于左膝上，显然是西域胡人的坐姿。至于右手支颈，俯视下界，又似在冥思苦想中，或许属于禅定的本义——静虑。北凉第275窟的交脚弥勒菩萨，是莫高窟现存最大的弥勒菩萨，其面颊丰满秀雅，五官线条柔和，鼻梁高隆，直通前庭，眼珠外突，鼻翼单薄，嘴唇微抿，神态安详庄重，整个塑像造型简括，稳定挺拔，给人以动感和艺术美感。第272窟佛龛中的正坐佛，是当时西域文化影响中国内地的重要体现，佛取分腿正坐姿态，与中国传统的跪坐、稍后的踞坐、盘腿坐、交脚坐截然不同。佛着轻薄贴体的紧身红色袈裟，取秣菟罗式样，偏袒右臂，肌肉与躯体已是尽情显露，身后的背光以精美图案而吸引人。

敦煌莫高窟共有2400尊彩塑保留至今，其中魏晋南北朝时期的彩塑共729尊，在很大程度上代表着敦煌雕塑艺术的水准。虽然佛教与佛造像均是外来文化内容，但古代中国人毕竟依据

图2　莫高窟第275窟北凉彩塑

自身的文化传统为基础，将外来文化因素进行了一系列去粗取精的艺术加工，形成了中国艺术发展的创造性成果。

（四）佛塔建造

五凉时期的佛塔建造艺术，以北凉时期的成就最有代表性。酒泉境内先后出土的北凉时期的造像塔，大都小巧玲珑，以高善穆造像塔、程段儿造像塔、马德惠造像塔、田弘造像塔、白双且造像塔、石造像塔残件为这一时期造像石塔的代表。从塔的文字上看，除了经文以外，还刻有功德主的祈求和愿望文；从形体特征上看，还残留有印度“窣堵波”的影响，属于北凉早期作品；从造像特点上看，无论是风格还是气质上均有一种古朴严峻的气氛，属于我国早期造像中最常见的。这些造像塔一般置于寺院中的殿堂内，奉献给佛与菩萨，供人们瞻仰和祈福。据《太平御览》记载："初，(沮渠)茂虔为酒泉太守，起浮土于中街，有石像焉。"[1]《集神州三宝感通录》卷上亦记载："北凉王蒙逊为母造丈六石像在于山寺。"我们从上述记载和出土的石塔来看，北凉时期造塔规模之宏大，与北凉统治者"索奉大法，志在弘通"有很大关系，其主要目的是为了崇尚佛教，利用造像塔植根于人们的灵魂，使佛教成为统治思想。

高善穆造像塔。1969年在酒泉县城南石佛寺湾子附近(今酒泉市肃州区专署街86号院内)施工中发现，现藏于甘肃省博物馆。其发愿文曰"高善穆为父母报恩，立此释迦文尼得道塔。承玄元年，岁在丙辰四月十四日"。由发愿文内容可知，该造像塔为北凉沮渠蒙逊承玄元年(429)所造，形制独特精美，内容丰富，为我国有纪年的早期佛塔的珍贵实物资料；塔身采用印度佛塔的样式，塔体呈圆锥形，通高44.60厘米，底宽16.2厘米，整个造像塔由塔顶、刹柱、相轮、塔颈、塔肩、塔腹及塔基等部分组成。塔顶为半球形，顶正中阳刻北斗七星，用来表示塔寺坐北朝南的传统风水观念。顶下刹柱上雕锦七重相轮呈立锥形。塔颈较短，下为覆钵式塔肩，上刻尖角莲瓣。莲瓣下周围(复钵下层)凿八个圆拱形浅龛，除一龛内雕一尊作交脚状的弥勒菩萨外，其余七龛中每龛内雕一佛，代表着佛法的过去、现在和未来。佛均结跏趺坐于长方形低坛基上，佛面圆润，肩宽体健，着通肩袈裟，上身微前倾，双手置于腹前作禅定印，衣纹细密如行云流水。弥勒菩萨头戴宝冠，有宝

图3　高善穆造像塔

[1]《太平御览》卷124《编霸篇》。

缯、袒上身、有颈饰、臂钏、下着裙，披巾绕臂下扬，交脚式坐，显得古朴而庄重。塔腹为圆柱形，其后为阳刻《增一阿含经》之《结禁品》中的部分经文，经文后阴刻发愿文。塔腹下的塔基呈八角形，每面阴刻一尊天人像，共四男四女。其中：男像上身袒，带项圈，下着犊鼻裤，均有圆形头光；女像上着圆领对襟衫，下着曳地长裙，手捧花或珠宝。每尊天人像头部均有圆形顶光。基座八面每尊天人头部左侧上方分别刻有“八卦”符号，其排列与《说卦传》中的八卦方位顺序一致，八尊像分别依次代表着龙、树、狮、鸟、河、山、火、象、珠、风神等，这与当时盛行的鬼神护法思想有密切关系。基座八面八卦符号用来表示塔的八个方位，是最早出现八卦的实物资料之一，开创了中国特有的八面佛塔的先河。“八卦”与“北斗”七星是道教的标志，而塔上所刻的则是佛教大乘经义，这也中国石窟凉州模式的特点：道教石窟与佛教禅窟的混融。

程段儿造像塔。此塔的出土时间、地点、塔形均与高善穆造像塔基本相同，现存于酒泉市博物馆。其发愿文曰：“凉太缘二年，岁在丙子六月中旬。程段儿自惟薄福，生值末世，不观佛典，自竭力父母合家立此石塔形象，愿以此成无上道……亦同上愿”，由此可知塔是“程段儿”“为父母合家立此塔”。石塔为圆锥形，通高 42.8 厘米、底径 12 厘米，塔底无榫头，由基座、经柱、覆钵、塔顶、相轮、宝顶 6 个部分组成。程段儿造像塔的上半部由圆形宝顶、7 层相轮和圆形覆钵组成，为印度佛塔式样。经柱之上为覆钵形塔腹，覆钵下层有 8 个圆供龛，7 个龛内各雕佛一尊，另 1 龛内雕交脚弥勒佛。龛柱为正方形，斗小，略与柱齐。龛中造像面形略

图 4　程段儿造像塔

长，发髻较小，上身着圆领通肩大衣。另一式为内穿僧祇支，外着对襟垂统大衣。佛像为高浮雕，坐于莲台之上。最下层为八棱形基座，高 8 厘米，线刻 8 尊供养人像，每面一尊，4 男 4 女。塔顶呈突出的半球形。塔腹周围阴刻经文及发愿文。塔基八面形，每面也阴刻天人一尊，共四男四女，形与前塔大同小异，只是天人头侧没有八卦符号。据考证，这是根据八卦"乾（父）、震（长男）、坎（中男）、艮（少男）、坤（母）、巽（长女）、离（中女）、兑（少女）"所造，表示 8 个方位，寓意为父母及 3 男 3 女，各占 1 位。中部圆柱形经柱高 8 厘米，上刻发愿文及经文 28 行、250 字，文末刻有"劝书令狐廉嗣"6 个字，其后为发愿文。

马德惠造像塔。此塔为民国初年一杨姓人在酒泉城内垦地时发掘，现存于酒泉市博物馆。塔的顶部已毁，只留方形塔顶，塔肩及塔腹部分残高 34 厘米，塔肩部浮雕八个圆拱形浅龛，龛内依顺序雕七佛及弥勒菩萨，佛均结跏趺坐于束腰方形台上，双手置于腹前作禅定印，或举起作施无畏印。龛顶空间浮雕飞天，塔腹上阴刻文字行，内容与前塔略同，经文后阴刻发愿文。塔基八面形，每面阴刻一天人，多为坐式，每尊天人顶部正中阴刻一个八卦符号，每个像的侧旁还刻三股叉和供养人的姓名等。

田弘造像塔。此塔的出土时间、地点与马德惠造像塔相同，现存于酒泉市博物馆。塔的顶部及肩部已残，肩部八龛内亦雕七佛及弥勒菩萨，塔腹为圆柱形，周围刻有经文及发愿文行，经文与前塔的内容基本一致，但有残缺，经文后有发愿文。塔基八面形，每面刻天人一尊，装饰亦与上述塔同，天人顶部刻八卦符号（现仅存 6 个符号），由发愿文"戊辰"可知此塔应为北凉承玄初年（428）所造。

白双且造像塔。此塔的出土时间、地点与上述两塔相同，现存于酒泉市博物馆。此塔上部亦毁，仅留塔肩、塔腹和塔基三个部分，残高 56 厘米，塔肩及塔腹均为圆柱形，塔肩部凿八个圆拱形浅龛，龛内依顺序雕七佛及一弥勒菩萨。塔肩下腹周边开八个圆拱形浅龛，除两龛中分别雕一思维菩萨和弥勒菩萨外，其余六龛内各雕一佛。佛均结跏趺坐。塔基作八面形，上阴刻经文及发愿文，现存文字仅有六面，经文行，其后为发愿文。此塔为北凉永和二年(434)所造。

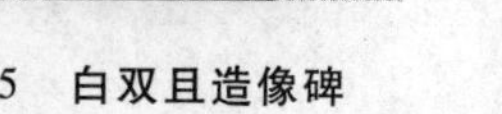

图5 白双且造像碑

上述石造像塔，塔基下均有榫，说明石塔的塔基下原有塔座，但现已缺失。从这几座石塔的塔形看，还受到印度“窣堵波”的一些影响。从造像特点看，佛多作磨光高肉髻，面形圆润丰满，体态雄健挺拔，身着通肩大衣或半披肩袈裟，衣纹为较规则的阴刻密线。菩萨高发髻，宝缯束发垂肩，上身袒露，戴项圈，下着大裙，披巾穿肘下垂。无论佛与菩萨，都具有一种古朴严峻的气概。

(五)音乐

五凉时期，是民族交流与融合时期。酒泉、敦煌作为音乐艺术的保存和传播地，使中原农耕文化与北方及西域游牧文化在此得到空前广泛地交流。

隋炀帝时曾颁行清乐、西凉乐、龟兹乐、天竺乐、康国乐、疏勒乐、安国乐、高丽乐、礼毕乐。[1] 其中清乐和西凉乐就是魏晋南北朝时期保存和盛行于河西地区的音乐。

清乐本来自中原地区，是“华夏正声”，汉魏以来就很流行。“永嘉之乱”后，北方少数民族入主中原，晋室南迁，清乐一时失传。苻坚灭凉后，清乐“始于凉州得之”。西凉乐是盛行于敦煌、酒泉、武威等地的音乐。吕光灭龟兹得到《龟兹乐》，割据河西建立后凉后，将《龟兹乐》加以改造，既混杂了秦汉旧乐的成分，也注入了酒泉、敦煌音乐的成分，从而形成武威、酒泉、敦煌特有的

〔1〕《隋书·音乐志》。

音乐——“西凉乐”。[1] 所用乐器除笙以外，主要是鼓类，有毛圆鼓、都昙鼓、答腊鼓、腰鼓、羯鼓、鸡娄鼓等，另有铜钹、贝等辅助乐器，约以15种乐器合为一部。演奏时音调高亢，节奏明快，气势磅礴。代表歌曲有《善善摩尼》，解曲有《婆伽儿》，舞曲有《小天》《疏勒盐》等。酒泉丁家闸魏晋壁画中的乐伎、乐队阵容，就是西凉乐舞艺术在酒泉繁盛的表现。

河西出土的魏晋墓室壁画，记录了当时各种乐器的形状和使用情况。墓画描绘和记载的乐器主要有箜篌、琵琶、阮、秦筝、洞箫和长笛、手铃等。

箜篌又名“空侯”“坎侯”，有立式、卧式和凤首三种。嘉峪关新城一、三号墓中有卧式箜篌和凤首箜篌。卧式箜篌据说为汉武帝时乐人侯调所制，一说由汉代西域的波斯传入中原地区。最初用于演奏雅乐，汉代时已作为“华夏正声”代表性乐器而列入《清商乐》。竖箜篌据说出自美索不达米亚平原，汉武帝时传入中原地区。凤首箜篌本为印度弓形竖琴维纳，是竖式箜篌的一种，因饰以凤首而得名。大约在东晋初年，经由中亚传入中原地区，因此首先在河西地区流传，敦煌壁画中也有描绘。

琵琶也称枇杷，是古代特别流行的弹拨乐器。其名称、起源及形制说法不一。大致可以分为中国琵琶和外来琵琶两种。起源于中国本土的有秦琵琶和汉琵琶两种。起源于国外的一种是龟兹琵琶，一种是曲颈琵琶。前者据说在公元350年由印度传入中国，隋唐时为当时乐舞的重要乐器。后者流行于土耳其和伊朗等国，南北朝时传入中国，成为当时演奏时伴奏、独奏或合奏的主要乐器。

阮又称阮咸，是由汉琵琶发展来的弹拨乐器。又称为汉琵琶。魏晋时期“竹林七贤”之一的阮咸善弹奏这种乐器，名盛一时。唐代武则天时期将其改称阮咸。

[1]《隋书·音乐志》。

秦筝为中国本土发明的丝类弹拨乐器。因春秋战国时广泛流行于秦地(今陕西一带),故名。

笛子是中国本土创制的管状吹奏乐器。早在8000年前河南舞阳新石器时代早期遗址中,就出土有用动物胫骨制成的骨笛。现多用竹子、金属(铜、不锈钢或合金等)或玉制作,七孔,偶有八孔的。

箫是起源于华夏本土的管状吹奏乐器,一般为单管,竖吹,亦称洞箫。早在汉代和北魏时期,就已经广泛流行,有人认为"横吹为笛,竖者为箫"。后演变出排箫,多为竹子制作。

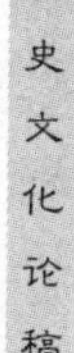

图6　五凉墓画《奏乐图》

(六)舞蹈

五凉时期西域乐舞传入河西。《隋书·音乐志》:"《天竺》者,起自张重华据有凉州……歌曲有《沙石疆》;舞曲有《天曲》;乐器有凤首箜篌、五弦、琵琶、笛、铜鼓、毛员鼓、都昙鼓、铜钹、贝等九种,为一部;工十二人。"由此可见,前凉张重华时,天竺(印度)乐舞传入凉州,并随之传来了乐器9种和乐工12人。河西乐舞的真正形成是在后凉。吕光于公元384年远征西域时,被龟兹瑰丽的文化艺术所倾倒。在班师东归时,用两万只骆驼运送珍宝和乐舞艺人。到姑臧后,他将带来的乐人舞伎和各种乐器编成一支庞大的乐舞队,又将大量的龟兹乐曲加以改编,与河西地区的中原乐舞融合,形成了自己的特色。后凉乐舞集曲调欢快、舞姿矫健的西域风格和轻盈柔曼、婀娜多姿的中原特色于一身,融入大量的龟兹乐舞成分,使手、眼、步、身变化无穷,形成了舞蹈语言相当丰富的独特艺术风格。

西域乐舞传入内地,这在敦煌壁画中也有所反映。在北魏、北周壁画中,有许多高鼻深目、肤色各异的人物形象,有些乐器是西域的,有些表演者所穿的是突厥民族服饰。有的两臂高举于头上托掌;有的双手搭掌,头和腰成曲线形扭动,具有浓厚的西域特色。

结语:1. 五凉统治下的河西地区在十六国时期“是北中国保存汉族传统文化最多,又是接触西方文化最先的地区”。[1]

2. 五凉文化繁荣的特征是,儒学兴盛,文学繁荣,史学成果丰硕,佛学广泛传播,艺术成就辉煌。

3. 五凉文化是中西文化、民族文化交流融合的结晶,也是十六国时期中国先进文化的代表,在中国文化史上产生了深远的影响。

(原载《丝绸之路》2015 年第 10 期)

〔1〕范文澜:《中国通史简编》,人民出版社 1965 年,第 343 页。

论五凉文化繁荣的原因

十六国时期,甘肃河西地区出现了汉族张氏建立的前凉(301—376),氐族吕氏建立的后凉(386—401),鲜卑族秃发氏建立的南凉(397—414),汉族李氏建立的西凉(400—421),匈奴卢水胡沮渠氏建立的北凉(397—439)五个凉国的割据政权,史称“五凉时期”。

五凉时期,是河西历史上第一个文化发展的高峰期。在五凉政权统治的一百多年间,河西地区文化发展空前繁荣,突出表现有以下诸方面:

一是儒学兴盛。五凉统治者通过开馆讲学、整理刊发经典,使儒学在河西地区广泛传播。这一时期,敦煌、肃州、凉州一带名儒办学之风盛行,宋纤、郭荷、郭瑀、祈嘉、刘昞等几位大教育家的受业弟子就多达六七千人。前凉敦煌学者宋纤隐居酒泉南山,前来求学的弟子多达三千。

二是史学发展。五凉时期,官修、私修史书数量可观,为后世留下了丰富的史料。五凉诸国都设立史馆,或置著作郎,或置太史令,负责记载和修撰国史。仅《隋书·经籍志》《史通》《旧唐书·艺文志》及《太平御览》等史书记载的五凉史学家就有11人。敦煌史学家索绥作《凉国春秋》50卷(又作《凉春秋》),今佚。敦煌人刘昞隐居酒泉多年,潜心于典籍,著书5种共118卷、注述4种(本)。其中:著《略记》130篇、84卷,《凉书》10卷,《敦煌实录》20卷,《方言》3卷,《靖恭堂铭》1卷;另注《周易》《韩子》《人物志注》《黄石公三略》。《敦煌实录》是我国古代第一部实录体编年史,在中国史学史研究中占有重要地位。

三是文学繁荣。五凉文学上承建安,下启隋唐,创作成就居于当时北中国之首。以凉州、肃州、敦煌为中心,作家云集,名篇佳作众多。

四是佛学盛行。河西走廊是佛教东传必经之地,佛教在从西域沿着丝绸之路向中原地区传播过程中,敦煌、肃州、凉州逐渐成为佛教传播的中心。五凉统治者多信奉佛教,积极推广佛教。河西各地广建寺庙,开窟造像,大兴佛事活动;佛图澄、道安及鸠摩罗什等一批大德高僧讲经、译经,弘扬佛法。河西地区香火旺盛,佛事盛行,寺庙林立,窟龛密布。总之,五凉时期的河西地区,无论是佛教的传播、佛学经典的翻译,还是佛教洞窟的建造,都盛况空前。

五是艺术成就辉煌。文人书法、写经书法、音乐、舞蹈、绘画、雕塑,都取得了前所未有的成就。

五凉文化的繁荣,打破了十六国时期中国文化持续低迷、萎缩的局面,给北中国寂寞荒凉的学术文化园地增添了异彩,在十六国时期居于中国北方文化的领先地位,对于当时乃至后世都有深远影响。因此,范文澜先生指出,五凉统治下的河西地区在十六国时期"是北中国保存汉族传统文化最多,又是接触西方文化最先的地区"。[1]

五凉文化繁荣的原因是多方面的,笔者认为主要得益于三个方面:

一、经济社会的持续发展为文化发展繁荣奠定了基础

汉武帝收复河西地区后,实施了大规模的移民实边战略,河西地区人口迅速增加,经济得到了快速发展。魏晋时期对河西的不断开发,也在一定程度上促进了河西经济的发展。五凉时期,在强有力的经济政策的推动下,河西地区经济社会得到了持

〔1〕范文澜:《中国通史简编》,人民出版社1965年,第343页。

续发展。

一是招徕流民，为经济发展提供了充足劳动力。人口是一切事业发展的基础性要素。尤其在魏晋时期，在人口数量较少、全国都存在缺乏劳动力的情况下，发展经济首先必须发展人口。十六国时期，中原地区战乱不断，灾害频繁，人口大量外迁。当时中原人口外迁主要有两个方向：一部分迁到了向南方，一部分向社会相对稳定的河西地区迁徙。史书记载，从“八王之乱”到“永嘉之乱”，“中州避难来者，日月相继”。[1] 为发展生产，巩固政权，五凉统治者均采取了招徕流民的政策。西凉李暠对流民采取设侨郡县安置的办法，《晋书》卷87《凉武昭王李玄盛传》记载：

> 初，苻坚建元之末，徙江汉之人万余户于敦煌，中州之人有田畴不辟者，亦徙七千余户。郭黁之寇武威，武威、张掖已东人西奔敦煌、晋昌者数千户。及玄盛东迁，皆徙之于酒泉，分南人五千户置会稽郡（治今瓜州县东）；中州人五千户置广夏郡；余万三千户分置武威、武兴、张掖三郡（三郡均置今敦煌市东）。

上述记载中，西凉安置的移民达到了23000户。按当时户均人口比计算，至少在十多万人。加上原著居民，酒泉人口总量达到30万以上。人口的大幅度增加，为经济开发提出了充足的劳力。这些新增人口中，有的是中原地区的人，有的是江汉地区的南方人。他们带来了中原地区和南方先进生产技术和文化，不仅推动了区域经济的快速发展，也为文化的交流、融合、发展创造了条件。

二是推行“课农桑”政策。五凉政权非常重视农业。前凉统治者张轨颁布了“课农桑”的法令。“课”是督课的意思，即依靠行政和法律效力，驱民归农。同时，通过推行占田制将流民安置

〔1〕《晋书》卷86《张轨传》。

到土地上，一方面解决了政府的财政收入即租课收入，另一方面解决了流民的生活供给，最终推动了农业生产的发展。张轨的后继者们也都十分重视农业生产。张骏时议治石田，在人口稠密、耕地不足的情况下，向戈壁要土地，运土殖谷；张重华也不遗余力地“轻赋敛，除关税，省园囿，以恤贫穷”。[1]

西凉王李暠执政时期，全面推行以农为本的战略思想，大力发展农牧业。在继承西汉、曹魏、西晋以及前凉历代屯田的基础上，扩大屯田，“遂屯玉门、阳关，广田积谷，为东伐之资”。[2] 酒泉丁家闸五号墓壁画中农、牧、林、桑等业兴旺发达，坞堡、园林相望的景象，反映出西凉时期酒泉农业经济的繁荣。

北凉沮渠蒙逊时颁布了“可蠲省百徭，专功南亩，明设科条，务尽地利”的诏令，对农业生产的发展起到重大作用。

图1　酒泉魏晋墓画——《耕耙图》

与此同时，五凉政权还大力兴修水利，发展灌溉农业，推广先进的农业技术。如，代田法，选种、育种技术在河西地区普遍推广；中原地区先进农具犁、耱、耙、杈、连枷等，在河西地区得到广泛运用。酒泉、嘉峪关魏晋墓壁画中有大量表现播种、耕作、

〔1〕《晋书》卷86《张轨传附张重华传》。

〔2〕《晋书》卷87《凉武昭王李玄盛传》。

耙地、耱地、打场等农业生产全过程的场景，还有大量表现魏晋时期新式农具、牛耕、畜拉铁齿耙、碎土保墒等先进农耕技术的生动场面。

三是大力发展畜牧业。五凉时期，为了保证战争对马匹的需要，各割据政权都积极发展畜牧业，以解决军需民用对牲畜的需要。西凉王李暠在宜禾、昌蒲、新乡、干齐、延寿、安弥、表氏、居延诸县建立畜产品基地，使畜牧业成为西凉的一大支柱产业。史记记载，某年秋天，北凉沮渠牧犍向北魏一次性奉献良马五百匹。北凉灭亡后，北魏将河西开辟为牧地，其“马至二百余万，驼半之，牛羊则无数”，[1]足见北凉畜牧业的发达。

五凉时期，河西地区家庭养殖畜牧业也有较快发展。酒泉丁家闸魏晋墓出土有关生产活动的壁画 89 幅，其中反映畜牧业题材的就有 38 幅。从墓画内容上看，有画羊群、牛群、马群、驼群的，画马、牛、羊于同一画面的，有画宰羊、宰牛、宰猪和杀鸡的，有画宴饮吃肉的，有画悬肉于厨的，有的画面上所画马多达 19 匹、羊多达 12 只、牛多达 6 头。总的来看，河西魏晋墓画中六畜俱全，表明这一时期河西地区畜牧业相当繁荣。

四是手工业和商业贸易得到快速发展。农业、畜牧业的发展，为手工业和商业贸易的发展创造了条件。以蚕桑种植加工、畜产品加工和农具加工制作为主的手工业迅速发展，集市贸易日益活跃，贸易集散地已经形成。

这里特别值得一提的是桑蚕业的发展。酒泉、嘉峪关魏晋墓画中桑园、采桑、护桑、蚕茧、丝束、绢帛等图幅应有尽有，而且还有蚕桑丝织工具图。

画中有采桑女在树下采桑，有童子在桑园门外扬杆轰赶飞落桑林的乌鸦，各族老幼普遍参与桑蚕生产场面。嘉峪关新城墓（1 号墓主人段清，曾任酒泉太守）出土砖画 660 幅，多为一砖

〔1〕崔鸿：《十六国春秋辑补》卷 97《北凉录》，商务印书馆 1937 年，第 618 页。

图2　酒泉魏晋墓画——采桑护桑图

一画，其中描述平民生活的就有200余幅，很多就画有桑园、驱鸟护桑、采桑饲蚕、缫丝工具、丝束等图景，形象地记载了西凉时期养蚕业发达的盛况。酒泉丁家闸五号墓后壁左侧绘一坞壁，坞内有碉堡，坞门半开，门内立一看门奴，坞下有3棵桑树，树间有五位妇女采桑。墓画中亦有丝束、绢帛图。

魏晋墓壁画内容反映的是当时河西走廊真实的社会生产、生活场景和历史状况，具有很强的写实性和极高的史料价值。墓画中众多的桑蚕丝帛画面是魏晋时期河西蚕桑业兴旺发达的真实写照。嘉峪关魏晋墓中还先后出土二十多件丝绸残片，为衣服衬里、衣面、领口、垫肩、裙带、云耳及招幡等的残件。质地有绢、绮、锦等，颜色有浅红、浅灰和淡黄色，花纹多为八字形和菱形，图案多系套色印染，其织造、印染技术堪称上乘，可与中原地区的丝织品媲美。

五凉政权建立后，都重视商业贸易活动，与中原地区和西域的商业贸易频繁。前凉张轨向西晋“献马五百匹，毯布三万匹”。[1] 张寔向西晋献“名马方珍，经史图籍”。[2] 五凉时期，凉

〔1〕汤球：《十六国春秋辑补·前凉录》。

〔2〕《晋书》卷86《张轨传附张寔传》。

州、甘州、肃州、敦煌成为河西地区大的都市贸易中心，商贸活动十分活跃，许多西域商人来这里行商。1907年，斯坦因在敦煌西北长城烽燧遗址中，发掘出六件比较完整的粟特人信件。其中一件是西晋怀帝永嘉五至六年(312—313)，一位居住在酒泉的粟特商人写给家乡康国(撒马尔罕)商人的信。信中说到粟特商人在敦煌、酒泉、姑臧(凉州)直到洛阳从事商业活动的一些情况。信中记载，当时中原市场上主要的流通商品有锦、绢、纱、绮、罗、刺绣等丝织品，以及铁器、漆器、铜镜等物品；从西域和欧洲输往内地的主要有玉石、各种毛织品、马、骆驼、棉布等。

五凉时期，河西郡县治所地贸易集散地也已形成。郡县治所既是当地的政治、经济、文化中心，也是各族群众进行商业活动的重要场所。来此交易的有当地农牧民，小手工业者，有专业从事商贸活动的行商坐贾，也有沿丝绸之路到中原贸易的西域胡商。他们的交易行为受到当地政府的管理和保护，如曹魏时期仓慈任敦煌太守、徐邈任凉州刺史时，都曾经采取有效措施，保护丝绸之路的畅通，维护正常交易秩序。

另外，五凉时期河西地区一些人口相对稠密的农村已经出现集市。各族小商贩、农牧民用皮毛、粮食、牲畜、农具等手工产品，到集市上换取生产生活必需品，或赚取零售利润。

二、"文教兼设"的战略为文化的繁荣提供了政策保障

五凉统治者自身具有较高的文化素质。五凉中两个汉族政权的建立者张轨和李暠以儒学文辞著称，即使前凉末主张天锡也具有令江南士大夫汗颜的言辞素养。[1] 其他三个少数民族政权的统治者都懂得昌明文教以争正朔的道理。后凉吕光、南凉秃发氏、北凉沮渠氏虽分别生于氐、鲜卑、匈奴家庭，但深知文化教育与政治统治的关系，聚集了一大批汉族士人为其经邦论道。

〔1〕刘义庆：《世说新语》言语二，上海古籍出版社1982年，第93页。

沮渠蒙逊就曾下令“内外群僚，其各搜扬贤隽，广进刍荛”。[1]由于长期生活在汉族文化圈内，他们都受到不同程度的汉化，秃发傉檀的汉学修养甚至使人叹为“命世大才，经纶名教者不必华宗夏土……神机秀发，信一代之伟人”。[2] 正因为如此，五凉统治者坚持推行了“文教兼设”的发展战略。

一是兴办学校，倡导儒学。

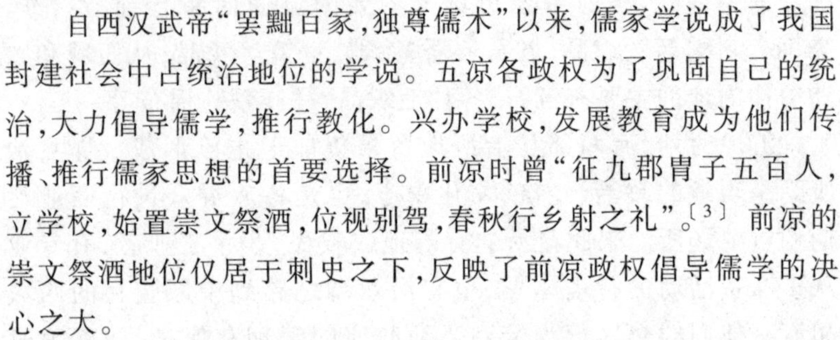

自西汉武帝“罢黜百家，独尊儒术”以来，儒家学说成了我国封建社会中占统治地位的学说。五凉各政权为了巩固自己的统治，大力倡导儒学，推行教化。兴办学校，发展教育成为他们传播、推行儒家思想的首要选择。前凉时曾“征九郡胄子五百人，立学校，始置崇文祭酒，位视别驾，春秋行乡射之礼”。[3] 前凉的崇文祭酒地位仅居于刺史之下，反映了前凉政权倡导儒学的决心之大。

此后，南凉、西凉等政权也都兴办学校，倡导儒学。南凉秃发利鹿孤曾“以田玄冲、赵诞为博士祭酒，以教胄子”。[4] 后世史学家对利鹿孤此举极为赞誉，认为“鹿孤从史皓之言，建学而延胄子，遂能开疆河右，抗衡强国，道由人弘，抑此之谓！”[5]西凉政权“立泮宫，增高门学生五百人”，[6]兴办教育，传播儒学。

五凉政权在积极兴办官学的同时，还大力鼓励学者兴办私学。这一时期，河西地区私人讲学之风兴盛，一些宿儒名家纷纷开馆延学，传授各门学业，出现了拥有学生数百乃至几千人的私学。如酒泉人祁嘉，“博通经传，精究大义，西游海渚，教授门生

[1]《十六国春秋辑补》卷95《北凉录》，商务印书馆1937年，第657页。

[2]《十六国春秋辑补》卷90《南凉录》，商务印书馆1937年，第624页。

[3]《晋书·张轨传》。

[4]《晋书·秃发利鹿孤载记》。

[5]《晋书·秃发氏载记史臣日》。

[6]《晋书·李玄盛传》。

百余人”。[1] 敦煌人宋纤，“明究经纬，弟子受业三千余人”。[2] 敦煌人郭瑀，“弟子著录千余人”。[3] 敦煌人刘昞，“弟子受业者五百余人”。[4]

私学的大量兴办，不仅扩大了教育面，而且由于私学的授业者大都是造诣很深的名儒，因此，通过师承关系，形成了一些具有河西特色的学术流派。如敦煌名儒郭瑀“精通经义”，[5] 其学生刘昞也成为经学名家，尤长于《易》学，而刘昞的学生索敞又“专心经籍，尽能传昞之业”，[6] 刘昞的另一名学生程骏则从师专攻《周易》，索敞和程骏后来在北魏政府中任职，讲学注经。这样，从十六国到北朝，形成了一个经学流派，使河西学者的学术观点绵延后代，对后世经学产生了深远影响。

通过官学和私学两条办学途径，使河西地区的教育事业得到迅速发展。当然，五凉政权此举的本来目的是要培养一批具有儒家正统思想的统治人才，来推行礼治教化，巩固统治，但客观上促进了河西教育的发展，为学术文化的发展培养了人才。

二是整理典籍，加强文化交流。

五凉政权为了传播儒学，组织整理了大批儒家文化典籍。北凉时配备“文吏三十人，典校经籍，刊定诸子三千余卷”。[7] 同时，还广泛进行图书交流，如前凉时曾送“经史图籍于京师。”[8] 元嘉三年(426)，北凉派使者下江南，向刘宋政府“请《周易》及子集诸书”；元嘉十四年(437)，又一次派使者向刘宋政府“求晋、赵《起居注》诸杂书数十件”，同时还带去了河西学者的许

---

〔1〕《晋书·祈嘉传》。
〔2〕《晋书·宋纤传》。
〔3〕《晋书·郭瑀传》。
〔4〕《魏书·刘昞传》。
〔5〕《晋书·郭瑀传》。
〔6〕《魏书·索敞传》。
〔7〕《魏书·阚骃传》。
〔8〕《晋书·张轨传》。

多著作，有"《周生子》十三卷，《时务论》十二卷，《三国总略》二十卷，《俗问》十一卷，《十三州志》十卷，《文检》六卷，《四科传》四卷，《敦煌实录》十卷，《凉书》十卷，《汉皇德传》二十五卷，《亡典》七卷，《魏骄》九卷，《谢艾传》八卷，《古今字》二卷，《乘丘先生》三卷，《周牌》一卷，《皇帝王历三合记》一卷，《赵瞰传》并《甲寅元历》一卷，《孔子赞》一卷"，[1]共计 20 种 154 卷。这些书中有经学、史学、文人别集，也有文字学、数学、天文历法等方面的专著，内容广泛，具有很高的学术价值。

五凉政权的这种献书与求书，扩大了南北方之间的学术文化交流，为河西学者提供了江东学者的研究信息与成果，从而促进了河西学术文化的深入发展。

三是重视自身的文化学习。

五凉政权的统治者"崇尚文教"还有一个显著特点，那就是十分重视自身的文化学习。

前凉的张轨曾师从名儒皇甫谧，史书称其"明敏好学"，深受当时文学大家张华的赏识和器重，誉之为"二品之精"；其子张寔"学尚明察"，张茂"虚靖好学"，其孙张骏更是"十岁能属文"，[2]长于诗文。后凉的吕光也是能诗善文，史书记载他在攻破龟兹城后，曾"大飨将士，赋诗言志"。[3] 从《晋书》本传存的《平西域还上疏》《下书讨乞伏乾归》《遗杨轨书》三篇文章来看，尽管都是应用文，但很有文采。

西凉的李暠"少而好学……通涉经史，尤善文义"。他曾手书诸葛亮训诫以勖勉诸子："古今之事不可以不知，苟迁来可师，何必远也。览诸葛亮训励，应璩奏谏，寻其终始，周孔之教尽在中矣。为国足以致安，立身足以成名，质略易通，寓目则了，虽言发经人，道师于此。且经史道德如采菽中原，勤之者则功多，汝

[1]《宋书·氐胡传·沮渠蒙逊传》。

[2]《晋书·张轨传》。

[3]《晋书·吕光载记》。

等可不勉哉！”[1]强调学习的重要性，要求诸子勤奋攻读，并从中吸取立身之道，治国之术。他还亲自动手修补残破图书，“暠好尚文典，书史穿落者亲自补治”，并对侍臣说：“躬自执者，欲人重此典籍”。[2] 李暠写有《述志赋》《槐树赋》《大酒容赋》等数十篇诗赋，其中保存下来的《述志赋》，长920余字，感物抒怀，继承了东汉抒情小赋的传统，又具有自己的特色，是魏晋十六国时期抒情赋的上乘之作。

北凉的沮渠蒙逊也是“博涉经史，颇晓天文”，[3]他曾专门写信给刘宋王朝的司徒王弘要求替他找一部干宝的《搜神记》，结果王弘请人抄了一部送给他，满足了其要求，从中反映了他对学习文史的爱好。

五凉政权统治者重视自身的文化学习，使得他们中间不少人本身就成了文人学者，如前凉的张骏、后凉的吕光、南凉的秃发归、西凉的李暠等人都可列入十六国文学家而当之无愧。[4]统治阶级对学习文化的爱好，对形成重视文化知识的良好风尚有积极的促进作用，而这种良好风尚又成为推动学术研究和文化教育事业发展的重要因素。

陈寅恪先生指出：“张轨、李暠皆汉族世家，其本身即以经学文艺著称，故能设学校奖儒业……若其他割据之雄，段业则事功不成而文采特著，吕氏、秃发、沮渠之徒俱非汉族，不好读书，然仍能欣赏汉化，擢用士人，故河西区域受制于胡戎，因此，而文化学术亦不因此沦替。”[5]由于统治者本身就具有一定的汉文化修养，昌明的文化教育政策及各项举措才有可能形成和贯彻，浓厚的尊士重教的学术风气才能够得以形成。

---

[1]《晋书·李玄盛传》。

[2]《魏书·刘昞传》。

[3]《晋书·沮渠蒙逊载记》。

[4]参见曹道衡：《十六国文学家考略》，载《文史》第13、14辑。

[5]陈寅恪：《隋唐制度渊源略论稿》，三联书店2001年，第30~31页。

三、重用名人硕士的举措为文化的发展繁荣提供了人才基础

五凉政权对儒家知识分子尤为重视。前凉张轨曾“令有司可推详立州已来清贞德素,嘉遁遗荣:‘高才硕学,著述经史……具状以闻’”,[1]将大批儒家知识分子请进前凉政权任职。此后,南凉、后凉、西凉、北凉诸政权也都重用儒学人才。南凉的秃发乌孤曾大规模地收罗儒家知识分子,“金石生、时连珍,四夷之豪俊;阴训、郭倖,西州之德望;杨统、杨贞、卫殷、麹丞明、郭黄、史皓、鹿皓,文武之秀杰;梁昶、韩延、张昶,郭韶,中州之才令;金树、薛翘、赵振、王忠、赵晃、苏霸,秦雍之世门,皆内居显位,外宰郡县,官方授才,咸得其所。”[2]从这一长串名单中可以看出,有不少人是儒家知识分子,在南凉政权中受到重用。

西凉李暠更是思贤若渴,“采殊才于岩陆,拔翘彦于无际”,[3]广泛地吸收有学之士,“博通经史”的敦煌人宋繇,在西凉政权中“历位通显”,[4]敦煌名儒刘昞官至“儒林祭酒、从事中郎”,李暠对他说:“吾与卿相值,何异孔明之会玄德”,[5]足见其对儒家知识分子的重视。在这方面做得尤为出色的是卢水胡建立的北凉政权。敦煌人张穆“博通经史,才藻清赡”,沮渠蒙逊“擢拜中书侍郎,委以机密之任”;[6]敦煌人张湛“弱冠知名凉土,好学能属文”,沮渠蒙逊以其为“黄门侍郎,兵部尚书”;[7]敦煌人阚骃“搏通经传,聪敏过人……蒙逊甚重之,常侍左右,访以

[1]《晋书·张轨传》。
[2]《晋书·秃发乌孤载记》。
[3]《晋书·李玄胜传》。
[4]《晋书·宋繇传》。
[5]《魏书·刘昞传》。
[6]《晋书·沮渠蒙逊载记》。
[7]《魏书·张湛传》。

政治损益”；[1]金城人宗钦，“少而好学，有儒者之风，博综群言，声著河右，仕沮渠蒙逊，为中书郎，世子洗马”；[2]金城人赵柔，“少以德行才学知名河右，沮渠牧犍时，为金部郎”。[3] 即便是对曾在西凉政权任职的儒家知识分子也予以重用。如敦煌人宋繇仕于西凉，及“沮渠蒙逊平酒泉，于繇室得书数千卷……蒙逊叹曰：‘孤不喜克李歆，欣得宋繇耳。’拜尚书吏部郎中，委以铨衡之任”，[4]临死前又寄以托孤重任；再如深得李暠信任的刘昞，“蒙逊平酒泉，拜秘书郎，专管注记”，还专门为他“筑陆沉观于西苑，躬往礼焉，号‘玄处先生’，学徒数百，月致羊酒”，其子牧犍时更是“尊为国师，亲自致拜，命官属以下皆北面受业焉”。[5] 由此可见，凡是学有成就的儒家知识分子，只要北凉政权能得到，都加以重用。

后凉氐族统治者吕光以残暴著称，但却重用儒学人才。宗钦、宋繇等人都曾在后凉政权中担任重要职务。“博涉史传”[6]的著作郎段业曾作诗讥讽吕光，吕光“览而悦之”，[7]反映了吕光对儒家知识分子的尊重态度。

五凉政权重视、重用知识分子具体体现在两个方面：

一是重用本土士人。西汉以后，徙居河西地区的汉人逐步形成为当地土著群体，出现了一些有名学者，如被誉为“凉州三明”[8]的敦煌张奂、安定皇甫规、武威段颖，以才学宏博知名显达。西晋时，索靖、氾衷、张甝、索紾、索永“驰名海内，号称敦煌五龙”。[9] 这些河西士人群体不仅身居高位，而且有很高的

[1]《魏书·阚骃传》。
[2]《魏书·宋钦传》。
[3]《魏书·赵柔传》。
[4]《晋书·宋繇传》。
[5]《魏书·刘昞传》。
[6]《晋书·沮渠蒙逊载记》。
[7]《晋书·吕光载记》。
[8]《后汉书》卷65《段频传》，中华书局1965年，第2154页。
[9]《晋书》卷60《索靖传》，中华书局1974年，第1648页。

学术水平，代表着河西地域文化体系。

张轨出牧凉州之初，为确保立足河西，采取“拔贤才”的政策，广泛征求高才硕学、通涉经史之有识之士：“以宋配、阴充、氾授、阴澹为股肱谋主。”[1]到了张骏、张祚、张天锡执政时期，还曾多次派出使者，厚礼征聘隐逸有学之士。后凉吕光虽然统治残暴，但也重视人才，河西名士宗钦、宋爵就曾在后凉政权出任要职。南凉秃发乌孤广泛招揽人才，实行汉化，他模仿汉制，内设台省，外置郡县，建立起了以秃发氏为核心、以河西士人为骨干的南凉统治集团。西凉大量启用土著士人，如唐瑶、郭谦、索仙、尹建兴、张邈、张条、阴亮、祀德瑜、令狐赫等都身居高位。[2] 沮渠氏北凉政权多以土著士人为显官，沮渠蒙逊对河西士林领袖刘晒崇礼有加。他在攻克西凉都城酒泉后曾说：“孤不喜克李歆，欣得宋繇耳！”[3]并且将宋繇“委以铨衡之任，蒙逊之将死也，以子牧犍委托之”。[4] 沮渠牧犍还因刘昞博学，尊之为国师，为他专“筑陆沉观于西苑，躬往礼焉……月致羊酒”。[5]

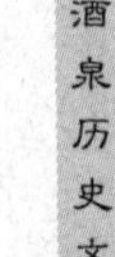

礼待和重用土著士人对于五凉诸政权的稳定，发展河西文化起到了重要作用，同时也给河西的豪门著姓创造了保存和发展自己家族和家学的有利条件。

二是广泛网罗人才。五凉时期，河西避难者中的一大批中原世家名流，如河东裴氏、关中苏氏、太原王氏、洛阳赵氏等，携带了不少典籍。张轨对此采取了积极接纳和妥善安置的态度，从中选拔录用了很多中原人士。河西地区因此也聚集了大量人才，史料称“永嘉之乱，中州之人士避地河西，张氏礼而用之，子

[1]《晋书》卷86《张轨传》，中华书局1974年，第2221页。

[2]《晋书》卷87《凉武昭王李玄盛传》，中华书局1974年，第2259页。

[3]《魏书》卷52《宋砾传》，中华书局1974年，第1153页。

[4]《魏书》卷52《宋砾传》，中华书局1974年，第1153页。

[5]《魏书》卷52《刘昞传》，中华书局1974年，第1160页。

孙相承,衣冠不坠,故凉州号为多士”。[1] 陈寅恪先生指出:“盖张轨领凉州之后,河西秩序安定,经济丰饶,既为中州人士避难之地,复是流民移徙之区,百余年间纷争扰攘固所不免,但较之河北、山东屡经大乱者,略胜一筹。故托命河西之士庶犹可以苏喘息长子孙,而世族学者自得保身传代以延其家业也。”[2] 陈寅恪先生还说:“刘(渊)石(勒)纷乱之时,中原之地悉为战区,独河西一隅自前凉张氏以后尚称治安,故其本土世家之学术既可以保存,外来避乱之儒英亦得就之传授,历时既久,其文化学术逐渐具地域性质,此河陇边隅之地所以与北朝及隋唐文化学术之全体有如是之密切关系也。”[3]

五凉其他政权也都重用中原人才,就连胡气很重的南凉也莫不如此。史载南凉政权组成人员中“梁昶、韩疋、张昶、郭韶,中州之才令;金树、薛翘、赵振、王忠、赵晁、苏霸,秦雍之世门,皆内居显位,外宰郡县,官方授才,咸得其所”。[4] 一时学者云集,人文辐辏:“区区河右,而学者埒于中原。”[5]

五凉政权对儒家知识分子的重视和使用,不仅推动了河西学术文化的发展,而且吸引了大批中原学者奔往河西,如著名的古文字学家、陈留济阳(今河南开封东北)人江琼、广平曲安(今河北曲周东北)人程骏、河内温(今河南温县西南)人常爽等,都纷纷来到河西。这样,又壮大了河西学者的队伍,为河西文化的繁荣提供了更多的有用人才。

结语:十六国时期河西地区五凉文化的繁荣,得益于经济社会的持续稳定发展,得益于“文教兼设”发展战略的推行,得益于统治者对人才的重视、重用。这是历史为我们提供的宝贵经验,

〔1〕《资治通鉴》卷123《宋纪五》“文帝元嘉十六年十二月”条胡注,中华书局1973年,第3877页。

〔2〕陈寅恪:《隋唐制度渊源略论稿》三联书店2001年,第30页。

〔3〕陈寅恪:《隋唐制度渊源略论稿》三联书店2001年,第23页。

〔4〕《晋书》卷126《秃发乌孤载记》,中华书局1974年,第3143页。

〔5〕《北史》卷83《文苑传》,中华书局1973年,第2778页。

也是今天“一带一路”建设和文化强国建设的重要条件,值得学习借鉴。

(武威历史文化学术研讨会交流论文)

论五凉文化的历史地位

十六国时期,甘肃河西地区(包括今青海的河湟一带)为前凉(301—376)、后凉(386—401)、南凉(397—414)、西凉(400—421)、北凉(397—439)五个割据政权所统治,史称"五凉时期"。

在五凉政权统治的长达一百多年中,河西地区社会安定、经济发展,文化空前繁荣。本文试从文化史的角度,对五凉文化的历史地位做一探讨。

一、五凉文化是十六国时期中国先进文化的代表

西晋"八王之乱"后,中原地区战乱不断,经济遭到严重破坏,文化低迷萎缩。整个北中国只有张轨治下的凉州地区秩序较为安定,一些有识之士认为"避乱之国唯凉土耳"[1]。于是,河西地区"中州避难来者日月相继"。[2]"中原流亡到河西的人民得以安定下来,河西走廊也就成为发展当时汉族先进文化的重要据点"。[3] 避难者中的一大批中原世家名流,如河东裴氏、关中苏氏、太原王氏、洛阳赵氏等,携带典籍随流民逃到河西,使河西文化力量大为增加。张轨积极接纳、安置中原人士,并委以重任。河西地区因此也聚集了大量人才,史料称"永嘉之乱,中州之人士避地河西,张氏礼而用之,子孙相承,衣冠不坠,故凉州号为多士"。[4] 对此,陈寅恪先生曾经指出:"盖张轨领凉州之

---

〔1〕《晋书》卷86《张轨传》,中华书局1965年。

〔2〕《晋书》卷86《张轨传》,中华书局1974年,第2225页。

〔3〕王仲荦:《魏晋南北朝史》,上海人民出版社1979年,第272页。

〔4〕《资治通鉴》卷123《宋纪五》"文帝元嘉十六年十二月"条胡注,中华书局1973年,第3877页。

后，河西秩序安定，经济丰饶，既为中州人士避难之地，复是流民移徙之区，百余年间纷争扰攘固所不免，但较之河北、山东屡经大乱者，略胜一筹。故托命河西之士庶犹可以苏喘息长子孙，而世族学者自得保身传代以延其家业也。”[1]随着中原板荡局面的加剧和延续，前秦、后秦时又不断有清河崔氏、温司马氏等中原士族迁往河西。除前凉起用中原士人外，其他诸凉也都纷纷效法。沮渠牧键将“声誉益播”的流寓士人广平程良“擢为东宫侍讲”[2]就是其中一例。中原、河西士人群体聚首河西，一时学者云集，人文辐揍辏，“区区河右，而学者埒于中原”。[3]

五凉政权的大量倡导，是五凉文化繁荣的一个重要因素。五凉统治集团上层具有较高的文化素质，五凉中的两个汉族政权的建立者张轨和李暠都出自汉族世家，本身就以儒学文辞著称，所以能够推崇文教，讲求儒学，即使前凉末主张天锡也具有令江南士大夫汗颜的言辞素养。[4] 五凉时期的少数民族统治者也都懂得昌明文教以争正朔的道理，后凉吕光、南凉秃发氏、北凉沮渠氏虽分别生于氐、鲜卑、匈奴酋豪家庭，但也深知文化教育与政治统治的关系，招揽了一大批汉族士人为其经邦论道。沮渠蒙逊就曾下令“内外群僚，其各搜扬贤隽，广进刍荛”。[5]由于长期生活在汉族文化圈内，他们都受到不同程度的汉化，秃发傉檀的汉学修养甚至使人叹为“命世大才，经纶名教者不必华宗夏土……神机秀发，信一代之伟人”。[6]

陈寅恪先生指出“张轨、李暠皆汉族世家，其本身即以经学文艺著称，故能设学校奖儒业……若其他割据之雄，段业则事功不成而文采特著，吕氏、秃发、沮渠之徒俱非汉族，不好读书，然

〔1〕陈寅恪：《隋唐制度渊源略论稿》，三联书店 2001 年，第 30 页。

〔2〕《魏书》卷 60《程骏传》，中华书局 1974 年，第 1345 页。

〔3〕《北史》卷 83《文苑传》，中华书局 1973 年，第 2778 页。

〔4〕刘义庆：《世说新语》言语二，上海古籍出版社 1982 年，第 93 页。

〔5〕《十六国春秋辑补》卷 95《北凉录》商务印书馆 1937 年，第 657 页。

〔6〕《十六国春秋辑补》卷 90《南凉录》，商务印书馆 1937 年，第 624 页。

仍能欣赏汉化，擢用士人，故河西区域受制于胡戎，因此，而文化学术亦不因此沦替。”[1]由于统治者本身就具有一定的汉文化修养，昌明的文化教育政策及各项举措才有可能形成和贯彻，浓厚的尊士重教的学术风气才能够得以形成。

五凉政权尊崇儒学，大量倡导文化教育。五凉统治者，或出身世胄、家学相传；或企慕华风，倾身儒雅，大都礼待文士，颇重教化。当时的河西地区，教育事业发达，学术氛围浓厚，著书立说、整理古籍、文学创作、音乐、绘画、舞蹈等文化活动频繁，涌现出一大批优秀作家、作品。据史籍记载，五凉时期河西学者撰有三十余种学术著作，仅《隋书·经籍志》著录就有13种。曾经风靡中州的《人物志》赖刘昂作注保存于河西，记述河西史地的不少著述为后世史家引述采用，天文历法方面的成就由河西传入内地，河西学者的大量著作和收藏典校的典籍被选送至江南，奉献于北魏，流传到后世。在中原文化低迷的大背景下，河西却不断涌现出硕学大师和博通经传的学者，他们收藏并点校整理大量典籍，撰写或注述数量可观的著作，如酒泉人阚骃曾于北凉主持刊定诸子三千余卷，充分反映出河西学术空气之浓郁。

在上述背景下，河西地区形成了空前繁荣的五凉文化。主要表现：一是儒学兴盛。五凉统治者历代割据政权均深受儒家文化影响，积极推崇儒家思想和礼仪规范。或开馆讲学、倡导儒学，或大量整理、传播儒学典籍，使儒家文化得到了广泛传播。二是史学发展。五凉诸国都设立史馆，官修、私修史书数量可观，为后世留下了丰富的史料。三是文学繁荣。以武威、酒泉、敦煌为中心，作家云集，作品众多，名篇佳作不少。四是佛学盛行。无论是佛教的传播、佛学经典的翻译，还是佛教洞窟的建造，都盛况空前。五是艺术成就辉煌。文人书法、写经书法、音乐、舞蹈、绘画、雕塑，都取得了前所未有的成就。

---

[1]陈寅恪：《隋唐制度渊源略论稿》，三联书店2001年，第30~31页。

五凉文化的繁荣，打破了十六国时期中国文化持续低迷、萎缩的局面，给北中国寂寞荒凉的学术文化园地增添了异彩，在十六国时期居于中国北方文化的领先地位，对于当时乃至后世都有深远影响。因此，范文澜先生指出，五凉统治下的河西地区在十六国时期“是北中国保存汉族传统文化最多，又是接触西方文化最先的地区”。[1]

二、五凉文化是中西文化、民族文化交流融合的结晶

前凉张骏时，大将杨植奉命出征西域，西域诸邦降服前凉，纳贡通好。后凉吕光是奉前秦苻坚之命征讨西域的，他得胜班师返回途中，决定割据凉土，他在带回了大量的西域物产的同时，请来了西域高僧鸠摩罗什。通过这两次征讨，西域与河西在政治、经济、文化等方面的交往和联系变得日益密切。从新疆出土的大量五凉时期的文书、契约、账簿等文物来看，河西的官吏、驻军以及百姓与西域的交往非常频繁。

河西走廊作为当时中西交通的必经要道，西域文明与以儒家文化为代表的中原文明相聚河西，相互交流、融合，最终形成了内涵丰富、极具河西特色的全新文化体系。西域的音乐、舞蹈、百戏、佛教，在河西深深地扎下了根。隋代所定的九部乐中的《清乐》《西凉》《龟兹》《天竺》四乐，均曾在五凉治下的河西存留传播，经过改造演变，后来又回归或传入内地。沿至隋代，雅乐采自江南，新声多输自西域，二者汇合，即出现了颜之推所谓“今太常雅乐并用胡声”的新乐制。但追溯起来，华夏古曲的流传和西域新声的引进，都是河西文化兼收并蓄、融合吸收的历史功绩。至于佛教传播方面，五凉时期有过大规模译经活动的记载，中原义学高僧道安就从凉土搜集到大量的佛经典籍，著《凉土异经录》。北凉沮渠氏笃信佛教，佛经翻译受到格外重视，并

〔1〕范文澜：《中国通史简编》，人民出版社1965年，第343页。

形成了声势浩大的修寺造窟活动。现存河西地区的众多石窟遗迹和出土的一些石塔便是有力物证。佛教传播的同时,河西的绘画、雕塑吸收借鉴了西域的表现手法,显示出中西结合的特点。

河西自古以来就是少数民族聚居的地区。五凉时期氐族、鲜卑族、匈奴族在河西先后建立了割据政权。氐族长期与汉民族杂居,汉化的程度较深,而鲜卑族、匈奴族以游牧为业,文化比较落后。这些少数民族在河西建立割据政权后,尊重人才,奖授学术,对推动河西文化学术的发展起了不容低估的作用。他们重视学习先进的汉文化,自身的文化素养也得到迅速提高。正是在这种时代背景下,河西各民族相互学习交流,共同发展,也使五凉文化呈现出鲜明的多元化特征。

三、五凉文化造就了一大批杰出人才

五凉文化的崛起,一个重要原因就是统治者重视人才,礼优士人。五凉时期每遇政权更替,统治者大多首先做的就是广泛网罗人才,因才擢用。统治者不管是汉族,还是其他民族,对一些硕学大儒,不论是本地的著姓士族,还是流寓河西的学者名流,都能"礼而用之"。[1] 使其或居庙堂,参政议事;或授专职,从教习文,让他们为五凉政权的巩固与兴盛出谋划策。贤能礼遇的传统在五凉延续不绝,是五凉文化得以发展的一个重要条件。

随着汉代对河西的开发,以农耕文化为基础的中原儒家文化得以扎根传播。西汉以后,河西地区逐渐成为一个胡汉多民族杂居共处且汉族人口居于优势的地区。徙居河西地区的汉人经过长时间的发展,逐步成为当地土著群体。到东汉时代,已经

〔1〕《资治通鉴》卷123《宋纪五》"文帝元嘉十六年十二月"条胡注,中华书局1973年,第3877页。

有一部分人实力壮大，成为当地大姓，如张、李、宋、索、段、令狐等，这些豪族不仅宗族强盛，习于兵战，也兼修儒业，习经诵文。在“学在家族”的学术传承模式下，他们成了一个个集政治、经济、文化学术为一体的儒学世家。河西各地敦文之风逐渐养成，如敦煌“郡世笃忠厚，人物敦雅”。[1] 逐渐出现了一些有名学者，如敦煌张奂、侯瑾等，均以才学宏博知名显达。对土著士人实行礼遇，前凉为先。张轨出牧凉州之初，为确保立足河西，采取“拔贤才”的政策，广泛征求高才硕学、通涉经史之有识之士：“以宋配、阴充、汜瑗、阴澹为股肱谋主”，[2] 大量当地文人学士被其延请做官，为其政权服务。到了张骏、张祚、张天锡执政时期，还曾多次派出使者，厚礼征聘隐逸有学之士。后凉吕光虽然统治残暴，但也重视人才，河西名士宗钦、宋爵就曾在后凉政权出任要职。南凉秃发乌孤广泛招揽人才，实行汉化，他模仿汉制，内设台省，外置郡县，建立起了以秃发氏为核心、以河西士人为骨干的南凉统治集团，其所用官吏中无论“四夷豪隽”还是“西州德望”，“确为秦、雍、凉诸州大族”。[3] 沮渠氏在创建北凉政权之初得到西平田氏支持，成功后自然多以土著士人为显官，沮渠蒙逊对河西士林领袖刘昞崇礼有加，尤其重用宋繇，他在攻克西凉都城酒泉后曾说：“孤不喜克李歆，欣得宋繇耳！”[4] 沮渠牧犍还因刘昞博学，尊之为国师，为他专“筑陆沉观于西苑，躬往礼焉……月致羊酒”。[5] 礼待和重用土著士人对于五凉诸政权的稳定起到了重要作用，同时也给河西的豪门著姓创造了保存和发展自己家族和家学的有利条件，为在河西地区保留中原传统文化产生了积极意义。

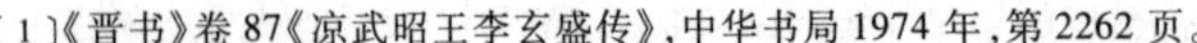

[1]《晋书》卷87《凉武昭王李玄盛传》，中华书局1974年，第2262页。
[2]《晋书》卷86《张轨传》，中华书局1974年，第2221页。
[3]唐长孺：《魏晋南北朝史论丛》，武汉大学出版社1986年，第185页。
[4]《魏书》卷52《宋砾传》，中华书局1974年，第1153页。
[5]《魏书》卷52《刘昞传》，中华书局1974年，第1160页。

五凉时期，河西在北中国号为“多士”之邦。五凉统治者采取笼络礼遇士人的政策，征聘名流，任用贤达，开办学校，奖掖著述，乃至亲自组织文事，参加讲论经义等活动，对河西的文化建设起到了积极的推动作用。西凉王李暠十分重视文学创作，据《晋书·凉武昭王李玄盛传》记载，李暠曾在敦煌、酒泉等地组织过三次较大的文学创作活动，一是敦煌靖恭堂图赞，二是勒铭酒泉，三是曲水诗宴，李暠及群臣都亲自参加，或勒铭颂德，或赋诗赐宴，被传为文坛佳话。

同时，民间的私学传授十分活跃，家世之学遗传不坠，又大大促进了河西文化教育的发达兴旺。从《晋书》《魏书》中，我们可以看到河西士人的文化素养确实要高出北中国的其他地区。

总之，自西晋末年中原战乱以后的一百多年间，河西地区在保存、继承和发展中原文化的同时，吸收、借鉴了西域文化，造就了大批人才。

四、五凉文化在中国文化史上产生了深远的影响

首先，继承、保存了中原的文化典章，借鉴、吸收了西域文明，对江南王朝的文化事业产生了实际影响。北凉后期河西向江南刘宋政权奉献的154卷典籍中，既有河西学者的著作，也有西晋以前的古籍，其中有些是很有价值的。同时，河西文人的作品流传到江南，得到像刘勰这样的著名评论家的重视，给以较高的评价，这在当时的北中国再无他例。在佛教传播方面，由于凉土僧人南下，带去大量佛经典籍，大乘学与玄学相互发明，辩论义理增添了新的内容。总之，西晋亡后，南北隔绝，动乱中北方世族士大夫渡江南下，投靠了江南王室，他们不可能将中原的图书典籍、礼仪制度毫不遗漏地带至江南。一部分中州士民在洛阳、长安二京先后失陷之时，避乱到了凉州，得到张轨安置。这样，原先在中原保存的文物典章就转移到了河西，而在江南失传不存。而且，河西地接西域，西域文明与华夏传统文化相碰撞，

相互吸收消融，这种优势也是江南所不具备的。江南受到的河西文化影响，从音乐和佛教方面尤为明显。

其次，五凉文化对北魏统一北方后的文化建设和汉化改革产生了巨大影响，推动了北魏文化的发展。北魏平定凉州后，凉州人士来到平城。如索敞、常爽讲授儒学，北魏的儒风开始振兴，张湛、宗钦、段承根、阴仲达等，参加修撰国史、注解经义等活动，受到北魏有名学者崔浩、高允的称道器重。北魏的历法，因得酒泉人赵所修的《玄始历》，取代了原先的《景初历》。北魏的音乐采用的是河西流行的《西凉乐》。北魏的佛教与凉州关系密切，北魏迁都洛阳，修建洛阳新都的规划即出自李冲之手，而李冲是西凉李暠的后代。他主持建造洛阳都城时，参照河西的都城建筑形式和格局，一反旧制，形成宫北市南的新规制。由于河西文化对北魏典章制度的深刻影响，北魏政权的汉化改革才能得以顺利实现。

第三，承前启后，继绝扶衰，保存了因战乱而在中原一度中断的中国传统文化，对中国文化发展产生了重要的影响。陈寅恪先生的《隋唐制度渊源略论稿》一书，对此特别作了详细的引证和论述，并强调指出："秦凉诸州西北一隅之地，其文化上续汉、魏、西晋之学风，下开（北）魏、（北）齐、隋、唐之制度，承前启后，继绝扶衰，五百年间延绵一脉，然后始知北朝文化系统之中，其由江左发展变迁输入者之外，尚别有汉、魏、西晋之河西遗传。"[1]总之，五凉文化是汉魏文化的传承和创新，同时为隋唐文化的大繁荣奠定了坚实的基础。

（原载《发展》2015年第3期）

[1]陈寅恪：《隋唐制度渊源略论稿》，三联书店2001年版，第46页。

论河西地区饮食文化的形成

民以食为天,饮食是人类生存的第一需要。饮食文化是人类社会文明进步的重要表现形式,也是一个地区经济发展状况的直接反映。本文对河西地区的饮食文化形成进行了探讨,力求从新的视野认识先秦时期河西地区的经济社会发展状况。

关于中国饮食文化的起源,学界一致认为是从火的使用开始的。火的使用促使人们脱离了“生吞活剥”“茹毛饮血”的阶段,一方面为人类烹调技术多样化创造了可能,另一方面使人类产生了釜甑等烹饪工具,为饮食民俗的产生创造了条件。随着经济文化的发展,科技的进步,饮食文化经过了从无到有,从初级到高级发展的过程。

旧石器时代,是饮食文化的孕育期。这一时期,由于生产力低下,人类的生产生活主要依赖采集业。旧石器时代中、晚期,随着人类智慧的发展以及群体协作能力的提高,人类制作、使用石器技术的增强,捕猎食物逐渐增多。考古发现,在旧石器末期,原始人类不仅在体质形态上接近现代人,而且在工具使用上出现了类型多样化、用途专门化、结构复合化和小型化的石器。这时的狩猎工具有矛、石索、弓箭等,出现了射猎。另外还采用设圈套、挖陷阱等方法。这些方法的使用,不仅可以使人类获得更多的食物,还可以捕获一些凶猛和大型的动物。酒泉境内发现有旧石器晚期的打制石器[1]和使用火的痕迹,说明河西人类已经进入饮食文化的孕育期。

〔1〕肃北县马鬃山明水乡霍勒扎盖发现旧石器晚期的打制石器3件。

新石器时期是河西饮食文化初始阶段。[1] 当时人们已学会种植谷子等农作物与饲养猪、犬、羊等家畜，这时便已奠定河西人类饮食的以农产品为主、肉类为辅的杂食性饮食结构的基础。与此同时，人们已制造出盆、盂、瓮、缸、罐等烹饪陶器，在取食器方面已出现骨匕、石刀，从其烹饪器中可以看出当时的烹调技术，只有炮、炙、蒸、煮等几种初级方法。

马厂类型遗存出土物说明，当时河西居民以原始农业为主，种植物主要是粟，次为糜子。粟在河西各遗址或墓地都有较多的发现，如柳湾马厂类型墓中随葬的粗陶瓮内普遍装有粟，M339中四件粗陶瓮都满盛粟粒。鸳鸯池 M134 内一件大陶瓮中所盛粟，按陶瓮容积计算可达 66.9 公斤。出土这些数量可观的粟遗存说明当时居民是以粟为主要粮食的，而且有了相当多的粮食剩余可用作随葬品，这也进一步说明农业已具有一定的规模。在青岗岔遗址的房址（F1）内一件彩陶罐底部发现了糜子及糜秸，可能人们已种植糜来作为辅助的粮食。民乐东灰山遗址（距今约 5000 年左右）中还采集到了小麦、大麦、黑麦和高粱等炭化籽粒以及胡桃的果核壳标本，[2] 说明当时的居民已能栽种多种农作物，人们的主食品种大大丰富了，在农耕之余还采集胡桃之类的野果以调节饮食的结构。当时的生产工具有石斧、锛、凿、刀、磨盘、杵、镰等，这些工具多为磨制，形制规整。在柳湾出土一件石斧，它的顶端套入一根长木柄上端的銎中，成 90 度夹角，再用绳子捆缚结实，木柄长 35 厘米。这种复合工具显然要比手握石斧的生产效率高得多。生产工具的改进必然会促使生产力的进一步发展。饲养的家畜种属有猪、狗、羊等，以猪为主，从而促进了食物结构的变化。在各遗址的发掘中，还发现有石镞、骨镞、石弹丸等狩猎工具，说明当时居民还从事狩猎活动以扩大食

[1] 以新石器时代晚期的马家窑文化晚期马厂类型为代表。

[2] 李瑶等：《甘肃省民乐东灰山新石器遗址古农业遗存新发现》，载《农业考古》1989 年第 1 期。

物的来源。马厂时期人们的食用器类较多,主要有盆、壶、瓮、缸、罐等。[1]

夏商时期(约公元前2100年到约公元前1100年),又称为“青铜时代”,是河西饮食文化的形成期。这一时期,河西地区的农业和畜牧业有了进一步的发展。食物原料更加丰富,食品加工与食品储藏技术也有了很大的提高,出现了专门的粮库和食品储藏方法。与此同时,随着对食物属性和加工方法的掌握,饮食器类的多样化,人们对于炊事的操作技巧也在不断推陈出新,总结规范,产生了各种各样的烹制方法。

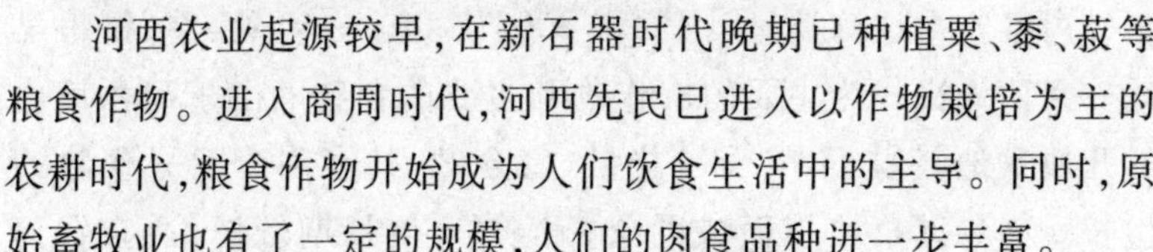

河西农业起源较早,在新石器时代晚期已种植粟、黍、菽等粮食作物。进入商周时代,河西先民已进入以作物栽培为主的农耕时代,粮食作物开始成为人们饮食生活中的主导。同时,原始畜牧业也有了一定的规模,人们的肉食品种进一步丰富。

一、主要食物

1. 谷类食物

在古代,粮食作物常被统称为五谷,至今俗语中仍有“五谷杂粮”的说法。但对于五谷的范围和次序,历来说法不一,甚至还有六谷、九谷之说。黍、稷、稻等作物的籽实一般都可称为谷子。谷物之“谷”,繁体作“穀”。《说文·禾部》:“穀(gǔ),续也。百谷之总名。”段玉裁注:“《周礼·太宰》言九谷,郑云:黍、稷、稻、粱、麻、大小豆、小麦、苽也。《膳夫》食用六谷,先郑云:稌、黍、稷、粱、麦、苽也。《疾医》言五谷,郑曰:麻、黍、稷、麦、豆也。《诗》《书》言百谷,种类繁多,约举兼赅之词也。”从段玉裁的注解以及《说文》中多个相关部首所收字来看,早在商周时代,我国先民的粮食品种已经相当丰富了。

[1]甘肃省博物馆:《甘肃省文物考古工作三十年》,载《文物考古工作三十年(1949—1979)》,文物出版社1979年。

黍、稷是先秦时期河西先民最主要的主食。黍、稷，无论是作物，还是种子的外表，看起来大致是相同的。细分起来，黍粒大而稷粒小；黍黏而稷不黏。黍，脱粒后称为黍子，又叫黄米。它的籽实为饭有黏性，古代常用以酿酒、做饵餈。其不黏者，别名稷，可以做饭。二者都是粟，都是禾，都是黄米，连带秸秆都叫禾，果实都叫粟，碾完之后都叫米。因为色黄，所以称黄米；因为果实比稻、豆的籽粒小，所以又称小米。

黍、稷的生长周期较短，喜温暖，耐干旱，适宜在北方种植。考古发现黍的遗存有十几处，多分布于北方地区，年代最早的位于甘肃秦安大地湾遗址，大约有 8000 年以上。可见，黍、稷很早就被河西先民作为主要的农作物和主要的食物。由于河西境内的几块盆地气候干燥，土壤松散、富含肥力，有利于耐旱作物的生长。由狗尾草培植而成的粟，耐干旱，生长期较短，适宜在河西走廊栽培。在河西四坝文化遗址中都发现了粟的遗存。

麦也是河西夏商时期的五谷之一，并且是我国北方重要的粮食作物。早在距今约 5000 年的民乐东灰山遗址中，就发现了小麦的炭化籽粒。商周时期，中原地区开始有了种植麦类的文字记载，甲骨文有“来”“麦”等字。《诗经》中也多有出现，如《诗经 · 豳风 · 七月》：“九月筑场圃，十月纳禾稼，黍稷重穋，禾麻菽麦。”麦的种类有小麦、大麦、黑麦、燕麦等多种，以小麦和大麦最普遍。《天工开物 · 乃粒 · 麦》：“凡麦有数种。小麦曰来，麦之长也；大麦曰牟，曰穬；杂麦曰雀，曰荞。皆以播种同时，花形相似，粉食同功，而得麦名也。”

麻在我国古代即有种植，麻的茎皮纤维长而坚韧，可供纺织等。

由于麻籽可以充饥，故将其列入谷类。《说文 · 麻部》：“麻(mà)，人所治，在屋下。凡麻之属皆从麻。”“麻”为会意字，古时绩麻必于屋下，故“麻”从“广”。

豆，是战国以后的称呼，此前叫菽。豆的种植始于何时，已无法考证。成书于西周中后期的《诗经·大雅·生民》记载周的祖先后稷“艺之荏菽,荏菽旆旆”,是有关豆类最早的记载。但是豆的种植,肯定要早于此。

四坝文化的石器中有用于农作的锄和镰,用于加工谷类的臼、磨盘和磨棒等。火烧沟墓葬中的生产工具,石器有刀、锄、磨盘三种,铜器有斧、刀、凿、镢,镰,农作物有粟和麻二种,粟均放在随葬的陶器内,与石刀或陶纺轮同一位置。麻未发现直接标本,从尸骨和铜器以及陶器表面遗留的布纹痕迹观察,其质料为麻类纺织品。这些用于收割和加工粮食的工具说明,当时的人们已经广泛种植各类粮食作物。不仅广泛种植粟、麦、麻等农作物,而且农业生产已达到相当的水平,可以提供足够的粮食用于食用。并且已经开始对谷物进行加工,出土的石磨盘、石磨棒说明当时的人已经会把粮食脱壳碾碎。[1]

2. 蔬菜果类食物

先秦时期,蔬菜称为“蔬”或“蔌”。由于当时在人们的生活中采集仍占有一定的地位,所以野菜也是较为主要的蔬菜,它们在人们采食的历史发展过程中,可能比谷物类还要早得多。因为菜不需要等到一定的成熟季节和结成籽实就可以采而食之。如仅见于《诗经》的野菜就有荇菜,是水生草本植物;卷耳,野生草本植物,今称苓耳;车前子,野生草本植物;荼,野生草本植物,今称苣荬菜;荠,野生草本植物,今称荠荠菜;蔚,野生草本植物,又叫山葱;当时有记载的野菜有 130 多种,有许多野菜今天已无法考证其名。不过,从中我们可以看出,先人们很早就开始了对植物的利用。在这个过程中,很多的野生草本植物被培植成为今天的蔬菜。

西周以来,在秋收时节,把一块土地压平、夯实,以供谷物晾晒脱粒之用,叫作场。春天来时,再松土以种蔬菜,就是圃,故场

〔1〕谢端琚:《甘青地区史前考古》第八章《四坝文化》,文物出版社 2002 年。

圃两字常连用。《诗经·豳风·七月》:“九月筑场圃,十月纳禾稼。”就说的这一情况,所以说场也包括圃。场的主要职责就是栽培果蔬和收获贮藏。当然这些都是针对中原地区的奴隶制国家而言,远在西北且与中原隔绝的河西,虽然没有这样的场圃,但人们已经栽种果蔬应该是可以肯定的。从西周以后,文献逐渐增多,见于先秦文献的蔬菜种类也日益增加。

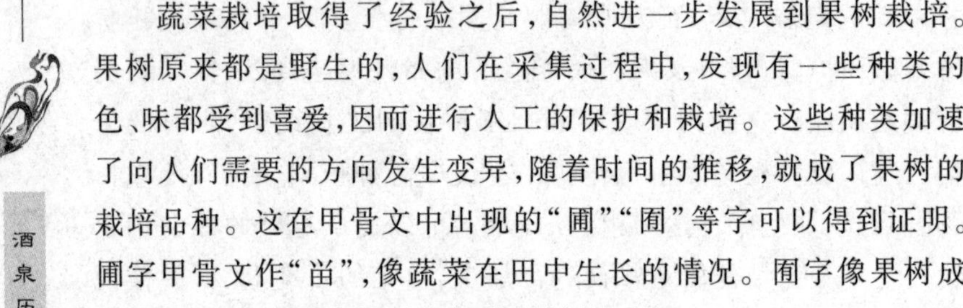

蔬菜栽培取得了经验之后,自然进一步发展到果树栽培。果树原来都是野生的,人们在采集过程中,发现有一些种类的色、味都受到喜爱,因而进行人工的保护和栽培。这些种类加速了向人们需要的方向发生变异,随着时间的推移,就成了果树的栽培品种。这在甲骨文中出现的“圃”“囿”等字可以得到证明。圃字甲骨文作“甾”,像蔬菜在田中生长的情况。囿字像果树成行的生长着。而果字则为各种果树的远称。

在夏商以前的民乐东灰山遗址中,就发现有胡桃的果核壳标本,说明早在夏商以前河西地区的人们就已广泛利用这些果实,也有可能是人工栽培的果树。先秦时期的水果,《礼记·内则》谈到了枣、栗、榛、柿、瓜、桃、李、梅、杏、山楂、梨、菱、萁、甘棠、杜、桑葚、杞等;《韩非子·外储说左下》有梨、橘、柚等;《战国策》中有桔、柚、桃等,种类很多。上面提到的水果,除南方生长的橘、柚外,在河西生长的水果有枣、栗、瓜、桃、梅、杏等。

3. 肉类食物

肉类是古人副食的主体,即使谷物成为比较稳定的食物来源后,肉食仍常常出现在人们的日常饮食中。关于当时的肉类,《周礼·天官·庖人》:“掌六畜、六兽、六禽。”孔颖达疏:“六畜:马、牛、羊、豕、犬、鸡”;“六兽:麋、鹿、熊、麇、野豕、兔”;“六禽:雁、鹑、鷃、雉、鸠、鸽”。

古人肉食中以牛、羊、猪最为重要,商周时期称为三牲。祭祀或宴飨时三牲齐全称太牢,仅有羊豕称少牢。《礼记·王制》:“天子社稷皆太牢,诸侯社稷皆少牢。”此三者,与鸡、鸭、狗、各种野味和水产品等都是古人盘中的美味佳肴。统治阶级的肉食甚是讲究,畜、兽、禽因四时而异。《周礼·天官·庖人》:“凡用禽献,春行羔豚,膳膏芗;夏行腒鱐,膳膏臊;秋行犊麛,膳膏腥;冬行䲠鲜羽,膳膏膻。”

先秦时期,河西先民已经驯养了不少种类的家畜,主要有马、牛、羊、猪等,都是草食或杂食动物,这些牲畜对含有较多粗纤维素的草料、树叶和一些农业副产品具有较强的消化吸收力,是豢养它们天然的饲料。因此,在农业发达以后,家畜的饲料比较丰富。家畜饲养逐渐发展兴旺,给人们提供的肉、奶、皮、骨等物资也就更丰富。

二、进食方式

1. 主食的烹调方式

先秦时期,主食的烹调方式有三种,即煮、蒸和炒。煮是煮粥,蒸是蒸饭,炒是将米炒熟。煮粥,即将淘洗好的黍、稷、稻、粱、麦、菽等放入鬲中,加水后燃火烧煮,米熟即可。水多米少的稀粥,称粥;米多水少的稠粥,称饘。《左传·昭公七年》鲁国的孟僖子曾述及孔子的祖先在自铸的鼎铭中云:“一命而偻,再命而伛,三命而俯。循墙而走,亦莫余敢侮。饘于是,鬻于是,以糊余口。”就谈到了饘和粥。

蒸饭,即将黍、稷、稻、粱、麦、菽等淘洗之后,放在甗中蒸。甗,相当于今天的蒸锅。甗分为上下两个部分,上部为甑,放置米或其他食物;下部为鬲,放水,甑与鬲之间有箅,箅上有通蒸汽的孔。蒸时自下烧火,水沸腾后,用蒸汽将米蒸熟。这样蒸出的饭米粒不黏,入口而散,香甜可口,是贵族和奢侈者的常食,至于普通人则是食粥为主,直到周代仍是如此。《诗经》中生动地描述了先祖蒸饭的过程:“诞我祀如何,或舂或揄,或簸或蹂,释之叟叟,蒸之浮浮。”在谷物之中,稻、粱、黍的米所制饭比较可口,是细米精食,常做待客之食。而稻、粱、黍之外的谷米制的饭都可以成为粝食粗饭。其中常见的是豆饭，豆饭是先秦庶民的常食。《战国策·韩策一》：“民之所食，抵豆饭藿羹。”古人也常制干饭。《释名·释饮食》说“干饭，饭二暴（曝）干之也”。即将蒸饭晒干收藏以备用。《墨子·备城门》：“为卒干饭，人二斗，已备阴雨。”

当时还有一种烹调方式是炒，炒米麦，称之为糗或糇粮，类似今天的炒米、炒豆、炒玉米等，常在行军或旅行时吃。《尚书·费誓》：“峙（储备）乃糗、粮。”《诗经·大雅·公刘》：“迺裹糇粮，于橐于囊。”《国语·楚语》：“成王闻子文之朝不及夕也，于是乎每朝设脯一束、糗一筐以羞（馐，馈送食物）子文。”因为是炒熟的整粮食，所以可以用筐来盛。

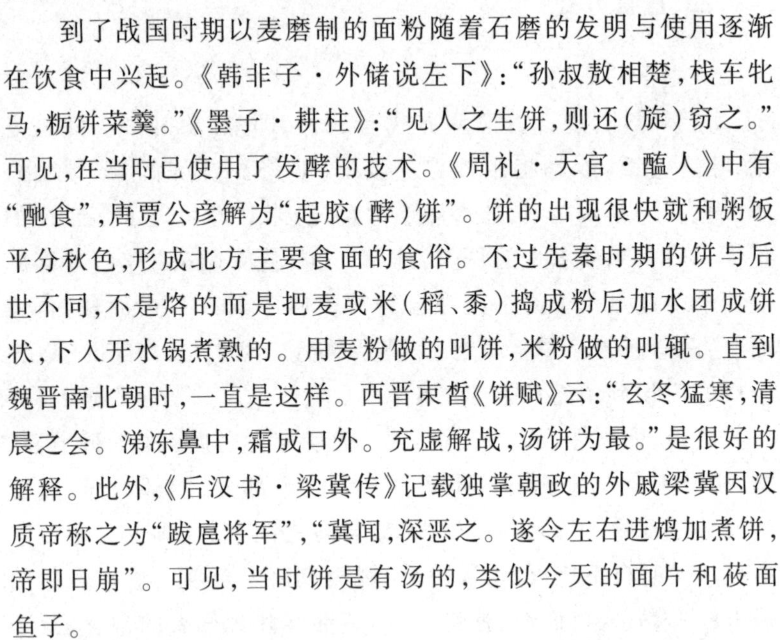

到了战国时期以麦磨制的面粉随着石磨的发明与使用逐渐在饮食中兴起。《韩非子·外储说左下》：“孙叔敖相楚，栈车牝马，粝饼菜羹。”《墨子·耕柱》：“见人之生饼，则还（旋）窃之。”可见，在当时已使用了发酵的技术。《周礼·天官·醢人》中有“酏食”，唐贾公彦解为“起胶（酵）饼”。饼的出现很快就和粥饭平分秋色，形成北方主要食面的食俗。不过先秦时期的饼与后世不同，不是烙的而是把麦或米（稻、黍）捣成粉后加水团成饼状，下入开水锅煮熟的。用麦粉做的叫饼，米粉做的叫粫。直到魏晋南北朝时，一直是这样。西晋束皙《饼赋》云：“玄冬猛寒，清晨之会。涕冻鼻中，霜成口外。充虚解战，汤饼为最。”是很好的解释。此外，《后汉书·梁冀传》记载独掌朝政的外戚梁冀因汉质帝称之为“跋扈将军”，“冀闻，深恶之。遂令左右进鸩加煮饼，帝即日崩”。可见，当时饼是有汤的，类似今天的面片和莜面鱼子。

2. 肉食的烹调方式

肉食的烹调方式主要有：炙、醢、煮、炮、蒸、煎、渍、熬、羹、齑。炙，亦称燔，即今天所谓的烧烤。是将牛、羊、豕等的肉切割成小块，用东西穿起来，然后放在火上烤。如羊燔、羊炙。醢，即肉酱。是将各种肉类剔除骨、筋和血管，然后剁碎，加入调料，即成各种醢。煮，即用鼎放水将肉煮熟。炮，也是烧烤。但与炙不同。《礼记·内则》云："炮：取豚若将，刲之刳之，实枣于其腹中，编萑以苴之，涂之以墐涂，炮之。涂皆干，擘之，濯手以摩之，去其皽。为稻粉，糔溲之以为酏，以付豚，煎诸膏，膏必灭之。钜镬汤，以小鼎芗脯于其中，使其汤毋灭鼎，三日三夜毋绝火，而后调以醯醢。"言取小豕或小羊，刮净，剖腹，实以枣，用芦苇缠绕起来，然后糊上泥，放火上烤。待泥烤干后，去掉泥壳及肉上的肉膜。用稻米粉加水调成糊，涂抹在肉上，待干。煎之以动物油。将肉放于小鼎中，再把小鼎放入大镬中，小鼎不加水，大镬加水，隔水煮三天三夜即可。吃时蘸醋和肉酱拌成的调料。

蒸，即把肉类放入甑或甗中，下面加水，烧开后用蒸汽把肉蒸熟。煎，即将肉拌以酱、醢，然后放在鼎内加膏（动物油）加热。渍，《礼记·内则》云："渍，取牛肉，必新杀者，薄切之，必绝其理，湛诸美酒，期朝而食之，以醢若醯醷。"即将新鲜牛肉剔去血管和筋膜，切成片，放入酒中浸泡一夜，吃时蘸酱或醋与梅浆做的调料。

熬，《礼记·内则》："为熬，捶之，去其皽，编萑，布牛肉焉。屑桂与姜，以洒诸上而盐之，干而食之。施羊亦如之。施麋、施鹿、施麇皆如牛羊。欲濡肉，则释而煎之以醢；欲干肉，则捶而食之。"即将牛、羊、鹿之肉去掉筋、膜和血管，捣烂，用桂皮、生姜、盐淹之，放在芦苇编的帘上晒干。如果想吃带汁的，就将干肉加醯醢煎而食之；也可以将干肉捣软再吃。羹，即相当于后世的炖菜。《尔雅·释器》云："肉谓之羹，鱼谓之鮨。"具体做法，《左传·昭公二十年》记载，晏子对齐景公说："如羹焉，水火醯醢盐梅以烹鱼、肉，燀之以薪。宰夫和之，齐之以味，济其不及，以泄其过。"在炖肉的时候，要放入醯、醢、盐、梅子等调料，然后加火煮之。《左传·隐公元年》："公赐之食，食舍肉。公问之，对曰：'小人有母，皆尝小人之食矣，未尝君之羹，请以遗之。'"说明羹是有肉的。齑，郑玄注《周礼·天官·醢人》云："凡醯醢所和细切为齑。"即将肉类煮熟后切碎拌以醯醢。另外，还有脯，《公羊传·昭公二十五年》："高子执箪食与四脡脯，国子执壶浆……再拜稽首以衽受。"不仅肉做脯，动物内脏也可以。其做法，《汉书·货殖传》颜师古注："以十月作沸汤燖羊胃，以末椒礓之，暴使燥是也。"做肉脯大致与此相仿。现在南方一些地方腌咸肉、做肉脯仍如此。

3. 蔬菜的烹调方式

蔬菜的烹调方式主要有菜菹和菜齑。

菜菹，相当于今天的咸菜、酸菜。其品种有芹菹、韭菹、葵菹、䈪菹、菁菹等。菹，郑玄注："全物若牒为菹"；又云："切之四寸为菹。"即将蔬菜用水焯（或不焯），再切成片，拌以醯醢而食。菜齑有昌本、深蒲等。即将蔬菜用水焯（或不焯），切碎，拌以醯醢而食。可见，当时人们吃蔬菜主要是拌以醯醢而食。醯醢，即醋和酱，在人们的饮食生活中占有很重要的地位。《论语·乡党》说孔子"不得其酱不食"，把酱也放在很重要的位置。

先秦时期，已经有了酸、苦、甘、辣、咸五味之说。《老子·第十二章》："五味令人口爽。"《周礼·天官·疾医》："以五味、五谷、五药养其病。"郑玄注："醯、酒、饴、蜜、姜、盐之属。"醯（醋）为酸，饴、蜜为甘，姜、椒、茱萸为辣，堇荼为苦，盐为咸。此外，还有醢、梅子、桂、豉等，这些东西直到今天我们仍在使用。当时由于生产水平的限制，在今天看起来极为普通的调料，一般平民是不易得到的。《论语·公冶长》："子曰：'孰谓微生高直，或乞醯焉，乞诸其邻而与之。'"可见并非家家平时都有醯。此外，当时调味不用糖，甘甜之味用饴、蜜、梅子等物。这是因为易溶的甘蔗糖大约到唐代才从外国传进我国。当时我国用的糖是今天的麦芽糖，而麦芽糖不溶于水，不能作为调料。唐代以前糖又称为饴，今天仍有一种糖叫高粱饴。《说文》：饴"米蘖煎也"。饴是胶状的，掺入米粉使之略硬就叫饧，即今天春节时人们吃的大块糖。因为饴较黏，可以粘物，《战国策·楚策》："（蜻蛉）不知夫五尺童子，方将调饴胶丝，加己乎四仞之上。"先秦时期盐作为一种调料，在使用时也是有等级的。《周礼·天官·盐人》："掌盐之政令，以共百事之盐。祭祀，共其苦盐、散盐。宾客，共其形盐、散盐。王之膳羞，共饴盐。后及世子，亦如之。凡齐事，鬻盐，以待戒令。"《左传·僖公三十年》："冬，王使周公阅来聘，飨有昌蜀、白、黑、形盐。辞曰：'国君，文足昭也，武可畏也，则有备物之飨以像其德。荐五味，羞嘉谷，盐虎形，以献其功。吾何以堪之'。"将盐制成虎的形状作为款待诸侯国君的，地位低下的人是不得食用的。否则，就是僭越。古人烹煮肉类食物时不放盐，所以吃时必须蘸醯醢或盐，以增滋味。

（原载《发展》2014年第9期；作者：孙占鳌，刘生平）

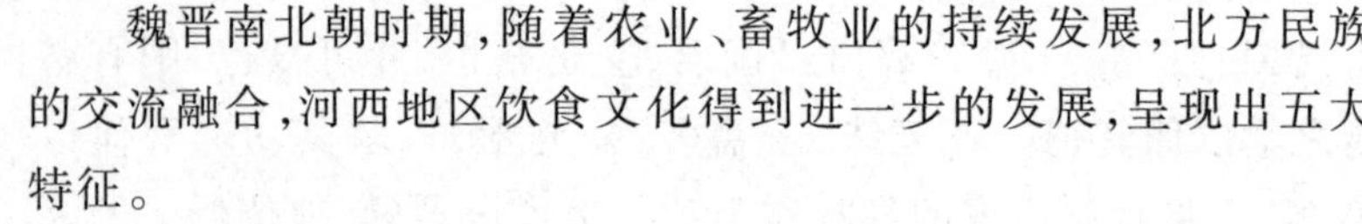

魏晋时期河西饮食文化发展的特征

魏晋南北朝时期，随着农业、畜牧业的持续发展，北方民族的交流融合，河西地区饮食文化得到进一步的发展，呈现出五大特征。

一、食料显著增多

魏晋南北朝时期，河西地区农作物品种较汉代有大幅度增加。据史料记载，谷类有粟、黍、小麦、大麦、青稞、荞麦、粳米、黄米、谷等；豆类有大豆、豌豆、荜豆、豇豆、小豆子、赤小豆、雁豆、黑豆、绿豆等；油料作物有胡麻、麻子、红蓝和芥子等。[1] 粟类作物在西晋时已有12个品种，到北魏时则发展为四大类别86个品种。《齐民要术》卷2专篇记述了大麦和小麦的种植技术，同时也记载了不少麦类的品种。当时的豆类品种也很多，《广志》记载："大豆：有黄落豆，有御豆，其豆角长，有杨豆，叶可食。"另外，黍的品种也非常多。据《齐民要术》载，当时的黍也有牛黍、稻尾黍、秀成赤黍、马革大黑黍、秬黍、温屯黄黍、白黍、鸳鸯黍、白蛮黍、半夏黍等等。

这一时期，蔬菜品种也大幅度增加。《齐民要术》中记载了30多种蔬菜栽培方法，如茄子、葵、韭菜、蔓菁、堇、芹菜、芦菔、芋头、菜瓜、胡瓜、冬瓜、瓠、蘑菇、芫荽、胡姜、兰香、荏、桂荏、苋菜、蓼、薤白、竹笋、藕、菰菜、莼菜等等。

韭菜，是河西地区普遍食用的蔬菜之一。《齐民要术·种

〔1〕吴廷桢：《河西开发研究·古代卷》，甘肃教育出版社1993年，第51页。

韭》记载了“于水上微煮韭子”,以观察其是否生芽,以测定种子好坏的方法。这可能是中国农业史上测试作物种子发芽率的第一次记载。《齐民要术》随后对整地、播种、管理、收剪等都做了详细的叙述。韭菜是当时酒泉种植最广的一种蔬菜,除寒冬以外,其他时间都可以生长,它既是调味品,又可作烹调主菜,深受社会各阶层欢迎,直到今天仍是常见的蔬菜之一。

蔓菁,今称大头菜,其根和叶都近似萝卜和大头芥。蔓菁的产量较高,叶和根都可以食用,全身无废弃之物,因此被《齐民要术》列于蔬菜类第二位,在古代人们的饮食生活中具有十分重要的作用。

茄子,原产印度,大约在西汉时期引种至我国西南一带。魏晋南北朝,茄子在河西地区普遍种植,成为民众的常用蔬菜。

萝卜,古代名称较多,汉唐时期最流行的称呼是“芦菔”。”贾思勰在《齐民要术》中第一次介绍了芦菔的种植方法。并说种芦菔的收入也很可观,秋中卖银,十亩得钱一万。但从芦菔附属于蔓菁这一情况看,当时萝卜似乎还没有形成当家品种,种植也不太普遍。[1]

二、胡汉交融的饮食习惯逐步形成

魏晋南北朝时期中原社会政治动荡,但河西地区社会稳定,经济发展,吸引了大量外来人口。其中,北方众多游牧民族迁入河西,带来了“食肉饮酪”的生活习惯。

魏晋南北朝时期,河西地区的畜牧业得到了快速发展。黄初二年(221),曹真率军讨破叛胡治元多、卢水、封赏等,“斩首五万余级,获牲口十万,羊一百一十一万只,牛八万”。[2] 表明曹魏时期河西地区畜牧业已经有了相当大的规模。

---

〔1〕黎虎:《汉唐饮食文化史》,北京师范大学出版社 1998 年,第 32 ~ 37 页。

〔2〕陈寿:《三国志·魏书》卷 2《文帝纪》,中华书局 1974 年,第 40 页。

魏晋时期河西的肉类品种主要有:鸡、鸭、鹅等家禽和猪、羊、牛、犬、驴、马等家畜。羊的饲养量最大,牛已有肉牛和耕牛之分,养鸡较为普遍。《齐民要术》中有《养鸡》一篇,其中批评了传统的放养方式,认为旧有的养殖方法存在很大的弊端"一遇风寒,大者损寿,小者或死",[1]而笼养、圈养的方式加以保暖和清洁,搭配好饲料则可使鸡速肥。因鸡肉味道鲜美,价格便宜,饲养方便,再加之个体较小,宰杀和加工均较为简单,所以食用鸡肉是很普遍的。普通百姓常杀鸡及做黍米饭招待客人。

另外,五凉时期诸政权之间"掳掠"式的交流也促使了畜牧业的发展,掳掠的牲畜既补充了当地畜牧的数量,又改良了其畜产品种。如前凉张重华时,谢艾伐斯骨真部,获牛羊十余万头。秃发傉檀掠乙弗部,获牛马羊共40余万头。公元429年,北魏军队征讨柔然,西巡到弱水,沿途见柔然遗弃的马牛羊漫山遍野,仅马匹便获得百多万。[2]

据统计,酒泉、嘉峪关、高台等地的壁画墓中的壁画砖共1115块,其中涉及农牧、采桑、酿造图的共210块,约占总数的18%,而其中农作图116幅,畜牧图73幅,而116幅农作图与73幅畜牧图之比则为5∶3。[3] 这虽不能反映该时期河西地区的社会经济的详细比例,但可以说明经济结构是以农牧并举的。另据岳邦湖的《岩画及墓葬壁画》中对嘉峪关新城魏晋彩绘砖画中的牧羊图统计,发现牧羊图有15幅,所绘羊的总数量有70余只。如嘉峪关新城M5号墓前室北壁"羊群图"中绘有羊12只,色彩不同,形态各异,而牧羊人则手执长鞭悠然自得。[4] 此外,河西魏晋墓葬砖画中还绘有"骆驼图""鸡群图"等。

酒泉魏晋十六国墓葬壁画中的家畜以猪为多,家禽以鸡为

---

[1]《齐民要术》卷6《养鸡第五十九》。

[2]齐陈骏:《河西史研究》,甘肃教育出版社1989年,第6页。

[3]贾小军:《魏晋十六国河西社会生活史》,甘肃人民出版社2011年,第124页。

[4]岳邦湖:《岩画及墓葬壁画》,敦煌文艺出版社2004年,第108页。

多。屠宰图中的宰猪画面也有很多,而且在嘉峪关新城 M3 和 M5 的壁画中都绘有坞壁和猪的图像。当时酒泉的养鸡业也有一定的规模。嘉峪关新城 M6 壁画“鸡群图”[1]中绘有 10 只鸡,其中不仅有母鸡,而且还有几只羽毛丰满的公鸡。在其他墓葬壁画中,也由数量不等的鸡的图像,[2]这些都说明当时民众养殖业的兴旺,而养殖业的兴旺,必然带来饮食业的繁荣。

酒泉魏晋墓壁画中养殖的画面可见猪舍、鸡棚、牵羊人、肥猪在坞旁觅食、鸡群飞啄、牵羊人悠闲走动。还有牲畜饮水的井饮,繁殖马匹的配种。而宰猪、宰羊、宰牛、杀鸡、煲鸭的劳作,以及伏猪于案上宰杀、羊四足倒挂、宰牛、庖丁举铁锤击家畜头部、捕猎野兔、野鹿等一系列画面,都是当时实际生活的反映。从这些画面可以看出当时的肉类品种极多,主要有鸡、鸭、鹅等家禽和猪、羊、牛、犬、驴、马等家畜,捕猎的野味有鹿、兔、獐、雁、野猪、雀、鹌鹑等飞禽走兽和鱼虾等。畜牧养殖业的发展,为人们提供了丰富的食物资源。

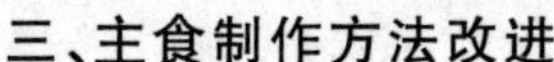

三、主食制作方法改进

饭是河西民众饮食的核心,多使用黍、粟、稷,制作方法或蒸或煮。王粲在《七释》中说:“西旅游粱,御宿素粟,瓜州红曲,参糅相半,软滑膏润,入口流散”,就是指的粮食制作的饭类。在当时麦的价格较低,所以老百姓多食用麦饭。

粥在日常饮食中也占有相当重要的地位,不论士族高门还是黎民百姓都经常食用。另外,此一时期自然灾害和战乱连绵,普通百姓常处于饥荒之中,粥就成为度过荒年的主要食品之一。根据制作粥时使用原料的不同,可以把粥分为白粥、麦粥、粟米

[1]张宝玺:《嘉峪关酒泉魏晋十六国墓壁画》,甘肃人民美术出版社 2001 年,第 185 页。

[2]张宝玺:《嘉峪关酒泉魏晋十六国墓壁画》,甘肃人民美术出版社 2001 年,第 61 页。

粥、豆粥等。白粥即为大米粥，粟米粥是以小米制成的，在河西比较普遍。不仅百姓食用粟米粥，官宦之家亦用来救济饥民。如《南齐书》卷28《刘善明传》中载："元嘉末，青州饥荒，人相食。善明家有积粟，躬食擅粥，开仓以救，乡里多获全济，百姓呼其家田为续命田。"麦粥是用整粒麦子熬成的粥，若磨碎再进行制作则是麦屑粥，一般为生活贫困者所食用，守丧者也常常食用麦粥或麦屑粥，以表示对逝者的怀念与尊敬，如《陈书·孝行传》载张昭的父亲去世后，张昭兄弟都"不衣绵帛，不食盐醋，日唯食一升麦屑粥而已"。而为大多数百姓所食用的麦粥即是所谓寒食麦粥，这在文献中记载最多，《齐民要术》中提到的"醴酪"即是此粥，其制作方法大概系大麦煮粥，然后加配杏仁和饴糖等物做成。豆粥是用红小豆、绿豆等豆类为主制成的粥，各阶层的人都可食用。但常以豆粥为食者，基本上是家境较为贫寒的人，"豆糜为食"等就是形容家境贫寒的常见用语。

饼，是由小麦磨制成为面粉后，加工成制作的主食。胡饼本是北方少数民族的食物，汉代时传入中原地区。其制作方式与今之烧饼类似，于炉中烤制，其炉则称为胡饼炉，因其上撒有胡麻，故名胡饼。嘉峪关新城魏晋1号墓前室东壁，绘有一幅两庖女制作胡饼的图像。酒泉西沟7号墓也绘有一幅制饼图，画面是一庖女头梳髻，着裙，在灶前用左手在平底锅上烤饼，右手在案上取已做好的胡饼。

馒头，亦被称为馒头饼。束晰在《饼赋》中称："三春之初，阴阳交际，寒气既消，温不至热，于时享宴，则馒头宜设。"当时的馒头类似今天的肉馅大包子，其来历在《事物纪原》中有所记载："昔诸葛武侯之征孟获也，人曰：'蛮地多邪术，须祷于神，假阴兵以助之。然蛮俗必杀人，以其首祭之，神则飨之，为出兵也。'武侯不从，因杂用羊豕肉，而包之以面，像人头以祀，神亦飨焉，而为出兵。后人由此为馒头。”[1]嘉峪关新城1号墓前室东壁、3号墓前室西壁西侧、7号墓中室北壁，均绘有一庖女用缸揉面的图像。酒泉西沟7号墓绘有3幅头梳髻，着长裙的庖女，高挽衣袖，双手在陶盆中揉面的图像。新城3号墓前室西壁、5号墓前室东壁、4号墓前室西壁，均绘有庖女右手托盘，盘上有圆形食品，形似馒头。新城6号墓中室北壁西侧，有一幅厨师蒸饼（馒头）图像。画面是一厨师持擀杖在案上制饼，右侧一庖女正包馅，左边放置五层蒸笼，笼上放有饼正准备蒸之。蒸饼形状是圆的，饼上嵌有枣子，饼内包有肉馅，可见当时酒泉人的馒头是带馅的。

面条是由未发酵的面做成的。其基本的做法是将水与面粉混合做成面团，再拉成面条。《齐民要术》用一整章来介绍饼的做法，其中提到了几种汤饼。其一是馎饦，它是肉汁与面粉做成的面团，把揉成拇指大小的面团浸在水中，并用手向盆沿揉压使之极薄。另一种饼叫作“水引”，它由肉汁与面混合做成，把面团揉或者也许是拉成细细的一尺长的面条，使之像韭菜叶一样细。这种面食就是酒泉人常吃的面条。

魏晋南北朝时期，人们已经初步了解了发酵技术，《食经》中记述了制作饼酵的具体方法：“做饼酵法：酸浆一升，煎取七升；用粳米一升煮浆，迟下火，如做粥。”“六月时，溲一石面，著二升；冬时，著四升作。”[2]当时的发酵面制品主要有蒸饼、白饼、面起饼、烧饼等等。面发好后蒸制成的为蒸饼，据记载，与今馒头相类，有的专门使饼的上部裂开为十字形，大概就是今天的开花馒头，但当时对发酵技术掌握得还不够成熟，使蒸饼上部开裂的技术仅为少数人所掌握。面起饼和白饼都是较为普通的发酵食品，具体制作方法因所见文献不详，我们便不得而知。而烧饼的

〔1〕高承：《事物纪原》卷9《馒头》，上海古籍出版社影印《四库全书》本第920册，1987年。

〔2〕《齐民要术》卷9《饼法第八十二》。

制作方法与今之馅饼极为相似，“做烧饼法：面一斗。羊肉二斤，葱白一合，豉汁及盐，熬令熟。炙之。面当另起”。[1]

四、烹调技术日益成熟

魏晋南北朝时期，河西地区烹调技术进一步发展。如动物原料整体的分类已经比较细致，动物全身的各个部位都有了较为统一的名称，便于分类和选择。汉代铁器普及，取代了青铜器，从此烹饪制作中的刀具更加锋利，对烹饪原料的加工更为方便，刀工成型也更加多种多样。《齐民要术》中对刀工情况的描述既有成型名称如窗、片、方、条等，亦有加工方法如解、断、切等，说明当时的烹饪初步加工已较此前有了进步。

火候，是指菜肴烹调过程中所用的火力大小和时间长短，直接影响菜肴颜色的固定、口味的渗透、原料本身的成熟度等等，关乎整个菜肴的成败。“火候”一词在唐代才出现记载，但从魏晋南北朝的烹饪发展情况来看，对食物的加热情况也有了一定的掌握，如今看来，在那个时期能有此技法的确是难能可贵的。从《齐民要术》看，冷菜的制作方法已经有酱、范、排、脯、腊等，热菜制作方法也有羹、蒸、腥、奄、煮、炙、奥、糟、苞、煎、消等等，已有二三十种烹饪方法出现，不同的烹饪方法对应不同的烹饪原料和性质，对原料的加工、口味、质地、形状、色泽都提出了不同的要求。

炙，《太平御览》卷863引《释名》曰：“炙于火上也”，而“貊炙”则“全体炙之，各自方割，出于胡貊之为也”。可见这种方法最早是出于胡族，以今看来，当是将整只动物进行烤炙，众人闲坐，各自以刀割食。魏晋南北朝时期，随着胡汉融合程度的逐渐加深，汉族对“貊炙”的方法已经习以为常，并开始大量使用这种方法烹制食物，其食用方法已带有汉族的文化色彩。河西魏晋

〔1〕《齐民要术》卷9《饼法第八十二》。

墓壁画中有多幅炙烤牛羊肉的画面,新城6号墓前室东壁,绘有一幅烤羊肉串的图像。画面有一女子手持带柄的三股叉,叉上串有肉块,另一女双腿跪坐在火盆前,正在烤肉。在北壁西侧和西壁右侧,绘有多幅进食图,画面均表现仆人手持长柄三股铁叉的羊肉串,递给主人。1号墓中也绘有一仆人在烤肉,另一幅绘有一男主人坐于榻上,手持一把扇子,前面有一男仆正在把羊肉串递给主人;7号墓中绘有两女子席地跪坐,中间一张小桌,右侧一女子右手持一长柄三股铁叉,她们正在宴饮;5号墓中室绘有孩童手持羊肉串的图像。高闸沟晋墓画像砖中,有一幅绘有一女仆手持羊肉串的画面。

"炮"是胡族比较盛行的一种烹饪方法,也是我国最古老、最原始的烹饪方法之一。《说文解字》言:"炮,毛炙肉也。"《广韵》言:"炮,裹物烧也。"我国古代先民们在捕得猎物以后将之投入火堆,肉常常被烧得焦臭难闻,无法下咽,后经长期摸索,发现用泥巴包裹住肉后再丢进火堆烧烤,这样不仅剥时会把兽毛脱掉,而且肉质鲜嫩,味道极美,这即是"炮"。魏晋北朝时期胡族这种"炮"肉法称为"胡炮肉"。《齐民要术》记载了一种"炮羊肉":将刚满一年的羔羊肉切成薄片,加入豆豉、盐、葱白、姜、椒、胡椒等调味品后装进洗净的羊肚内,缝好;挖一个烧火坑,将之烧热,掏出火灰,把准备好的羊肚放进坑内,然后盖上火灰,再继续烧火,过一会儿就香味扑鼻了。这种烹制肉类食物的方法为当时的汉族所喜爱,甚为流行。可以说,魏晋南北朝时期汉族和少数民族的这些加工方法融为一体,促使着中华饮食文化向着更加博大精深、丰富多彩化发展。

肉的腌制技术在魏晋十六国时期已经出现。酒泉西沟7号墓,绘有一庖女在清洗一只刚被杀的鸡的图像。西沟4号墓绘有一男庖,左手提一只鸡正欲烫洗拔毛的图像。以上对牛、羊、猪、鸡等的宰杀和剥剖洗濯的种种场面,生活气息浓厚,令人深感亲切。宰杀好像都在室外进行,而室内大都以灶为主体,种种饮食活动非常丰富。同时还可以见到壁上成行排列、用挂钩悬挂的肉条，这也许是腌制的肉，就是今天火腿的滥觞，这说明魏晋时期河西一带肉类的腌制技术已很普遍。

五、调味品不断增多

魏晋时期，调味品制作技术日趋成熟，并得到普遍运用。常用的调味品有猪膏、牛脂膏、羊脂膏、白梅、紫草、芥、干梅、葱、姜、蒜、茱萸、花椒、桂皮、木兰、[1]胡椒、胡荽、安石榴、荜拨、酒、酢（苦酒）、蜜、酱、豆豉等。

豉，是与黑大豆或黄大豆蒸煮后发酵制作而成的，与盐并称盐豉，是居家饮食的必备调料，应用极为广泛。《齐民要术》中有一节专门介绍制作豆豉的方法，讲的已经较为详细，对场地、季节、温度、火候、选料、检验和贮存等等，都有了一定的具体要求。

酱，是一种常用的调味品。《齐民要术》卷8中有“做酱”一篇，专门论述各种酱的制作方法，体现了制作技术上的逐步提高。

醋，是河西百姓常用的调味品。醋的制作技术，在北魏时已经十分成熟。《齐民要术》对其酿造法作了详细记载。河西民间酿醋，用小麦和麦麸做原料，将麦子煮熟，麸子炒熟，趁热搅拌均匀，掺上醋曲，堆在屋内地下，用麻袋盖严，发酵7天左右，当闻到醇香味时，将其摊开，待晾凉以后，装在缸、罐内，然后加上适量的水，放在阳光下晒。晒过21天左右，醋料变成红紫色，把上面的一层黑皮揭去，把醋料装在滤罐里，罐底垫上谷叶或其他草叶起过滤作用，在醋料中加清水，滤出呈紫红色的液体即为醋。河西魏晋墓壁画中，有不少大中型的缸瓮之类陶器，出现了大量的滤醋、温酒情节和宴饮场面，反映了魏晋时期酒泉发达的酿造

〔1〕缪启愉、缪桂龙：《齐民要术译注》，木兰是木兰科落叶乔木，皮味香辛，被作为香料使用，与桂皮相似。

业。嘉峪关新城3号墓前室东壁、7号墓中室南壁,绘有滤醋图,形象真实地反映了当时人们的酿造器具、原料和工艺过程。画面上有一长条案子,案上放3个陶罐,案下有两个盆,陶罐上有流孔,有液体(醋)从罐中流出,注于案下的盆中。案上另外一陶罐可能是用来盛水的。新城魏晋壁画墓出土的随葬品中,还有一种灰陶滤罐,罐的下部有一滤孔,与图中所绘陶罐相似。酒泉高闸沟晋墓、西沟5号、7号墓也绘有8幅滤醋图。图中的蒸酒锅与今天河西一带民间酿酒的器具相似,而且滤醋图中表现的制醋方法至今民间仍在使用。因制醋与酿酒的方法与原料基本相同,醋是经过21天发酵而成,醋亦被称为"苦酒"。滤醋图真实地再现了古代酿醋的场面。从《齐民要术》中看,历史源流上看同属酱类的酢(苦酒、醋)是主要的酸味调味品,在当时的制作中也进行了诸多门类的分类制作,已可分为23种醋,使用各种富含糖分的原料进行加工。大麦、秫、粟、糟糠、大豆、小豆、小麦、乌梅、蜜,甚至酿制不佳口味发酸的酒也可改造成醋,所选择原料种类极多,某些与现代酿醋所用原料相差不大。

(原载《丝绸之路》2015第16期)

河西魏晋墓画所反映的经济社会生活

河西地区保存了大量魏晋时期的墓室壁画和壁画砖,多方面展现了河西地区经济社会状况,具有很高的史学价值。

魏晋墓画内容丰富,题材广泛,概括起来讲,主要有以下四个方面:

一、生动的农耕业场景

酒泉魏晋墓壁画中不仅有表现播种、耕作、耙地、耱地、打场等农业生产全过程的场景,还有大量表现魏晋时期新式农具、牛耕、畜拉铁齿耙、碎土保墒等先进农耕技术的生动场面。

果园西沟墓的画像砖描绘了翻耕整地、播种和收获农业生产的全过程。牛耕图是农耕描绘的重点,为了渲染其宏大场面,在一个墓中就用连续五块画像砖来表现:第一块绘一农夫头髻发,身着镶黑和红缘的白长衫,左手牵牛鼻缰绳,右手举鞭,赶着一头拉钉耙的白色犍牛在耙地;第二块绘双牛拉犁;第三块是单牛犁耕,农夫髻发、着束腰长衫,右手扶犁,左手举鞭吆牛犁地;第四块绘一白一黑二犍牛合力拉一钉耙,农人在后吆赶着耙地;第五块是农人右手持缰,左手举鞭身体前倾站在耱上,赶一犍牛耱地。而与其相邻还有一块绘了一犍牛拉犁,一农夫右手扶犁,左手举鞭在一棵树旁的农田中耕地。

新城1号墓中的耕播图,在一块砖的画面中,表现了耕耘和播种的农事场面:画面从中间分为上下两组,每组前边是二牛抬杠拖犁,一男子扶犁在耕地,下方的男子右手扶犁,左手高举扬鞭;中间各为一女子,左右持盛器,右手挥洒播种;后面一组为耘地的场面,每组也是二牛抬杠拖一耙,各有一男子以右手拽绳,左手叉腰。

4号墓的一幅播种图中,又表现了另外一种生产场面:画面前方为一名丰腴的妇女,左臂下挟持一个植物编织类筐形盛器,向前跨步弓腰、神情专注地在撒种;画面后边为一男子,双手高举木耙类的工具在平地。两者似乎为青年夫妇,因此这可能为当时一个核心家庭在不大的一块土地上简易的播种生产方式。此外,还有其他的耕作方式,如12号墓中的犁耕图,画面中一男子扶犁耕地,犁只用一头牛拖拉。从二牛抬杠到一牛拉一犁的变化。反映的是犁铧的进步和生产方式的变化。这种变化,不仅节省了畜力,同时也因为耕得深且窄,有利于防旱保墒,这在河西地区尤其重要。西沟魏晋墓出土的画像砖,其播种的画面也很独特,其一绘一髻发妇女,着交领长裙,身背背篓,右臂前扬在播种,男子着交领长衫,尾随其后,右手持帚在掩埋种子。

图1　牛耕图

另一画像砖绘男子戴白帻着交领短衫,右手亦持帚掩埋籽种。无论画面如何变化、组合,这种在农业生产中的男女分工显然已确定下来。

西沟7号墓魏晋画像砖,在大量的牛役耕作图中还显示出农业耕作技术的进步。套牛犁田时即有单牛拉犁亦有双牛拉犁,犁辕均斜弯而上直接套至牛的前肩胛处。虽然双牛套犁图的犁辕用笔显得有些僵硬,但与汉代牛耕图像是有区别的,表明此时已经使用曲轭。犁的结构更为合理,犁箭由犁底近铧处斜上与犁梢相连,使犁的整体构成三角形,轻巧坚固。尖锐的犁铧冠与翻土碎土效率较高的辟土,说明这是一种轻便实用的犁具。西沟5号墓的单牛耕作图更进步,犁箭与底辕相接,在犁箭的中部加有一横木与犁梢连接,使犁坚实又便于控制。

河西魏晋墓画像砖中,有很多反映耙地与耱地这种生产活动的画面。如新城6号墓两块壁画砖描绘的是衣褐披发的农夫单牛耙地的场景:耙地时,农夫蹲于耙上,风掠发飘。特别是一长发农夫,其头发夸张地向两侧飘起,牛则奋蹄前驱,动感十足。据《后汉书·西羌传》记载的羌人披发覆面的形象,此处描绘的很可能是羌人。新城5号墓一壁画砖描绘的则是一农夫左手持鞭,右手揽缰,驱赶二牛抬杠牵引的耙在耙地。这幅画面的农夫,头梳髻,着长衫,立于耙上。西沟7号墓出土的一块画像砖绘一农夫驱单牛耙地。与前述披发者相比,这种反映汉人耙地场景的画面,发梢紧贴身体,动感不强,唯有膝部微屈,鞭梢向后扬起,才稍稍弥补了动感不足的缺憾。耱地的画面与耙地大同小异,既有单人单牛,也有单人双牛,只是耙换成了耱,但这里有一个有趣的现象,画面凡衣褐披发者皆蹲于耙或耱上,而梳髻长衫者,必立于耙或耱上,这一点在丁家闸5号壁画墓中也有表现,在其南壁与北壁分别绘有一高鼻深目、戴尖帽、着短衣和衣褐披发者,均蹲于十齿耙上,这也许反映了由于民族差异而产生的劳作习惯的不同。牛耙、耢耱等利于在干旱地区耕作的农具的普遍使用,如畜拉铁齿耙和耢进行碎土、保墒,正符合河西走廊地区天气干燥,降雨量少而需要保墒的地理特点。这些画面,充分反映了在魏晋时期河西地区的农业生产快速发展的情况。[1]

图2 耙地图

魏晋时期的画像砖中，反映脱粒的画面往往是使用一种叫作梿枷的农具，梿枷由柄及敲杆铰链构成，工作中，持柄使敲杆绕短轴旋转，敲击铺于地面上的植物穗荚，使之脱粒。新城5号墓一砖画表现的就是这样一种劳动场景，但其为了强调工作对象，未将植物铺于地面，而是堆成一堆，以突出动作对象。实际上，梿枷这种农具直到目前在部分地少人多的农村还在使用，只不过敲杆变成了敲板，敲打面积增加，提高了劳动效率。

图3 打梿枷

河西魏晋墓画像砖中还有表现扬场与护场的画面。如果园西沟墓表现扬场的画像砖共有四块，其中在同一墓中出的三块

〔1〕马建华:《甘肃酒泉西沟魏晋画像砖墓的农牧图》，载《农业考古》1997年第1期。

画像砖较为突出，绘的是农人扬晒粮食的内容，为了突出扬场时人手众多、粮食丰富，在画面中对农人和粮食堆采取用不同的着装和色彩以渲染。第一块砖绘农人髻发，着红、黑相间的镶边交领束腰长衫站在粮堆扬晒；第二块绘农人头戴白帻，着镶黑边的长衫，扬晒的粮食堆上点画红色；第三块绘农人穿着镶黑、红色的长衫，在扬晒的粮食堆上绘有较重的深灰色圆点表现粮食品种的差异。这些连续出现的扬场晒粮画面，渲染了当时粮食丰收景象和粮食品种的丰富。扬场与护场的内容，往往与其他相关的劳动场景成组出现，类似连环画。如新城3号墓及5号墓一画像砖分别反映了两种扬场情景，3号墓一画像砖画面右侧为一头戴角巾、着长衫农夫，手持四齿叉，作欲抬臂扬场状，其身前粮堆已很小，在农夫身后，一高发髻、着长衫农妇持簸箕簸粮，簸前绘麦壳洒落状，这幅画面表现了这对农人的扬场工作已接近尾声。5号墓一画像砖则表现了扬场工作刚刚开始，画面的中间一戴角巾、着长衫农夫，面对齐人高的粮堆，手持四齿叉正奋力扬起，叉间麦壳洒落，在农夫身前背后，饲养家禽正跃跃欲试，做前

图4　扬场图

驱扑食状。与扬场相联系的画面是护场，从出土的画像砖观察，当时的家禽饲养是普遍存在的，但凡有反映农业收获场景的画

面,在粮堆的周围,往往出现家禽的影子。

西沟魏晋墓画像砖中描绘的农户出工时的情景亦十分生动,形象地刻画出当时农家勤于劳作的情景。

荷锨图绘二农夫身着红与黑缘的白长衫,前者头髻发,后者戴白帻,二人右手握柄荷锨,相随而行。

赶车图表现了在当时的农业生产中,牛车是重要的生产工具。手持镰刀的农人站在白花犍牛拉的露车上与旁边一手持草杈的农妇相互问候,描绘出农人在劳作时愉快洒脱的神情。

图5 赶车图

收工图是用两块画像砖,第一块绘一戴白帻的男子在前,一着裙、髻发女子紧随其后。第二块表现的是二男子,跟在前面的夫妇之后;前面带圆顶帽的男子右手提袋,左手拎着灯笼在前,后面的男子双手拿着农具,刻画出了当时在河西走廊农民夫唱妇随的小康农家平静和谐的生活。

二、兴旺的畜牧业景象

河西魏晋墓画中,反映畜牧业及狩猎的题材占有相当大的比例。新城出土的与生产活动有关的89幅画像砖中,反映畜牧业题材的就有38幅之多。此类题材,大致可以分为两类:一类是牧人与牲畜处于同一画面，具体地表现放牧生产状态；另一类是在空旷的场景中成群的牲畜自由觅食，或坞前门旁被拴于树上及槽前的成组牲畜。在这两类题材中，既有单一畜类的画面，也有两种或多种畜类共存的场景。因为农业与畜牧业的空前发展，此时的狩猎已经不是主要的经济形态，画像砖中所展现的狩猎场面多是炫耀骑射技艺或纯属游戏娱乐活动。

牧马是画像砖中的一个重要题材。从反映马的画像砖数量来看，当时很重视马的饲养及繁殖。新城7号墓砖画、西沟5号墓前室西壁群马图都是单一表现马的画面，前者的马是一种静态，而后者马头高昂，马鬃飘起，奋蹄奔驰，十分生动。其中5号墓编号为10的牧马图最靠上的两匹天马，与雷台汉墓出土的马踏飞燕特点相似。此种马跑起来前后脚步一致，即两前蹄一起向前，两后蹄一起向后，善于奔跑且速度快。

图6　牧马图

在坞前门旁井边拴于树上或槽前的马匹，一般是经过精心驯养、便于骑乘的。3号墓编号47的配种图：红色母马与白色红斑公马正在交配。母马表现温顺、害羞，公马则懒散、自在。画面非常注意两马的体态和面部神情，表现得惟妙惟肖。这些壁画说明酒泉地区在古代是非常重要的良马培训基地，为全国提供马源,正因为如此,也使河西地区成为军事要地。

新城1号墓的二牛二马井饮图,马与牛分别拴于井的两侧槽前,由农夫从井中汲水侍弄,很显然,这种马与放养状态的群马是有区别的。除此而外,酒泉壁画墓及河西地区画像砖墓中大量表现出行场面的题材也充分说明了马的重要性。在河西地区出土的所有画像砖中,马、牛、猪、羊出现的比例大致相同,屠宰牛、猪、羊的场面屡见不鲜,但绝无屠宰马的场景。可见作为骑乘工具,人与马的感情是很亲近的,屠马还是人类感情上无法接受的事情。

西沟画像砖墓中用羊群和马群来表现兴旺的畜牧业生产。绘羊群时连续用了6块砖,并采取了叠画的手法以表现羊只数目的众多。马群图则绘群马威武雄健,抬蹄奋奔。特别是将一匹位于画像砖右侧的马,仅绘马的前半身,采用这种构图处理,更形象地给人以群马奔跃而出的效果,表现了在宽阔的原野上万马奔腾的气势。西沟画像砖墓中唯一的狩猎图,更是匠心独具,绘有一身着短衣、裤的披发男子,右手持弓左手拿箭站在一群受惊欲奔的羊群旁,向四周观察,极为形象地绘出了河西当时农牧混作的经济状况。

在表现畜牧业的题材中,牧牛与牧羊也是重要的内容。牛不仅广泛用于农耕和运输,也是重要的肉食来源。河西魏晋墓壁画中大约有十余幅牧牛的场面,每幅画面上绘有牛3至7头。从外形上看,有大牛、小牛,有低头吃草的牛、昂首行进的牛和奔跑的牛。从颜色上看,有黄牛、黑牛和花牛。如新城5号墓前室东壁的牧牛图中绘有一牧牛人,右手持弓,左手握箭,注视着前面的7头牛,似乎在吆喝着牛群。此外,壁画中还有很多牛车图像,其中的露车一般多用来载物负重,贫民也有乘坐露车的现象。在有牧人的情况下,牛与羊往往共同出现在一个画面中,以新城1号墓和西沟墓出土的放牧图画像砖为例,在这两组画面中,牧人仅占画面的最边缘,却以大量的篇幅来表现牲畜的数

图 7　牧羊图

量,这种情况其实就是为突出表现放牧这样一个主题。在新城 1、5、6、7 号墓室中都有描绘放养大量牲畜和大型牧场的壁画。典型代表为 1 号墓编号为 32 的放牧图:2 头牛、12 只羊,牧倌儿手持皮鞭,还有朱红色"牧畜"字样。生动反映了墓主人生前牛羊成群的情景。通过此图可以看出魏晋时期河西地区经济的发达以及水草的茂盛。在畜牧业题材中,经常会在牲畜的一侧有一手持弓箭的牧人,弓与箭分执左右手,一副警惕的神态,所反映的是牧人保护牛羊不受天敌侵害的情形,与狩猎无关。

魏晋十六国时期河西养鸡业已有一定的规模。新城 6 号墓壁画"鸡群图"中绘有 10 只鸡,其中不仅有母鸡,而且还有几只羽毛丰满的公鸡。3 号墓编号为 38 的养鸡图中,画 1 只公鸡 4 只母鸡。公鸡挺胸阔步,母鸡们小步跟随,俨然人间一夫多妻的景象。公鸡显现出它出身于富贵人家、洋洋得意的样子,4 只母鸡则随着与公鸡的位置不同,姿态也不尽相同。

图 8 鸡群图

除了马、牛、羊、猪外，画像砖中还出现有狗、骆驼等经人驯养的动物。在河西魏晋墓画像砖中，骆驼的形象一般都是双峰驼。高闸沟魏晋墓出土的一块画像砖画的是在一棵大树下，一只双峰驼和一头驴在树下乘凉。表明当时河西地区已经蓄养了一定数量的骆驼，并用它进行长途运输或作为其他用途。新城 5 号墓一画像砖活灵活现地展现了一条狂吠不已、几欲挣脱锁链的看家犬；另一砖画则表现的是另一种情景：在一座房前，一条龇牙的恶犬，在主人的吆喝及鞭子的威慑下，乖乖地蹲于地上，但仍然目视前方龇牙咧嘴作跃跃欲试状。狗的描绘反映出六畜之一的犬在主人家的重要角色：既可以看家护院，又可以消遣娱乐，是人不可缺少的动物朋友和生活伙伴。

狩猎的场面在画像砖墓中出现的比例很高。既有表现豪强地主围猎的壮观场景，也有表现猎手单人单骑百步穿杨本领的画面，还有只画出猎物惊恐逃窜并无猎人的情景。新城 1 号墓前室北壁就有两幅相关的画面表现围猎的情景，前面一幅有 3 个猎人张弓搭箭，返身施射逃兽，而后面一幅是 3 猎人围堵的场面。新城 4 号墓一幅射鹿图，策马疾驰的猎人作张弓状，而箭已射中正在逃窜的鹿身，活灵活现地表现了猎手的本领高超。新

图 9　射羊图

城 7 号墓两画像砖则分别描绘了放鹰扑兔和猎犬逐兽的场景。在这些表现狩猎的画像砖中，凡是单人单骑射猎的画面，几乎被逐的动物都已中矢，反映了当时对狩猎技艺的重视。

三、兴盛的蚕桑业和酿造业图景

河西魏晋墓中，有大量关于蚕桑业的壁画，形象地反映了魏晋时期河西地区桑蚕业兴盛的历史。墓画中桑园、采桑、护桑、蚕茧、丝束、绢帛等图幅应有尽有，而且还有蚕桑丝织工具图。画中有采桑女在树下采桑，有童子在桑园门外扬杆轰赶飞落桑林的乌鸦；采桑的妇女既有服饰较好、长衣曳地的贵妇，又有短衣赤足的婢女；画中有汉族，也有少数民族。各族老幼普遍参与桑蚕生产的景象。画面上桑树枝叶茂密，桑葚累累，且排列有序，为人工精心培育的桑园。观其树形以及树高和采桑人身高比例（妇女站立采桑，童子站立采桑，树上挂筐采桑，甚至跪坐采桑）可知，这些桑树多是质地好且低矮易采的地桑。《采桑护桑图》中一位婀娜贤淑的女子提篮采桑，一位英俊年少的男子拉弓射箭，保护桑林，生动地描绘了魏晋时期男耕女织的安定生活。

图 10　采桑护桑图

中国是世界上最早发明种桑养蚕和缫丝纺织技术的国家。春秋时期,亦有“五亩之宅,树之以桑,五十者可以衣帛矣”。[1]魏晋南北朝时期,丝绸产区扩至西北。《晋书·张轨传》载,西晋凉州刺史张轨“课农桑”,明确提及“桑”业。西凉蚕丝生产仍受重视,西凉时期主簿氾称曾上疏谏曰:“后宫嫔妃、诸夷子女,躬受分田,身劝蚕绩,以清俭素德为荣,息兹奢靡之费,百姓租税,专拟军国。”[2]由上疏内容可知当时妇女授田应多为桑田,“蚕绩”为其主要劳作。北魏时期,河西地区蚕丝业依然兴盛。丝织品中,“凉州绯色,天下之最。”[3]

新城1号墓后室南壁上绘有8幅绢帛图,每幅中间均绘蚕茧,左右各画绢帛数卷,其中两幅各绘两条丝束,一幅所画数卷绢帛上方饰有日月状饰物,一幅将绢帛数卷与挂有衣服的衣架画在一起。3号墓中室东壁和后室北壁的3幅画中两侧亦绘数卷绢帛。4号墓后室南壁上几幅显示墓主人财富及其家庭日常用具的画中,6幅画面的两侧绘数卷绢帛,4幅画中绘有丝束,一

〔1〕《孟子·梁惠王》,中华书局2005年版。

〔2〕《晋书》卷87《凉武昭王李玄盛传》。

〔3〕《魏书·尉古真传》。

幅画中还绘有满置蚕茧的高足盘,说明丝帛的多少已成为当时衡量财富的重要标志。5 号墓前室西壁 3 幅画中绘蚕茧和丝束,一幅画中绘布帛二卷,还有一幅画绘蚕笼与蚕茧。6 号墓前室东壁、北壁和中室南壁各画布帛一捆,后室南壁画布帛 4 幅,中室东壁、南壁、西壁和后室南壁共画丝束 12 幅。7 号墓后室南壁 14 幅画中均绘布帛二卷,12 幅画绘有丝束。12 号墓后室后壁画有 7 幅布帛、5 幅丝束。13 号墓后室后壁有 5 幅布帛、10 幅丝束。画面所见养蚕、缫丝的工器具有高足盘、扁笼、方盒、锅、鐎斗、奁、笊篱等。整个墓画中专绘采桑、蚕茧、丝帛以及蚕丝工具的画面计有 140 幅。说明当时蚕丝业生产在人们生活中的重要地位。

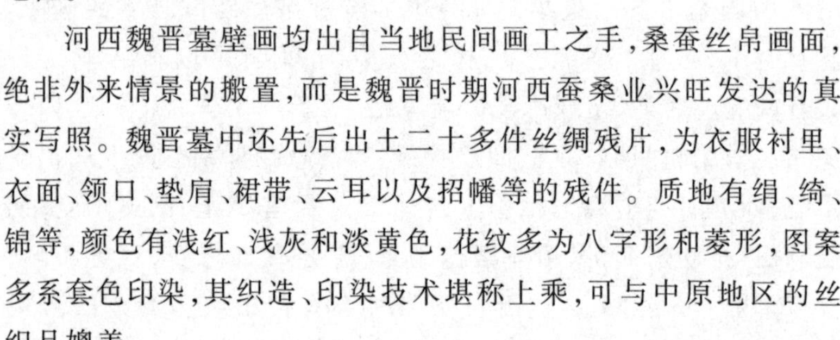

河西魏晋墓壁画均出自当地民间画工之手,桑蚕丝帛画面,绝非外来情景的搬置,而是魏晋时期河西蚕桑业兴旺发达的真实写照。魏晋墓中还先后出土二十多件丝绸残片,为衣服衬里、衣面、领口、垫肩、裙带、云耳以及招幡等的残件。质地有绢、绮、锦等,颜色有浅红、浅灰和淡黄色,花纹多为八字形和菱形,图案多系套色印染,其织造、印染技术堪称上乘,可与中原地区的丝织品媲美。

河西魏晋墓壁画中,有不少大中型的缸瓮之类陶器,出现了酿醋、酿酒图。大量的滤醋、温酒情节和宴饮场面,反映了魏晋时期酒泉发达的酿造业。新城 3 号墓前室东壁砖墙上有一幅滤醋图,形象真实地反映了当时人们的酿造器具、原料和工艺过程。画面上有一长条案子,案上放 3 个陶罐,案下有两个盆,陶罐上有流孔,有液体(醋)从罐中流出,注于案下的盆中。案上另外一陶罐可能是用来盛水的。新城魏晋壁画墓出土的随葬品中,还有一种灰陶滤罐,罐的下部有一滤孔,与图中所绘陶罐相似。高闸沟晋墓、西沟 5 号、7 号墓也绘有 8 幅滤醋图,真实地再现了古代酿醋的场景。

图 11　滤醋图

四、丰富的社会生活画面

河西酒泉魏墓画有大量反映社会生活的画面，如表现百姓日常生活的宰杀、切肉、揉面、烧火、烤羊肉串、井饮、宴饮、蒸馍、烤饼、炊具等等。这些画面涵盖了社会生活的各个方面，显示了当时酒泉百姓安居乐业和舒适恬静的生活。

在西沟、崔家南湾、丁家闸、高闸沟、新城出土的墓葬彩绘砖画中，均有许多庖厨宴饮的图画，其中宰杀猪、牛、羊、鸡等动物的画面有数十幅。这些屠宰图间接地反映了畜牧业的兴旺以及人们食物结构的变化。牛、猪、羊、鸡是当时主要的肉食来源。墓砖画中，猪、羊、牛、鸡等动物的屠宰方式各有不同。

屠牛图均用锤击方法击杀牛，而牛都像是已知将死，极力向后挣脱。新城 3 号墓前室东壁、5 号墓前室西壁、6 号墓前室东壁、13 号墓前室东壁，均绘有庖丁左手持铁锤右手牵牛准备屠宰的场景，4 号墓前室西壁绘有一庖丁持刀宰牛的图像。果园西沟 7 号墓前室东壁，西沟 4 号墓、西沟 5 号墓北壁均绘有一庖丁右手牵牛，左手举锤子向牛头砸去的图像。羊一般是倒悬，前后各一条腿被缚于两根立柱上，往往还处在挣扎状态，屠夫即已开膛活剥。如高闸沟出土的一块画像砖描绘的是一手持尖刀的屠夫，解剖被屠之羊，血顺着羊头淌落一地，旁边的架上，挂满了割下的羊肉，场面十分血腥。新城1号墓前室南壁和前室北壁均绘有一幅庖丁宰羊图。羊四足倒悬，下置一盆盛皿，一庖丁正牵羊准备宰杀。3号墓的中室西壁、4号墓前室西壁、5号墓前室北壁西侧、6号墓前室东壁，均有“宰羊图”，画面绘有庖丁持刀准备屠宰一只四足倒悬的羊。高闸沟和西沟4号、5号晋墓砖画中，各绘有一只羊挂在木架上，一屠夫持刀剥皮的图像。

图12　宰羊图

猪的杀法一般有两种，一是从头部亦即从颈部开膛剖肚，一种是从尾部刺杀。如新城7号墓一画像砖中将一只黑毛猪倒置于案上，屠夫手持尖刀刺向猪的颈部；而新城1号墓的宰猪图则描绘的是一幅十分有趣的画面：一头龇牙咧嘴的大肥猪四肢伸展，卧伏在倒了一条腿的案上，屠夫手持尖刀欲刺向猪的肛门，正应了民间的俗语，“杀猪杀屁股，各有各的招”。

一种常见的画面就是杀鸡，其表现形式是妇女手拎鸡脖，在盆中作拔除鸡毛和清洗状，如新城6号墓前室东壁的一块砖描绘的就是这样一幅烫鸡图：两名妇女相向而跪，面前各置一盆，画面右侧的手脚利索，鸡毛已经褪尽，左侧的仍在全神贯注工作之中。西沟魏晋墓一画像砖，表现两妇人烫鸡做饭的情景。两妇人均高绾发髻，上穿红色圆领上衣，下着浅灰色长裙。

图 13　宰鸡图

左边妇人双手拿着已被杀死的鸡往地上陶盆中按下，准备烫鸡拔毛清洗。右边妇人亦双手撑在一陶盆中似乎在用力揉面，看来一顿美餐即将做成。新城 5 号墓前室西壁、7 号墓中室东壁和中室西壁，均绘有二庖女相对跪坐，各在盆内烫鸡拔毛。西沟 7 号墓，绘有一女庖在清洗一只刚被杀的鸡的图像。西沟 4 号墓绘有一男庖，左手提一只鸡正欲烫洗拔毛的图像。

以上对牛、羊、猪、鸡等的宰杀和剥剖洗濯的种种场面，生活气息十分浓厚。宰杀好像都在室外进行，而室内大都以灶为主体，种种饮食活动非常丰富。同时还可以见到壁上成行排列、用挂钩悬挂的肉条，这也许是腌制的肉，就是今天火腿的滥觞，说明魏晋时期河西一带肉类的腌制技术已很普遍。从砖画上杀猪宰羊等情景看，人们日常生活中肉食的种类丰富，吃牛、羊、猪、鸡等是平常之事。

画像砖中详尽描绘人们各种炊事活动及进食场景。新城 8 座彩绘砖画墓中出土庖厨的画面达百余幅。如 3、4、5、6、7、13 号

的墓葬彩绘砖画的画面,均表现有一座炉灶,体积较大,呈一方体,并筑有隔烟的火墙和排烟通道。这种形式的灶,当时在河西地区很流行,甚至今天,还有不少农家使用这种古老样式的灶。画面一般在灶前也绘有一庖女,双腿跪地而坐,灶上放一钵正在煮食。庖女身着交领红衣,头梳双环发鬟,左手持烧火棍,灶膛的火焰正往灶门外喷。

图14 煮食图

果园西沟7号墓绘有一庖女头梳高髻,身着圆领红色衣衫,下穿长裙子正在灶前煮食,她左手持棍拨火形象十分生动。新城6号墓前室东壁,绘有一幅烤羊肉串的图像。画面有一女子手持带柄的三股叉,叉上串有肉块,另一女子双腿跪坐在火盆前,正在烤肉。在北壁西侧和西壁右侧,绘有多幅进食图,画面均表现仆人手持长柄三股铁叉的羊肉串,递给主人。最具河西特点的是烤肉,除了像新城6号墓的烤肉图直接表现的饮食场景外,画像砖中大量出现的烤肉叉也从另一个方面强调了这种饮食方式的普遍存在。1号墓中也绘有一仆人在烤肉,另一幅绘有一男主人坐于榻上,手持一把扇子,前面有一男仆正在把羊肉串递给主人;7号墓中绘有两女子席地跪坐,中间一张小桌,右侧一女子右手持一长柄三股铁叉,她们正在宴饮;5号墓中室绘有孩童手持羊肉串的图像。酒泉高闸沟晋墓画像砖中，有一幅绘有一女仆手持羊肉串的画面。可见烤羊肉串不仅是魏晋时期的美食，直到现在仍然是街头巷尾常见的美食之一。

和面做饭的图画在魏晋墓壁画中很普遍。新城1号墓前室东壁、3号墓前室西壁西侧、7号墓中室北壁，均绘有一庖女用缸揉面的图像。西沟7号墓绘有一头梳髻、着长裙的庖女，高挽衣袖，双手在陶盆中揉面的图像。酒泉墓葬彩绘砖画所表现的庖女盆中揉面图像，其揉面的姿态已与今天没什么区别，可见面粉已成为河西地区民间的主要食物了。面粉制作食物主要的方法是微火烧烤与大火煮食。新城6号墓中室北壁西侧，有一幅厨师蒸饼图像。画面是一厨师持擀杖在案上制饼，右侧一庖女正包馅，左边放置五层蒸笼，笼上放有饼正准备蒸之。据文献记载，魏晋时期制作的蒸饼形状是圆的，饼上嵌有枣子，饼内包有肉馅。新城3号墓前室西壁、5号墓前室东壁、4号墓前室西壁，均绘有庖女右手托盘，盘上有圆形食品，形似馒头。嘉峪关新城1号墓前室东壁，还绘有一幅两庖女制作胡饼的图像。西沟7号墓也绘有一幅制饼图，画面是一庖女头梳髻，着裙，在灶前用左手在平底锅上烤饼，右手在案上取已做好的胡饼。除了和面、烙饼、烤肉及灶前烧火做饭这些题材外，还有只表现灶间器具及储备食物的画面。新城5号墓一画像砖描绘的是两名厨工手持快刀，在案上切肉，切碎的肉块置于案下的盘中，厨工的宽袖舞动，一副忙得不亦乐乎的样子。3号墓一画像砖描绘的是一庖女在盆里揉面，灶间墙壁上分别挂着圆案、耳盘、烤肉叉、巾等，这样的一幅画，人物及和面已不重要，其存在不过是为了衬托厨房这样一个特定场合及其丰富的厨具。3号墓一画像砖的画面为一个三层橱柜，最上层放置长条形和圆形食案；中层中间置摞起的长条案，两侧置似笼屉盖状物；下层空缺。1993年酒泉城区东关外出土的一块炊厨画像砖，一炊妇双膝跪于灶前，手执火棍，专注拨火，其身前灶眼上置一大釜，灶间墙壁上，挂满了刀、叉、钩

等炊具。

图 15　进食图

表现进食的题材也很普遍,有些是与宰杀、庖厨等画面相连接如连环画般出现。在这些画面中,凡主仆共存于一个画面的,主人必然高大伟岸,身板挺直,凛然不可侵犯;而仆从则往往显得瘦小谦恭。新城 6 号墓画像砖中,主人即使跽坐于地,也和仆从站立等高,其身形宽大更是两倍于仆从。显然,画像砖墓的主人在当时都是富足或有一定社会地位的,或者说,普通民众是修不起画像砖墓的。表现进食场景的题材如宴饮,一般都安排在墓葬的前室,表现的是墓主人的社交场景。在出土的画像砖中,主客往往是分置于画面的两端,主客的身形也不相上下。也有墓主夫妇二人对饮的场面。新城 1 号墓一画像砖宴饮图,宾主四人坐于榻上,榻下有两名乐师,一人吹箫,一人弹琵琶,无论听众还是乐师都神情专注,栩栩如生。新城 7 号墓一画像砖描绘的是宾主二人对坐而饮,二人中间置案,案上置勺、斛、鏇等食具,旁边另置一案,案上置耳杯。对坐的二人服饰完全一致,人物在画面中的比例也相同,可见,具有同样社会地位的宾主之间宴饮与仆从侍奉主人进食是有严格区别的,反映了当时社会等级划分的森严。

河西魏晋墓画中还有许多炊庖工具,如铁叉、缸、储缸、滤罐、食案、长几、托盘、耳杯、木匣、斛、碹、箸、勺、鼎、盆、庋、铁刀、蒸笼、耳锅等。彩绘庖厨题材砖画的大量出现,一则反映了魏晋以来河西地区农牧技术与经济的发展为绘画艺术的描写提供了丰富的素材,另则也反映了王公贵族、官吏与地方豪强在生活享受上的日趋奢华。

图 16　炊事图

除庖厨内容外,还有其他生活场面的壁画。如新城 1 号墓前室东壁二庖女用木棍抬一罐,准备取水,井架有辘轳,以绳结铁钩取水。酒泉西沟 7 号墓也有一幅庖女在井台取水图。她头梳髻,着长衫短裙,双手持井绳用辘轳打水。身体稍后倾,显然在用力,身后置一盛水的大陶罐。魏晋时期河西地区已普遍凿井,主要用于人畜饮用。由于河西地区气候干旱,缺少雨水,地下水位较低,而这种辘轳式的井架似安了滑轮。这种以滑轮为基础,利用轮轴与杠杆原理相结合的取水方式,是一种进步的深井提水技术，即使现今有些农村中仍在使用。新城1号墓一幅彩绘砖画，图中有一人牵井绳从井中汲水，水井的左右为两个大水槽，两头牛在左槽、两匹马在右槽饮水。还有几只鸡正向水槽方向走去，井口周围筑有高台。这张图揭示出当时人们已经注意到牲畜会交叉传染，并且提高了防疫意识。而井口周围筑台则是一种保持井水清洁卫生的有效措施，体现了古代人民的环保意识。

河西魏晋墓画像砖的另一主要题材就是通过连环画的形式，表现传说故事和神禽灵兽。在敦煌佛爷庙湾墓群出土的画像砖中，有如李广射虎、伯牙抚琴、子期听琴之类的故事画面，羽人、神马、奔羊、河图、仁鹿、神雀、洛书、麒麟、辟邪、受福、白象等神兽及青龙、白虎、朱雀、玄武四神的图案也大量出现。

总之，河西墓画是一种因时因地而产生的特殊艺术表现形式，是魏晋时期河西地区民族融合、经济发展、物产富足、社会安定的真实写照。

（原载《丝绸之路》2015年第8期）

论河西魏晋墓画的艺术特色

酒泉市及嘉峪关市境内保存大量的墓室壁画和画像砖,多方面反映了魏晋时期河西经济社会状况,被誉为“世界最大的地下画廊”,具有很高的艺术价值。概括讲,河西魏晋墓画的艺术特色主要有以下几个方面:

一、生动传神的造型

酒泉魏晋墓画的一个突出特点是“以形写神”,即通过简练准确的造型,以人物、动物的姿态来体现神韵,展现其内在气质和精神,达到生动传神的艺术效果。敦煌佛爷庙湾伯牙抚琴、子期听琴画像砖,人物面部虽已模糊不清,但俞伯牙手指飞动、衣袂飘飞,钟子期附耳聆听,两只小鸟斜飞身旁,使人似乎置身于高山流水、琴声悠扬的境界中,产生无限遐想。西沟出土的羌女送行图,绘一男骑骝花马在前,一女身着灰色曳地长袍送行,羌女默然伫立,披发垂首,一动一静,形成强烈的反差,衬托出离别的哀愁。新城 5 号墓耙地、耱地等画面生动、传神地描绘了生产劳作的人物形象:耱地的人一手牵牛,一手扬鞭,两腿微弯,站在耱上好像在掌握着身体的平衡。在刻画人物面部表情时,画眼睛画出眼眶、眼珠,画鼻子画出鼻梁、鼻翼,画嘴画出上下唇,脸部轮廓显出脑门、颧骨和下巴,并且注重传达人物的神气。人物画大多数是半侧画像,画工抓住人物瞬息的生动细节,一挥而成,画面的运动感很强,人物神态专注,生活气息浓郁,意趣盎然。

酒泉魏晋墓画对动物的描绘也非常精妙、生动。新城 5 号墓狩猎图画一戴耳帻的骑马猎人,追逐迎面奔逃而去的野兔,猎人腾马跃起，猛地返身，弦发箭疾，射中急跑的野兔。马向前跑，兔向后逃，背道而驰，增强了射猎的戏剧性效果。而猎人反身一箭中兔，开中有合，相反相成，将狩猎中奔逐、挽射、中箭刹那间紧张转换的三个情节，在画面中一起扣人心弦地表现出来，显示出巧妙的构思。墓画中描绘有各种狩猎方式，或驱马骑射黄羊，或小童挽射飞鸟，或围猎纵放鹰犬，或驾鹰奔逐雉兔，情节生动，形象鲜明。再如新城5号墓出土的守门犬，前腿正离地奔出，后退使劲蹬地，怒目圆睁，粗大的尾巴向后飞扬，似乎怒不可遏地警告敌方，拴在颈部的铁链用力后拉，反而使狗的前冲之势显得很有力度、势不可挡。墓画创作者十分敏锐地抓住瞬间动态，运用准确而又简练的线条，表现出生动传神的艺术形象，充分显示出他们敏锐的观察力和高超的技法。这些形神兼备的作品，从另一个侧面说明当时“六法论”“传神论”的产生，并非只是在文人和专业画家的理论中形成，而是已经普遍存在并广泛应用于艺术实践之中。

二、奔腾飞动的线描

以线造型是中国传统绘画最主要的特征之一。酒泉魏晋墓壁画不仅大量运用线描，而且线描的种类有所增加。从线描技法看，可以分为三种类型：一是丁家闸、西沟、新城等墓室壁画顿挫分明、粗细变化较大的线描；二是下河清、石庙子滩等墓室壁画精细如铁丝的线描；三是敦煌佛爷庙、酒泉崔家南湾等墓画粗犷奔放的线描。这些技法的运用，反映了魏晋时期绘画技术的发展与提高。

酒泉魏晋墓壁画能够熟练地运用线条的粗细、轻重、刚柔、节奏变化来表现。起笔收笔明显，起落分明，具有极强的概括力；奔腾豪放，多用富于弹性的圆弧线，具有很强的运动感；以线造型，线条凝练，富有弹性，以中锋落笔，用腕自如，非常熟练，并且能在描绘不同对象时采用顿挫、粗细、快慢、刚柔等不同笔法，加强对表现对象的区分。新城5号墓的宰猪图用飞舞的线条画出宰猪人的敏捷，而伏案猪背的外形则用粗壮的线条勾画，以表现肥猪的丰满厚实。在这幅图中，通过线条的不同运用，将两个形象活灵活现地表现出来。狩猎图中的奔马、跑兽，运用迅疾如飞的线条，有力地表达狩猎时奔腾追逐的紧张气氛。壁画线描的概括力很强，马的项鬃、腿和尾都以一笔画成，运用笔的不同速度，恰当地表现它们不同的质感和形态。西沟墓羌女送行图用浓墨线条点缀，笔法如行云流水一般，简洁地勾勒出一幅依依惜别的送行场景：在寒风中，一男子头戴黑帽，身穿棉袍，骑马疾驰而去；身后一女子面容凄苦，身背挎壶，披发被寒风吹散，裘氅曳地，双手揣于袖中，正目送男子而去。画面中女子披发，为羌族的装束，而身着圆领拖地长袍的男子又是汉族的装扮，这是当时河西地区多民族交融的真实写照。画面线条流畅简洁，墨、赭两色对比强烈，寥寥数笔，展现出人物送行的凄凉场景，极具艺术感染力。

对于祥瑞灵异形象的造型，则保留着汉代墓葬画用线的基本特点，如新城5号墓壁画的双虎图，绘于门楼阙门的门扉之上，左右对称，竖式构图，躯体屈伸如龙状，侧有飞翼，昂首怒吼。通砖以朱砂为底，与虎身赭石和红色形成强烈对比而又和谐的艺术效果。线条显得更为遒劲飞动，夸张、变形、充满张力。新城5号墓的双驼图体现了另一种面貌，其造型准确，结构严谨，线条如春蚕吐丝，紧劲连绵，是这种风格的精品之作。壁画中有些线条的运用表现出令人回味的意蕴。在驿使图中，佐吏乘骏马飞驰而来，有如风驰电掣。线条流畅洒脱，尤为精彩的是马尾系一笔信手画成，似不经意，却神采全出。笔墨呈现出浓、淡、飞白的自然变化，深得骨法用笔之妙，生动刻画了马在急速奔驰时的动势。

酒泉魏晋墓壁画的线描具有一挥而就、酣畅淋漓的生动气韵。这种风驰电掣般运笔很快的弧线，比汉画的运线更加活泼流畅而气韵雄壮。这与变革草书之法为今草的张芝“一笔而成，气脉通连，隔行不断”的笔法体势相同。

三、热烈明快的色彩

汉代墓室壁画的色彩主要有黑、红、白、蓝、黄、绿、青、紫诸色及其相互调和后的各种复色。河西汉墓室壁画主要以单线平涂法为主，分为两类：一类是先勾墨线后填彩，所以又称为勾填法。这是汉墓壁画使用最多的方法，也是中国传统绘画最基本的方法。另一类是先赋色后勾线。用木棍起稿后先大笔赋色，绘出大形，然后再以墨或赭色线条勾勒出轮廓。需要指出的是，我们所说的汉墓壁画的勾填法，与后世严格的勾填法概念是不同的。它是在勾墨后，有的填满色彩，有的并不填满，有的颜色将原有墨线遮盖，较为随意自由，反映出早期这类设色法的特点。

酒泉魏晋墓壁画的设色以赭石和红色为主，色彩热烈明快、单纯和谐。画法大多用土红色起稿，然后用墨线勾出轮廓，再用赭石、红色等色填入，颜色基本以红色为主，间以土黄、石绿等色。大多用土红色外框分割画面。总体来说，壁画砖在设色上大多采用勾填画法，如新城5号墓的犁地图用土红色起稿，用墨线勾出轮廓，设色赭石和红色为主，有的兼用黄、白、浅绿等矿质颜料，用色单纯，色彩的总体效果热烈而明快。也有的不起稿，直接用墨线勾勒出人物、动物的轮廓，采用一次完成的勾填法。新城中晚期墓中壁画的设色方法则更加多样，如5号墓出行图的设色，除勾填画法外，还使用勾勒画法，不仅用墨线勾勒，还用色线勾勒，使画法的色彩感和层次感得以加强，这是绘画技法的一大发展。同时，还采用了各种原色的多样配置方法，在黄色的甲胄和衣服上、在白色或赭色的马身上，重置着红、白和金黄色各种形状的点和线条，与以设骨法绘成的飘动着的朱红的麾，举着的黑色和黄色的幢，五彩缤纷地相互辉映。由于不同颜色的点、线、面交错地间镶或重置，虽然用色不多，却显得复杂绚丽。在染色时，毛笔的各部分因含水和含色浓度有所不同，自然地分出了深浅层次，显示光影效果及晕染因素。在1号墓中，有的画上用朱红色染出妇女脸上的红晕，这可以认为是晕染的雏形。[1]这些用色方法比设色方法单纯的汉画有很大的发展，而且能够做到对物用色，已经达到绘画六法中“随类赋彩”的要求。

四、巧妙精细的构图

墓室壁画作为墓室建筑的组成部分，在布局、内容、构图上都有其特殊性。酒泉魏晋墓室砖画早期的构图形式，沿用了汉画构图中常见的横分割二层或多层分层排列，将不同时间、空间的事物，用装饰性很强的平视形式构图组织在一起。在中晚期的墓室砖画中则不见汉画常用的横分割、散点，或图案排列组合的构图方式，在一幅画面中多用独幅画单层排列的构图形式，着意捕捉事物发展过程中千变万化的瞬间，给人以隽永的回味和丰富的想象。其具体构图形式基本分为以下两类：

一类是一砖一画的叙事性、情景式构图。酒泉魏晋墓画多属于这种类型，壁画分布于照墙、墓室四周，多为一砖一画，大部分构图较为简单，绘画的装饰性大为减弱，画面具备可叙事性、情节性。其中不乏精妙之作。嘉峪关新城1号墓的狩猎图描绘了士族郊外狩猎的情景。图中绘三人三骑追逐两只野兔，马匹颜色为黑、红、青三色，强烈而明快。人物和动物都呈动态，这一瞬间，飞奔的兔子突然向回逃窜，狩猎的人勒住马的缰绳，骏马前蹄腾空而起，年轻的猎手迅速返身弯弓搭箭，饱满的构图充满了动势，表现出丰富的想象力和巧妙的构思，给人以强烈的艺术感受。又如新城5号墓狩猎图将中箭奔逃的野兔，与欲返身补射的猎骑者相反离去的瞬间，扣人心弦地表现在同一个特定空

〔1〕张朋川：《黄土上下》，山东画报出版社2006年版。

间，既增强了射猎的戏剧性效果，又在构图中实现了开合有度、相反相成的巧妙构思。

也有少数壁画由两砖乃至数块砖绘成，还出现了一些如出行图等组合式和长卷式的构图。如新城6号墓出行图由七块壁画砖构成。其中四块壁画砖画的是骑马，一块壁画砖画的是牛车，还有两块画的是步行官吏。从每块壁画砖来看，是一幅幅生动的画面，合起来看，骑马的四块画像砖又构成了一个出行的队列，而将七块壁画砖放在一起又是一幅内容相互呼应、场面宏大、和谐完美的出行场景。新城魏晋墓在非一砖一画式的大场面中，构图时人物被安排在特定的某种情境中，表现出真实的生活情态，并着意捕捉最为动人的瞬间来表现，留给观者无穷的回味空间。在这幅出行图中，要在有限的砖面上表现出行的气势非常困难，但在民间画工独具匠心的构图经营上却得以淋漓尽致地表现。出行场面的构图形式安排得非常巧妙，人物形象安排得疏密有致。主人的身份特殊，安排在最为疏松的地方，突显主体人物，而画面最为密集的地方排列着从骑武吏和武士。这样既突出主题人物，又丰富了画面。5号墓的牧马、牧牛、牧羊等图，画面中向前涌动的马、牛、羊及牧人的有聚有散，被着意地安排在同一个空间，实现了构图内容与形式的统一，画面具有很强的动势，又注重构成作品各种形象的相互关系，而这些正体现了顾恺之所谓“置阵布势”与谢赫《古画品录》论画六法中“经营位置”的构图法则。可见，魏晋时期画匠在画面局部与整体构图经营处理上，并不是物象的简单罗列堆砌，而是抓住了最本质、最具有内在联系的现象加以表现，画面形象丰富多样，艺术构思巧妙而又深刻。

在壁画分布上，人们往往专注于一砖一画的局部，缺乏整体统一的直观感受和全面把握。正如郑言所言：“已经出版的许多报告和图为了便于观察者观察到画面细部的特征，往往以砖为单位，尽量把砖印刷的较大。因为图版的限制，编写者不得不对画像进行选择，并按原题材重新进行编排。但是对于画像砖题材的确定常常从比较直观的特征出发，由此产生的问题是，这些画像砖原有的排列方式得不到充分表现，借助于出版物进行研究的学者容易产生一种错觉，忽视了这些画像砖之间的原有联系，将目光局限在小幅的画面之中。”[1]

另一类是大场面、全景式的构图。最典型的是丁家闸5号墓，该墓室全部用砖垒砌，分前、后两室，四壁、顶部均绘彩色通栏壁画，前室顶部中心彩绘复瓣莲花藻井，以下分为五层，以赭石宽带为界栏。这五层分绘天上、人间、地下三重境界浩繁复杂的景象。天上境界绘有祥瑞仙人、圣贤故事等。画面分成四幅，各幅布局相近，顶部中间倒悬龙首，两边祥云缭绕；底部神山林立，仙水悠悠；中部绘主体事物，各种祥禽瑞兽点缀其间。东壁东王公袖手端坐，发髻高耸，神情威严，上方太阳如明镜一般，金乌在其间飞翔。西壁西王母雍容华贵，近身侍女撑起华盖。王母头顶圆月高悬，蟾蜍肥硕，与顶部龙首相望。另有九尾灵狐，三足乌乘云御风奔腾飞舞于王母座前。南壁神鹿驰骋，羽人广袖舒展，自由飞翔，右下角绘有“汤王狩猎，网开三面”的故事。北壁天马图，几条弧线与直线简单组合，精当地刻画出马的矫健体态。

人间境界主要在西壁描绘墓主人宴饮作乐和眷属出行的场面。墓主人跪坐榻上，神态傲然，近旁侍者一派狐假虎威的神气。墓主人前方，一派歌舞升平、生趣盎然的场景：丽人翩翩起舞，童子翻腾起伏于云梯；后面一排伶人，前面的男子胡须上翘，神情庄重，似陶醉其中，后面三位女子且歌且弹拨、吹奏、击拍乐器，神态各异，惟妙惟肖。

墓主人身后是眷属出行图，四辆马车有序前进，中间一位年长侍女指挥若定。宴乐、出行图是人间生活重点描绘的部分，以

〔1〕郑言：《魏晋南北朝壁画墓研究》，文物出版社2002年版。

显示主人的显赫地位和奢华生活。其他各壁分别描绘了采桑、庖厨、屠宰、耕种、打场、运输等众多劳动场面,生动地再现了十六国时期河西偏安,男耕女织的社会生活。此外,还有众多灵气生动的家禽畜兽,或动或静:如威风凛凛、相持不下的一对公鸡,疲惫前行的老牛,机敏守望的狗……展现出一派农业社会的典型景象。

地下部分依稀可见一些树木、房舍。整体画面翔实逼真,场面宏大,气势壮观。对人物的描绘,摆脱了概念化、程式化束缚,人物之间的联系通过表情和神态传递。人物、动物的形象更显得细腻。整个壁画构图严谨、层次分明、布局活泼、造型生动,尤其是墓主人燕居行乐图,以细腻的笔触、刚柔结合的笔锋和重彩,描绘和刻画人物的姿态,充分显示出画工高超的艺术才能,为我国艺术史的研究增添了重要篇章。

酒泉西沟魏晋墓砖壁画的构图也很有特色,总体以画像砖内容来安排位置高低,构成远近透视效果。壁画的远景内容如树林、生活在山麓旁的游牧部族往往被放在墓前各壁的上部位置,墓主人的生活起居图一般被放在较为醒目的墓壁中部,下部通常是炊厨和农耕等画面。墓中画像砖还按前、中、后室所赋予的环境寓意进行安排,并依墓的中轴线将墓室画像划分开,保证了墓中画像砖所表现故事内容的整体结构与可读性。这类壁画在继承河西壁画优秀传统的同时,在绘画形式技巧、造型布局上有了新的突破和发展。

与汉代墓室壁画繁缛复杂而又庞大的图像体系相比,酒泉魏晋墓室壁画单纯简朴,其艺术风格于稚拙中蕴含浪漫。画工所描绘的是自己熟悉的生活,因而显得十分活泼感人。这些充满着生活情趣和自由浪漫精神的风俗画卷,是魏晋时期河西地区社会的生动写照。

(原载《丝绸之路》2014 第 22 期)

论唐代酒泉边塞文化兴盛的原因

唐代的酒泉，政治安定，经济繁荣，文化交流不断扩大。同时，酒泉独特的大漠风光、风情民俗、边塞军事，为爱国志士搭建了建功立业的舞台，也为文人墨客驰骋诗意灵感提供了广阔的天地。一大批文人志士，或亲历酒泉大地，或与酒泉遇合神交，他们与本土文人一起赋阳关、玉门关之雄壮，写边地景物之苍凉，发边塞将士之情怀，吟内地思妇之幽怨，生动地展现了酒泉边塞的壮丽景色，深切地抒发了边塞生活的真实情怀，造就了独具魅力的边塞文化。主要成就表现在三个方面：

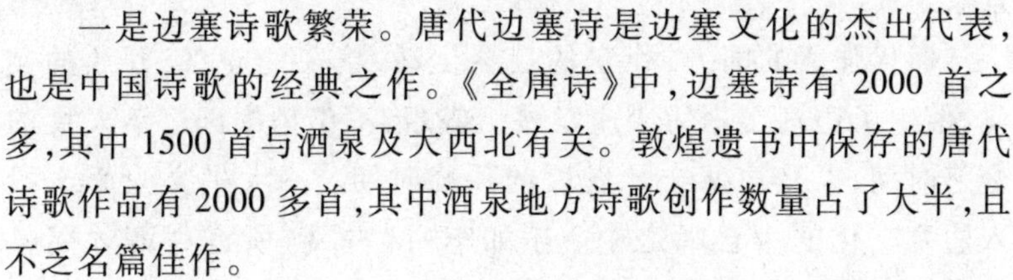

一是边塞诗歌繁荣。唐代边塞诗是边塞文化的杰出代表，也是中国诗歌的经典之作。《全唐诗》中，边塞诗有 2000 首之多，其中 1500 首与酒泉及大西北有关。敦煌遗书中保存的唐代诗歌作品有 2000 多首，其中酒泉地方诗歌创作数量占了大半，且不乏名篇佳作。

二是话本小说兴起。唐代敦煌话本，是通俗小说的早期形态，在中国小说发展史上具有开创作用和里程碑意义。正如鲁迅所说："小说亦如诗，至唐代而一变。虽尚不离于搜奇记逸，然叙述宛转，文辞华艳与六朝之粗陈梗概者较，演进之迹甚明，而尤显者乃在是时则始有意为小说。"[1]

三是散文种类繁多，内容丰富。敦煌遗书中有表、疏、状、牒、帖、书、启、契约、碑文、传记、祭悼文、论、录、杂记等众多散文类型，大多为实用性文体，抒情、状物、论理，表意生动风趣，富有文采，生动地展现了酒泉及西北地区的社会生活图景和人民群

〔1〕鲁迅：《中国小说史略》，东方出版社 1996 年，第 51 页。

众的思想情感。

唐代酒泉边塞文化为什么能取得如此巨大的成就，概括起来讲，主要有以下五个方面的原因。

一、唐代政治经济文化的繁荣为边塞文化的兴盛奠定了基础

唐承隋起，重建大一统封建王朝，并且在开元、天宝时期把中国封建社会推向了辉煌的顶峰。处在中国封建社会鼎盛时期的唐代经济是十分繁荣的。由于唐初均田制的实行，调动了农民的生产积极性，也由于隋末农民起义对豪强地主势力的打击，使农民在一定程度上解除了人身依附，唐代的生产力得到了大解放，经济走向全面繁荣。出现了“人家粮储，皆及数岁”[1]、“四方丰稔，百姓殷富。……路不拾遗，行者不囊粮”[2]的盛唐景象。

唐代强盛的国力，稳定的社会生活，繁荣的经济，开放的文化，催生了边塞文化的快速发展。盛唐，不仅是中国经济发展的全盛时期，也是边塞文化发展的顶峰时期。一大批文人学士投入边塞文化的大合唱之中。正如李白《古风》所言：“群才属休明，乘运共跃鳞。文质相炳焕，众星罗秋旻。”

唐朝社会经济的空前发展和社会财富的巨大增长，使整个社会呈现出欣欣向荣的新气象。唐王朝实行的民族开放、文化开放政策，为边塞文化的盛行奠定一个心理基础。正如王维诗中所写的“九天阊阖开宫殿，万国衣冠拜冕旒”。[3] 酒泉众多民族交错杂居，加速了文化交流与民众融合，而文化交流与民众融合的结果，打开了人们的视野，吸收了各地、各民族优秀的文化，

---

〔1〕游国恩、王起、萧涤非、季镇淮、费振刚：《中国文学史》，人民文学出版社 1993 年。

〔2〕葛晓音：《唐诗宋词十五讲》，北京：北京大学出版社，2003 年。

〔3〕王维：《和贾舍人早朝大明宫之作》。

丰富了边塞文化创作的题材和内容。

二、酒泉作为唐代中国西部最重要的边塞要地，为文人武士施展才华、建功立业提供了理想场所

酒泉，既是唐朝经营西域的桥头堡，又是隔绝南部吐蕃与北方回纥联合的关键结点，兼具边塞和军镇的双重特点。自汉至唐，位居河西走廊西端的酒泉为历代中央王朝经营西域的桥头堡，今天酒泉境内保存下来的阳关和玉门关遗址，就是汉唐时期内地和西域的分界线。唐代诗人王维的千古名句“西出阳关无故人”实际上反映的就是时人心目中酒泉的边地境遇。贞观十四年(640)唐朝攻灭西域高昌国，建立了西州和安西都护府；显庆二年(657)，唐朝攻灭西突厥汗国等重大军事行动，都是唐军由河西走廊西出酒泉完成的。

7世纪初，青藏高原地区崛起了新兴的吐蕃王朝。松赞干布在位期间(629—650)，平定吐蕃内乱，统一各部，确立了吐蕃的政治、文化、军事、经济、法律等制度，成为与唐王朝抗衡的重要力量。637年，吐蕃以派出向唐求婚的使者遭拒绝是吐谷浑王诺曷钵挑拨离间的结果为借口，兵伐唐朝的附属国吐谷浑；670年在大非川战役中，吐蕃军避实就虚，集中优势兵力战败唐将薛仁贵统帅的十万大军，夺得了向河西进一步进兵的跳板。与此同时，在漠北草原地区的回纥(唐德宗时改称回鹘)联合仆骨等部族反抗突厥的统治，终于摆脱突厥的统治，逐渐强大起来。唐贞观二十年(646)，回纥配合唐军攻灭了薛延陀政权。天宝三年(744)，回纥首领骨力裴罗自立为可汗，建立回纥政权。回纥控制的地区，东起今额尔古纳河，西至今阿尔泰山，成为继突厥之后雄踞漠北草原地区、与唐对峙的另一支势力。

面对强大的吐蕃、回纥两大势力，唐朝效仿当年汉武帝“隔

绝羌胡,使南北不得交关"[1]的策略,在河西地区屯集了大批精兵猛将。包括酒泉在内的整个河西走廊成为唐朝一大批想建功立业、一展才华的文武将帅们神往的理想场所。

三、酒泉边塞的独特景象和边塞战事为广大文人提供了丰富的创作素材

酒泉地处西北边塞,广袤辽阔,山川独特。大漠驼铃、戈壁风沙、长河落日、绿洲驻牧以及胡杨树、骆驼刺、沙枣花、番红花、刺梅花、野罂粟花等,成为边塞文学经久不衰的意象,边塞诗人驰骋诗意的舞台。阳关、玉门、敦煌、酒泉、祁连等具有酒泉鲜明特征的景观,是唐代边塞诗中反复歌唱的地方。岑参、高适、王昌龄、白居易、李贺、杜牧、李商隐、张籍等大批边塞诗人,都创作了大量以酒泉边塞景色为歌咏对象的诗作。"大漠孤烟直,长河落日圆""忽如一夜春风来,千树万树梨花开""纷纷暮雪下辕门,风掣红旗冻不翻"等边塞诗歌,都鲜明地反映出了酒泉边塞的地域特色。

酒泉边陲塞外与中原大地迥然不同的地理环境和自然景象对诗人们有着特殊的吸引力。在边塞诗人的笔下,有酒泉边地浩瀚的沙漠:"今夜不知何处宿,平沙万里绝人烟。"有呼啸的狂风:"十日过沙碛,终朝风不休。"[2]"轮台九月风夜吼,一川碎石大如斗,随风满地石乱走。"[3]还有漫天的飞雪:"闻说轮台路,连年见飞雪。[4]"和风雪相联系的,自然还有彻骨的严寒:"北风卷地百草折,胡天八月即飞雪。忽如一夜春风来,千树万树梨花开。"[5]茫茫的戈壁、无边的沙海、宽阔的草原,造就了酒泉各兄

[1]《后汉书》卷87《西羌传》。

[2]岑参:《碛中作》

[3]岑参:《初过陇山途中呈宇文判官》。

[4]岑参:《走马川行》。

[5]岑参:《发临洮将赴北庭留别》。

弟民族粗犷、豪爽、奔放的性格，同时也培育了他们良好的艺术天性。对于这种美好的素养，边塞诗依据生活的本来面目，给予大量的描绘和抒写。他们会弹："凉州七里十万家，胡人半解弹琵琶"，[1]"君不闻胡笳声最悲，紫髯绿眼胡人吹"；他们能歌："琵琶长笛曲相和，羌人胡雏齐唱歌"，[2]"清唱云不去，弹弦风飒来"，[3]"横笛惊征雁，娇歌落塞云"；[4]他们善舞："美人舞如莲花旋，世人有眼应未见"，[5]"万骑争歌杨柳春，千场对舞绣麒麟"。[6] 透过这些描写，我们好像听到来自天山南北、河西走廊各地羌笛、琵琶、胡笳悦耳悠扬的声音，好像看到各族人民载歌载舞的热烈场景。西部儿女们正是用他们所擅长的乐舞，表现他们的劳动生活，抒发内心的丰富情感，传递美好的爱情，张扬奔放的精神个性。乐舞，激励着他们去生活、去斗争，去创造生命的辉煌。

盛唐时期的许多边塞诗人本身就是亲历征战的无数将士官兵中的一员。唐代，边塞战事频繁。由于国力强盛，这种戍边卫国战争，多以唐王朝的完胜结束。边境战争的胜利和国力的强盛使许多诗人希望立功绝域，为国出力，而战争的危害也使很多诗人深感忧虑，引起了诗人广泛深切的关注。体现在诗人的创作当中，便有将士以身许国、渴望立功边塞的大量诗作，如杜甫的《后出塞》其一："男儿生世间，及壮当封侯。战伐有功业，焉能守旧丘。"有军队出征的威武，如岑参的《轮台歌奉送封大夫出师西征》："上将拥旄西出征，平明吹笛大军行。四边伐鼓雪海涌，三军大呼阴山动。"有写部队暗夜行军之急促艰险的，如岑参的《走马川行奉送封大夫出师西征》："将军金甲夜不脱，半夜军行

〔1〕岑参：《白雪歌送武判官归京》。

〔2〕岑参：《胡笳歌》。

〔3〕岑参：《酒泉太守席上醉后作》。

〔4〕杜甫：《兵车行》。

〔5〕岑参：《田使君美人舞如莲花北鋋歌》。

〔6〕高适：《九曲词三首》。

戈相拨,风头如刀面如割。”既有描写战事“伏尸百万,流血千里”般的惨烈,如杜甫的“边亭流血成海水”,[1]更有将士杀敌的豪迈和凯歌高奏、得胜的狂欢,如王昌龄的《从军行》其四:“青海长云暗雪山,孤城遥望玉门关。黄沙百战穿金甲,不破楼兰终不还。”其五:“大漠风尘日色昏,红旗漫卷出辕门。前军夜战洮河北,已报生擒吐谷浑。”总体上,抒写将士英勇杀敌,保家卫国,建功立业的壮志豪情,是盛唐边塞诗的基调。这种基调,来源于唐王朝为解除少数民族的侵扰,保卫北方与西北地区和平而进行战争的正义性。因而它能得到人民群众的支持,能得到广大将士义无反顾地投入,不惜为之流血牺牲。置身这个特定时代,追求功名、向往边塞的诗人们,很自然地在作品中表现出这种英雄主义的豪迈气概。战争是残酷的、惨烈的,但诗人们并不消沉哀怨,而是积极乐观地热情讴歌守卫边疆的将士保卫疆土的壮志,写出他们出生入死的战斗经历和无所畏惧的英雄豪情。

许多边塞诗人都亲临过西北边塞,从而产生了巨大的创作激情。岑参便是其中的杰出代表。《酒泉太守席上醉后作》是岑参在酒泉的一次豪饮后,写下的传世名作:

酒泉太守能剑舞,高堂置酒夜击鼓。
胡笳一曲断人肠,座上相看泪如雨。
琵琶长笛曲相和,羌儿胡雏齐唱歌。
浑炙犁牛烹野驼,交河美酒金叵罗。
三更醉后军中寝,无奈秦山归梦何!

唐天宝八年(749)冬,岑参赴安西高仙芝幕府任职途中,曾经过敦煌,当时作《敦煌太守后庭歌》以叙写敦煌太守招待情形。同样,《酒泉太守席上醉后作》则写酒泉太守的招待情形。诗歌直接从酒泉太守的豪放个性写起:“酒泉太守能剑舞,高堂置酒夜击鼓。”这种招待不可谓不热情隆重,舞剑、击鼓均为唐代音乐

[1]杜甫:《兵车行》。

舞蹈，常规酒席招待客人，多是艺妓、家妓们表演助兴，而主人亲自下来舞剑助兴，除说明主人热情豪放之外，对客人来说，会更添一种亲密感。接着诗人以快意的笔法，以一个局部的场景，描绘了一幅大唐盛世、万国朝宗、中西经济文化交流繁盛的图画："琵琶长笛曲相和，羌儿胡雏齐唱歌。浑炙犁牛烹野驼，交河美酒金叵罗。"这种豪华盛宴具有酒泉风情和地域特色，在长安肯定是无法享受到的。酒席散去时候，诗人已经醉了，甚至醉到回不去住处，只能在"军中就寝"。但是诗人情感所依却无时无刻不在家乡，所以，就是做梦也是梦归秦山，这种思念家乡之情感又转回到"胡笳一曲断人肠"。如果此诗确实是唐至德二年(757)春季岑参在东归途中过酒泉时所作，那么这一句诗应该还有归心似箭的含义。

有一些诗人一生未能到酒泉，但他们与酒泉"遇合神交"，也创作了许多的边塞诗作。"诗圣"杜甫一生未曾踏足酒泉，却是西域边塞的热心关注者，他的诗中有六十余首涉及西部。杜甫的诗素有"诗史"之誉，他的边塞诗中对唐朝西域边防政策、战略战术、民族关系及各民族风俗都有所反映。杜甫与高适、岑参等边塞诗人不同，他的边塞诗侧重于反映西域战争带来的苦难，也是唐朝边塞诗的重要组成部分。杜甫的《饮中八仙歌》中就有对酒泉的想象和向往：

知章骑马似乘船，眼花落井水底眠。
汝阳三斗始朝天，道逢曲车口流涎，
恨不移封向酒泉。左相日兴费万钱，
饮如长鲸吸百川，衔杯乐圣称避贤。
宗之潇洒美少年，举觞白眼望青天，
皎如玉树临风前。苏晋长斋绣佛前，
醉中往往爱逃禅。李白一斗诗百篇，
长安市上酒家眠，天子呼来不上船，
自称臣是酒中仙。张旭三杯草圣传，

脱帽露顶王公前，挥毫落纸如云烟。

焦遂五斗方卓然，高谈雄辩惊四筵。

《饮中八仙歌》是一首别具一格、富有特色的“肖像诗”。八个酒仙是同时代的人，又都在长安生活过，在嗜酒、豪放、旷达这些方面彼此相似。诗人以精练的语言，人物速写的笔法，将他们写进一首诗里，构成一幅栩栩如生的群像图。该诗对汝阳王李琎的描写最为形象和逼真，他是唐玄宗的侄子，宠极一时，所谓“主恩视遇频”，“倍比骨肉亲”，[1]因此，他敢于饮酒三斗才上朝拜见天子。他的嗜酒心理也与众不同，路上看到酒车竟然流起口水来，恨不得要把自己的封地迁到酒泉去。因相传那里“城下有泉，其水若酒，故名酒泉”。[2] 这一事实也说明当时酒泉在朝中及整个中原都具有很大的影响。唐代皇亲国戚、贵族勋臣有资格袭领封地，因此，八人中只有李琎才会勾起“移封”的念头。诗人就抓着李琎出身皇族这一特点，细腻地描写他的享乐心理与醉态，下笔真实而有分寸。

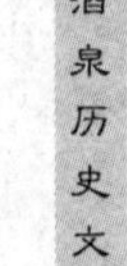

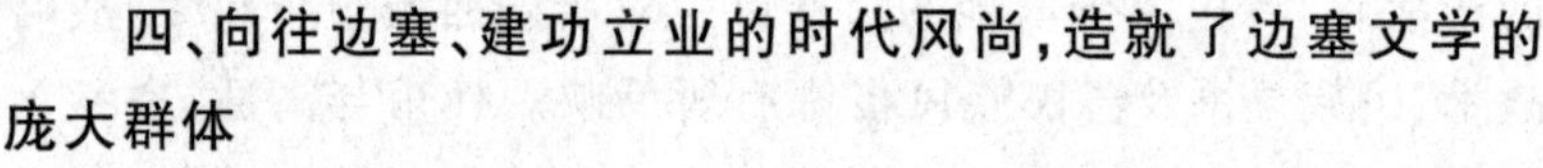

四、向往边塞、建功立业的时代风尚，造就了边塞文学的庞大群体

唐代昂扬向上的时代精神，激发起一批文人建功立业、报效国家的情怀。他们渴望从军边塞、为国立功，施展自己的才华和抱负。从“感时思报国，拔剑起蒿莱”、[3]“未收天子河湟地，不拟回头望故乡”[4]等诗句中，我们可以看到一种为国家民族利益不惜牺牲个人一切的忠贞精神；从“浑驱大宛马，系取楼兰王”、[5]“伏波惟愿裹尸还，定远何须生入关”[6]等诗句中，我们

〔1〕杜甫：《赠太子太师汝阳郡王琎》。

〔2〕《汉书·地理志》。

〔3〕陈子昂：《感遇诗》其三十五。

〔4〕令狐楚：《年少行》其三。

〔5〕岑参：《武威送刘单判官赴安西行营便呈高开府》。

〔6〕李益：《塞下曲》。

可以看到一种一往无前、虽死无憾的无畏精神；从“苟能制侵陵，岂在多杀伤”、[1]“燕然山上云，半是离乡魂”[2]等诗句中，我们可以看到一种同情士卒、泪尽泣血的人道精神；从“铁骑横行铁岭头，西看逻娑取封侯”、[3]“萧条清万里，瀚海寂无波”[4]等诗句中，我们可以看到一种横扫敌患、靖定边尘的进取精神。

文人学士的入塞或入幕客观上极大地壮大了边塞诗的创作队伍，形成了一种类似集团军的创作效应。这些文人学子独特的人生经历，无疑为盛唐边塞诗增添了最绚丽的色彩，留下了他们渴求边塞建功立业的无数长篇短制。岑参的《送李副使赴碛西官军》：“功名只向马上取，真是英雄一丈夫。”李白的《塞下曲六首》其一：“晓战随金鼓，宵眠抱玉鞍。愿将腰下剑，直为斩楼兰。”高适的《塞下曲》：“万里不惜死，一朝得成功。画图麒麟阁，入朝明光宫。大笑向文士，一经何足穷。古人昧此道，往往成老翁。”这些诗句，都充分表达了唐代文人奋发向上的精神和建功立业的豪情。

（原载《发展》2014 年第 12 期）

[1]杜甫：《前出塞》其六。

[2]于濆：《塞下曲》。

[3]高适：《九曲词》

[4]李白：《塞上曲》。

酒泉酒文化的历史渊源

酒泉,是丝绸古道上一颗璀璨的明珠。悠久的历史文化、淳朴的乡风民俗,孕育了特色鲜明的酒泉酒文化。

一、因酒得名的丝路古郡

元狩二年(前121),雄才大略的汉武帝命骠骑将军霍去病两次进兵河西走廊,大败匈奴,收千里河西地区为汉王朝的统辖范围,并正式设立了河西走廊最早的行政机构——酒泉郡。两千多年来,酒泉作为古丝绸之路上的桥头堡,在中西方经济文化交流中,发挥着任何一个地方都无可替代的作用,创造了诸如敦煌文化、丝路文化、长城文化、民族文化、简牍文化、五凉文化、航天文化等博大精深的历史文化。古代飞天和现代航天在这块神奇的土地上交相辉映,折射出酒泉古郡的独特魅力。

"酒泉"一词最早出自西汉东方朔的《神异经·西荒经》:

> 西北荒中有玉馈之酒,酒泉注焉。广一丈长,深三丈,酒美如肉,澄清如镜。上有玉樽、玉笾,取一樽,一樽复生焉,与天同休无干时。石边有脯焉,味如獐鹿脯。饮此酒,人不生死。

其后班固的《汉书·地理志》记载:"城下有金泉,其水若酒,故曰酒泉。"东晋敦煌人阚骃著的《十三州志》上说:"酒泉原名金泉,有人饮此泉水,见有金色,照水往取,得金,故名金泉。"唐代颜师古曰:"城下有金泉,泉味如酒。"宋代司马光主编的《资治通鉴·汉纪》注说:"其水如酒,故曰酒泉。"

上述史料表明,酒泉的确是因泉因酒得名。

但长期以来民间广为流传着一个神奇的传说：汉武帝元狩二年（前121），骠骑将军霍去病率兵大败匈奴，收河西走廊为汉王朝的统辖范围。汉武帝大喜，赐御酒一坛，犒赏霍去病。霍去病以为功在全军将士，但酒少人多，霍去病便倾酒于城下泉中，与众将士共饮，从此得名酒泉。这一传说，虽无史料依据，但却从另一个侧面反映了酒泉地名与酒的美妙关联。

汉唐以来，众多文人墨客以酒为媒，以酒传文、以酒传诗、以酒传画，书写了一幅幅关于酒泉及酒文化的华丽篇章。

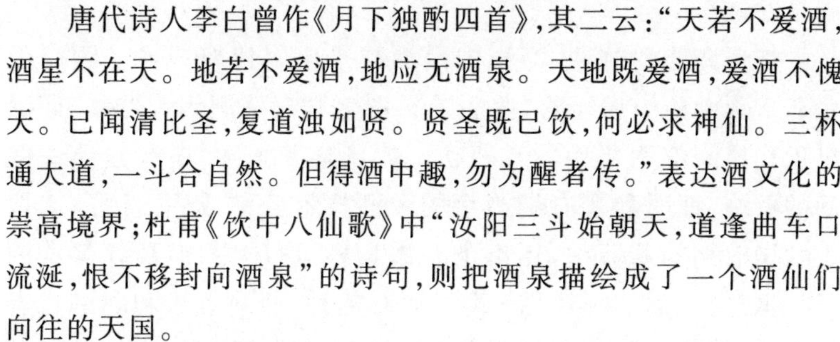

唐代诗人李白曾作《月下独酌四首》，其二云："天若不爱酒，酒星不在天。地若不爱酒，地应无酒泉。天地既爱酒，爱酒不愧天。已闻清比圣，复道浊如贤。贤圣既已饮，何必求神仙。三杯通大道，一斗合自然。但得酒中趣，勿为醒者传。"表达酒文化的崇高境界；杜甫《饮中八仙歌》中"汝阳三斗始朝天，道逢曲车口流涎，恨不移封向酒泉"的诗句，则把酒泉描绘成了一个酒仙们向往的天国。

清人沈青崖的《酒泉亭记》云："羽觞秩秩，酒酿葡萄，笳拍嘈嘈，声传觱篥，追霍骠骑之壮志，慕班定远之勋名，勇气豪襟，泉为之激焉。又有骚人墨卿，载笔从戎，试上陇堆，忽来鹿塞，望雪山而作赋，过嘉峪以留题。酌水品茶，临流敲句，虽无永和祓禊之乐，庶几其有揽辔澄清之志，而泉为之静焉。若夫九边父老，常供飞挽之劳，六郡良家，久谙鼓鼙之役，狼烟息警，鹭堠常宁，创见曲廊围绿波而掩映，忽看文榭如飞鸟之骞腾，负暄荻岸，鼓腹柳荫，莫不共乐升平，欣欣自得，则泉为之畅乎。"此文通过人泉和谐共生的美妙景色的渲染，使酒泉大地更加充满灵气。

综上所述，无论是历史文献，还是民间传说，都将酒泉古郡与酒巧妙联系在了一起，对酒泉及酒文化赋予了美好的寓意。也许正是这种充满神灵与豪放的酒文化，吸引着一代又一代的文臣武将、文人墨客来酒泉大地建功立业、驰骋诗意。

二、悠久的酿酒历史

酒泉酿酒历史源远流长，在火烧沟文化遗址中，就出土了精美彩陶方杯、人形陶罐等酒器，标志着早在新石器时代晚期酒泉酿酒业已经出现。不过当时的酒都是以黍为糜（煮烂的黍），加上曲蘖（niè，酒母）酿成的。西汉酒泉设郡后，汉武帝迁大量的中原人到酒泉屯耕戍边，他们在带来先进农业耕作技术的同时，也带来了中原的饮酒风习和酿酒技术，酿酒作为一个产业开始在酒泉发展。

魏晋南北朝时期，酒泉的酿酒技术已经比较成熟。酒泉魏晋墓室彩画砖中描绘的《酿酒图》，图上画有蒸酒锅等器具，同酒泉近代民间酿酒所用器具相仿。魏晋墓壁画中，还有蒸馏法酿酒的壁画，证明魏晋时期酒泉的酿酒技术已经成熟。酒泉魏晋十六国时期的墓葬中，还出土有添耳杯、陶耳杯、铜耳杯等饮酒具。据《甘州府志·风俗》载："酒有数种，酒肆煮米和曲酿成者曰黄酒；以稞麦糜谷和曲酿成者曰汾酒；以糯稻和曲内入汾酒酿成者，即绍兴玉兰、金盘、三白诸色酒。又有缸子酒者，煮大麦和曲酿成装坛，内入黄酒、鸡汤，截芦为筒，各吸饮之。杜工部所谓芦酒是也。"酿酒的原料有"稻分粳糯，糯者酿酒"；"青稞亦可酿酒"；糜谷也有粳糯之分，糯米也可酿酒。民间酿酒的方法大致是：将稻、青稞、糜、谷碾成米，统称粮。先取粮一百份，用凉水浸软，再蒸熟后铺于苇席，待放凉以后，掺入粉碎过的酒曲十五份，混合拌均匀，然后入瓮加盖发酵。熟食中的淀粉随即糖化，而渐渐变成糖液。三日后加清水，浸淹熟食，随即进入酒精发酵过程。再过三四天后，将液汁挤压出，即成米酒，亦称黄酒。如果装在锅里蒸，蒸馏得酒液，称为白酒。

唐宋时期，受到饮酒风俗的影响，酒泉、敦煌一带的酿酒业得到了进一步的发展。当时酒泉、敦煌城已有专门经营酒的制造与销售的酒行。晚唐五代时期造酒更是兴盛，专设酒司统领，都役使直属的酒户从事酿造。酒司管辖下的官酒户是当地官府用酒的主要酿造者,一般称博士。当时地方手工业中的工匠也称作博士,如铁博士、木博士、泥博士等。敦煌文书中记载了某工匠给酒司造了一批瓮,而作为工钱,“酒司家取麦一石”付给。当时民间酿酒风气很盛,寺院中酿酒饮酒也成风。尽管在佛教戒律中,酒被列为十戒之一,属禁止范围,但在敦煌一带的寺院中僧徒却饮酒成风,而且经久不衰。从当时敦煌净土司的账目中发现,净土司用于酒的开支量很大。当时僧徒们基本上都饮酒,上至僧统、都僧录、都僧政这样的高级僧官,中到教授、僧政、法律、法师及上座、寺主等中级僧官,下到一般僧人徒众等都有饮酒的记载。在寺院的一些账目上,招待工匠像石匠、木匠、铁匠、画匠、塑匠、泥匠、皮匠等用酒开支,均有记载。

从敦煌文书的记载中可知,当时敦煌酿酒业不但兴盛,而且酒的品种也很多。据郑炳林先生研究,当时敦煌酒的种类至少有粟酒、麦酒、青麦酒、胡酒、清酒、混合酒、白酒、葡萄酒等几类。[1]

粟酒:粟酒是敦煌出产最多的酒之一,也是敦煌人日常饮用最多的酒。用粟做原料酿造的酒,其实就是米酒或黄酒。酿造方法就是将小米蒸熟,加曲发酵而成。粟酒之所以在酒市上数量最多,一方面,是因为唐以后,敦煌的主要食用粮食已由粟渐次变为小麦,粟退出了主食的地位,成为一种粗粮;另一方面,与当时酿酒工艺的改进有很大的关系。虽然开凿于西夏时期的榆林窟第3窟中有属于蒸馏技术的酿酒图,但资料表明大多时候人们仍采用传统技术。像寺院里自己为某件事随便酿一些粟酒,用的是传统的发酵技术。这种技术更简单易学,在家也可以制作,所酿出的酒度数也不是很高,这比较适合受戒律约束的僧

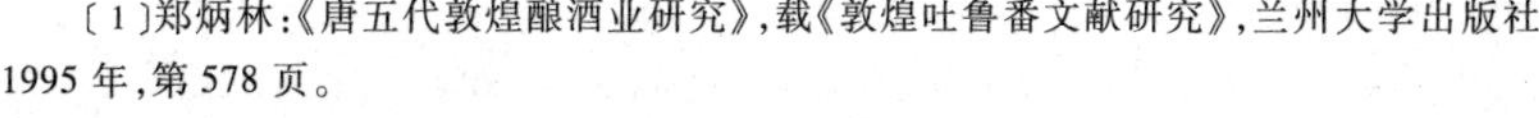

〔1〕郑炳林:《唐五代敦煌酿酒业研究》,载《敦煌吐鲁番文献研究》,兰州大学出版社1995年,第578页。

人吃用。

麦酒:即用小麦做原料酿造的酒。麦酒在敦煌文书当中出现的频率虽没有粟酒那样多,但也仅次于粟酒。小麦所酿造的酒应当是比较高级的酒,成本更高,技术要求也比粟酒要高得多,因此,每次酿酒支出的小麦数量比粟多,大多为9斗左右。因为小麦酒的酒精度数较高,所以9斗小麦才能“卧”1瓮酒,12斗小麦可换取一瓮麦酒。

白酒:是一种度数较高的酒,也可能是一种质量上乘的酒。敦煌文书P.3875V卷中有“麦贰斗,卧白酒用”的记载,可证敦煌的“白酒”其原料为小麦。P.3438《沙州官告国信判官将仕郎试大理评事王鼎状》是一件酒后的谢词,作者写道:“□自知器□□□饮□琼醪,盖以葵腹草肠,不称中山之酎。今则见拘枕席,犹未醒醒。强起扶持,罄写丹诚于赤(尺)素,其余感佩,罔尽铺舒。谨修状启闻,代申陈谢。伏惟照察。谨状。”虽然带有明显的奉承,但也反映了当时所酿造的酒质量已不同一般,度数已非常高。联想到属于西夏的榆林窟第3窟的“酿酒图”展示了一种成熟的蒸馏酿酒技术,晚唐五代时期的酒泉出现度数较高的用小麦做原料的蒸馏白酒,不是没有可能。[1]

胡酒:或西域贸易而至的酒,或用西域传来的酿酒技术所酿造的有别于中原传统的酒的名称,其原料也应与中原有所不同。“胡酒”非指一种,当是一种泛称。S.3836卷中有“胡酒”。许多卷子中出现信徒布施“呵梨勒”。西域胡人也曾将“呵梨勒”作为贵重药品缴纳到归义军衙内。“呵梨勒”为出产在波斯的一种药材,西域就有用“呵梨勒”等原料酿造的“三勒浆”酒。此酒有保健作用。

青麦酒:青麦又叫青稞,青麦酒即青稞酒。P.2763Vc卷中给宴设厨分配的造酒原料中有“一十八石青麦”。这是一件吐蕃时

〔1〕高启安:《唐五代敦煌饮食文化研究》,民族出版社2004年,第312页。

期的文书,说明吐蕃人对青稞酒的偏好。时至今日,甘、青地区的藏族仍有家庭酿制青稞酒的传统。另一些文书,也有支出青稞用于造酒的记载。

清酒:相对于“稠酒”而言,当是一种度数低、杂质较少的酒,常用于祭奠和中药的炮制上。“清酒”有时又成为酒的代称而出现在各种祭文、愿文中。如在 S. 4400 卷敦煌王曹元忠为镇宅而作的祭文中,就开列有“清酒”。

葡萄酒:葡萄酒可能是酒泉在产量上仅次于粟酒、麦酒的酒类之一。虽然敦煌文献在寺院或归义军衙内破历中少见葡萄酒的记载,但在一些文学作品或其他的书仪中,却屡屡见到关于葡萄酒的记载,如《茶酒论》中有:“蒲桃九酝,于身有润。”《下女夫词》有:“酒是蒲桃酒,千钱沽一斗。”《王昭君变文》:“蒲桃未必胜春酒”等。说明葡萄酒在敦煌的身价要比粟酒等高得多,产量当也有限。

白醪:可能在敦煌所产不多,S. 3836 卷中有白醪;《维摩诘经讲经文》:“白醪携得满杯斟”;根据《齐民要术》卷 7 记载,白醪的主要原料为糯米,亦即糯米酒。酒泉不出产糯米,“白醪”出现在文学作品中,或者是对酒精饮料的代称,或者指酒色清纯度数较高的酒,也就是白酒。

混合酒:指各种原料混合酿制的酒。敦煌文献中的一些卷子记载敦煌人用小麦和粟酿制混合酒。麦粟比例有时为 1∶1,有时为 3∶4。由于小麦的出酒率低于粟(或由于麦酒酒精度数高于粟酒),与粟混合后所酿造的酒其酒精度数要高于粟酒而低于纯麦酒。因此,麦、粟的不同比例反映了酒精度数的不同。而上举 P. 2763Vc 卷在给宴设厨分配的造酒原料中除了青稞外,尚有面、麸、小米等,可知所酿制的酒也是一种混合酒。

药酒:唐代敦煌文学作品《下女夫词》中记载,婚礼仪式时要给新郎敬一种“药酒”:“即问二姑妗,因何行药酒。”而这种“药酒”的功用可以“延得万年春”。新郎不饮用,而是“酒南墙”。

可知敦煌人喜欢喝具有延年益寿的保健药酒,并将这种药酒用在婚礼仪式时与新郎的嬉戏笑闹上。

宋元时期,酒泉人把蒸馏器称烧锅,把生产酒的作坊叫作烧坊,所酿制的蒸馏酒称为烧酒。敦煌莫高窟的壁画中,就有一幅11 世纪西夏时代的酿酒蒸馏壁画,足可以证明当时酒泉就已经生产蒸馏酒。到明清时期,蒸馏酒的技术更为成熟,明代的肃州城内,有好几家酿酒作坊,生意十分兴隆,东来西往的商旅都来这里品酒、买酒,因此这些街巷被人们称作“南烧酒巷”“北烧酒巷”。当时每个烧酒作坊都有好几个用榆木或沙枣木做成的木桶,用来发酵酒糟。酿酒的原料也是就地取材,采用肃州本地的小麦、大麦、玉米等。酿成的新酒再加入陈年的酒曲进行发酵、蒸馏。发酵时,有的烧酒作坊还将苹果、梨加进酒糟,使酿成的酒醇香、甘洌清香。

新中国成立以来,酒泉酿酒技术日趋成熟,白酒、啤酒、葡萄酒、果露酒、滋补酒品牌众多,自成体系,成为国民经济的一个重要产业。

三、淳朴的饮酒风气

汉代以来,饮酒已成为酒泉人情感交流的重要形式。

汉代的酒泉,酒应用已极为广泛。酒泉地域出土的大量简牍资料为我们勾勒出一幅幅多彩的边塞饮酒风俗画卷:士卒们骑马到张掖、酒泉的“市”上打酒,用谷类酿制曲酒,在烽燧里就着烤鸡、腊肉饮酒。

魏晋南北朝时期,酒文化的内涵得到了扩展。借助于酒,人们抒发着对人生的感悟、对社会的忧思、对历史的慨叹。酒泉魏晋墓壁画中有饮酒画像砖;高鼻梁、留胡发的少数民族贵族,饮酒时喜欢就烤肉;宾主饮酒,侍女们持团扇伺候,乐师弹琴吹箫助兴。

唐宋时期,是酒泉酒文化的高度发达时期,酒文化融入酒泉

人的日常生活中。据敦煌文献资料记载，当时酒坊和酒店非常多，并且社会各个阶层、一切世俗社会的活动中，都少不了酒。[1]招待中原及周边政权的使者时，每天必须按一定数量供应酒，这已成了一种惯例，有时每位每日供应酒近3升；繁多的祭祀仪式中要用酒去娱神；数不清的节令仪式中要喝酒；各种请客的宴会上要喝酒；迎来送往要喝酒；婚礼的每一个程序中都少不了酒：送彩礼时要送酒具；新婿上门娶亲时，女方家要准备药酒，通过盘请、戏谑，才准许他入门；娶亲回来的路上，有人要在路上设障，索要酒食，而吃同牢盘、喝合卺酒，甚至就是以吃和喝酒来象征二人的结合，其他如祭礼先人、荣亲请客、各种祭祀等，都需要酒；所送丧礼中少不了酒：吊孝者劝孝时要喝酒，脱孝时要喝酒，吊唁的人要喝酒，送葬路上要浇酹酒，临圹葬埋时也要奠酒。一句话，整个仪式过程中都不能没有酒；同社的人每次的活动不能没有酒，甚至迟来的人的罚物也要用酒来充当；无论是寺院，还是归义军衙内，在请工匠做工后都要请他们喝酒。归义军的掌权者还常以好酒招待，以示恩宠。总之，酒成了酒泉社会不可或缺的美味。

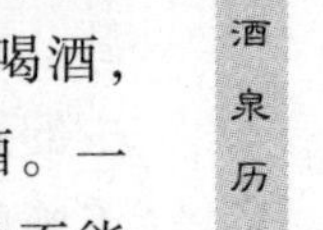

在喝酒的人当中，不仅有高官，也有下层社会的普通劳动者；有男人，也有女人；有世俗人，也有献身宗教的僧侣。本来，佛教是禁止僧人饮酒的，敦煌的寺院有时也明文规定僧人不准饮酒。在S.2575卷的《戒坛榜》中，就规定“甘汤美药，各住于时供承，非食醇醪，切断不令入寺”。但在社会风气的熏染下，僧人饮酒几乎是普遍的现象。寺院中收入的粟和黍，其支出主要以酿酒和换酒为主。有些僧人甚至每每在酒店里吃酒，而且叫“音声”表演；归义军的节度使在给僧人的赏赐礼品中也有酒，说明社会对僧人饮酒也持认同的态度。女性在社会的地位较低，但

[1]高启安《:唐五代敦煌人的饮酒习俗述论》，载《敦煌研究》2000年第3期，第82页。

女尼有时也喝酒，甚至也可以在酒席宴上“喧拳”，反映了当时社会饮酒风气的炽盛。

明清两代将酒推向了一个修身养性的境界。酒成为从名人雅士到里巷市井的普遍爱好。酒令五花八门，所有世上的事物、人物、花草鱼虫、诗词歌赋、戏曲小说、时令风俗无不入令，且雅令很多，把饮酒提升到讲酒品、崇饮器、行酒令、懂饮道的高尚境界。

中华人民共和国成立后，酒文化得到了空前的丰富和发展。如生日宴、婚庆宴、丧宴等等以及相关的酒俗、酒礼，成为人民生活的重要内容。喜庆节日、婚丧嫁娶、招待宾客时，都要聚宴饮酒。境内蒙古族、哈萨克族、裕固族等少数民族，酒更是不可缺少的娱乐道具，每逢节庆，都能看到他们载歌载舞、歌声不断酒不断的欢庆场面。

（原载《发展》2015 年第 1 期）

酒泉古代三次人口发展高峰及成因

酒泉古代历史上出现过三次人口发展高峰。本文以历史文献为依据,论证了酒泉人口三次发展高峰的形成及主要原因。

一、西汉中后期酒泉人口发展的第一次高峰

公元前121年,汉武帝派霍去病攻占河西走廊,酒泉从此纳入中央王朝的统治范围。西汉统辖酒泉以后,当时境内居住的汉人、羌人、戎人、乌孙余部、月氏余部及零散匈奴残部,数量非常少,可能不过万人。因此,司马迁《史记·大宛列传》中说“故浑邪王地空无人”。

要巩固、经营西北边疆,首先必须解决人口问题。于是,西汉王朝统辖酒泉后做出的第一个战略决策便是移民实边,即向酒泉及河西地区大规模移民。

西汉王朝大规模地向酒泉及河西一带移民的情况,史料记载主要有四次:

第一次是元狩三年(前120)向关西及朔方以南新秦中移民70万人。《史记》卷30《平淮书》记载:“其明年,山东被水灾,民多饥乏。于是天子遣使者虚郡国仓庸,以赈贫民。犹不足,又募豪富人相贷假。尚不能相救,乃徙贫民于关以西,及充朔方以南新秦中,七十余万口,衣食皆仰给县官。数岁,假予产业,使者分部护之,冠盖相望。其费以亿计,不可胜数。”[1]文中所说的“关以西”,是指潼关以西。一次性将70万人迁移到潼关以西,应当

〔1〕《史记》卷30《平淮书》。

是包括了新开辟且人口稀少的边地河西地区。

第二次是元狩四年(前 119)向河西移民。《汉书》卷 96《西域传》记载:“骠骑将军击破匈奴右地,降浑邪、休屠王,遂空其地,始筑令居以西,初置酒泉郡,后稍发徙民充实之。”《汉书》卷 6《武帝纪》记载:元狩四年(前 119)冬,“有司言东贫民徙陇西、北地、西河、上郡、会稽,凡七十二万五千口”。后面一条虽未提及河西,但许多学者都认为移民地区应当是包括河西地区的,理由和第一次大规模移民基本相同。

第三次是元狩五年(前 118),“徙天下奸猾吏民于边”。[1]这是一次惩罚性移民,就是将全国各地为非作歹、奸险狡猾的官吏和平民全都迁徙到边境地区。这类移民到酒泉的史料较多,《汉书》和敦煌汉简、居延汉简均有记载。

第四次移民是元鼎六年(前 111)秋向河西的移民。元鼎六年(前 111)汉军又一次发动清除河西等地匈奴残余的军事行动,然后向河西移民。《汉书》卷 6《武帝纪》记载:“又遣浮沮将军公孙贺出九原,匈河将军赵破奴出令居,皆二千余里,不见虏而还。乃分武威、酒泉地置张掖、敦煌郡,徙民以实之。”[2]这次移民的数目,史书上没有记载。但这时的汉王朝要在整个河西地区只有酒泉一个(且没有设县的地域上)陆续增设了敦煌、张掖、武威三郡,35 个县,必然要大量移民。

关于向酒泉移民的数量,史书上有这样的记载:《史记 · 匈奴列传》:“是后匈奴远循,而幕南无王庭。汉渡河自朔方以西至令居,往往通渠置田官,吏卒五六万人,稍蚕食,地接匈奴以北”。《汉书 · 平淮传》:太初元年(前 104),“初置张掖、酒泉郡,而上郡、朔方、西河、河西开田官,斥塞卒六十万人戍田之”。

齐陈骏先生认为,“河西则指武帝所设四郡,即使以四个地

[1]《汉书》卷 6《武帝纪》。
[2]《汉书》卷 6《武帝纪》。

域平均分配，河西亦应有田卒15万人"[1]。《史记·大宛列传》："汉武帝太初三年（前102），益发戍甲卒十八万酒泉、张掖，北置居延、休屠以卫酒泉。"从上面三次有数字记载的移民来看，"西汉前期向河西的移民不下40万"，[2]而酒泉一带至少也有10万移民。

西汉王朝对移民实行了一系列的优抚政策。移民迁徙有专门的使者护送，由内地到西部的沿途，各地郡县提供交通工具和充足的食品供应。移民到达酒泉定居后，首先要向国家著籍，即登记户口。汉代的户口册称为"名籍"或"名数"。据汉简来看，名籍要载户主姓名、年龄、籍贯、职务、爵级、家财等。著籍后的移民同原来在这里的农民一样，均采用什、伍编制，分属郡、县、乡、里的民政系统管理，他们成为国家直接控制的编户齐民，开始与原有居民一样以编户为基本单位在这片土地上从事小自耕农的生产活动。根据记载，凡迁徙的贫民，都给予爵位，供给衣服和食物。强制迁移的罪犯及其家属，可以免罪，成为自由民。迁徙到河西等地的移民，一般都安置于自然条件较好、适宜农垦和放牧的地方。到了迁移地以后，就赐给一定数量的土地，分发给已经建好的住房、家用器具，给予农具，借给犁、耕牛、籽种、口粮，让他们安心开垦荒地，种植粮食。史称"……家室田作，且以备之……先为室屋，具田器……赐高爵，复其家"，一般移民开始都"复其家"，就是"勿收租""除算赋"。[3] 当然，免除田租和算赋都是有一定期限的，年限一过他们还是要按规定向国家纳税的。移民初到边地，复免几年田租、算赋之后，便要按规定缴纳租赋。另外，由于边郡的粮食生产十分重要，条件也比较艰苦，国家对于这些移民实行一定保护政策。民田设有护民田官，护民田官的职责之一是保护民田，史书和汉简中类似保护农业生

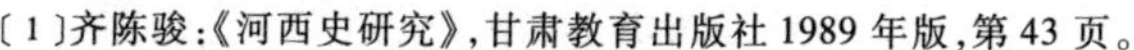

〔1〕齐陈骏：《河西史研究》，甘肃教育出版社1989年版，第43页。

〔2〕姜清基：《河西历代人口研究》，内蒙古人民出版社2008年。

〔3〕《汉书》卷49《晁错传》。

产和救灾的记载很多。史书记载,当时河西地区的各级官吏对移民管理比较宽松,不苛刻待民,所以官民关系融洽,“酒礼之会,上下通焉,吏民相亲。是以其俗风雨时节,谷籴常贱,少盗贼,有和气之应,贤于内郡”。[1] 这一切无疑大大刺激了移民的生产积极性,促进了河西地区农业生产的发展。汉代为了向河西移民付出了很大代价。晁错建议募民实边时说:“予冬夏衣,廪食,能自给而止。”[2]汉武帝时,初来的移民也是“衣食皆仰给县官”,生产和生活资料都由国家供给,而所需物资却要从数千里外的内郡转输,运费往往超过物资本身价格好多倍,这场巨大的努力很快得到了补偿。没有几年,这里的仓廪就开始积贮了余粮。汉宣帝以后,河西等地区已是“人民炽盛,牛马布野”,不仅在人力物资上支援了西汉对西域的经营,供给了河西驻军的口粮,甚至还将河西粮食调运到内地。

西汉的移民实边措施,巩固了汉朝在河西的统治,为进一步经营西域,实现“隔绝羌胡”“断匈奴右臂”的战略目标奠定了基础。对于促进河西经济文化的发展,保障西北边防的稳固和丝绸之路的畅通,产生了深远的影响。就酒泉而言,大量移民的迁入,不仅带来了中原地区先进的农业生产技术,发展了酒泉农业经济,为酒泉人口的发展提供了必要的物质基础,促成了酒泉人口的迅速增长。《汉书·地理志》记载了西汉末年平帝元始二年(2)全国 103 个郡国的户口。其中:酒泉郡 9 县,户 18137,口 76726;敦煌郡 6 县,户 11200,口 38335。酒泉、敦煌两郡人口合计 115061 人。也就是说,通过大规模的移民实边,酒泉人口从西汉王朝统辖初期的 1 万人左右,发展到了 11 万多人,这是酒泉人口发展的第一次高峰。

综上所述,汉朝大规模移民实边政策的实施,大大提高了酒

[1]《汉书》卷 28《地理志》。
[2]《汉书》卷 49《晁错传》。

泉人口的基数，为酒泉人口自然增殖的绝对数上升打下了坚实的基础；另外移民的迁入和农业技术的引进促进了农业生产的发展，又为人口发展提供了必要的物质基础。这是西汉中后期酒泉第一次人口高峰形成的主要原因。

二、唐代前期酒泉人口发展的第二次高峰

酒泉人口在经历了西汉的发展高潮后，到东汉因政局混乱、社会动荡等因素开始减缓并有所下降。据《后汉书·郡国志》，东汉永和五年(140)酒泉人口总数为 88507 人，较西汉元始二年官方公布的 115061 人减少了 26554 人。到魏晋南北朝时期酒泉人口则经历了一个曲折发展的阶段，其间曹魏、西晋时期因河西政局安定而有所恢复与发展。据《晋书·地理志》，西晋太康年间(280—289)酒泉人口数为 70299 人；后凉由于战乱和灾荒、加之统治者不重视农业导致人口大幅度下降；西凉社会安定、经济繁荣，人口有较大发展；北凉、北魏、西魏、北周时期，人口发展有减有增，总量发展远低于西凉时期。

唐太宗李世民于公元 627 年继位后，在"民本"思想指导下，积极寻求"长保社稷"之法。在经济上推行均田制，减轻徭役，兴修水利；在政治上减少苛法重刑，整饬吏治，严格考核地方官吏的功过，实行开明、开发、包容的民族政策；在思想上儒法并用，法治为先，强调以德治国，"以礼制欲"等等。由此出现了全国和平安定、经济发展、政治清明的局面，史称"贞观之治"。武则天和唐玄宗时期，唐政府在酒泉一带实行了屯田与和籴，使这里宜农宜牧的优势得到了充分发挥，农业经济取得了长足的进步，成为全国最富庶的地区之一。唐玄宗天宝八年(749)，唐政府从河西地区收购粮食多达 37.1 万余石，占到当年全国和籴总数的 32%。而作为唐代西北重镇的敦煌和酒泉，自然是河西农业产出的重要区域。据敦煌文书记载，当时酒泉、敦煌一带形成了"州城四面，水渠流畅，曲水花草果园，豪族士流家家土不生棘，

鸟则无枭,五谷皆饶”的富庶局面和“村坞毗连,鸡犬相闻,佛塔遍地,市场广大,家给人足,俨然富庶”,“男耕女桑不相失,百余年间未灾变”的繁荣景象。[1] 随着酒泉社会经济的持续发展,人口得到快速增长。

《元和郡县志》记载开元元年(713)酒泉肃州、沙州、瓜州三州人口:肃州有2253户13022人,沙州有6466户37373人,而瓜州人口缺失。据《旧唐书·地理志》记载,唐贞观十四年(640)肃州人口为1731户7118口,沙州人口为4265户16250口,瓜州人口为1164户4322口。酒泉总人口为7142户27690口。

这里,把贞观十四年(640)肃州和沙州的人户数与开元元年(713)肃州和沙州的人户相比较,计算出肃州和沙州人户口的平均增长率,以此推算出开元元年瓜州的人口数,进而得出酒泉的人口总数。

开元元年(713)肃州人口比贞观十四年(640)增加522户,增长30%;沙州增加5302户,增长124%。两州户数平均增长率为77%。则开元元年(713)瓜州户数为:

1164×(1+0.77)=2060(户)

根据当时全国平均口户比5.78计算,瓜州人口为:

2060×5.78=11906(人)

根据以上推算,将开元元年(713)酒泉人口列表如下:

表1 唐开元元年(713年)酒泉户口分布表

州名	所辖县数	面积(km^2)	户数	口数	人口密度(人/km^2)	户均人数
肃州(下)	3	73833	2253	13022	0.18	5.78
沙州(中)	2	344380	6466	37373	0.11	5.78
瓜州(下)	2	54613	2060	11906	0.22	5.78
合计	7	472826	10779	62301	0.17	5.78

说明:资料来源:①《元和郡县图志》;方荣、张蕊兰《甘肃人口史》。

[1]《沙州都督府图经》。

②《元和郡县图志》仅载户数，未载口数，本表以开元年间全国平均户口比5.78计算口数列入。

③州名后括号内的“上、中、下”，为唐政府所定州的等级。

从上表可以看出，从贞观十四年(640)到开元元年(713)的73年中，酒泉人口从27690人增加到62301人，增加了34611人。虽然人口有大幅度的增长，但这个数字与实际情况仍然相去甚远。

另外，《唐书·地理志》记载有唐天宝十一年(752)酒泉的人口数，现列表如下：

表2　唐天宝十一年(752)酒泉户口分布表

州名	所辖县数	面积(km²)	户数	口数	人口密度(人/km²)	户均人数
酒泉郡(肃州)	3	73833	2330	8476	0.11	3.64
敦煌郡(沙州)	2	344380	4265	16250	0.05	3.81
晋昌郡(瓜州)	2	54613	477	4987	0.09	10.45
合计	7	472826	7072	29713	0.063	4.20

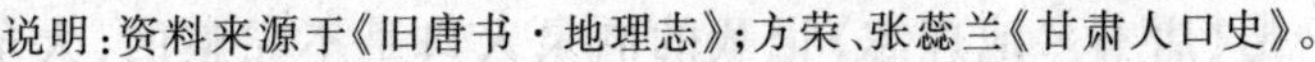

说明：资料来源于《旧唐书·地理志》；方荣、张蕊兰《甘肃人口史》。

从上表可以看出，酒泉郡(肃州)为2330户8476口，敦煌郡(沙州)为4265户16250口，晋昌郡(瓜州)477户4987口，酒泉总人口为7072户29713口。与开元元年(713)相比，经过39年的发展，酒泉人口不但没有增加，反而减少了32588人，这实在让人难以相信。

笔者认为，唐代开元、天宝年间，由于酒泉人口自魏晋以来的发展和积累，加上唐代酒泉人口自身的增殖，已达到兴旺的程度，较之此前的隋代和西汉应该多得多。《通志·食货二》记载，河西地区在天宝八年(749)，和籴、正仓、义仓、常平仓等四仓的仓储总量达3145996石。其中，和籴仓和常平仓的仓储量，分别占全国和籴仓和常平仓仓储总量的32.6%和36.2%。可谓三分天下河西有其一，没有相当多的人口便生产不出这么多的粮食，何况酒泉还有很发达的畜牧业、商业和手工业。据史学家陈寅恪研究,实行和籴的条件之一就是要人口比较发达。[1] 当然,和籴并非始于唐代,而是早在魏晋南北朝时期河西就是实行和籴的地区之一,经隋代的发展,形成唐代河西和籴仓已占全国和籴仓近三分之一的规模,更印证了酒泉人口的兴旺程度。在各种经济中,商业经济可以说是以人口为前提的经济,人口越多商业就越发达,没有人口或人口太少,商业是不可能繁荣的。因此,唐代前期敦煌商业的繁荣说明了当时酒泉人口的兴旺。敦煌遗存唐代最多、质量最高,也反衬了当时酒泉人口数量的发展和素质的提高。

然而,唐初和唐前期酒泉人口的官方统计并不多,如前所述,贞观十四年(640)仅27690人;开元元年(713)也不过62301人,而到了天宝十一年(752)反而减少了2.5万人。这些官方统计的数字,比西汉的酒泉人口还少很多,与实际情况不相符。造成唐代官方统计的人口数与实际不相符的原因,归纳起来有以下几个方面:

一是《唐书·地理志》记载的酒泉人口是不完整的,大量屯边士卒和少数民族没有统计在内。为了经营西域,唐朝在酒泉境内驻有大批军队和屯田士卒。这些屯田士卒相当一部分带着家眷、亲属,长期定居了下来。另外,由于唐政府对少数民族实行羁縻政策,少数民族的户口不登记。贞观初年(627),唐政府曾召集汉族流亡人口和突厥降人120余万,[2]其中大部分安置在西北。酒泉是唐朝移民实边的地区之一,这些迁入酒泉移民当中有一定数量的少数民族人口。曾被吐蕃奴属的吐谷浑部落,分别于武后圣历二年(699)、玄宗开元十一年(723)分三批,由青海迁到沙州、肃州一带。

[1]陈寅恪:《隋唐制度渊源略论稿》,三联书店2004版。

[2]《通典》卷7。

二是唐前期对基层政权的控制比较松散,以户口增减为官吏的考课标准。考核对象主要是刺史、县令,而户籍的管理主要靠里长。因为里长既要管理户籍,又要“兼课农桑,催驱赋役”。人口报多了,就要多交赋役,少报自然可以从中得到好处。

三是隐漏和逃户。唐前期的法定租赋比汉代要重,而且增加了“户调”。法定租赋本来就重,再加上官僚地主和富商大户的土地兼并,以及免课的各种特殊人物,国家赖以生存的“租庸调”便全部分摊到仅有少量土地的自耕农半自耕农身上,其所承纳的租赋额比法定数要多出许多倍,由此产生了许多“逃户”。富户则大量“隐漏”户口,到开元时更为严重,朝廷不得不括户口(即通过检查户口,将隐漏不报和逃亡人口搜括出来,遣送还乡或就地入籍)。但因“张虚数”,结果是括而不实,“编户为客”,使编户减少,导致户口统计越括越少。据《敦煌吐鲁番社会经济史料》下册《内藤乾吉西域发现之唐代文书研究》记载,武则天时的括户也推行到敦煌,说明当时酒泉也存在大量逃户和隐漏户口。户口的逃逸和隐漏,必然使户口统计数比实际户口要少很多。

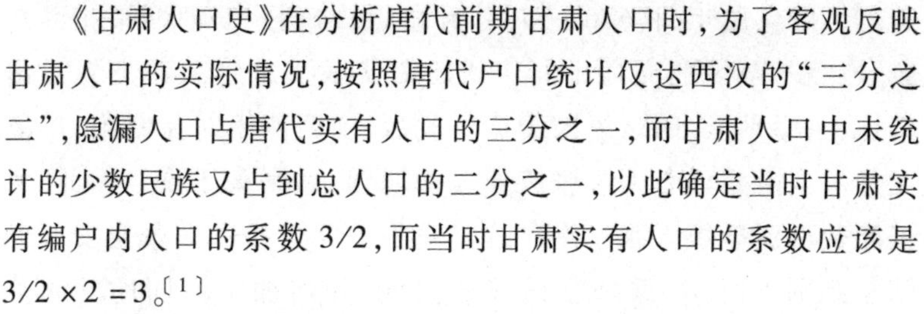

《甘肃人口史》在分析唐代前期甘肃人口时,为了客观反映甘肃人口的实际情况,按照唐代户口统计仅达西汉的“三分之二”,隐漏人口占唐代实有人口的三分之一,而甘肃人口中未统计的少数民族又占到总人口的二分之一,以此确定当时甘肃实有编户内人口的系数3/2,而当时甘肃实有人口的系数应该是$3/2 \times 2 = 3$。[1]

“3”就是唐代甘肃户口统计数系数,这个系数同样适用于酒泉。我们按系数3对唐代前期酒泉户口数进行调整,则酒泉实有户口数分别为:

贞观十四年(640)户数为:$3 \times 7142 = 21426$(户)

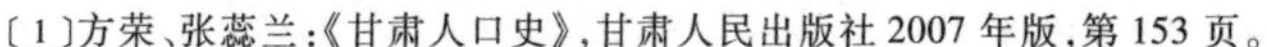

〔1〕方荣、张蕊兰:《甘肃人口史》,甘肃人民出版社2007年版,第153页。

口数为:3 ×27690 =83070(口)

开元元年(713)户数为:3 ×10779 =32397(户)

口数为:3 ×62301 =186903(口)

通过以上调整,开元元年的酒泉人口是18万多,与实际比较接近,与当时史书描写的“桑麻翳野,天下称富”的景象相称。

唐代前期酒泉人口快速增长的原因,主要有以下几个方面:

一是政局的稳定。唐代初期,周边少数民族政权不断侵扰河西,影响到了边境地区的安宁。贞观七年(633),唐朝开始进军西域并逐步加强对西域的经营。贞观八年(634),李靖统兵降服了吐谷浑。贞观十四年(640)八月唐灭高昌国。九月,在西州交河城(今新疆吐鲁番西交河故城遗址)置安西都护府,管理西域地区军政事务。贞观二十二年(648),唐军攻占龟兹国后,将安西都护府移至龟兹国都城(今新疆库车)。同时在龟兹、焉耆(今新疆焉耆西南)、于阗(今新疆和田西南)、疏勒(今新疆喀什)四城修筑城堡,建置军镇,由安西都护兼统,史称“安西四镇”。显庆二年(657),唐朝大败西突厥,西域诸国纷纷归附。显庆三年(658),九姓突厥10万人来犯河西,被薛仁贵击溃,突厥衰落。唐仪凤年间(676—678),吐蕃进攻龟兹,安西四镇相继叛唐,敦煌与西域的交通中断。朝廷命武威道总管王孝杰带兵出敦煌,一举平叛,四镇复归于唐。此后,安西四镇时叛时附,反复无常。当时朝廷有人主张废弃安西四镇,武则天不许。为此,唐王朝数次派敦煌人张孝嵩以及安西都护郭元振领兵争夺安西四镇。武则天时期,派陈子昂巡视河西,并增加了河西的驻防兵力。武则天时,唐朝在天山以北设置北庭都护府,以巩固边防,保证丝绸之路畅通。玄宗时,唐朝进一步增加河西沿边军事力量,使河西北部都布满了镇兵,“大军万人,小军千人,峰戍逻卒,万里相继”。[1] 同时,从高宗时起就改府兵制为募兵制,整顿军

〔1〕《旧唐书·吐蕃传上》。

队，淘汰老弱，优待边兵家属，加强军事训练，严明赏罚，“敢有掩战功不及赏者，士自陈，将吏皆斩。站有逗留，军队如军法。能擒其王者，授大将军”。[1] 从而提高了驻防军士的素质和士气，增强了战斗力，也为唐代前期边疆稳定提供了重要的军事保障。

二是经济发展。主要是屯田的发展和均田制的实行。为了巩固西北边防，唐政府加大对河西地区的经营力度，实行“营田积谷”，大力发展屯田经济。使农业生产条件迅速改善，同时，也吸引了大量的外来人口。唐代均田制的全面推行，有效解决了农民的土地问题，调动了农民的生产积极性，社会生产得到了较快的恢复和发展，为人口增殖奠定了物质基础。

三是推行积极的婚育政策。为了增殖人口，唐初实行了“简出宫人”、提倡早婚、鼓励生育等一系列有利于人口增长的政策。武德九年(626)，“放掖庭宫女三千余人”；贞观二年(628)，遣尚书左丞戴胄、给事中杜正伦等将“离宫别馆”的宫人“于掖庭宫西门简出之”。[2] 唐王朝极力奖励婚姻。早在贞观元年(627)二月，即下诏规定：“宣命有司，所在劝勉，其庶人男女之无家室者，并抑州县官人以礼聘娶……男年二十，女年十五以上，及妻丧达制之后，孀居服纪已除，并须申以媒媾，命其好合。若贫窭之徒将迎匮乏者，仰于其亲近及乡里富有之家，裒多益寡，使得资送。”与此同时，还要求育龄人口及时结婚：“其鳏夫年六十以上，寡居年五十以上，及妇人年尚少而有男女，及守志贞洁者，任其情愿，无劳抑以嫁娶。刺史、县令已下官人，若能使婚姻及时，鳏寡数少，量准户口增多，以进考第；如其劝导乖方，失于配偶，准户减少，以附殿失。”[3]

三、清代中期酒泉人口发展的第三次高峰

经历了唐代人口发展高潮，到五代宋夏时期，酒泉分别为甘

---

[1]《旧唐书·吐蕃传上》。

[2]《新唐书·太宗纪》。

[3]《唐大诏令集》卷110《令有司劝勉庶人婚聘及时诏》。

州回鹘、曹氏归义军、沙洲回鹘和西夏所统治，这一时期酒泉地域战乱频繁，社会经济发展缓慢，酒泉在丝绸之路中的作用减弱，人口发展徘徊不前。特别是西夏末期，蒙古军队对西夏发动战争，酒泉作为战争的战场之一，蒙古军队对占领区进行大肆屠城，酒泉境内百姓大量逃亡或被杀，农田荒芜，人口锐减。据《元史·地理志》记载，元初到至元二十七年(1290)肃州路有户1262，口8679。根据《甘肃人口史》推算，酒泉地区至元年间的总人数只有4170户，37045人。元代中期由于推行兼容并蓄的文化政策及移民屯田，酒泉社会经济与人口有恢复性增长。元代后期，地方官吏横征暴敛，土地兼并日益严重，社会矛盾加剧，经济逐渐衰落，酒泉人口随之下降。

明代前期，朝廷在酒泉大力推行屯田，随着屯田的发展，酒泉人口逐渐开始恢复。到明朝中后期，由于吐鲁番回鹘与瓦剌等强族频繁进攻，社会动荡，战乱不断，明朝被迫先后两次关闭嘉峪关，最后完全放弃嘉峪关以西地区的管理，退守肃州。关外玉门、瓜洲、沙洲居民绝大部分相继迁至肃州及其以东地区，酒泉西部地区人烟稀少，旷无建置，经济萧条，百业凋敝。据《酒泉人口史》推断，到明崇祯十六年(1643)，酒泉人口总量由明嘉靖二十一年(1542)的104179人下降为44485人，减少59694人。

清朝收复酒泉西部地区之后，西部少数民族部落屡屡派兵东侵。清政府派川陕总督岳钟琪在安西一带守护，从政治、军事、经济等方面加强了对这一地区的管制。此后，清政府在酒泉西部大力移民屯田、兴修水利设施，推行优越的赋税政策，经济进入了百余年的持续发展期。

乾隆五年(1740)，肃州直隶州辖2县，屯丁数5891人，滋生屯丁数1820人，安西直隶州辖3县，屯丁数4300人，滋生屯丁数11440人，总计屯丁26451人，根据甘肃当时“丁”、“口”1:2.61的比例计算，酒泉人口约7万余人，比清代初期的人口有了很大程度的增长。“康乾盛世”后，酒泉人口有了飞跃性的增长。据

《嘉庆重修大清一统志》记载,嘉庆二十五年(1820),肃州直隶州人口452063人,安西直隶州77873人,酒泉总人口总数为529936人,[1]比西汉末年平帝元始二年(2)人口峰值115061人增长414875人,比唐代开元元年(713)人口峰值179604人增长350332人。达到酒泉古代历史上人口发展的最高峰。

清代中期酒泉人口大发展主要是三方面因素共同作用的结果:

一是大规模的移民。清康、雍、乾时期,清廷组织向酒泉西部地区进行了三次大规模的移民活动。

第一次酒泉西部地区移民开始于康熙五十五年(1716)。吏部尚书富宁安奏请在酒泉西部的西吉木(今玉门赤金一带)、达里图(今玉门镇一带)、锡拉谷尔(今瓜州东部地区)一带招民垦种,"于边疆大有裨益",[2]获准实行。于是,清廷于次年在甘肃招徕移民,官费送往酒泉西部地区。而且,移民到达之后由官府"俱经盖造房屋,分拨居住,耕种地亩收粮"。[3] 该年底,迁往酒泉西部地区的移民安插工作结束,西吉木地方270户,达里图地方530户,锡拉谷尔地方106户。此后,在达里图又陆续招民31户,还有其他为数不等的小规模招民垦荒,到康熙末年招民已超过1000户。酒泉西部地区移民最迟需在开春之前到达,方能及时下种,不误农时,而过早到达又需多给口粮,增加费用。因此,移民大都选择在冬季进行,开春前到达。据此推算,此次移民的具体时间应该是在康熙五十五(1716)与五十六(1717)两年的冬天。但移民能够在短时间内迅速迁入,说明这批移民的来源集中在距迁入地较近地区,比如甘州左、右二卫、肃州卫、山丹卫及高台所等处。据《重修肃州新志》记载:"赤金(即西吉木)原招设人民共二百七十户,雍正九年(1731)编审,计滋生人口八百八

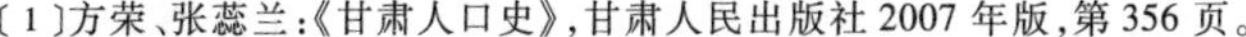

[1]方荣、张蕊兰:《甘肃人口史》,甘肃人民出版社2007年版,第356页。
[2]《清圣祖实录》卷269"康熙五十五年七月丁丑"条。
[3]《清圣祖实录》卷277"康熙五十七年二月戊子"条。

十八口。"[1]经过十余年的发展,至雍正九年,赤金户均人口仅3.3口,如果再考虑到人口的机械增长等因素,估计移民之初户均人口可能低于3人,这种家庭结构表明移民对象基本以成年劳动力人口为主,男性多于女性,老人及儿童等非劳动力人口很少。从这个角度来讲,此次移民并不是一次真正意义上的以家庭为单位的人口迁移,这可能是移民得以在短时间内顺利完成的另一个重要原因。达里图等处的移民情况估计与赤金不会相差太大,以此推算,此次移民人口总数不会超过3000人。之后清廷于康熙五十七年(1718)在西吉木设立赤斤卫(雍正五年改为守御千户所);在达里图设立靖逆卫,各添设卫守备一员;在锡拉谷尔设立柳沟所,添设守御所千总一员,再添设同知、通判各一员,兼管二卫一所。"其驻防兵丁、武职官员令肃州镇管辖,卫所官员令肃州道员管辖"。

雍正元年(1723),清朝于布隆吉尔设安西卫,敦煌设沙州所;又置安西厅,设同知一员,厅治设在布隆吉尔,除管辖安西卫、沙州所外,将靖逆卫属的柳沟所也划于其管辖。至此,在酒泉西部地区设五卫、所,把酒泉西部地区正式纳入了地方管理系统。

第二次大移民是雍正四年(1726)开始的沙州移民。此次移民最初是年羹尧于雍正二年(1724)提出的,后因获罪赐死而未能实行。雍正四年(1726),正值准噶尔部受到重创,前方形势稳定之际,川陕总督岳钟琪巡边沙州,建议加强对关西地区的建设,根据沙州地利,重新提出在沙州移民屯田,勘得可垦地30余万亩,除留兵屯地及预留部分土地外,尚有24万亩,以每户垦种100亩计算,岳钟琪便奏请"招甘省无业穷民二千四百户,开垦屯种",雍正帝批准实施。对此,在《清世宗实录》中有比较详细的记载:

〔1〕《重修肃州新志·赤金所·户口·田赋》,第608页。

> 川陕总督岳钟琪疏言，沙州招民垦种，民檄甘肃布政使钟保，转饬平、庆、临、巩、甘、凉、西七府及肃州厅，各于所属酌量补招，务足二千四百户之数，但所招之民户、远近不一，臣恐有误春作，已令安西镇派拨兵丁，代种籽粒二千石。今所招之户、至彼者一千四百一十九户。其未至彼者，七百二十九户，已过播种之期，请补足二百五十二户，俟明春一并发往，每户各分地土百亩、给以籽种六石。应如所请，从之。

从上述内容看，雍正四年(1726)的沙州移民屯户主要来源于甘肃之平凉、庆阳、临洮、巩昌、甘州、凉州、西宁、肃州等八处，且于雍正五年、六年分两次迁徙至沙州。至雍正七年(1729)十一月到齐，统计共有2405户13250人。而在垦种之初，"每户各分土地百亩，给以籽种六石"。后因"地多水少，每户止种近水地五十亩"。

雍正末年，经迁入移民的辛勤开垦和耕作，酒泉西部地区五卫所开垦耕地共"一千四百五十四顷"，按照每顷折地百亩，则1454顷即为145400亩，以康熙末年的户均垦田23亩计算，总共可以招民户6300余户，以户均4.5口计算，雍正末年酒泉西部地区政府共招民28000余口。由于乾隆时期相对宽松的移民政策的出台，至乾隆七年(1742)，在酒泉西部地区从事屯垦的移民增加至6682户。其中，从内地西迁的移民共计4292户。以户均4.5口计算，乾隆七年(1742)，在酒泉西部地区从事屯垦的移民就有30069人。另外，酒泉西部地区驻军共5000户，兵眷合计，其人口总数可能超过20000人。这两者合计，雍、乾之际酒泉西部地区广义上的移民总数可能在5万人以上。

第三次大规模移民为雍正末年的吐鲁番信仰伊斯兰教的回民东迁瓜州。吐鲁番回民远在边境地区，经常遭受准噶尔部的侵扰，并且每年要向准噶尔交纳繁重的税银。更为残酷的是，吐鲁番回民不得不把收获物的一半以上交给准噶尔贵族。准噶尔统治者还强迫吐鲁番回民进行各种无偿劳役，把吐鲁番人视为他们的奴仆并强迫吐鲁番人迁居伊犁，供他们驱使。鉴于此，吐鲁番回民部众不堪其扰，于雍正十年（1732）至雍正十一年（1733）间，经雍正帝允准，在部族首领额敏和卓的带领下，向东迁移至酒泉西部地区的瓜州，归顺清朝政府。

这些迁居瓜州的吐鲁番回民，共2337户9264口，他们的耕地分布在一个东西宽20余里、南北长45里的狭长地带，清政府考虑到“皆令回民聚居一城，则到地耕种，遥远不便，因分匀建筑五堡，安插居住，计开于后”。

除上述三次大规模的移民外，酒泉西部地区还有小规模的移民。如雍正二年（1724），抚远大将军年羹尧奏请朝廷，将直隶、山西、河南、山东、陕西五省遣犯人员移居安西布隆吉尔一带垦种。此后，总理事务大臣等会议决定，大通河沿岸由驻军子弟及民众开垦耕种，允许部分遣犯携妻室前往布隆吉尔垦荒种地，由官方给籽种耕种，三年后起科纳税。乾隆二十一年（1756），移驻安西的新疆回民迁返原籍后，御史刘宗魏将部分遣犯移送安西。乾隆二十六年（1761），刘宗魏再派部分遣犯到安西屯垦，交驻防将军等管辖。

二是大力实施屯田，兴修水利，奖励和鼓励垦荒耕种，推广农业生产新技术，促进了农业生产的大力发展，为人口增殖提供了必要的物质基础。

清代前期，清政府陆续采取了一些轻徭薄赋的优惠政策和措施，鼓励屯田，发展生产。顺治元年（1644）八月，下令免除明末的三饷加派，只以正额进行赋税征收，其余各加增饷均被免除。顺治二年（1645），除“匠籍”为民，免其应役，折价入官。顺治四年（1647）下令“免征甘肃匠价”。顺治六年（1649），规定各处逃亡人民，不论原籍何处，都要广加招徕，编入保甲，并将本地无主荒地拨给招来的人耕种，官府核发给印信执照，免税耕种，后由地方官员亲自查勘核实成熟亩数，奏请朝廷批准，才开始征收钱粮，耕种不满6年的，不征钱粮，不分摊差役，以此稳定民心，将失业民众与土地结合起来，鼓励其耕种。顺治十四年（1657），为进一步做好招抚移民、开垦种田之事，清政府又把地方官吏的调动升迁与移民屯田相挂钩，用授给官职的办法，并号召地主阶级和知识分子出资垦荒屯田。康熙二十年（1681）下令取消康熙十三年（1674）以后各项杂税，停止田赋预征；每遭灾荒或军队过境，酌情减免田赋或丁银；废除一些地主官僚免税的特权；免除包括甘肃在内的一些地方的通赋。康熙五十年（1711）起，全国范围内轮流普免钱粮，甘肃于康熙五十一年（1712）首次开始普免钱粮，至乾隆十年（1745）的33年中，“正赋全行豁免者十有余年”。康熙五十一年（1712），诏颂“滋生丁永不加赋”政策。康熙五十四年（1715），清政府准备自酒泉进军新疆，安西变为军需品转输前哨，因为兵丁缺乏生活供给，长途转运十分困难，朝廷命令各卫所，将新开荒地交与安西镇标营兵丁屯种。清朝调集大军讨伐格尔汗策妄阿拉布坦叛乱，又先后在巴里坤、吐鲁番、哈密、安西等地开展了兵屯。当时驻守安西的兵屯，主要分布于安西卫、瓜州营、双塔堡、布隆吉、桥湾、百齐堡、踏实堡、惠回堡、赤金等地。军队所到之处，除担负战斗、守卫任务之外，还要参与开发屯田、耕种、兴修水利。

在鼓励垦荒方面，清政府也采取了一些积极的政策措施。如顺治时实行将无主荒地分给逃亡人民耕种，永准为业的政策；康熙三年（1664）又将明代在甘肃各地设置的苑马监废除，把监牧地改为民营；还对大量的“土司地”实行征粮，使大量的监牧地和“土司地”变成了耕地；康熙还把清军掠夺圈占的土地分给“原种之人耕种”，并下令永禁圈地，使顺治时清军在酒泉圈占的大量土地得到充分利用，又安置了流亡人口。与此同时，清政府实施了奖励垦荒政策。顺治时提出6年后起科，康熙时重申并放宽到10年。由于这些措施的实行，清朝前期出现了大批自耕农，这说明明朝后期土地高度集中的矛盾得到了缓解，农民的生产积极性得到调动。经过移民的辛勤劳作,关外的大量荒地得到了开垦,农业经济得到恢复。

雍正时期,清政府继续推行奖励垦荒屯田的政策,推迟新垦荒地的起科年限,实行“议叙法”。军民自筹工本者,按开垦亩数多寡记功。雍正十一年(1733),陕西总督刘于义奏言朝廷:“累疏言甘、凉为军需总汇,粮草价昂,兵饷不敷养赡。请酌借籽粮农器,于瓜州诸地开垦屯种,耕犁以马代牛,并募耕夫二百,教回民农事。又于赤金、靖逆之北湃带湖及塔儿湾筑台堡为保障,安家窝铺口别开渠供灌溉。”

雍正十三年(1735),清朝任命大学士查郎阿为陕西总督,任刘于义为“钦差大臣关防,留肃州专管军储”。刘于义制订了“屯田条例”上奏朝廷,这些条例的实行,对于扩大酒泉屯田、鼓励耕殖起到了很好的作用。

首先,屯田使大量土地重新得到开发,有利于社会经济的繁荣和发展,而且对于稳定社会秩序,控制西部地区具有重要作用。

其次,屯田有效地解决了驻军和过往军队的粮草问题。雍正年间,通过安西屯田、九家窑屯田、三清湾屯田、柔远堡屯田、平川堡屯田、毛目城屯田、双树墩屯田、夹墩湾屯田,不仅满足了军需粮草及当地人民的需要,而且还征收了大量的粮食税。清政府在酒泉各地修建了许多粮仓,在清代中期多次用兵新疆时,粮草供给中就有相当一部分是从酒泉征调的。

第三,屯田促进了酒泉社会经济的发展。明代中期以后关闭嘉峪关,关外弃而不守,数千里沃野成为茂草荒地,渺无人烟。开展屯田以后,通过军屯、民屯,兴修水利,引进先进生产工具和技术,促进了酒泉农业生产的发展。

第四,屯田促进了城市手工业以及中外贸易的繁荣。在屯田基础上建立起来的一些城镇,不仅是当时西北与内地、西北与西方国家商业往来的始发地和中转站,也为西北近现代城市的布局和发展奠定了基础。

第五,移民屯田有力地促进了酒泉人口的发展,使酒泉人口大量地、直接地、机械性地增加。

另外,清代农业科技和高产作物的推广有利于农村经济的发展,为人口增殖提供了物质基础。

雍正、乾隆年间(1723—1795),酒泉地域通过改进生产技术,改造土壤,引进多种农产品,粮食产量得到较大的提高。沙压田是清代酒泉农业种植方面的一项新技术。沙压田不仅具有保土、保水、保肥的作用,还能调节地温,避免风沙危害表层土壤,为农作物生长创造良好的环境。在正常情况下,沙压田上种植的玉米、蔬菜等作物产量均高于未铺沙的30%以上。沙压田种植的西瓜可稳产高产,质量好,且早熟。瓜州、金塔用压沙种植的白兰瓜品质极佳。在农具使用方面,酒泉普遍使用的播种器械是摆耧。用摆耧播种小麦、胡麻等,效率高,速度快,有省时、省力的优点。清代酒泉的耕作技术趋于成熟,生产环节更加完善,耕作技术日趋成熟,深耕、深翻、勤锄、倒茬、轮作等方式成为有效的增产措施。倒茬轮作、休耕等种植方式的普遍推行,对于休养地力、灭虫防病、提高产量有较好的作用。尤其值得一提的是,清代中期玉米种植在酒泉得到普及,大幅度提高了粮食产量。

三是推行"摊丁入亩"赋税制度,刺激了人口的增殖。

清朝初期,皇族、贵戚、官吏及地主大量圈占和兼并土地,土地集中因土地买卖而加速。丧失土地的农民,只好转佃地主的土地,他们不仅要受沉重的地租剥削,而且要向朝廷缴纳极重的人丁税。随着土地的兼并集中,穷苦农民越来越多,无力承担沉重的丁税,造成户口大量逃亡,严重影响了朝廷的赋税收入。康熙五十一年(1712)后,曾实行了一段"滋生人丁,永不加赋"的制度,但是却不能从根本上解决问题,赋役不均的问题更趋严重,户口逃亡有增无减。

清朝雍正年间，实行“摊丁入亩”的赋税政策。即把原来由人丁承担的赋役，和丁税银全部摊到地亩中去征收，全面取消人头税，使人口统计与赋税征收脱钩。纵观中国历代封建王朝所作的人口统计，或轻或重，都偏低于实际。其主要原因就是赋税沉重，特别是户税和丁税（即人头税），往往造成大批农民破产。为了逃避沉重的赋税，农民或藏丁匿口，或举家逃亡，因而官府得不到实际的户口统计。因此，历代所实行的户税和丁税，是造成户口统计不实的主要原因。清政府实行“摊丁入亩”后，既保证了清政府总的赋税定额不减，又可摆脱人丁税难以继续征收的困境，使无地少地的农民减轻了负担，有利于农业、手工业和商业的发展。同时，“摊丁入亩”斩断了“赋随丁增”的忧虑而导致户口登记中隐漏瞒报户口的经济根源。实行“摊丁入亩”，对于清政府而言，稳定了朝廷的赋税收入，把朝廷官府直接向农民征收丁税，改变为通过地主加重对农民地租剥削的办法，代替了朝廷官府的直使征收。“摊丁入亩”制度是中国封建社会后期赋役制度的一次重要改革。它废除了人头税，民户和地方官都不再担心“丁增而赋随之”，客观上是对最底层农民人身控制的放松，有利于社会生产的发展和人口的增殖。

结语：酒泉第一次人口大发展，主要归因于大规模移民；第二次人口大发展，是社会经济发展与繁荣的结果；第三次人口大发展，是大规模移民、人口政策和农业快速发展共同作用的结果。

通过酒泉三次人口发展高峰的成因论证，也显示了酒泉人口发展的基本规律：

一是人口发展与政治、经济紧密联系，相辅相成。凡是政治稳定、经济发展的时期，必定是人口增长的时期；反之，战乱不断，经济萧条时期，人口必然下降。一个政权统治初期，伴随着经济社会的恢复，人口得到恢复发展；经济发展的高峰，也是人口发展的高峰；一个政权衰败之时，也是人口下降之时。

二是人口迁移频繁。酒泉人口发展的历史，一定意义上讲，就是人口大迁移的历史。人口的大起大落多与人口迁移有关。从西汉开始，历朝历代都在酒泉移民、屯田。

三是人口问题始终与民族问题交织在一起。酒泉历史上就是一个多民族聚集的地区，不同民族政权统治的时间也比较长，民族问题始终是影响经济社会发展的一个重要因素，也是影响人口发展的主要因素之一。民族融合，则经济社会发展，人口随之增长；民族冲突加剧，则社会动荡、经济衰落，人口下降。

（原载《发展》2015 年第 2 期）

新中国酒泉人口发展特征

新中国成立以来,酒泉人口的发展既有总量迅速扩张等与全国相同的特征,也有因移民大量增加而引发的人口骤增的独特性。本文以六次人口普查为依据,对新中国酒泉人口发展的特征及其成因进行初步研究。

概括起来讲,新中国酒泉人口的发展主要呈现出六大特征:

一、人口总量快速增长

新中国酒泉人口发展最突出的特征,就是人口总量的快速增长。人口总量由 1949 年的 28.37 万人,发展到 2011 年为 110.07 万人,62 年间增加 81.7 万人,增长 288% 。大体经历了以下五个发展阶段:

1. 第一个高增长阶段(1949—1959)

1949—1959 年是新中国成立后酒泉人口发展的第一个高峰期。这一阶段酒泉人口出生率大幅攀升,死亡率大幅下降,人口增长率迅速提高。1949 年,酒泉人口总量为 28.37 万人;1950 年,人口总量为 33.86 万人,净增人口 5.49 万人,人口增长率为 193.5‰;1951 年,人口总量为 35.68 万人,净增人口 1.82 万人,人口增长率为 53.8‰;1952 年,人口总量为 37.27 万人,净增人口 1.59 万人,人口增长率为 44.6‰;1953 年,人口总量为 38.83 万人,净增人口 1.56 万人,人口增长率为 41.9‰;1954 年,人口总量为 40.10 万人,净增人口 1.27 万人,人口增长率为 32.7‰;1955 年,人口总量为 43.51 万人,净增人口 3.41 万人,人口增长率为 85.0‰;1956 年,人口总量为 52.18 万人,净增人口 8.67 万人,人口增长率为 199.3‰;1957 年,人口总量为 52.99 万人,净增人口 0.81 万人,人口增长率为 15.5‰;1958 年,人口总量为 61.32 万人,净增人口 8.33 万人,人口增长率为 157.2‰;1959 年酒泉人口 65.27 万人,比 1958 年净增 3.95 万人,人口增长率为 64.4‰。经过这一阶段的发展,酒泉人口数量实现了翻番,人口总量由 28.37 万人增至 65.27 万人,净增 36.9 万人,10 年增长了一倍多,年均增加 3.7 万人,增加最多的 1956 年净增人口达 8.67 万人,人口增长率达 199.3‰。

这一阶段人口迅猛增长的主要原因,一是社会安定,经济发展,人口温饱问题逐渐解决,结婚人数增加,生育机会增多。二是民众生活水平及医疗卫生条件不断得到改善,患病人口基本能够得到医治,例如像抗生素(青霉素、磺胺等药物)和疫苗被广泛使用,并对儿童和成人广泛实施免疫接种,有效预防和控制了传染病,尤其是控制了引起儿童夭折的传染病,新生儿存活率大大提高。三是人口出生逐渐由过去的家庭助产婆接生转为到专门医院接生,生育条件得到较大改善和提高,孕产妇死亡率减少,婴儿死亡率降低。四是"多子多福""五世其昌"等传统观念推动了早婚多生;限制打胎、经济补助、多生有奖的政府行为促进了生育。此外,新中国成立后尼姑还俗、娼妓从良等,也在一定程度上增加了生育群体。

2. 负增长阶段(1960—1962)

1960—1961 年是酒泉人口发展的负增长期。在当时极"左"路线的指导下,1958 年开始开展"大跃进"运动,盲目追求高指标,浮夸风泛滥,国民经济受到严重挫折,加上全国性的三年自然灾害,农业歉收,粮食短缺问题十分突出。人口增殖的物质条件匮乏,并且有相当数量的人口逃荒或饿死,导致了人口的下降。1960 年酒泉地区粮食总产量为 2 亿公斤,比 1959 年减产 4549.9 万公斤,农村实有留粮 1.07 亿公斤,人均只有 187.4 公斤。这一年,酒泉人口下降为 57.10 万人,比 1959 年减少 8.17

万人,人口增长率为-125.2‰;1961年,酒泉人口下降为49.14万人,比1960年减少7.96万人,人口增长率为-139.4‰;1962年,酒泉人口为48.90万人,比1961年减少0.24万人,人口增长率为-4.9‰。三年时间酒泉人口总量减少了16.37万人,减少25.08%。

3. 第二个高增长阶段(1963—1970)

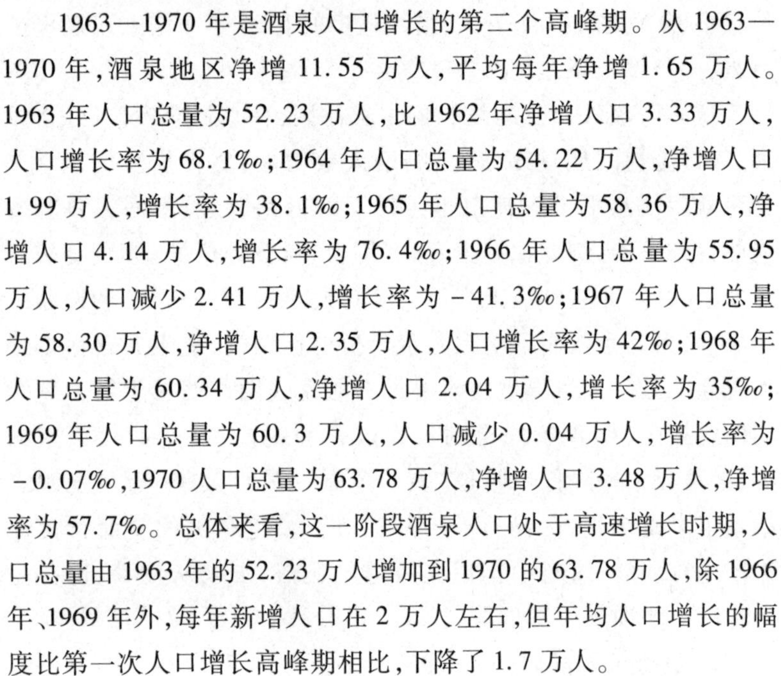

1963—1970年是酒泉人口增长的第二个高峰期。从1963—1970年,酒泉地区净增11.55万人,平均每年净增1.65万人。1963年人口总量为52.23万人,比1962年净增人口3.33万人,人口增长率为68.1‰;1964年人口总量为54.22万人,净增人口1.99万人,增长率为38.1‰;1965年人口总量为58.36万人,净增人口4.14万人,增长率为76.4‰;1966年人口总量为55.95万人,人口减少2.41万人,增长率为-41.3‰;1967年人口总量为58.30万人,净增人口2.35万人,人口增长率为42‰;1968年人口总量为60.34万人,净增人口2.04万人,增长率为35‰;1969年人口总量为60.3万人,人口减少0.04万人,增长率为-0.07‰,1970人口总量为63.78万人,净增人口3.48万人,净增率为57.7‰。总体来看,这一阶段酒泉人口处于高速增长时期,人口总量由1963年的52.23万人增加到1970的63.78万人,除1966年、1969年外,每年新增人口在2万人左右,但年均人口增长的幅度比第一次人口增长高峰期相比,下降了1.7万人。

形成这一阶段人口高增长的原因主要有三个方面:

一是社会外部条件和非人力因素的交叉作用造成人口增长率居高不下。三年困难时期过去后,经济社会开始恢复,人口发展的不正常状态迅速得到改变,死亡率大幅度下降,并出现了一种在战争和灾荒后常见的补偿性生育。强烈的补偿性生育使人口迅速回升,一些在困难时期推迟结婚或推迟生育的夫妇补偿性地加强了生育行为。另外,1966年开始的“文化大革命”使节制生育的人口政策名存实亡,人口发展处于无序状态。

二是传统的多子多福生育价值观依然是这一时期人口高增长的深层次历史原因。20 世纪 60 年代劳动生产率非常低下,农业产量的增加除了倚重自然条件外,更多依赖于劳动力的不断追加和投入,客观上增加了人们的生育需求。另外,第一个人口高增长阶段(20 世纪 50 年代)的育龄妇女在 20 世纪 60 年代也还处于育龄年龄段,再加上新一轮育龄妇女的成长,庞大的育龄妇女基数造成了人口出生率的攀升。

三是农村的“自然就业制”(即一个达到甚至低于法定劳动年龄的人,无需任何程序和代价即可进入农业生产领域,并取得一份劳动报酬)助长了人口增长,城镇由国家包分配的就业机制以及平均主义的分配制度,激发了人们对生育经济收益的追求,孩子预期收益与抚养成本之间的巨大反差也强化了人们早生、多生、生育男孩的生育导向。

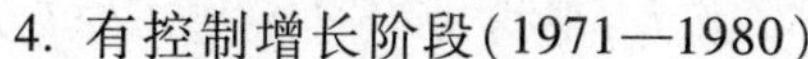

4. 有控制增长阶段(1971—1980)

1971—1980 年酒泉人口发展进入有控制增长阶段。20 世纪 70 年代,中国政府开始实行计划生育政策,并陆续制定了具体的计划生育政策。主要措施是:大量宣传、推广节育观念,提倡计划生育;实行晚婚晚育,由各地政府采取各种地方政策限制结婚年龄;执行每对夫妇限生二孩的政策。计划生育政策的有力实施,使人口高出生、高增长的势头得到迅速控制,人口生育由无计划的高增长进入了有计划、可控制的增长时期,人口出生率逐渐由 30‰以上降到 20‰以下。

1971 年酒泉人口总量为 64.78 万人,净增人口 1 万人,人口增长率为 15.7‰;1972 年人口总量为 65.19 万人,净增人口 0.41 万人,人口增长率为 6.3‰;1973 年人口总量为 66.8 万人,净增人口 1.61 万人,人口增长率为 24.7‰;1974 年人口总量为 68.23 万人,净增人口 1.43 万人,人口增长率为 24.1‰;1975 年人口总量为 69.32 万人,净增人口 1.09 万人,增长率为 16‰;1976 年人口总量为 69.98 万人,净增人口 0.66 万人,增长率为 9.5‰;1977

年人口总量为71.17万人,净增人口1.19万人,增长率为71.17‰;1978年人口总量为71.49万人,净增人口0.32万人,增长率为4.5‰;1979年人口总量为71.47万人,人口下降-0.02万人,增长率为-0.3‰;1980年人口总量为71.64万人,净增人口0.17万人,增长率为2.4‰。这一时期,酒泉人口增长率呈逐年下降态势,由1972年的6.3‰下降到了1980年的2.4‰,个别年份还出现人口负增长,人口控制成效明显。

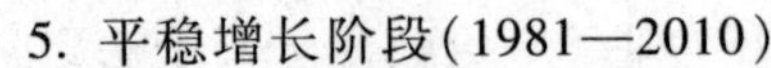

5. 平稳增长阶段(1981—2010)

20世纪80年代后,国家把实行计划生育、控制人口增长确定为基本国策。各级政府也制定、实施了限制生育人数、鼓励优生优育的人口政策。随着计划生育政策的全面落实,酒泉人口发展呈现出增速减缓,平稳增长的良好态势。

人口普查结果表明,1981年到2010年这30年间,酒泉人口由74.47万人增长到109.59万人,平均每年增长人口在1万人左右,并逐年减少;30年间出生人口33.6万人,比第一次人口增长高峰期的10年净增人口36.9万人还要少。

需要特别指出的是:这30年增加的总人口中,相当一部分人口来自于移民。人口普查所显示的人口增长数据,远大于实际增幅。据统计,仅两西计划移民、疏勒河建设项目移民、九甸峡库区移民和非计划移民总数就多达26万人。当然,这一时期,酒泉人口也向发达地区大量流动,据测算迁出人口有12万多人,但总量不足迁入人口的一半。

二、大量移民加速了人口发展

中华人民共和国成立以后,酒泉进行了多次大规模移民。研究表明,新中国成立以后酒泉的移民总数在50万人以上。移民的大量迁入,直接推动了人口的增长。

1. 城市移民

新中国成立后,酒泉由传统的农业地区向工业化、城市化发展。随着大规模的城市建设和工业建设的展开，吸引了外地大量产业工人，形成了酒泉的城市移民。从1952—2010年期间，十多万科研人员、大中专学生、技术工人落户酒泉，参加工业建设和城市建设，为酒泉的经济发展做出了巨大贡献。

1952年，玉门油田建设全面展开，专业技术人员和矿工严重不足。石油工业部、燃料工业部和西北石油管理局向中央提出解决人力问题的要求。1952年2月，毛泽东主席亲自签发命令，将解放军19军57师改编为“石油工程第一师”。全师7741名官兵开赴玉门参加油田建设。1956年9月，“石油工程第一师”集体转业玉门油田，成为中华人民共和国成立后的第一代石油工人，也是新中国酒泉最早的城市移民。

2. 1956—1958年的河南移民、上海移民和天津移民

1955年，新中国在制定第一个五年计划时，做出开发西北、东北边远地区的战略决策，动员河南、上海、天津人口稠密地区的农民及城市精减人口到边疆安家落户，开荒种地。按照国务院部署，甘肃省人民政府确定河西地区为安置移民的重点地区。这次移民始于1956年春，止于1958年，大多是来自河南省和上海市及天津市的城乡居民。据统计，共有12360户、55495人迁入酒泉，主要安置在安西、敦煌、玉门、酒泉（今肃州区）等县市，具体情况如下：

安西县（今瓜州县）：共接受安置移民2340户、10771人。其中1956年4月，接受河南获嘉县移民656户、2871人。1958年4月，接受河南东明县、兰考县移民1012户、5639人。1958年11月，接受上海市民672户、2261人。这一批移民分别被安置到当时安西县的环城、九工、头工、踏实、南岔、河东、桥子等7个乡和十工、踏实两个国营农场。由于安西风大沙多，气候条件、自然环境与移民迁出地相比有很大差别，加之1960年出现大饥荒，导致78%的河南移民返回原籍，而定居在国营农场的上海移民几乎全部返回。

敦煌县(今敦煌市):共接受安置移民3465户、14327人。其中1956年3月,接受河南省灵宝、陕县移民1639户、6171人。1956年8月,安置河南杞县移民600户、3349人。1956年9月,安置河南鲁山县移民552户、2540人。1958年10月,安置从上海迁来的市民670户、2267人。由于迁入地和迁出地之间的自然环境和气候条件差异较大,大批移民纷纷举家迁返。为此,原籍和当地政府联动遏制"回流",采取两头堵、到原籍再动员等办法,结果仍然有76%的河南移民选择了"回流",上海移民只剩下3.5%。

玉门市:共接受安置移民2627户、13081人。其中1956年3月,安置河南商丘专区14个县的移民694户、3032人。1956年8月,接收安置河南西平县、淮滨县移民968户、5032人。1958年9月,接受河南第三批移民965户、5017人。这些移民被安置在当时玉门的红旗、二道沟、蘑菇滩、黄闸湾、火烧沟、大庙、屯成、南阳镇、西红号、塔尔湾、下东号、东渠等12个农业乡,但绝大部分在1960年大饥荒前后返回原籍。

酒泉县(今肃州区):1956年4月和9月,先后接受河南巩县、西坪和上海等地迁来的移民3368户、14747人。其中上海移民469户、1665人。分别安置在中所、银达、果园、新城、杨洪、东洞、红山、总寨等37个乡。1960年前后,河南移民有71%返回了原籍,上海移民基本全部返回原籍。

金塔县:1956年8月,安置河南西平县农民494户、2397人。这批移民除了个别定居外,绝大部分陆续返回河南。

肃北县:1958年4月,接受河南杞县移民70户、172人。被安置在当时肃北县的党城湾农场,后来基本返回原籍。

对这次移民工作,移出地和移入地政府都极为重视,各个县市都专门成立了移民委员会,在财政相当困难的条件下,额外拨付大量的资金和粮食用于移民安置。各级干部高度重视,为安置移民做了大量的工作,担负移民安置任务的县乡和村社干部群众,腾房修屋,捐助大量钱、粮和其他物资,对移民安置付出了艰辛的劳动。尽管如此,终因这次移民是在特定历史条件和违背移民规律的前提下开展的,套用了“河南上海有人,甘肃有土地”的简单模仿苏联模式,对移民安置的艰巨性、复杂性认识不足,缺乏经验以及工作中的主观武断,致使成千上万移民“来得急、走得快”,以至于大批移民在很短时间内就迅速返回,有的地方甚至出现移民集体闹事、殴打伤人、强行围堵政府机关、拦截领导车辆等问题。这种违背了人类生存的基本要求和基本规律,把生存条件好的居民强迫往生存条件差的地方迁移的做法,最终导致了这次省际移民的失败。

3. 农垦移民

1963 年,毛泽东提出“屯垦戍边、寓兵益民”战略,中共中央在酒泉组建了解放军生产建设兵团农业建设第 11 师(以下称农建 11 师),下设 9 个团。师部设在酒泉城东南 3 公路的甘新公路南侧,后迁至玉门市官庄子一带。农建 11 师初建时,共有官兵 26500 多人。

1964 年以后,先后安置了北京军区、济南军区和成都军区集体复员转业的军人,城镇支边青年,从当地收编的自发移民,从原劳改农场接受的老职工以及从上海遣送来的被管教人员,招收的城市知识青年,新疆军区建设兵团的专业技术人员和干部等等,人口高峰时达到 10.3 万多人。1974 年 12 月,农建部队建设兵团番号撤销,成立了酒泉农垦分局。后来,城镇支边青年和招募的知识青年绝大多数返回了城市。

4.“两西”建设项目移民

1982 年,中共中央和国务院决定,进行全国第一个大规模农业区域性扶贫开发建设重点项目,即以定西市为代表的甘肃省中部干旱地区、河西走廊地区和宁夏回族自治区西海固地区(简称“三西”地区)扶贫开发建设。1983 年 3 月,甘肃省确立了“兴河西之利、济中部之贫”的扶贫开发战略和“有水走水路,无水走旱路，水旱路不通另找出路”的建设方针，并制定《甘肃省“两西”地区农业专项资金建设计划》，对“一方水土难养一方人”的特困地区实行了有计划、有组织的移民搬迁、异地开发。

酒泉成为甘肃省委、省政府“两西”计划移民的首选地区。1983—2008年，采取“插花安置，集中安置，属地管理”的模式，先后接受安置省内中南部干旱贫困地区及高寒阴湿山区10个市（州）25个县（区）的计划移民15730户、68929人。

插花安置移民21389人。其中，肃州区18个乡（镇）安置2251人；金塔县11个乡（镇）安置7214人；玉门市8个乡（镇）安置5255人；瓜州县10个乡（镇）安置5695人；敦煌市11个乡（镇）安置652人；肃北县党城乡安置322人。

设立100人以上的集中安置点57个，集体安置移民46630人。其中，肃州区13个集中安置点，集体安置移民5178人；金塔县10个点，安置移民12083人；玉门市12个点，安置移民7830人；瓜州县11个点，安置移民16330人；敦煌市10个点，安置移民4667人；肃北县青山道基地安置移民542人。

在“两西”移民安置时，成立了3个集中安置的行政乡，集中安置甘肃省中东部地区移民3002户、13487人。

金塔县羊井子湾乡，是“两西”移民项目在河西投资开发建设的第一个移民安置试验示范基地，1986年开发建设，1995年12月成立乡党委、政府，距离县城11公里。羊井子湾乡总面积70平方公里，共有11958亩耕地，人均占有耕地2.2亩。移民群众主要来自甘肃省中东部永靖、东乡、榆中、永登、通渭、定西等14个市（州）县，现辖6个行政村18个村民小组1347户、5408人。

小金湾乡，是“两西”移民项目在玉门市建立的移民乡。1990年在小金湾筹建指挥部，位于玉门市新市区东南70公里、花海镇以南7公里处。1992—1996年小金湾乡接受移民1112户、5103人，全部为东乡县东乡族移民。1998年成立小金湾东乡族乡,设富源、东兴、龙泉、金柳、马家峪5个行政村。

腰站子乡,是“两西”移民项目在瓜州县建立的移民乡。到2005年底,开发耕地一万亩,安置东乡县东乡移民543户、2976人。

2006年在腰站子乡设立扎马营、马家泉两个行政村,位于腰站子乡西南。瓜州县作为“两西”项目确定的重点实施地区之一,在腰站子乡、瓜州乡、河东乡三个乡镇集中安置“两西”移民22925人。

5. 疏勒河项目建设移民

疏勒河位于甘肃省河西走廊西端,是河西走廊三大内陆河之一,流域面积17万平方公里。20世纪50年代,甘肃省对疏勒河流域的水土资源利用进行了勘测、规划、论证和开发。80年代,“两西”建设又进行了较大规模的开发利用。20世纪90年代,甘肃省委、省政府确定“兴西济中、扶贫开发”战略部署,决定进一步开发利用疏勒河流域的水土资源,实施甘肃省疏勒河农业灌溉暨移民安置综合开发项目(简称疏勒河建设项目),解决甘肃中部干旱地区和南部高寒阴湿山区11个县数十万人的贫困问题。1996年3月,国务院批准可行性研究报告并正式立项。项目总投资为26.73亿元人民币,建设期为10年。1996年5月,疏勒河项目建设工作启动。

1996年7月2日,甘肃省人民政府与世界银行签订了《项目协定》、国家财政部与世界银行签订了《开发信贷协定》和《贷款协定》等三个法律文本,确定疏勒河项目总投资26.97亿元人民币,其中世界银行贷款1.5亿美元(信贷9000万美元,贷款6000万美元),折合人民币12.6亿元,国家配套补助资金2亿元,省内配套资金12.37亿元。自2000年开始,根据疏勒河流域水资源承载能力、生态环境保护和内配资金筹措情况进行项目中期调整,总投资由26.97亿元调减为19.7亿元,总灌溉面积由147.3万亩调减为106.22万亩,自愿移民由20万人调减为7.5万人,移民乡(场)由12个调整为6个。新灌区林木覆盖率由11%提高到15%,水资源总量利用率由91.7%下降为65.7%(简称中调计划)。截至2006年底,项目按中期计划目标完成了建设任务,世界银行于2006年12月31日关闭了项目账户。

疏勒河建设项目实施过程中,共向酒泉移民56386人。其中:玉门市移民20355人,瓜州县移民36031人。

柳湖乡,是疏勒河农业开发及移民安置项目在玉门建立的移民乡。2001年11月在玉门市毕家滩设筹建指挥部,位于玉门市新市区东南60公里、花海镇以西15公里处,1998年至2003年接受安置岷县移民1390户、6301人,其中:汉族1382户6263人,藏族8户38人。2006年7月成立玉门市柳湖乡,设华西、富民、岷州、小康、兴旺5个行政村。

独山子乡,是甘肃省疏勒河移民项目在玉门市建立的移民乡。省农垦疏勒河建设指挥部于2004年开发建设,至2007年结束。2008年3月交玉门市接管,成立独山子移民基地筹建处,位于玉门市新市区以东70公里、小金湾乡东北8.5公里、花海镇以南6.5公里处。2004年至2007年接受移民1823户、8372人。2008年10月20日成立独山子东乡族乡,设源泉、春柳、金泉、金旺4个行政村。

六墩乡,是甘肃省疏勒河移民项目在玉门市建立的移民乡。2007年在七墩滩设筹建指挥部,位于玉门市新市区西北36公里、柳河乡西北18公里、瓜州与玉门市分界线东1公里处。共安置武都县、宕昌县、舟曲县、临潭县、和政县移民5682人,其中:汉族1017户、4148人。2010年成立六墩乡,设柳北村、安康村、昌和村、昌盛村、安和村5个行政村。

梁湖乡,原是疏勒河项目在农垦辖区建设的移民分场,隶属国营小宛农场,2004年开始按照乡级建制规划建设,2006年项目基本完成。建成分场部,5个行政村,1个自然村,开发耕地3.1万亩。安置舟曲、积石山、宕昌、岷县四县移民1575户、7769人。

其中:舟曲县176户、830人,宕昌县647户、3287人,积石山县306户、1546人,岷县446户、2106人。2008年甘肃省人民政府决定,农垦辖区小宛农场梁湖分场移民、土地和资产,按照属地化管理原则成建制移交瓜州县管理。甘肃省民政厅批准设立梁湖乡。

双塔乡,是疏勒河项目在瓜州辖区建立的移民乡。2002年1月瓜州县成立双塔筹建指挥部,位于布隆吉乡西南13公里处,距离瓜州县城86公里。同年接受首批礼县、永靖县移民402户、1756人。

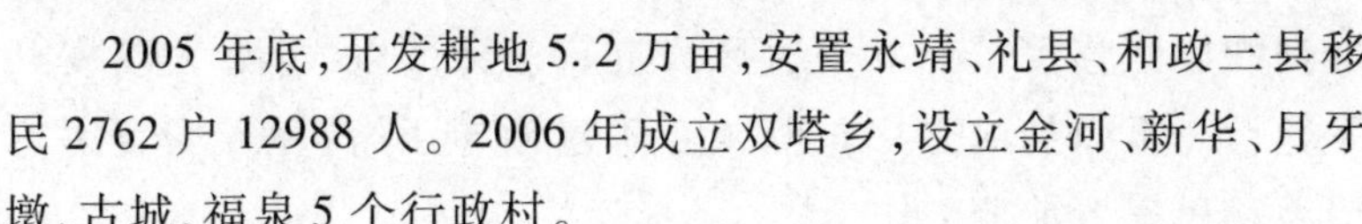

2005年底,开发耕地5.2万亩,安置永靖、礼县、和政三县移民2762户12988人。2006年成立双塔乡,设立金河、新华、月牙墩、古城、福泉5个行政村。

七墩回族东乡族乡,是疏勒河项目在瓜州建立的移民乡。2001年5月成立七墩乡筹建指挥部,位于三道沟镇北10公里处,距瓜州县城110公里。同年接受首批移民160户764人,后又安置和政县、宕昌县移民832户、3999人。2006年成立七墩回族东乡族乡,设三墩、锦华、汇源三个行政村。

沙河回族乡,原是疏勒河项目在农垦辖区建设的移民分场,隶属甘肃省农垦公司。2002年开始按照乡级建制规划建设,2006年项目基本完成。建成分场部,5个行政村,开发耕地2.7万亩,安置临潭、积石山、临夏三县移民1568户、8755人。其中临潭县997户、5555人,积石山县283户、1514人,临夏县288户、1686人。2008年甘肃省人民政府决定,农垦辖区七道沟分场移民、土地和资产,按照属地化管理原则成建制移交瓜州县管理。甘肃省民政厅批准设立沙河回族乡。

6. 九甸峡库区移民

“引洮工程”是中华人民共和国成立以来甘肃省最大的水利工程项目。2005年甘肃省政府常务会议研究决定,调减疏勒河项目自愿移民人口,与“引洮工程”九甸峡水库淹没区外迁移民置换,在瓜州县白旗堡开发耕地3.28万亩进行集中安置。2006年“引洮工程”开工建设,甘肃省人民政府决定在瓜州县建立九甸峡库区移民安置区,由省发展和改革委员会负责,省水利水电设计院完成规划设计。2006年,根据甘肃省政府要求,酒泉市成立了瓜州县九甸峡库区移民安置区建设办公室,负责移民安置和建设工作。到2008年共安置移民1936户、9193人。

广至藏族乡,是“引洮工程”九甸峡库区移民安置区在瓜州县白旗堡城区域建立的移民乡。安置区距离瓜州县城25公里处,规划面积135平方公里。2007年10月,甘肃省民政厅批准九甸峡库区移民瓜州县安置区设立广至藏族乡,开始大规模开发建设。瓜州县成立广至藏族乡筹建领导小组,介入安置区建设及移民安置前期工作。

2008年4月,广至藏族乡接收安置首批岷县移民73户、193人。到2008年底安置区开垦土地3.76万亩,建成乡政府、乡医院、6个村小学、移民住宅1923户,设立卓园村、卓尼村、洮砚村、岷县村、新堡村、临潭村等6个行政村,安置甘南州、定西市3县(卓尼、临潭、岷县)7乡23个行政村库区移民1936户、9193人。

至此,从1983—2008年,两西计划移民、疏勒河建设项目移民、九甸峡库区移民,三项合计共在酒泉移民134508人。这三项大型项目移民人口最后分布在酒泉市各市、县、区的11个移民乡(少数民族乡6个),行政村60个,村民小组321个。其中瓜州县移民达到8.2万人,玉门市达到3.57万人,分布占到两县市农村人口的73%和38%,成为典型的移民大县。

7. 非计划移民

社会发展的一般规律表明,经济越发展,人口流动的频率越高。随着酒泉经济社会的快速发展,社会对劳动力的需求不断增长,新的务工人员使酒泉非计划移民大量增加。大致有四种类型:一是大中专毕业生。1992年至2011年进入酒泉的外地大专以上毕业生、各类专业技术人才约有23000多人。二是外来务工人口。20世纪80年代至今从浙江、福建、江苏、山东、四川、河南等省份来经商务工定居酒泉的外地人，约有51600多人。三是来酒泉办实业人口。2000年以来，随产业转移，集体移居酒泉办厂开矿，经营开发各类产业的，约有15700多人。四是来自农村的非计划人口。20世纪80年代，农村经济的快速发展，加速了酒泉本地农村人口向城市非农产业的转移。乡村集体开发兴办的“绿色企业”、农户弃耕土地吸引了青海、宁夏、内蒙古等省份的租地农民。特别是伴随着国家“两西”农业建设和疏勒河项目建设，来自省内中南部12个市(州)、53个县(市、区)的贫困群众，他们通过自行联系、投亲靠友、打工落脚等非计划方式，陆续迁入酒泉市一些农村乡镇、农林场站以及计划移民安置基地(点)定居生活，据调查统计，共有8755户、33427人。来自这四个方面的非计划移民，共计12.4万人，约占酒泉总人口的12.4%。

移民的大量迁入，对酒泉经济社会发展产生了巨大影响。

一是推动了经济建设。从1983年至今，酒泉通过安置贫困地区移民，争取到国家投资和世界银行贷款投资18.21亿元，兴建了一大批重点水利工程和农田水利设施，如金塔县鸳鸯池、焦家大湖、肃州区夹山子、敦煌市党河、瓜州县榆林河等5座水库的新建和加固扩建工程，建成肃北大拉排一、二级水电站两座，建成昌马灌区、双塔灌区、赤金峡灌区等一系列大型水利灌区。动员移民群众开垦和复耕土地96.4万亩(含农垦局)，栽植了大批防风固沙林带，使昔日茫茫荒原变成了片片绿洲。先后扶持了86个乡镇企业的技术改造和新建等项目，实施完成农村电网、道路、渠系等各类基础设施建设项目558项，有力地助推了当地经济社会的发展。

二是促进了民族交融和多元文化的交流。在酒泉计划和非计划移民中，少数民族移民近4.2万人，占移民总数的22.4%。在连续多年的移民过程中，回族、藏族、东乡族、裕固族、保安族、撒拉族、土族等诸多少数民族人口迁入酒泉，使酒泉原有的17个少数民族增加到现在的40个，形成了各民族大杂居、小聚居的局面。作为贫困弱势的移民，不仅逐步适应了当地耕作技术、语言习惯和文化习俗，而且在酒泉文化精神的包容中，逐步改变了原有的文化习俗，创造出了新的文化。来自各地的移民在生产生活中的交流日益加强，各民族不仅通婚通俗，而且在建筑、饮食、衣着服饰等方面也相互影响，特别是在思想、理念方面也碰撞交融、取长补短。如东部的板蓝根、红花、黄芪等药材在酒泉引种成功；中国四大名砚之一的洮砚雕刻技术也在酒泉瓜州得以传承；拔河、唱花儿、耍龙、踩高跷、跳口袋、跳团圆舞、打金钱棍等民间活动，既展现了本民族传统文化，也被当地群众接纳和认同。酒泉市每年举行的“民族团结进步月”活动，不仅加强了各民族之间的交往和联系，也孕育了具有酒泉特色的“移民文化”。

移民人口在加快酒泉经济社会发展的同时，也给酒泉带来诸多问题：

一方面，移民的大量迁入造成了酒泉人口承载量过大，水资源过度开发，加重了水资源危机，生态环境进一步恶化。由于生态环境恶化，大风扬沙天气频频出现，仅瓜州县沙尘暴天气出现的次数就比过去有明显增加，每年5级以上的大风扬沙天气达41天(次)。人口承载量过大、水资源紧缺和生态环境恶化问题，已成为制约酒泉经济发展的重大问题。

另一方面，移民的大量迁入也给酒泉引发了一些社会管理问题。首先是户籍问题。由于疏勒河新灌区许多项目移民和计划外移民的户口没有及时迁入，这部分移民在信贷、婚育、子女上学、参军、就业等方面均受到限制，生产生活很不安定，带来了一定的社会管理难题。其次是社会事业发展问题。有些移民村(点)的文化教育和医疗卫生设施落后，移民适龄子女辍学率居高不下，新生的文盲、半文盲越来越多，移民有病不能及时医治，疾病预防能力弱，一旦出现疫情，很难控制。文化生活相当匮乏,移民群众的精神面貌普遍不佳,社会事业发展严重滞后。第三是计划生育问题。主要是户口没有迁入的移民和计划外移民,处于“原地管不上,当地管不了”的失控状态,计划生育工作难度很大。在这些移民村(点),早婚私婚、多胎生育现象比较普遍,妇女节育措施落实率低的问题突出。第四是宗教问题。随着移民的增加,宗教成分也日趋复杂,争夺宗教“领袖”的教派斗争日趋激烈,非法宗教与邪教的渗透和蔓延加剧。第五是社会治安问题。由于项目移民从搬迁到再建家园都是在被动条件下进行的,遇事围堵政府机关、堵截交通或返回原籍的事情时有发生,全市越级上访、集体上访移民占了近50%。第六,移民脱贫致富步伐缓慢。截至2011年,酒泉市农民人均纯收入8032元,而两西移民人均纯收入只有3370元,疏勒河项目和九甸库区移民人均纯收入只有1258元。酒泉经济社会发展呈现出“市民、农民、移民”三元社会结构的独特格局,直接影响全面建设小康社会的进程。

三、人口政策效果显著

新中国酒泉人口的发展,经历了一个由放任生育、计划生育到稳定低生育水平的曲折历程,人口政策发挥了巨大的作用。大体经历了以下几个阶段:

1. 无计划发展阶段(1949—1953)

新中国成立初期,人口发展处于无控制、无计划自然增长状态。随着国民经济的恢复,人民生活水平的改善,卫生医疗事业的迅速发展,酒泉地区人口出生率明显提高,而死亡率又显著降低,最终形成了人口总量的剧增。1949年酒泉地区出生人口为1.13万人,人口出生率为36.26‰,以后逐年快速增长,到1953年出生人口为1.53万人,出生率增长为39.51‰,比1949年增长3.25个千分点;自然增长率也由1949年的26.09‰猛增至1953年的29.81‰,出现了第一次人口增长高峰。政府有关部门从关心育龄妇女健康出发，颁布实施了限制人工流产的规定，并严格控制避孕药具的进口与销售，在一定程度上助长了酒泉人口快速增长。1953年酒泉总人口为38.83万人，比1949年净增10.46万人，增长36.87%。这一阶段，酒泉人口再生产类型迅速由新中国成立前的高出生、高死亡、低增长向高出生、低死亡、高增长转变。

2. 提出计划生育阶段(1953—1962)

1953年后，全国各地过快的人口增长引起了国家高层的关注，毛泽东、周恩来、刘少奇、邓小平等领导人提出了人口要有计划增长的思想。1953年的《农业发展纲要》首次写入计划生育内容，计划生育工作开始在一些地区进行试点。以马寅初为代表的社会有识之士也积极主张实行计划生育。1955年3月中共中央发出《关于控制人口问题的指示》等文件，酒泉专区开始宣传人口和计划生育政策，向群众进行提倡晚婚和节制生育的宣传教育，医药部门销售避孕药具，医疗单位实施少量的节育手术。1956年中共"八大"召开，周恩来在"关于发展国民经济第二个五年计划的建议"中提出"卫生部门应该协助有关方面对节育问题适当宣传，并且采取有效措施"。《1956年到1967年全国农业发展纲要》把计划生育的政策扩展到了广大农村，"除了少数民族地区以外，在一切人口稠密的地方，宣传和推广节制生育，提倡有计划地生育子女"。从1959年开始，出现了三年严重自然灾害，酒泉人口出生率急剧下降，死亡率大幅上升，1960年首次出现了人口负增长，出生率为32.40‰，比上年降低2.51个千分点，比全国出生率(20.86‰)还要低11.54个千分点；死亡率为20.43‰，比上年增长2.42个千分点；净增人口为-8.17万人，人口增长率为-12.52‰，人口增长率远远低于全国同期水平(-4.57‰)；1962年自然增加人口-0.31万人，自增率为-6.35‰，人口自然增长出现负增长。三年自然灾害期间，酒泉人口数量骤减，计划生育工作也被搁置。

3. 计划生育困难阶段(1963—1970)

从1963年开始,酒泉人口发展进入持续8年之久的第二次人口生育高峰,计划生育处于困难阶段。1964年,中共中央、国务院作出了《关于认真提倡计划生育的指示》。在毛泽东提议下,计划生育工作在城市逐步开展。酒泉市县两级成立了计划生育委员会,采取专人常抓与群众运动相结合的方法,宣传与落实计划生育的有关规定。同年秋开始培训农村新法接生员和计划生育的宣传、节育卫生人员,计划生育工作逐步向农村开展,但推进难度较大。“文化大革命”开始后,计划生育工作受到严重干扰和破坏,各级计划生育机构瘫痪,工作停滞,已建立起的计划生育机构撤销,人员下放,已初步开展的计划生育工作被迫停止,人口发展处于无节制的状态。1970年,酒泉人口总量达到63.78万人,比1963年增加11.55万人;自然增长率达到31.09‰,比1963年增长7.37个千分点。

4. 计划生育全面展开阶段(1971—1978)

“文化大革命”造成经济滑坡、人口增长的严重问题引起了党中央、国务院的重视。1971年,在周恩来总理主持下,国务院把控制人口增长的指标首次纳入国民经济发展计划。1974年毛泽东在国家计委《关于一九七五年国民经济计划的报告》上批示:人口非控制不行。同时,国务院制定了“晚、稀、少”和“提倡一对夫妇生育子女数量最好一个,最多两个”的生育政策,对职工和农民接受节育手术以后的福利待遇问题作出了规定,从城市住房和农村口粮、自留地分配等方面给予照顾。计划生育工作开始在全国城乡全面展开。

1971年,酒泉地区革委会下发《关于批转地区卫生工作座谈会会议纪要》(〔1971〕029号),要求在城乡大力宣传和提倡计划生育,力争到1975年把城市人口自然增长率降到10‰,农村降到15‰以下。1971年8月经甘肃省革命委员会批准,成立了酒泉地区革委会计划生育领导小组,负责指导全区计划生育工作。

领导小组下设办公室,主要负责农村计划生育的调查研究、医务人员培训、节育措施宣传、避孕药具发放等工作。地县有关部门也积极配合,密切协作,深入发动群众,培养宣传典型,总结推广计划生育工作的先进经验。各级医疗卫生单位和北京医疗队广泛宣传避孕节育知识,提供避孕节育技术服务,出现了第一批自愿带头节制生育的干部群众。1974 年,酒泉地区革委会《批转地区卫生局 1974 年卫生工作的安排》(〔1974〕024 号),提出大搞快搞晚婚晚育和计划生育,把育龄妇女的节育率提高到 70% 以上。同年甘肃省计划生育工作汇报会提出“领导带头是搞好计划生育的关键”,许多领导同志动员家属、亲友采取节育措施,酒泉出现了领导带头执行计划生育的良好局面。1977 年,酒泉地区革委会《批转 1977 年全区计划生育工作的安排意见》(〔1977〕020 号),提出认真贯彻党的计划生育方针、政策,城市、工矿、驻军、农村社队和农垦单位都要大力提倡一对夫妇生育两个孩子,按照晚、稀、少的原则,制定人口增长规划,把计划生育和节育措施落实到人。这一时期,酒泉计划生育工作主要以宣传引导为主,一些节育措施也得到了初步落实,使酒泉人口出生率迅速由 1970 年的 36.84‰下降到 1978 年的 16.52‰。

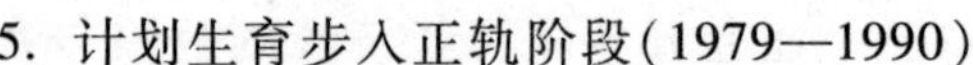

5. 计划生育步入正轨阶段(1979—1990)

1980 年,中共中央发出《关于控制我国人口增长问题致全体共产党员共青团员的公开信》,提倡一对夫妇生育一个孩子。同年,酒泉地区行署做出《批转地区计划生育领导小组关于 1980 年全区计划生育工作的安排意见》(酒署发〔1980〕19 号),要求提高一孩率和计划生育率,一孩率农村与城市分别达到 40% 和 60%。1980 年 9 月 10 日第五届全国人民代表大会第三次会议通过的《中华人民共和国婚姻法》,规定,青年结婚年龄男不得早于 22 周岁,女不得早于 20 周岁。1981 年全国人大五届四次会议提出“控制人口数量、提高人口素质”的人口政策。1982 年中国共产党第十二次代表大会把实行计划生育确定为基本国策,并写入新修改的《宪法》。这一时期,结婚时检查登记,领取结婚证书,带头晚婚晚育,已成为酒泉青年的自觉行动。

1981 年,酒泉地区行署做出《关于对独生子女及其家庭实行优惠待遇的暂行规定》(酒署发〔1981〕41 号),规定:(一)终身只生育一个孩子的妇女其产假由国务院规定的 56 天增加到 70 天。(二)城镇吃商品粮的独生子女,一律凭《独生子女证》由所在粮站供应加粮至 14 周岁。(三)凡独生子女凭《独生子女证》优先入托、入园、入学,入园、入小学者免交学费。(四)在同等条件下,独生子女优先招工、招生。(五)各级医院对独生子女凭《独生子女证》优先看病、优先住院,独生子女在 10 周岁以内每年由县(市)妇幼保健站免费进行一次体检。(六)城市优先解决独生子女家庭住房问题。同年酒泉地区行署下发的《关于 1981 年全区计划生育工作的安排意见》(酒署发〔1981〕50 号),提出实行计划生育合同制,新婚夫妇在领取结婚证时,由计划生育部门和单位共同负责,与新婚夫妇签订计划生育合同书。

1982 年,酒泉地区行署《批转地区计生办 1982 年全区计划生育工作安排意见》(酒署发〔1982〕054 号),提出建立计划生育和农业生产的干部岗位责任制、社员生产生育双包合同制。文件规定,“凡计划生育工作搞得不好的单位和个人,一律不得评为先进,领导不得评奖。对晚婚、晚育干部群众的婚假、产假和独生子女及其家庭的优惠政策仍按省政府〔1982〕105 号文件和酒署发〔1981〕41 号文件执行。对过去因违反计划生育政策规定,(即使符合现在生育条件)给予经济处罚和纪律处分的一律有效。符合生育二胎规定,已领取独生子女证又要求生育的,要先交清奖励费,方可安排生育。今后凡不按规定计划外超生二胎和多胎的,仍按有关规定给予经济制裁,系党团员、干部、国家职工的,根据情节给予相应的组织纪律处分”。

1985 年,酒泉地区行署做出《关于转发对农村生育政策的补充规定的通知》(酒署办发〔1985〕052 号),规定:(一)对农民确有实际困难安排二胎生育的条件，由地委〔1984〕57 号文件第 11 条中规定的村一级，改为生产队一级，其他条件不变。（二）夫妇一方是城镇户口，一方是农村户口，生育政策应按女方户口所在地对待。

1986 年，酒泉被国务院确定为农村二孩生育政策试点地区，同年被国务院授予“计划生育红旗单位”称号。

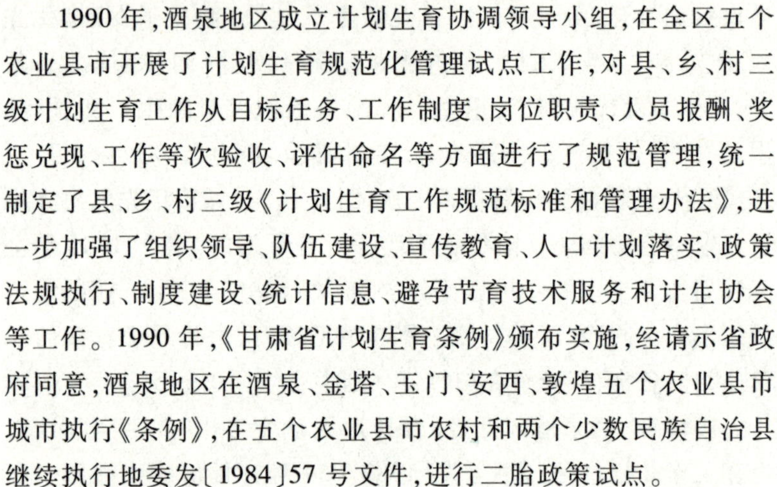

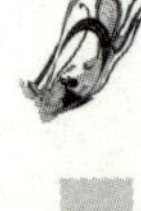

1990 年，酒泉地区成立计划生育协调领导小组，在全区五个农业县市开展了计划生育规范化管理试点工作，对县、乡、村三级计划生育工作从目标任务、工作制度、岗位职责、人员报酬、奖惩兑现、工作等次验收、评估命名等方面进行了规范管理，统一制定了县、乡、村三级《计划生育工作规范标准和管理办法》，进一步加强了组织领导、队伍建设、宣传教育、人口计划落实、政策法规执行、制度建设、统计信息、避孕节育技术服务和计生协会等工作。1990 年，《甘肃省计划生育条例》颁布实施，经请示省政府同意，酒泉地区在酒泉、金塔、玉门、安西、敦煌五个农业县市城市执行《条例》，在五个农业县市农村和两个少数民族自治县继续执行地委发〔1984〕57 号文件，进行二胎政策试点。

这一时期，酒泉人口发展维持平稳增长，人口增长率基本控制在 12‰左右，人口平均出生率为 14.94‰，计划生育工作取得了明显成效。

6. 计划生育健康发展阶段（1991—2000）

自 20 世纪 90 年代开始，酒泉人口计划生育工作逐步迈向健康良性的发展道路。1991 年，党中央、国务院作出《关于加强计划生育工作严格控制人口增长的决定》，进一步加强对人口和计划生育工作的领导，每年都召开高规格的专题座谈会，研究部署人口和计划生育工作。

一是加强了流动人口计划生育管理。1991 年 3 月 5 日，甘肃省人民政府发布了《甘肃省流动人口计划生育管理办法》。1991 年 12 月 26 日国家计生委出台了《流动人口计划生育管理办法》,为加强流动人口计划生育管理工作提供了法律依据。1992 年,酒泉地区计生部门会同公安、工商等部门对酒泉市(现肃州区)流动人口进行了全面清查。1993 年,甘肃省计划生育委员会、公安厅、工商行政管理局、劳动局、建设委员会、乡镇企业管理局等六部门联合下发了《关于贯彻国家计生委与省政府〈流动人口计划生育管理办法〉的实施意见》。这些政策措施,对加强流动人口计划生育工作起到了积极作用。

二是加强了城市计划生育工作。1997 年 7 月,酒泉地区八部门联合转发了国家计划生育委员会、经济贸易委员会等八部委联合下发的《关于进一步做好城市计划生育工作的意见》,确定了城市计划生育工作实行"单位负责、条条保证、以块为主、条块配合"的管理体制。1999 年 9 月,酒泉地区召开全区城市计划生育工作会议,传达贯彻甘肃省城市计划生育工作现场会议精神,交流了城市计划生育工作和流动人口计划生育管理工作经验,制定了城市及流动人口计划生育工作具体意见。

三是加强了计划生育宣传工作。1993 年,酒泉地区在农村推行计划生育"三结合"工作,坚持把计划生育工作同发展经济相结合,同群众勤劳致富奔小康相结合,同建设幸福文明家庭相结合,实施了"少生快富幸福文明工程"。同时在甘肃省率先成立了县乡婚育学校,村级建立了计划生育活动室,在文化室建立了计划生育专栏。2000 年,按照中共中央宣传部、国家计生委暨省委宣传部、省计生委要求,地委宣传部、地区计生处在部分乡镇试点的基础上,联合下发了《关于在全区范围内深入开展婚育新风进万家活动的意见》,开展了以"十到家、十服务"为主要内容的婚育新风进万家活动,酒泉地区有 360 多个城乡群众自乐班子自发开展活动,宣传计划生育基本国策。2001 年,全省"婚育新风进万家活动"现场会在酒泉地区召开。敦煌市农民张涵被中共中央宣传部、国家人口计生委评选为"全国婚育新风进万家十佳宣传标兵"。酒泉市(今肃州区)被国家人口计生委确定为全国“婚育新风进万家活动”基层示范县。玉门市下西号乡、安西县(今瓜州县)河东乡被中共中央宣传部、国家人口计生委授予“全国婚育新风进万家活动先进集体”。

第五次全国人口普查结果表明,10年间酒泉年均人口自然增长率为9.80‰,比全国人口自然增长率(10.7‰)低0.9个千分点,比80年代全国人口自然增长率下降了近5个千分点。

7. 稳定低生育水平阶段(2001—2010)

2000年3月,中共中央、国务院发出《关于加强人口与计划生育工作稳定低生育水平的决定》,指出在实现人口再生产类型的历史性转变以后,人口与计划生育工作的主要任务将转向稳定低生育水平、提高出生人口素质。2001年12月29日,第九届全国人民代表大会常务委员会第二十五次会议通过了《人口与计划生育法》,计划生育基本国策有了国家基本法律的保障。《人口与计划生育法》把实行计划生育夫妻的奖励和社会保障以国家法律的形式确定下来,为计划生育利益导向机制建设提供了法律依据。

2001年3月,酒泉地委、行署下发《关于进一步加强人口与计划生育工作的意见》(地委发〔2001〕10号)要求,各级组织增设管理机构,进一步加强流动人口管理。同年6月,地区计生处增设流动人口管理科,各县(市、区)也相继成立了流动人口计划生育办公室。

与此同时,地区计生处在肃州区三敦乡进行了流动人口管理试点工作。7月,中共酒泉地委、酒泉地区行署下发了《关于人口与计划生育工作综合改革的意见》,对试点工作提出了具体的指导意见。10月,酒泉召开了人口和计划生育综合改革试点现场会,在全区范围内推广试点工作的经验,全面加强了流动人口计划生育管理工作。

2002年4月3日,《甘肃省流动人口计划生育管理办法》颁布,对育龄流动人口的权利、义务及各级政府、相关部门的工作职责进行了进一步规范。2004 年 8 月，酒泉市流动人口信息交换平台全面启动，与全国联网，实现了信息共享。同时进一步完善流动人口统计制度，当年酒泉流动人口达到 20755 人，其中流出 5496 人，流入 15259 人，均按照有关规定进行了登记管理。

2004 年后，酒泉各级政府组织实施了计划生育"奖扶制度"和"少生快富"工程。"奖扶制度"是对农村只有一个子女和两个女孩的计划生育家庭，在夫妻年满 60 周岁后，由中央和地方财政安排专项资金进行奖励扶助的一项基本制度。扶助金最低发放标准为人均每年 600 元，中央财政和地方财政各负担 50%，具体发放金额由各地根据地方财力自定。扶助金一直发放到扶助对象亡故为止。"少生快富"工程是对西部贫困地区、少数民族地区按照政策可以生育两个以上孩子，但是放弃生育指标而"少生"的夫妇，给予一次性奖励。一般指在允许生育三个孩子的少数民族地区，少数民族夫妻如果少生一个孩子，即只生两个孩子，政府给予一次性奖励 3000 元(有些地方在此基础上增加到 4000 元或者 5000 元)，帮助自愿少生孩子的少数民族夫妻发展生产，发家致富。这一年，酒泉市开展了独生子女家庭奖励扶助政策试点和计划生育特殊困难家庭试点工作，所有独生子女家庭享受了奖励扶助政策，救助计划生育特殊困难家庭 700 多个。

2005 年 9 月，酒泉组织各县、市、区开展了非法婚姻和非婚生育专项治理活动，对不符合法定条件、没有经法定程序登记领取《结婚证》的事实婚姻及其怀孕、生育、节育状况进行全面调查登记，对非法婚姻和非法生育进行了严肃处理。

2009 年，酒泉市委、市政府制定《关于深化人口与计划生育工作综合改革统筹解决人口问题的实施意见》，提出了当前及今后一个时期人口计生综合改革的目标任务。2009 年，开展了"计划生育示范性服务机构"创建活动，确定了敦煌市、金塔县、玉门市服务站 3 个县级服务站和肃州区总寨镇、上坝镇，金塔县中东镇，玉门市柳河乡，瓜州县三道沟镇，敦煌市肃州镇等 6 个乡级服务所为示范点。

2010年,酒泉组织各县市区开展了示范化社区创建活动,对流入育龄人口发放免费服务证,提供与常住人口同等的计划生育免费技术服务,对自觉落实长效节育措施和政策外怀孕补救措施的流动育龄夫妻给予一定的奖励和补助。与此同时,制定出台了一系列计划生育奖励措施,农村独生子女参军、上大学给予500元的奖励,城市独生子女父母退休时由双方单位各给予2000元的奖励,将农村“两户”困难户全部纳入低保范围,农村人均享有的惠农资金,独生子女户按2个子女对待,二女户按3个子女对待,户均享有的惠农资金,“两户”高于标准30%。

2000年以后,酒泉人口出生率一直稳定在13.05‰以下,人口增长率也由2000年80‰下降到2010年的18‰,有效地稳定了人口发展低生育水平。

四、人口素质大幅度提高

新中国成立60多年来,随着经济社会的快速发展,酒泉人口素质显著提高。

1. 文盲半文盲人口大幅度减少

新中国成立以后,酒泉各级政府大力开展扫盲教育,文盲半文盲人口大幅度减少。

1949年10月后,酒泉城乡扫盲教育逐步开展起来,各县均成立“冬学委员会”,玉门油矿、酒泉公路局、电信局陆续办起工人文化补习班,聘请有一定文化程度的知识分子担任教师,组织农民和工人广泛开展识字学习,到1951年农村有冬学学员51319人,城市办起职工业余学校4所,有学员622人。1953年,酒泉专署办起机关干部业余文化补习学校1所,参加初、高小班学习人数达2423人。1954年底,冬学、民校、识字班达889个,有学员31517人。扫盲教育的迅速普及,短时间内提高了酒泉人口的素质,在1964年7周岁以上文盲和半文盲人口达到245379

万人，占到7周岁以上人口的33.4%。

1982年第三次人口普查资料统计，酒泉6岁及6岁以上684024人中，文盲半文盲人口195077人，占6岁及6岁以上人口的28.5%。

1990年第四次人口普查资料统计，酒泉6岁及6岁以上的612072人中，文盲半文盲人口112553人，占6岁及6岁以上人口的18.39%，比1982年下降10.1个百分点。

2000年第五次人口普查资料统计，酒泉15岁及15岁以上人口共750144人，文盲人口78367人，占15岁及15岁以上人口的10.45%。文盲率为7.96%。6岁及6岁以上人口为899927人，文盲半文盲人口81498人，占6岁及6岁以上人口的9.06%，比1990年下降9.3个百分点。

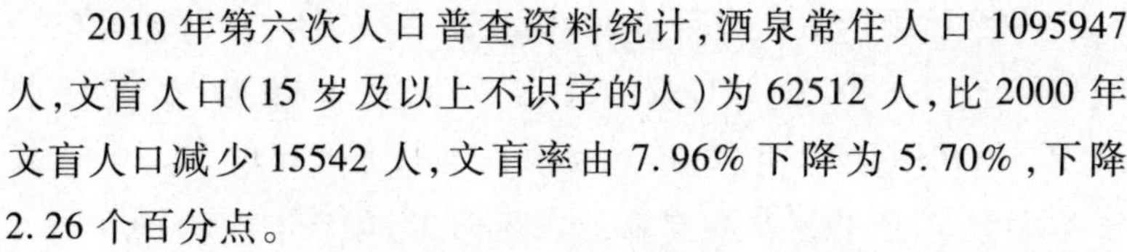

2010年第六次人口普查资料统计，酒泉常住人口1095947人，文盲人口（15岁及以上不识字的人）为62512人，比2000年文盲人口减少15542人，文盲率由7.96%下降为5.70%，下降2.26个百分点。

由几次人口普查的具体数据可以看出，随着教育事业的发展，酒泉扫盲工作成效显著，文盲半文盲人口逐年下降，截止到2010年文盲人口下降为62512人，文盲率低于甘肃省同年文盲率（8.69%）2.99个百分点。

2. 受教育人口大幅度增加

新中国成立后，各级政府高度重视教育工作，大力发展基础教育，全面普及九年义务教育，学校及学生数量大幅增加。

1950年，酒泉专区小学共有学生21441人。河西中学、肃州师范学校、酒泉师范学校于1950年5月合并为省立“酒泉中学”，共有420名学生。

1951年，酒泉专区小学共有学生37941人，比上年增加16500人。中学共有学生913人，比上年增加530人。

1953年，酒泉专区小学共有学生41318人，学生人数是1950

年的 1.93 倍。

1954 年,初中报考 713 人,录取 571 人。高中、中师报考 115 人,录取 106 人。

1956 年,酒泉专区小学共有学生 52614 人,较 1950 年增加 2.45 倍。中学在校学生人数 3465 人。

1964 年第二次人口普查时,酒泉县有总人口 206173 人,小学 48589 人,占总人口的 23.57%,初中 9893 人,占总人口 4.8%,高中 2397 人,占总人口的 1.16%。

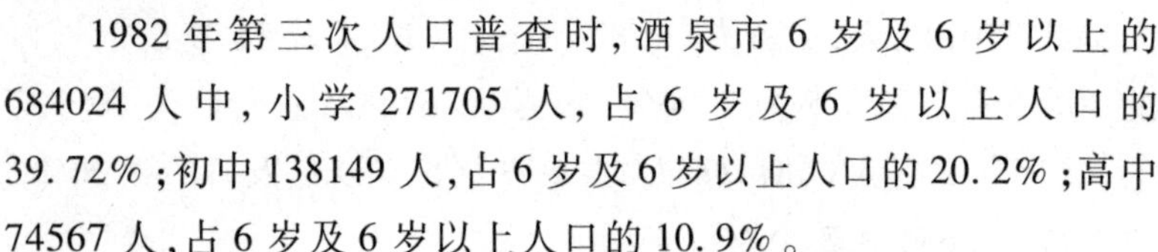

1982 年第三次人口普查时,酒泉市 6 岁及 6 岁以上的 684024 人中,小学 271705 人,占 6 岁及 6 岁以上人口的 39.72%;初中 138149 人,占 6 岁及 6 岁以上人口的 20.2%;高中 74567 人,占 6 岁及 6 岁以上人口的 10.9%。

1990 年第四次人口普查时,酒泉市 6 岁及 6 岁以上人口的 612072 人中,小学 281397 人,占 6 岁及 6 岁以上人口的 45.97%;初中 215416 人,占 6 岁及 6 岁以上人口的 35.19%;高中 83311 人,占 6 岁及 6 岁以上人口的 13.61%;中专 21068 人,占 6 岁及 6 岁以上人口的 3.44%。1990 年同 1982 年相比,小学文化程度的人口由 271705 人增加到 281397 人,是原来的 1.04 倍;初中文化程度的人口由 138149 人增加到 215416 人,是原来的 1.56 倍;高中及中专文化程度人口由 74567 人增加到 104379 人,是原来的 1.4 倍。

2000 年第五次人口普查时,酒泉市 6 岁及 6 岁以上人口为 899927 人,小学文化程度的 287225 人,占 6 岁及 6 岁以上人口的 31.92%;初中文化程度的 328417 人,占 6 岁及 6 岁以上人口的 36.49%;高中文化程度的 101376 人,中专文化程度的 47282 人,高中及中专文化程度人口共占 6 岁及 6 岁以上人口的 16.52%。

2010 年第六次人口普查时,酒泉市常住人口共 1095947 人,小学文化程度人口 299734 人,初中文化程度人口 397493 人,高中和中专文化程度人口 169622 人,分别增长 -6.73%、

8. 23%、25. 65%。

由统计具体数据看出,随着教育事业的发展,酒泉受教育人数逐年增加,受教育年限逐年延长,各种文化程度人口占总人口的比重逐年提升。初中、高中文化程度人口占到一半以上,人口的文化素质及结构逐步走向良性循环的道路。

3. 高学历人口比例明显增加

1982 年第三次人口普查,酒泉市 753579 常住总人口中,大学毕业的 4251 人,大学肄业和在校的 270 人,共 4525 人,占常住总人口的 0. 60%。6 岁及 6 岁以上人口为 684024 人,大专以上文化程度人口占 6 岁及 6 岁以上人口的 0. 66%。

1990 年第四次人口普查,酒泉市常住总人口 824330 人中,具有大学(大专以上)文化程度 10871 人,占总人口的 1. 32%,比 1982 年提高 0. 72 个百分点。

2000 年第五次人口普查,酒泉市常住总人口 980492 人中,具有大学(大专以上)文化程度的有 32677 人(大专 26071 人,本科 6606 人),占总人口的 3. 33%,比 1990 年提高 2. 01 个百分点,比 1982 年提高 2. 73 个百分点。

2010 年第六次人口普查,酒泉市常住总人口 1095947 人,具有大学(大专以上)文化程度的人口为 97015 人,占总人口的 8. 85%,比 2000 年提高 5. 52 个百分点,比 1990 年提高 7. 53 个百分点,比 1982 年提高 8. 25 个百分点。

以上普查数据表明,酒泉人口的受教育程度明显提高,具有大学(大专以上)文化程度的人口逐年增加,占总人口的比例逐年提高,人口文化素质显著提高。

酒泉人口素质显著提高的主要原因:一是经济发展速度快。人口素质与社会经济发展关系十分密切,一般情况下,经济的快速发展直接推动教育的发展。二是文化教育事业的发展。百年大计,教育为本。提高人口素质最直接的手段是发展教育事业。三是生存环境和质量的改善。四是经济发展对劳动者素质的需求增强，促进了人口素质的提高。五是随着计划生育广泛持久的宣传教育，居民人口文化观念发生变化，由注重生育向重视智力投资发展。

五、城镇化发展带动了城乡布局调整

人口城镇化通常指人口向城镇集中或乡村地区转变为城镇地区，从而变乡村人口为城镇人口，使城镇人口比重不断上升的过程。反映人口城镇化的指标，是城镇人口占总人口的百分比。城镇化进程是影响城乡人口布局调整的主要因素。

新中国成立后，酒泉由传统的农业地区向工业化发展，人口城镇化随之起步。20 世纪 50 年代的“大跃进”和“大炼钢铁”运动，60 年代因三年自然灾害大量人口返乡，“文革”期间大批干部和知青下乡，70 年代末下乡人口的返城等，使城乡人口出现了反常规迁移，严重影响了人口城镇化的进程。改革开放以来，随着经济建设快速发展，城镇化进程明显加快。1990 年酒泉市城镇人口达到 266346 人，城镇化率达到了 32.31%。进入 21 世纪后，酒泉市经济发展进一步加快，城镇规模逐步扩大，城市功能不断完善，城镇化进程也进入了快速发展的历史时期。到 2010 年，酒泉城镇由新中国成立之初的 6 个建制县县城发展到目前的 3 个市区、4 个县城和 29 个建制镇的市域城镇体系，城镇人口达到 548500 人，城镇化率达到 50.05%。

新中国成立以来，酒泉人口城镇化受政治意识形态、城乡户籍制度、重大产业布局等因素的影响，大体经历了起步、调整、快速发展三个阶段：

1. 起步阶段(1949—1959)

1949—1959 年是酒泉市人口城镇化的起步阶段。20 世纪 50 年代，是以国家 156 项重点工程为骨干的大规模现代工业基础建设时期。酒泉市先后建成了玉门油矿、酒泉电厂、四〇四厂和八〇三厂等工业基地。能源、原材料工业迅速发展，吸纳了较

多农民进入城镇和工矿企业就业，促进了农村人口大量迁入城镇。1949—1959 年的 11 年间，酒泉城镇人口由 4.60 万人增加到 23.68 万人，年均增长 17.35%，比总人口年均增速 6.91% 高出 10.44 个百分点，城镇化水平在 11 年间提高了 21.46 个百分点。城乡人口流动性明显加快，呈现出“城乡通畅、流而不滞”的良性循环体制，有力地促进了酒泉城镇化发展。一是城镇化与经济发展同步增长，二者的增长速度高度关联，相关系数接近于1；二是国家重点工程项目带动了玉门油城、酒泉钢城等工矿城市的发展，开创了酒泉城镇化的第一次高潮；三是城市发展没有受到体制的限制，农村人口能够向城市自由流动；四是城镇化受国际战略布局的影响，表现出一定的区域性，如国家将接近苏联的内地作为重要的能源和军工发展区域，奠定了玉门和嘉峪关两个工业城市的发展基础；五是城市化水平提高的主要动因是吸纳农村青壮年劳动力到工矿企业就业。

2. 下降阶段(1960—1978)

1960—1962 年，中国经历了新中国成立以来前所未有的困难，城镇食品供给和就业等问题十分严重。根据中央“调整、充实、巩固、提高”的八字方针，压缩基本建设项目，大量精简下放城镇人口，城镇化率开始下降。1958 年《中华人民共和国户口登记条例》和 1964 年《关于户口迁移政策规定》的实施，对城乡人口实行了严格的户籍管理，又限制了城乡之间人口流动，制约了农村富余劳动力向城镇的迁移。1960 年至 1978 年的 20 年间，酒泉城镇化出现倒退徘徊局面，尤其是“三年自然灾害”和十年“文化大革命”，严重制约了城镇化进程。1961 年城市人口下降为 14.37 万人，比 1960 年减少 5.34 万人，城镇化率由 1960 年的 34.52% 下降到了 29.25%，下降 5.27 个百分点。1962 年城市人口下降为 12.37 万人，同比下降 2 万人，城镇化率再次下降到 22.37%，下降 3.95 个百分点。“文革”期间大批干部和知青下放农村，加上城市工商业发展速度慢，人口容纳空间小，造成城市人口的不断下降。同时从产业发展看,农业和轻工业发展严重滞后,农轻重比例(1:0.14:1.04)关系与经济结构严重失衡,工业化进程受到扭曲,也是影响城镇化进程的一个重要因素。这一时期酒泉人口增加了14.49万人,而城镇人口由1960的19.71万人减少到1978年的15.6万人,减少了4.11万人,城镇化率由1960年的34.52%,下降到1978年的21.83%,下降了12.69个百分点。这一时期,酒泉城镇人口与总人口发展呈现出逆向发展的局面。

3. 快速发展阶段(1979—2010)

中共十一届三中全会以后,党和政府的工作转移到了以经济建设为中心,农村发展、工业建设、城市建设步伐明显加快,第三产业迅速崛起,为吸纳农村人口和外来人口创造了广阔的空间,酒泉城镇化率在经济大调整中快速提升。改革开放初期,以家庭联产承包责任制为主的农村改革,极大地解放和促进了生产力发展,农业和农村经济焕发出了旺盛的活力,特别是20世纪80年代到90年代,乡镇企业异军突起,占到了酒泉非农产业的近50%,促进了农村剩余劳动力和农村二、三产业向县城和农村集镇聚集。20世纪90年代中后期,乡镇企业在激烈的市场竞争中走向低迷,但随着城市企业改革的全面铺开和改制任务的基本完成,城市经济发展活力增强,城镇化发展的动力由农村转向城市。进入21世纪后,企业产权制度改革的活力进一步释放,二、三产业的比重明显提高,对农村剩余劳动力的吸纳能力明显增强。尤其是2002年酒泉撤地设市和城乡二元户籍制度的逐步改革,以区域中心城市、县城和工业园区为重点的城市建设步伐加快,各级政府主导的“撤乡并镇”“合村并组”和农村教育布局调整,对城镇化发展的作用尤为明显。这一时期,全市工业园区由5个增加到22个,开发就业岗位近5万个,撤并乡镇27个,撤并行政村73个,设立农村综合改革试点小城镇10个,撤并农村中小学102个,农村高、初中学生基本实现了进城就学,大部分小学集中到了农村集镇或者乡政府所在地。1979 年至 2010 年,酒泉城镇人口从 1978 年的 15.60 万人增加到 2010 年的 54.85 万人,增加 9.25 万人,增长 251.6%,年均增加 1.27 万人;城镇化率由 1978 年的 21.83% 提高了 2010 年的 50.05%,31 年提高了 28.22 个百分点。

特别是从 2000 年开始,酒泉按照"跳出老区建新区、建好新区带老区"和"老区抓美化、新区抓框架、整体促提高"的城市建设思路,坚持高起点规划、高标准建设、高水平管理、高效能经营,每年投入 10 亿元以上资金用于城市建设,主攻酒泉新城区、玉门新市区、敦煌新城区、瓜州新区、金塔新区建设,城市服务功能明显增强,人居环境不断改善,城市面貌发生了巨大变化。与此同时,酒泉工业化步伐加快,二、三产业迅速发展,拓宽了城市发展空间,为劳动者提供了大量就业机会,各地大力发展劳务经济,吸引了大量农村剩余劳动力转向二、三产业,带动了人口和生产要素向城市集聚。新农村建设步伐明显加快,乡村集镇大量规划建设"中心村"、农民新村,吸引了大量人口向集镇集中。同时也带动了集镇及城中村改造,进一步扩大了城镇规模,酒泉城镇化发展步伐明显加快。

2010 年统计结果显示,酒泉市城镇单位从业人员中,第二产业从业人员达 3.32 万人,同比增长 12.16%,占酒泉市从业人员比重达 32.36%;第三产业的从业人员达 6.41 万人,同比增长 6.83%,占酒泉市从业人员比重达 62.48%。总体来讲,这一时期酒泉城镇人口大量增加,城镇化进程快速发展。

六、人口发展步入老龄化

新中国成立以来,随着经济社会的发展,人口健康状况不断改善,计划生育政策的全面实施,人口死亡率的不断下降,酒泉人口发展逐步走向老龄化。

1. 人口老龄化的进程

1953年第一次人口普查和1964年第二次人口普查时，酒泉人口年龄结构基本处于年轻型。新中国成立后，酒泉人口健康状况持续改善，人口死亡率迅速下降，特别是低年龄人口比其他年龄人口死亡率有了更大幅度的下降，而出生率仍维持在高水平，形成了新中国成立后的第一个生育高峰期，人口数量也得到了快速增长。1958年的“大跃进、浮夸风”运动，加之1960年的自然灾害，使酒泉人口数量锐减。1963年后，酒泉经济开始恢复，人口快速增长，出现了第二次人口生育高峰。1964年，酒泉人口出生率为46.04‰，人口死亡率为8.75‰，人口自然增长率为37.2‰，人口出生率远远高于死亡率。出生率的快速增长使少年儿童比重迅速上升。这一阶段应该是人口年轻化过程，酒泉人口年龄结构为典型的年轻型。

1972年政府开始推行计划生育政策，酒泉人口增长速度减缓。随着计划生育基本国策的逐步深入落实，酒泉人口发展一直保持了稳定适度的低生育水平，反映出低出生率、低死亡率、低增长的人口发展特征。自1975年以来人口出生率一直稳定在16‰~17‰以下。受人口增长规律影响，1981—1990年出现酒泉人口发展的第三个高增长阶段。随着计划生育政策的进一步深入贯彻，1990—2000年酒泉人口开始平稳增长。1972—2000年酒泉人口年龄结构经历了年轻型向成年型过渡两个阶段。

第三次人口普查统计，1982年酒泉总人口753579人，少年人口(0~14岁)251136人，占总人口比例为33.33%；成年人口(15~64岁)485285人，占总人口比例64.4%；老年人口(65岁以上)17158人，占总人口比例为2.27%。少年儿童系数为33.33%，老年人口系数为2.27%，人口老化指数为3.53%。总抚养比为55.28%，少儿抚养比为51.75%，老年抚养比为3.53%，老少比为6.83%，人口年龄中位数为21.5岁。总人口平均年龄为25.14岁。对照国际划分标准，酒泉人口年龄结构处于年轻型，虽然开始由年轻型向成年型逐渐转变，但仍处在成年型人口的下限。

第四次人口普查统计，1990年酒泉总人口824330人，少年人口(0~14岁)196849人，占总人口的比例为23.88%，成年人口(15~64岁)601588人，占总人口的比例为72.98%，老年人口(65岁及以上)25893人，占总人口比例3.14%。少年儿童系数为23.88%，老年人口系数为3.14%，人口老化指数为4.3%。总抚养比为37.03%，少儿抚养比为32.72%，老年抚养比为4.3%，老少比为13.15%，人口年龄中位数为25.5岁。总人口平均年龄为27.72岁。与1990年相比，少年人口比重下降9.45个百分点，老年人口比例上升0.87个百分点，老少比提高6.32个百分点，人口老化指数提高0.95个百分点。以上数据表明，酒泉人口老龄化进程在加快，但人口年龄结构仍处于年轻型。

第五次人口普查统计，2000年酒泉总人口980492人，少年人口(0~14岁)230348人，占总人口比例为23.49%；成年人口(15~64岁)708731人，占总人口比例为72.28%；老年人口(65岁及以上)41413人，占总人口比例为4.22%。少年儿童系数为23.49%，比1982年第三次人口普查下降9.84个百分点；老年人口系数为4.22%，比1982年第三次人口普查上升1.95个百分点；人口老化指数为5.84%，比1982年第三次人口普查上升2.31个百分点；人口年龄中位数为31.28岁，比1982年第三次人口普查上升9.78岁。按照60岁以上人口数与80岁以上人口数之比为长寿水平指标计算，2000年酒泉60岁以上76118人，80岁以上2771人，长寿水平为3.64%。总人口平均年龄为31.03岁。酒泉人口老龄化进程持续加快，人口年龄结构开始由年轻型转变为成年型。

第六次人口普查统计，2010年酒泉常住人口为1095947人，少年人口(0~14岁)184445人，占总人口比例16.83%；成年人口(15~64岁)831944人，占75.91%；老年人口(65岁及以上)

为79558人，占总人口比例7.26%。老少比为43.13%。同2000年第五次酒泉人口普查相比，0～14岁人口的比重下降6.67个百分点，人数减少4.6万人；15～64岁人口的比重比“五普”上升3.47个百分点，人数增加3.98万人。65岁及以上人口的比重上升3.20个百分点。老少比由2000年“五普”时的17.28%上升到2010年“六普”时的43.13%，提高了25.85个百分点。按照国际通用标准衡量，酒泉0～14岁人口比重(16.83%)、65岁及以上人口比重(7.26%)和老少比(43.13%)三项指标均呈“老年型”人口结构类型，酒泉人口年龄结构已经迈向老年型，人口老龄化明显加快。

2. 人口老龄化形成的原因

人口年龄构成与人口转变密切相关。通常情况下，人口年龄构成都是随着人口转变以及社会经济发展，逐渐从年轻型、成年型到老年型转变的。西方发达国家的人口转变是伴随着工业化和现代化逐步深化的渐进过程，经历了大约150多年的时间。我国则是在经济不发达的条件下进行的，且明显带有人为的痕迹，经历着更加迅速的人口转变，人口年龄结构也发生了比较快的变化，即从相对年轻型人口结构，直接转变为相对老年化的人口结构。

酒泉人口年龄构成转变并最终趋向老龄化的根本原因主要有两个方面：

一是人口再生产方式发生转变。酒泉人口老龄化进程加快是计划生育政策的直接效果，计划生育政策有效抑制了人口快速增长，大幅度降低了人口出生率，人口再生产由原来的高出生、高死亡、高增长向低出生、低死亡、低增长转变。酒泉人口出生率从1990年的18.51‰下降到2010年的9.81‰，20年间下降了8.7个千分点，而人口自然增长率从1990年的12.78‰下降到2010年的4.62‰，20年间下降了8.16个千分点。低出生率造成了低年龄段人口总量不断下降，老年人口比重不断上升。酒泉0～14岁人口由1990年的19.68万人下降到2010年18.45万人，20年间减少了1.23万人。酒泉65岁及以上老年人口则由1990年的2.59万人增加到2010年的7.96万人，20年间增加了5.37万人，使酒泉人口年龄结构趋向老龄化。

二是人口平均寿命逐渐延长。从酒泉人口年龄结构的变化情况看，随着社会经济的发展，人民生活水平不断提高，医疗卫生事业迅速发展，酒泉人口健康状况持续改善，人口平均寿命延长，人口死亡率迅速下降，使老年人口数量增多，特别是高龄人口比其他年龄人口死亡率有了更大幅度的下降。2011年酒泉人口平均预期寿命为73.02岁，达到了中上收入国家73岁的平均水平。

人口生育率和死亡率的递减是产生人口老龄化的根本原因，而人口生育率与死亡率相比，生育率下降对人口年龄结构老化的作用大于死亡率下降的作用。所以说，计划生育实行之时，就是人口生育率下降之时，也是人口老龄化起步之时。由于产生人口老龄化最根本的原因就是人口生育率和死亡率的递减，因此酒泉人口老龄化是人口发展和转变过程中的必经阶段，是不可避免的历史趋势，是现代生育模式下人口出生率下降和平均预期寿命延长的结果，也是酒泉社会经济发展和技术进步的标志。

（原载《发展》2013年第2、3期）

杰出的文艺理论家尚延龄

酒泉杰出的文艺理论家尚延龄先生秉承“四不唯”“两唯”[1]的治学理念,长期坚持文艺理论研究。特别在马列主义文艺思想研究和胡风文艺思想研究方面,发表了大量著述,提出了诸多新颖、独到的观点,在中国当代文艺理论界产生了较大的影响,为新中国文艺理论发展做出了重要的贡献。

一、尚延龄主要生平

尚延龄先后任教于甘肃师范大学、张掖师专、酒泉师范、酒泉教育学院、河西学院。兼任全国毛泽东文艺思想研究会会员、中国当代文学研究会会员、中国修辞学会会员、甘肃省作家协会会员,《丝路论坛》主编、全国教育学院文艺理论研究会西北五省分会秘书长。出版独立完成或与人合作论著、编著、教材《马列文艺思想论稿》《胡风文艺思想新论》《新编文学原理》等8部,出版担任主审的教材《新编文理论教程》一套,发表论文近百篇,被《新华文摘》、人大报刊复印资料等转载、摘载、索引30多篇(次)。出版诗集《依心集》《跬步集》《物华咏》《汉中诗情》等。

1937年12月,尚延龄出生在陕西省洋县贯溪尚家村一户普通农家。其父尚志清、伯父尚辛友是中国共产党早期党员,参加过1927年上海工人驱逐军阀的第三次武装起义。后回洋县继续开展革命活动。家略有薄田,但生活并不富裕。3岁时父亲因病不治而亡,母亲翟翠彦与尚延龄及两姐一妹相依为命,竭蹶度

[1]四不唯,即:不唯上、不唯书、不唯风、不唯我;两唯,即:唯实际、唯科学。

日。5 岁时，虽生活艰难，但母亲坚持送他去邻村私塾上学，此后又在贯溪小学上学。4 岁时因意外，左眼几近失明。孤儿寡母，备受他人歧视。这种处境，反倒激发了他孜孜以求的好学精神，立志好好学习，继承父辈遗风，报答父母深恩。在小学及洋县中学求学时，他星期天帮母亲下地干活，在校刻苦学习。每次考试都名列前茅。课余仍好学不倦，惜时如金，阅读了《三国演义》《水浒传》《新儿女英雄传》《腹地》等大量文学书籍，培养了他对文学的兴趣。1955 年，他以优异的成绩考入兰州大学中文系。

大学四年，尚延龄文学才华初露端倪。期间，他节衣缩食，将零花钱全部用来购买书籍，如饥似渴地读书、潜心分析研究，培养了对文学理论与批评的浓厚兴趣。

新中国成立后，文艺界对胡风文艺理论思想及“七月派”展开了激烈的批判。1955 年胡风和“七月派”作家群被定性为“反革命集团”并展开了全国规模的声势浩大的揭发、批判运动，酿成了中国现代文艺史上一次大冤案。这一时期，他主要阅读研究了苏俄文学、文学理论及毛泽东文艺思想等相关论著，并初步研读了胡风文艺理论。在《兰州大学学报》1958 年第 2 期上发表了署名兰州大学中文系四年级民间文学小组，而实际上由他执笔的《高举民间文学的无产阶级红旗》，还在《甘肃日报》上发表了多篇文艺短论。虽然这些研究和论文都带有明显的政治倾向性和时代印记，但是一位青年大学生的好学不倦，敏于思考，勤于写作，显现出他的文学才华和文艺理论研究潜能。同时在中国民间文艺研究会的支持下，他与同学编成《中国谚语资料》一书，1961 年由上海文艺出版社出版，分上、中、下三册，共计 100 余万字，是我国收集资料最全的谚语集成；又与同学合著《民间文学概论》，该书送人民文学出版社终审，虽因社会原因未正式出版，却是新中国成立后编纂的第一部民间文学概论专著，显露了尚延龄扎实的文学理论功底和敏锐的思辨探索精神。

1959 年，尚延龄大学毕业，分配到甘肃师范大学（今西北师范大学),主要从事教育教学辅助工作。1960 年调入张掖师专。1962 年,张掖师专停办后调入酒泉师范。“文化大革命”中,尚延龄洁身自好,勤奋钻研文艺理论,撰写了大量诗歌评论。在粉碎“四人帮”后的短短两年里,他和学友遴选编辑了《中国谚语选》[1]并撰写了关于谚语的长篇论文,作为该书序言。1980 年,尚延龄调入张掖师专中文系,从事教学与研究工作。1984 年,尚延龄受聘于新组建的酒泉教育学院,担任中文系主任。1992 年再度调入张掖师专任教,直到退休。2001 年被河西学院返聘授课,依然没有停止研究和写作。2005 年离开教学一线,主要从事诗词创作,辑为《依心集》《跬步集》《物华咏》《汉中诗情》等。

尚延龄文艺理论研究的主要成果产生于新时期。进入新时期,他“多年积蓄的写作和研究的热情”[2]就爆发了出来,发表了《寓教于乐》、[3]《入乎其中,出乎其外》、[4]《不和谐的音调》、[5]《谈文艺创新》[6]等文章,批判了长期以来在文艺理论界形成的“左”的错误思想,阐发文艺创作的审美特征及创作规律。此后这种研究和写作的热情一发而不可收,一批研究马克思主义文艺思想、胡风文艺思想和美学及文艺批评的论文相继发表。写出了《毛泽东文艺批评标准不是政治标准第一、艺术标准第二》《胡风文艺思想新论》《五把理论刀子:新的历史条件下的观照》等长篇论文,构成了他文艺理论研究的基本架构,成为代表性篇章。

1984—1992 年在酒泉教育学院工作期间,发表了《反映论与

[1]尚延龄等:《中国谚语选》,甘肃人民出版社 1981 年初版。

[2]《不息集》序言,内部出版,2007 年。

[3]载《甘肃日报》,1978 - 9 - 7。

[4]载《甘肃日报》,1979 - 4 - 10。

[5]载《甘肃日报》,1979 - 7 - 23。

[6]载《甘肃日报》,1980 - 7 - 3。

文艺主体性》、[1]《胡风文艺思想及贡献综论》、[2]《坚持马克思主义对文艺的指导》、[3]《“主观”问题论争回顾》、[4]《评四十年代中期国统区的一场文艺论争——王戎与邵荃麟、何其芳争辩新识》、[5]《论“艺术更需要人民”》、[6]《胡风“五把刀子”之说不是针对毛泽东的》、[7]《关于胡风文艺思想的评价问题——与朱辉军同志商榷》[8]等大量文章，对反映论与文艺主体性问题、文艺主观性问题、文艺人民性问题以及胡风文艺的思想进行了深入系统的研究，尤其是对胡风文艺思想的系统研究，在当时产生了很大影响。同时他参与编写了《文学概论》、[9]《新编文学原理》、[10]《文学概论例释》[11]等文艺理论教材，并获甘肃省教育厅优秀教材奖。

1992 年，尚延龄调入张掖师专中文系教授文学概论、美学等课程，他坚持一边教书一边继续从事文艺理论等研究。发表了《毛泽东文艺批评标准不是“政治标准第一，艺术标准第二”——与周森甲、王善忠等同志商榷》（西北师大学报（社会科学版）1993 年第 2 期）、《胡风现实主义理论的价值与贡献——与马尔科夫“开放体系”比较》（张掖师专学报（综合版）1994 年第 1 期）、《论文艺与人民的血肉联系》（张掖师专学报（综合版）1997 年第 2 期）等论文，先后出版了《胡风文艺思想新论》及《马列文艺思想论稿》等专著，在学术界引起了广泛关注和反响，被评价

〔1〕载《阴山学刊》1989 年第 1 期。

〔2〕载《宝鸡师院学报》（哲学社会科学版）1989 年第 6 期。

〔3〕载《甘肃理论学刊》1990 年第 2 期。

〔4〕载《佳木斯教育学院学报》1990 年第 3 期。

〔5〕载《九江师专学报》1990 年第 4 期。

〔6〕载《阴山学刊》1991 年第 1 期。

〔7〕载《甘肃社会科学》1991 年第 4 期。

〔8〕载《张掖师专学报》1991 年第 2 期。

〔9〕尚延龄等：《文学概论》，甘肃人民出版社 1984 年版。

〔10〕尚延龄等：《新编文学原理》，陕西人民出版社 1989 年版。

〔11〕尚延龄等：《文学概论例释》，甘肃人民出版社 1987 年版。

为新中国胡风文艺思想重新评价第一人。

二、尚延龄主要学术成就

尚延龄一生著述颇丰，其研究成果大致可分为四类。

（一）马列主义文艺思想研究方面

主要著作有：《马列文艺思想论稿》（专著），2002 年由甘肃文化出版社出版。全书 19 万字，采取一般论述与专题论述相结合的方法，结合我国文艺创作实际，系统地论述了马克思、恩格斯、列宁、毛泽东、邓小平的文艺思想，并在某些重要的或有争论的问题上提出了新颖、独到的观点，具有很高的理论价值和较强的现实意义。重要的论文有：《坚持马克思主义对文艺的指导》（论文）（载《甘肃理论学刊》）。[1] 该文以马克思主义文艺观，论述了文艺创作必须坚持的方向和宗旨，被甘肃省第三次文代会工作报告列为优秀论文。《毛泽东文艺批评标准不是政治标准第一，艺术标准第二》（论文），（载《西北师大学报》），[2]该文运用马列主义文艺理论，深刻论述了文艺批评的标准问题，批判了学术界长期以来占主导地位的文艺批评应为政治标准第一、艺术标准第二的观点，对文艺批评标准问题提出了新颖独到的见解。认为我们“应吸取历史的经验和教训，不再坚持和强调，坚决予以摈弃，更不能继续把它视之为毛泽东文艺批评标准，或者这个标准不可‘割裂’的组成部分而自误误人”。该文获得 1996 年甘肃省高校社会科学优秀成果奖。《论马克思、恩格斯的文学与政治观——兼以检视我国现当代文学》（论文），[3]姊妹篇《论

---

〔1〕1990 年第 2 期，人大报刊复印资料《文艺理论》1990 年第 6 期索引。

〔2〕1993 年第 2 期，人大报刊复印资料《文艺理论》1993 年第 5 期全文登载，《新华文摘》1994 年第 2 期索引。

〔3〕1993 年第 2 期，人大报刊复印资料《文艺理论》1993 年第 5 期全文登载，《新华文摘》1994 年第 2 期索引。

列宁的文学与政治观》。[1] 作者系统考察、深刻论述了马克思、恩格斯、列宁关于文学与政治的观点,指出:“马克思、恩格斯重视文学和政治的关系,同时也重视按照文学的特征和规律处理它们之间的关系,没有把两者的关系庸俗化、简单化,他们既坚持唯物史观,又坚持辩证思维,没有丝毫的唯心观念和机械论。”同时也指出:“列宁重视文学与政治的关系和联系,重视政治和文学的相互影响和作用,但他明确提出不应把二者‘划一’和‘等同’,重视文学艺术创作的独有的特征和规律,承认文学艺术的相对独立性和独特功能,坚持要求文学以其特有的审美创造规律去影响社会和政治,不应把二者的关系庸俗化、简单化,文艺并不从属于政治或仅仅服务于政治。”批判了我国现当代文学研究领域很长一段时期内,在文学与政治关系处理上存在的机械狭隘的庸俗化、简单化倾向。对毛泽东《新民主主义论》中关于“一定的文化是一定社会的政治和经济在观念形态上的反映”、“是替新政治新经济服务的”论断的确切性提出了质疑。

(二)胡风文艺思想研究方面

主要著作有:《胡风文艺思想新论》(专著),1994 年由敦煌文艺出版社出版。该书是尚延龄胡风文艺思想研究的集大成者,收录了他关于胡风文艺思想研究的 9 篇论文,该书全面、系统、深刻地论述了胡风文艺思想的科学内涵,与国内文艺理论界的权威、名人质疑、辩难,针对批判者所谓胡风“宣扬资产阶级文艺思想”、“对抗毛泽东文艺方向”、“反对毛泽东文艺思想”的观点进行了反驳和纠正。指出胡风对我国文艺理论上的贡献,至少有三点值得注意:一是他对现实主义理论的构建,特别是胡风对现实主义的创作过程作了开创性的研究和描述;二是胡风的主体性理论在中国和世界都具有深远的意义;三是胡风坚持不懈地批判机械论,反对“左”的文艺思想。他认为胡风本着对马

〔1〕载《甘肃电大学报》2001 年第 4 期。

克思主义的理解所建构的现实主义理论体系，观点独到而精深，是一个杰出的马克思主义文艺理论家。《胡风文艺思想新论》观点的创新性、超前性和科学性，得到学界的高度赞誉和肯定。该书获 1996 年甘肃省哲学社会科学最高奖——兴陇奖；获 1996 年中国当代文学研究会优秀成果奖。

其中影响较大的论文有：《胡风文艺思想新论》。[1] 该文论述了胡风文艺思想、文艺实践的五点鲜明特色：(1)追随和服务于中国人民革命事业的热忱；(2)为现实主义而不懈地坚持和奋斗；(3)对艺术审美特性的熟谙和深知；(4)对鲁迅文艺思想、创作实践的忠诚；(5)探索真理和执着态度。并对胡风文艺思想中的"主观战斗精神"、"哪里有人民，哪里就有历史。哪里有生活，哪里就有斗争，有生活有斗争的地方，就应该也能够有诗"、"世界观和创作"、"精神奴役的创伤"、"文学遗产"、"民族形式"等六个主要方面的观点进行了重新审视和评价。

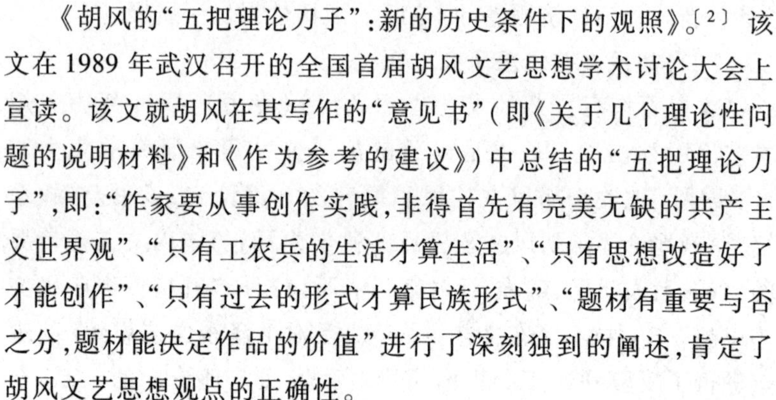

《胡风的"五把理论刀子"：新的历史条件下的观照》。[2] 该文在 1989 年武汉召开的全国首届胡风文艺思想学术讨论大会上宣读。该文就胡风在其写作的"意见书"(即《关于几个理论性问题的说明材料》和《作为参考的建议》)中总结的"五把理论刀子"，即："作家要从事创作实践，非得首先有完美无缺的共产主义世界观"、"只有工农兵的生活才算生活"、"只有思想改造好了才能创作"、"只有过去的形式才算民族形式"、"题材有重要与否之分，题材能决定作品的价值"进行了深刻独到的阐述，肯定了胡风文艺思想观点的正确性。

《胡风文艺思想及贡献综论》[3] 从胡风文艺思想的"哲学基

---

〔1〕载《丝路论坛》1987 年第 1、2 期，上海《编辑参考》1988 年第 2 期摘载，《新华文摘》1988 年第 3 期索引。

〔2〕载《丝路论坛》1989 年第 1 期。

〔3〕载《宝鸡师院学报》1989 年第 4 期。被《新华文摘》1990 年第 3 期索引；被《高校文科学报文摘》1989 年第 4 期索引。

础、指导思想”、“题材的无比广阔性和风格、个性的多样性”、“真实性的原则”、“对现实主义的继承性”等四个方面论述了其思想内涵、基本观点与马尔科夫“开放体系”理论的契合性。同时,对“批判现实主义与社会主义现实主义有无历史发展阶段上的和世界观基础上的区别”、“写真实的问题”、“世界观与创作方法”、“胡风夸大感性活动排斥理性问题”等进行了评述,肯定了胡风文艺思想观点的正确性,并指出其局限性。

(三)文学批评与美学方面

主要有:《美的采撷,美的讴歌》、[1]《切实丰富独到深刻》、[2]《西部文学的新收获——〈大漠祭〉读后》、[3]《毛泽东文艺美学思想研究专集》、[4]《试论毛泽东美学思想》、[5]《关于美学的两个基本观点——与朱立元先生商榷》、[6]《毛泽东文艺思想的接受美学》、[7]《美学主体间性“转向”商酌》、[8]等,尤其是《切实丰富独到深刻》和《关于美学的两个基本观点——与朱立元先生商榷》产生了较大的影响。

《切实丰富独到深刻》是一篇对《甘肃毛泽东文艺美学思想研究专集》的评论。作者从毛泽东文艺美学思想是马克思主义文艺理论和美学与中国革命文艺实践相结合的产物;毛泽东文艺美学思想丰富、博大、深邃,构成一个科学的、完整的观点和学

---

〔1〕载《争鸣》1993 年第 3 期。

〔2〕载《文学理论与批评》1994 年第 5 期,并被人大报刊复印资料《文艺理论》1994 年第 4 期索引。

〔3〕载《文艺理论与批评》2003 年第 1 期。

〔4〕尚延龄:《毛泽东文艺美学思想研究专集》,敦煌文艺出版社 1993 年。

〔5〕载《江西教育学院学报》1997 年第 4 期。

〔6〕载《甘肃电大学报》2002 年第 4 期,被人大报刊复印资料《美学》2003 年第 3 期索引,并于 2006 年第 3 期再次索引。

〔7〕于 1991 年大庆召开的全国毛泽东文艺思想研究会年会上宣读,并收入《甘肃毛泽东文艺美学思想研究专辑》,敦煌文艺出版社 1993 年版;被《毛泽东文艺思想研究会通讯》第 18 期摘载;并获得 1996 年甘肃省高校社会科学优秀成果奖。

〔8〕载《河西学院学报》2006 年第 1 期,被人大报刊复印资料《美学》2007 年第 5 期索引。

说的体系；坚持毛泽东文艺思想不但要坚持和维护它的科学体系和基本精神，而且要科学地创造性地阐发、运用毛泽东文艺美学思想，吸收人类现代优秀思想文化成果发展毛泽东文学美学思想等三个方面评价了《甘肃毛泽东文艺美学思想研究专集》这一理论著述的重要性。

《关于美学的两个基本观点——与朱立元先生商榷》是针对朱立元先生主编的《美学》中提出的关于“审美对象具有非实体性”、“美是一种特殊的人生境界”这两个观点作了质疑批驳，指出把马克思所阐明的美感的生成解释为美的生成，把马克思指明的审美主体解释成审美对象，把马克思指明的美的对象的客观实在性、实体性予以漠视和否定，这是一种曲解。

（四）胡风诗歌评论方面

关于胡风诗歌的评论，尚延龄自己编有《诗经大厄句长城》专集。主要论文有：《一代青年的心路历程——论胡风〈野花与箭〉》，[1]《开国的绝唱——论胡风〈时间开始了〉》，[2]《诗坛的奇观——论胡风〈狱中诗抄〉》[3]等。这些诗评对胡风除了《为了朝鲜，为了人类！》之外的全部诗作的思想性、艺术性及它们的特色一一进行了分析论评，评定了其长期遭受冷落、被忽视的高度思想艺术价值，实为胡风诗歌评论之首创和仅见之作。

三、尚延龄文艺理论研究的突出贡献

（一）对马克思、恩格斯、列宁、毛泽东、邓小平的文艺思想进行了的系统研究

尚延龄在文艺理论研究方面的突出贡献是对马克思、恩格斯、列宁、毛泽东、邓小平的文艺理论思想进行了系统深入研究，在许多重要问题，尤其是有争论的问题上进行了开创性的探索

---

[1]载《河西学院学报》2004 年第 1 期。

[2]载《河西学院学报》2006 年第 1 期。

[3]载《河西学院学报》2009 年第 9 期。

和阐发,提出了自己独到的观点。

一是论述了马克思、恩格斯关于文艺的审美特性的思想。突破了长期以来学界一般重视和阐述马克思、恩格斯关于文艺的意识形态性的研究视域。首先另辟蹊径,以独特的视角论述了马克思、恩格斯关于文艺的审美性的思想。以马克思、恩格斯论"文艺的审美的社会意识形态"为专题,作了深刻论述,并给予高度评价:"马克思、恩格斯在当时能够准确认识、指出、阐明文艺的审美的意识形态的特质、特性,这不能不说是开天辟地的划时代的睿见卓识,是他们对美学、文艺理论的极大贡献。"[1]其次,尚延龄从接受美学的新观点、新视角论述阐发了毛泽东、邓小平文艺为人民服务的思想,认为他们的思想"继承了马克思主义关于艺术消费和接受的理论","而且大大丰富发展了它,形成具有中国特色的成体系的毛泽东文艺思想的艺术接受的美学理论",[2]以全新的视角论述了马克思、恩格斯文艺思想的美学特性和美学意义,开学术界对此研究之先河。

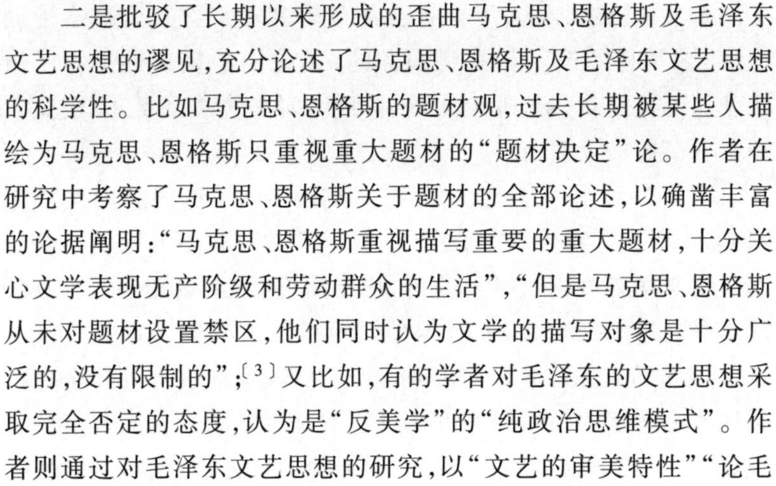

二是批驳了长期以来形成的歪曲马克思、恩格斯及毛泽东文艺思想的谬见,充分论述了马克思、恩格斯及毛泽东文艺思想的科学性。比如马克思、恩格斯的题材观,过去长期被某些人描绘为马克思、恩格斯只重视重大题材的"题材决定"论。作者在研究中考察了马克思、恩格斯关于题材的全部论述,以确凿丰富的论据阐明:"马克思、恩格斯重视描写重要的重大题材,十分关心文学表现无产阶级和劳动群众的生活","但是马克思、恩格斯从未对题材设置禁区,他们同时认为文学的描写对象是十分广泛的,没有限制的";[3]又比如,有的学者对毛泽东的文艺思想采取完全否定的态度,认为是"反美学"的"纯政治思维模式"。作者则通过对毛泽东文艺思想的研究,以"文艺的审美特性""论毛

[1]尚延龄:《马列文艺思想论稿》,甘肃文化出版社2002年版,第12页。

[2]尚延龄:《马列文艺思想论稿》,甘肃文化出版社2002年版,第122~123页。

[3]尚延龄:《马列文艺思想论稿》,甘肃文化出版社2002年版,第23页。

泽东美学思想”为专题,对毛泽东关于文艺的审美特性以及文艺反映生活的特殊规律的认识、体察,作了系统深入的论证阐发,肯定了毛泽东美学思想的科学性,对人们正确认识马克思、恩格斯和毛泽东文艺思想的科学性,具有极大的启示意义。

三是针对毛泽东《新民主主义论》提出的“政治和经济决定文化”的观点进行新的阐述。能否正确处理政治与文艺的关系,是我国现当代文学创作、文学理论和文学运动所无法避开的一个重中之重的理论实践课题。从20世纪40年代开始,政治决定文艺,文艺从属于政治、服务于政治,成为我党长期的明确的指导思想。尚延龄通过深入阅读、研究马克思、恩格斯、列宁论述文学与经济、政治关系的全部文本,通过细密论证,得出结论:“文艺从属于政治等理论表述在马克思、恩格斯、列宁的著作里都是找不到根据的,是和马克思列宁主义创始人的观点有距离的。”[1]他批评了某些学者所坚持的“从属”论的错误观点,对毛泽东“政治和经济决定文化”的观点进行了全新的阐释。[2] 对毛泽东“一定的文化是一定社会的政治和经济在观念形态上的反映”,“是替新政治新经济服务的”的论断的确切性提出了质疑。这无疑是对文艺理论的重要贡献,对文艺拨乱反正、健康发展和繁荣有极大益处。

四是对邓小平文艺思想作了高度评价和论述。尚延龄指出:邓小平文艺理论“是在社会主义条件下,邓小平所创建的马克思主义文艺理论”。“马克思、恩格斯、列宁虽然创建并丰富发展了马克思主义文艺理论,但他们不可能或未能来得及对社会主义条件下文艺运动和文艺创作的开展和发展进行具体全面的论述。毛泽东的《讲话》对我国社会主义文学艺术具有长远的指导意义,但它毕竟论述的是民主根据地的文艺工作,有其时代的

[1]尚延龄:《马列文艺思想论稿》,甘肃文化出版社2002年版,第200页。

[2]尚延龄:《马列文艺思想论稿》,甘肃文化出版社2002年版,第32页、第52~54页。

对象的规定性,而且有不确切的表述。”邓小平“总结几十年来我国文学艺术发展的经验教训,根据我国社会主义新时期的时代特点,拨乱反正,指航导向,提出了一整套发展我国社会主义文学艺术的方针、理论、原则,成为在社会主义条件下发展文学艺术和文艺理论批评的科学指导思想”,“显示了党领导文艺的成熟”。[1] 他还指出:邓小平总结历史经验,正确处理了文艺和政治的关系,于是迎来了20世纪我国文艺最繁荣的时期。缜密而有说服力的论证,精警的独到的认识和论断,是学术界的先声。

五是在文艺批评的标准问题上,大胆质疑毛泽东关于政治标准第一,文艺标准第二的观点。文艺批评的标准问题,是文艺理论和文艺批评实践中的一个重要问题。毛泽东在1942年《在延安文艺座谈会上的讲话》中,提出政治标准第一,艺术标准第二的观点。在这一思想观点的指导下,又经过诸多学者专家的错误引申和发挥,形成了轻视或降低艺术要求和艺术品位的非艺术化倾向,对文艺创作产生了负面影响。新时期,仍有人坚持这一标准。尚延龄勇敢坚决地质疑毛泽东“第一、第二”的观点。他认为,过分地不恰当地强调政治对文艺的作用,是毛泽东文艺思想的偏颇,“第一、第二”之说也是这种偏颇的表现。毛泽东作为诗词、散文作家,有较高的文学修养,他对文学创作的特殊规律是有相当的体会、认识和把握的。政治决定论和对文艺审美创作规律的体认之间是有矛盾的,这种矛盾或龃龉会在论述中表现出来。作者的慧眼发现了这种龃龉。他认为,在《讲话》中,“第一、第二”之说与三个“统一”、两个“反对”的论断(“我们的要求则是政治和艺术的统一,内容和形式的统一,革命的政治内容和尽可能完美的艺术形式的统一。缺乏艺术性的艺术品,无论政治上怎样进步也是没有力量的。因此,我们既反对政治观点错误的艺术品,也反对只有正确的政治观点而没有艺术力量

[1]尚延龄:《马列文艺思想论稿》,甘肃文化出版社2002年版,第4页。

的所谓'标语口号式'的倾向。我们应该进行文艺问题上的两条战线斗争。")显然是不一致或矛盾的。并依据新出版的《毛泽东文艺选集》阐明:"第一、第二"之说是毛泽东仅见的个别词句,而且是不确切的表述,而三个"统一"才是毛泽东一贯品评作品的标准和尺度,是属于毛泽东文艺思想科学体系的理论和主张。从而从一个新的视角作出新的科学论断,对推动新时期文艺创作和文艺理论批评的健康发展和繁荣,有重要作用和裨益。

(二)对胡风文艺理论思想的重新评价

一是为胡风问题正本清源做了大量的理论阐述。

胡风是我国著名的文艺评论家、诗人、翻译家,他的文艺理论著述在20世纪40年代即发生了国际影响,有"中国的别林斯基"的美誉。

1952年文艺界整风,有人要求对胡风的文艺思想展开批评。6月8日,《人民日报》转载了所谓"胡风派"主要成员舒芜在《长江日报》上的检讨文章《从头学习〈在延安文艺座谈会上的讲话〉》,编者按语中指出胡风的文艺思想"是一种实质上属于资产阶级、小资产阶级的个人主义的文艺思想"。[1] 对此,胡风表示异议,并写信给周恩来,要求对其文艺思想进行讨论。根据周恩来的指示,周扬召集在京的部分文艺界人士同胡风举行了座谈。胡风不承认自己的文艺思想有什么错误。中共中央认为他坚持的错误文艺理论,在一些文艺工作者中有不良影响,决定对其文艺思想做公开批判。1953年初,《文艺报》陆续发表了林默涵、何其芳等批评胡风文艺思想的文章,《人民日报》同时做了转载。胡风不服,1954年7月,向中共中央政治局递交了一份30万字的《关于几年来文艺实践情况的报》告(即"三十万言书"),对批评进行了反驳。1955年1月20日,中共中央宣传部向中共中央提出开展批判胡风思想的报告。报告认为胡风写给中央的报告

[1]尚延龄:《马列文艺思想论稿》,甘肃文化出版社2002年版,第135页。

诬蔑党提出的提倡共产主义世界观、提倡作家到工农兵生活里去、提倡思想改造、提倡民族形式、提倡写革命斗争是插在读者和作家头上的“五把刀子”,列举了胡风及其文艺派别五个方面的错误思想,认为胡风给中央的报告和在中国文联、中国作协主席团联席会议上的发言是“很有系统地、坚决地宣传他的资产阶级唯心论”,胡风的文艺思想“是反党反人民的文艺思想”;他的活动是宗派主义小集团活动,其目的就是要为他的资产阶级文艺思想争取领导地位,反对和抵制党的文艺思想和党所领导的文艺运动,企图按照他自己的面貌来改造社会和我们的国家,反对社会主义建设和改造;他的这种思想是代表反动的资产阶级的思想,“是反映目前社会上激烈的阶级斗争”。《报告》请求对胡风的思想“展开讨论和批判”,并对胡风小集团中“可能隐藏的坏分子”“加以注意和考查”。26日,中共中央批发了中宣部的报告,并指出,胡风“披着‘马克思主义’的外衣,在长时期内进行着反党反人民的斗争,对一部分作家和读者发生欺骗作用,因此必须加以彻底批判”。从2月开始,各地纷纷召开文艺界人士、高校师生座谈会、讨论会,开展对胡风思想的批判。《人民日报》《文艺报》《光明日报》等报刊纷纷发表文章,也展开了对胡风思想的批判。中国文联、中国作协也多次举行活动,批判胡风的思想。5月13日,《人民日报》以《关于胡风反党集团的一些材料》为题,公布了舒芜辑录的部分胡风在新中国成立前写给他的信以及胡风的《我的自我批判》,并加编者按语指出:“从舒芜文章所揭露的材料,读者可以看出,胡风和他领导的反党反人民的文艺集团是怎样老早就敌对、仇视和痛恨中国共产党和非党的进步作家。”于是,胡风等人被打成了“反党集团”,全国立即掀起了声讨“胡风反党集团”的运动。5月18日,经过全国人大常委会批准,胡风被捕入狱。《人民日报》又将胡风同一些人在新中国成立后的来往信件分类摘录,以“胡风反革命集团”的第二批、第三批材料予以公布。随后,这三批材料又汇编成书,由毛泽东作

序发行全国。全国展开了揭露、批判、清查“胡风反革命集团”的斗争，使2100余人受到牵连，其中92人被捕，62人被隔离审查，73人被停职反省。5月20日，中共中央发出毛泽东批发的《中央对处理胡风集团的指示》，指出“胡风集团现大体判明是一个反革命阴谋集团”，“这个集团的阴谋活动，实际上老早就是蒋介石匪帮和国际帝国主义的反革命阴谋活动的一部分”。要求各级党委（党组）提高警惕，领导全党为肃清“胡风集团及其思想而斗争”，“彻底清查胡风集团在各地的组织和活动情况，并坚决加以处理”。

1965年11月26日，北京市高级人民法院判处胡风有期徒刑14年。“文化大革命”开始后，胡风夫妇被送到成都西边的芦山县苗溪劳改农场监护劳动。1967年11月，胡风被四川省公安厅押至成都，再度入狱。1970年1月，胡风以“写反动诗词”和“在毛主席像上写反动诗词”的罪名，被四川省革委会加判无期徒刑，不准上诉。

1978年，胡风被释放出狱。中共十一届三中全会后，1980年9月，中共中央做出审查结论，所谓“胡风反革命集团”案件是一件错案。胡风在平反后，担任第五届、第六届全国政协常委、中国文联全国委员会委员、中国作家协会顾问、中国艺术研究院顾问。1985年6月8日，胡风因病逝世，终年83岁。

在胡风问题未平反之前，尚延龄本着探索真理、认识真理、执着于真理的信念，以大无畏的理论勇气，对胡风问题进行了研究探讨。《胡风文艺思想新论》重新全面审视和评价胡风文艺思想和理论观点，对于过去长期批判否定的观点逐一审视和分析评说，指出：在“主观战斗精神”论、创作题材论、“世界观和创作关系”论、描写“精神奴役的创伤”论、关于“文学遗产”、关于“民族形式”等六个问题上，胡风除了在后两个问题上存在着人所共知的偏颇外，对其余问题所持的立场和观点在今天仍然经得起推敲。尚延龄认为胡风的文艺思想“有片面的见解”，“但胡风文艺观点的主导方面、基础方面可以说是正确的、马克思主义的”，“而且不乏独到深刻的见解”，[1]恢复了胡风文艺思想的本来面目。1986年5月，尚延龄完成了长篇论文《胡风文艺思想的特色》，系统阐述了胡风文艺思想的五点鲜明特色，引起了学术界的关注。两年后的1988年7月，党中央正式下发文件为胡风文艺思想平反，撤销了过去加于胡风的“胡风的文艺思想和主张有许多是错误的，是小资产阶级的个人主义和唯心主义世界观”的不实之词。而尚延龄在党中央为胡风文艺思想平反之前就已经做了大量的研究工作，提出了诸多与党中央文件观点一致的看法，足见其对胡风文艺思想研究和评论具有超前性和开拓性。

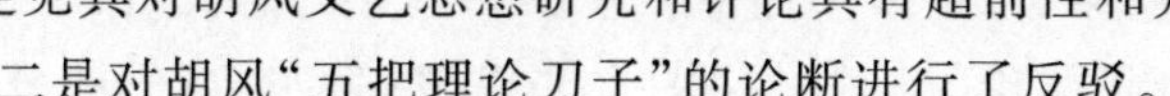

二是对胡风“五把理论刀子”的论断进行了反驳。

胡风问题定性为反党集团的一个重要“依据”，是把胡风《关于几年来文艺实践情况的报告》[2]的主要观点定性为“五把理论刀子”。

尚延龄重新审视了“三十万言书”，并对双方观点和理论逻辑进行仔细考辨，写了诸多文章，对一些论断进行了系统反驳。1988年5月，尚延龄完成了《“五把理论刀子”：新的历史条件下的观照》的长篇论文，指出“过去常常笼统地说胡风把共产主义世界观、工农兵生活、思想改造、民族形式、题材视为宰杀作家和读者的‘五把理论刀子’，这是很不恰当的，与胡风原意十分遥远。因为胡风并不反对共产主义世界观等”。[3] 胡风关于“五把理论刀子”的称说和评论，是“富有真理意义的”，“是辐射着强烈的真理光辉的”。[4] 两个月后，即1988年7月，党中央下发的为胡风文艺思想平反的文件写道：“经复查，所谓‘胡风把党向作

〔1〕尚延龄：《胡风文艺思想新论》，敦煌文艺出版社1994年，第81页。

〔2〕“意见书”或“三十万言书”，主要分四部分：一、几年来的经过简况；二、关于几个理论性问题的说明材料；三、事实举例和关于党性；四、作为参考的建议。前面附有给党中央毛、刘、周等领导同志的信。共约28万字。

〔3〕尚延龄：《胡风文艺思想新论》，敦煌文艺出版社1994年版，第108页。

〔4〕尚延龄：《胡风文艺思想新论》，敦煌文艺出版社1994年版，第108、133页。

家提倡共产主义世界观、提倡到工农兵生活中去，提倡思想改造，提倡民族形式，提倡写革命斗争的重要题材等正确的指导思想，说成是插在作家和读者头上的五把刀子’的论断，与胡风同志的原意有出入，应予撤销。”尚延龄的结论和党中央文件的精神和说法基本一致，而其文章又先于党中央文件。

三是对胡风的文艺理论思想和文艺实践活动进行了重新评价。尚延龄通过对胡风文艺理论批评的认真研究，总结概括了胡风文艺思想和文艺实践活动的六点独特贡献。第一，对现实主义理论的构建，特别是对现实主义的创作过程作了开创性的研究和描述；第二，主体性理论在中国和世界的意义；第三，坚持不懈地批判机械论，反对“左”的文艺思想；第四，杰出的鲁迅研究者；第五，扶植文学新人，培育“七月流派”；第六，文化性格的启迪意义。[1]

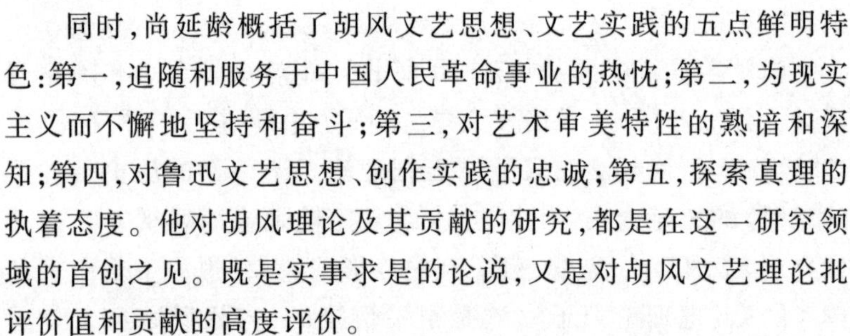

同时，尚延龄概括了胡风文艺思想、文艺实践的五点鲜明特色：第一，追随和服务于中国人民革命事业的热忱；第二，为现实主义而不懈地坚持和奋斗；第三，对艺术审美特性的熟谙和深知；第四，对鲁迅文艺思想、创作实践的忠诚；第五，探索真理的执着态度。他对胡风理论及其贡献的研究，都是在这一研究领域的首创之见。既是实事求是的论说，又是对胡风文艺理论批评价值和贡献的高度评价。

尚延龄对胡风文艺思想的重新评价，对于恢复实事求是的学风、文风，对解放长期被禁锢的文艺思想，解放文艺生产力，开风气之先，发挥了一定的作用。学界评论尚延龄的文艺理研究有以下三个特点：“一是探索真理的执着态度和理论勇气”；“二是求新务实的创造精神和科学态度”；“三是深刻缜密的理论解析和逻辑思辨。”[2]他对马、恩、列、毛、邓的文艺思想的研究及独

---

〔1〕尚延龄：《胡风文艺思想新论》，敦煌文艺出版社 1994 年，第 36 ~ 40 页。

〔2〕李文衡主编：《甘肃当代文艺五十年》文艺理论批评卷第三章第八节“尚延龄的文艺理论研究”专题，甘肃文化出版社 1999 年。

到认识，对胡风文艺思想的研究和评价及开拓性的研究成果，受到知名诗人、学者、专家及读者、相关报刊的高度评价和关注。著名诗人、学者、评论家绿原评论《新论》一书说：“先生坚持四不唯的原则，通过充分说理开展讨论，把一些多年来越批越糊涂的问题说得清清楚楚，为进一步研究胡风文艺思想扫清了道路，是对中国文艺理论界的一大贡献。”《编辑参考》（上海）评价尚延龄“对胡风文艺思想作了重新评价”，[1]《文摘报》1988 年 8 月第 545 期评价尚延龄“在学术界第一次论述了胡风文艺思想、文艺实践的五点鲜明特色”。《鲁迅研究月刊》（1986 年第 7 期）评论《胡风文艺思想新论》“对胡风文艺思想的各个方面都作了考察和论述，观点鲜明，富有新意。”《甘肃社会科学》（1996 年第 5 期）以《“胡风”第一枝》为题评价《胡风文艺思想新论》是“胡风文艺思想研究开拓之作，具有填补空白的意义”。资深理论家、中国艺术研究院原副院长、曾担任延安《解放日报》编辑的黎辛先生评论《马列文艺思想论稿》“是一部阐述马列主义经典文艺著述，并结合我国文艺创作评论与研究的实际进行研讨的好书”，“具有现实性与指导性，有自己的独特高见”。[2] 甘肃省委宣传部主编的《甘肃当代文艺五十年》设专节评论尚延龄的文艺理论研究成果和文艺思想。肯定他多有“首创之论”和“前所未有的立论”。韩国学者鲁贞银把尚延龄的《胡风文艺思想新论》列为他研究的重要参考书。这些评论都肯定了尚延龄文艺思想理论研究的开拓性、独创性、科学性以及探索真理的理论勇气，显示了他的研究成果的价值。

（原载《丝绸之路》2015 年第 24 期，作者：孙占鳌，张军山）

[1]载《编辑参考》1988 年第 2 期。

[2]尚延龄：《马列文艺思想论稿》（序言），甘肃文化出版社 2002 年版，序言。

论悲剧的悲壮美

——兼谈中西方古典悲剧美学特征之差异

谈到悲剧，人们自然会联想到痛苦与死亡。而就悲剧的象征意义而言，也免不了痛苦与死亡，因为悲剧的悲壮美正是通过一定的痛苦与死亡来表规的。中西方悲剧，又由于各自不同的文化背景和审美心理习惯，形成了不同的存在方式和流变趋向，造就了不同的美学特征。

一、关于悲剧的结局

亚里士多德的《诗学》历来被当作西方文艺理论的权威性著作。其中阐述的悲剧理论，一直从总体上影响着西方的文艺创作。他认为，文艺的本质是模仿，而悲剧是对一个完整而又有一定长度的行动的模仿。悲剧的目的，是要引起人的“怜悯与恐惧”。所以，悲剧的主题总是一个不幸的主题，表现的是悲剧主人公的痛苦与死亡。

马克思、恩格斯曾从辩证唯物主义和历史唯物主义哲学立场出发，科学地总结了人类历史发展中的悲剧性冲突和悲剧艺术发展的历史经验，深刻地揭示出悲剧产生的社会根源。他们认为，悲剧是新的社会制度代替旧的社会制度的信号，是社会生活中新旧力量矛盾冲突的必然结果，也就是“历史的必然要求和这一要求的实际上不可解决之间的悲剧性冲突”。这种冲突的发展与激化，必然导致其代表人物的失败，肯定就免不了痛苦与死亡。作为这种客观现实之反映的悲剧艺术，当然也就不能回避痛苦与死亡。因此，痛苦和死亡是构成悲剧艺术的不可缺少的重要因素。悲剧之所以能打动人，正像崇高一样，其基本特征都是在体积上或强力上超乎寻常。如果说能够激起我们崇高感的是那辽阔的苍穹、铺天盖地的狂风暴雨、浩渺无际的汪洋大海和苏格拉底的大智大勇的话,那么能够给我们留下悲剧印象的则是:特洛伊城的陷落,普罗米修斯的苦难,俄狄浦斯的流浪和苔丝德梦娜之死。是非凡人物超乎寻常的痛苦与死亡。

西方的悲剧,正是由此出发,形成了一种以大悲结局的悲剧结构。如索福克勒斯的《俄狄浦斯王》、弥尔顿的《力士参孙》、席勒的《阴谋与爱情》、莎士比亚的四大悲剧等。下面我就以莎士比亚的悲剧为例,具体谈谈这一问题。

莎士比亚的悲剧,大都展示了主人公与险恶的社会环境的尖锐对立与冲突。由于恶势力的强大和悲剧主人公无法克服的性格缺陷,最终不得不以身殉难,导致善恶双方同归于尽,从而达到一种震撼人心的悲壮美。这种悲剧式的死亡,是悲剧为展示主人公的崇高美、悲壮美,为了揭示社会生活的本质意义而必须付出的牺牲。

在莎士比亚时代,死亡意象不断出现,它标志着带有基督教色彩的宿命论观念正在欧洲社会思潮中不断深化,成为一种普遍意识。从本质上说,这种宿命论不利于悲剧创作,因为它否定人生和人的本质力量。而悲剧的使命,是要表现人在苦难中展示的崇高。但是在莎士比亚的悲剧里,死亡意象被赋予了新的意义,成为揭示人物悲剧性格和精神力量的重要手段。在传统观念的崩溃中,莎士比亚看到了他所珍视的人文主义理想与他周围的社会现实产生了不可调和的矛盾,并深刻地认识到了社会的混乱、腐败、罪恶已注入个人的命运之中。正是这种幻灭感,这种人文主义理想的危机,比传统观念的瓦解远为深刻地决定了莎士比亚悲剧观的形成。这也就是他的悲剧主人公最后终结于不可避免的死亡的一个重要原因。

需要指出的是,无论是西方悲剧,还是中国悲剧,导致主人公死亡的主要原因,并不取决于人物的道德状况,例如哈姆莱特和窦娥。哈姆莱特是一个人文主义理想的化身,正直、善良、深受人民的爱戴;窦娥是一个安分守己的平民寡妇,勤劳善良,孝敬婆婆。尽管他们二人的道德状况都很好,但还是免不了悲剧的命运。正因为这样,悲剧才出现那种似乎矛盾的现象:既唤起怜悯与恐惧,又无法使悲剧的必然结局发生逆转。不同的是,西方悲剧的主人公能充分意识到自己的处境和后果,不得不选择对他来说唯一可能的必要的行动。例如哈姆莱特说:“时代脱了节!啊,多么可恨!我生来就是为把它重新整顿!”这时的哈姆莱特,显然已意识到了自己的处境,但作为丹麦王子,他不能不为父报仇,矫正国家的流弊。这既是不可推卸的责任,也是不可剥夺的权利。他把世界称为一座牢狱,很明显,这不是他自己造成的。在这个剧开场的时候,这座牢狱早已造好,留给丹麦王子的,只是清除它。在社会矛盾冲突中首当其冲的地位,决定了他不可避免的悲剧命运。因此,莎士比亚悲剧中的主人公之死,是一种意识到的牺牲,他们总是能认识到超出悲剧世界之上关于人和社会的更高标准。就悲剧的象征意义而言,正是人类为走向那更高标准必须付出的代价。也只有这样的死——在黑暗中给人以光明,在毁灭中给人以希望,在否定中包含着肯定的死,才是必然的、有价值的,真正体现悲剧美学意义的死。正是这种悲剧性的死,把悲剧推到了高潮,达到了最悲壮的美学高度。

总之,西方悲剧一般都尊亚里士多德的悲剧理论为正宗,以大悲为结局。而中国悲剧则不像西方悲剧那样去着力渲染悲剧人物的不幸、悲惨和失败,往往在悲剧事件结束以后,又继续一段表现作者和观众理想愿望的情节,把人们由悲剧事件所引起的情感,加以节制和引导,使之成为大团圆的结局,或者给予观者一线光明。如《赵氏孤儿》中的孤儿报仇、《汉宫秋》中的团圆梦境、《琵琶记》中的玉烛调和、《鸣凤记》中的献首祭告等等。最有代表性的要属关汉卿的《窦娥冤》。像窦娥那样一个善良女子,平白无故地被恶势力一再迫害,直至被判死刑,含冤死去,以她的死控诉了邪恶势力。可以说达到了一定的悲壮美的高度。按照西方的悲剧理论,这部悲剧应该就此收场了。不料作者又增加了一大段惩恶扬善的情节,使悲剧有了一条光明的尾巴。因此,不少西方学者,甚至也有一些中国学者认为:中国无悲剧。我以为,这种看法是有失偏颇的。他们只是把西方的悲剧理论作为鉴别、评价一切悲剧的标准,而忽略了中国悲剧,作为一个民族的悲剧,有它产生、存在的特定的文化背景和中国民众的审美心理习惯。

人与人之间的统一协调,人与自然的和谐,历来是中国哲学研究的中心命题,也是中国美学的根本准则。在这个根本准则下,人们把和谐统一看成是最好的社会理想和艺术理想。因此,像西方那种分裂、狂暴、毁损、恐怖的东西,在中国文化中是微乎其微的。大量的中国文化都是融洽、完满、和谐、统一的体现,具体反映到悲剧艺术上,就是浸透着乐观豁达的精神气质和匀称、完美、圆满的整体结构。从观众的审美心理来说,我国广大人民世世代代是在极其艰苦的生活斗争中生存发展的,虽然不断地遭受打击和挫折,但从不甘于失败,而是怀着必胜的信念,执着地追求美好理想。这种不屈不挠的精神意志和乐观向上的理想情操,构成了中华民族群众性的心理情绪。对于从民间来又向民间而去的悲剧艺术来说,这些群众性心理情绪的影响是异常深刻的。人民要求悲剧在反映客观世界矛盾斗争的同时,也要给予精神世界以和谐满足。在这种强大的社会需求的控制下,作者在构造悲剧体系时,不能不体现这样的群众性的心理情绪,并在长期的创作实践中逐渐定型化,即力争达到理想化的结局。因此,中国悲剧从一个侧面反映了中华民族的乐观主义精神和坚贞不屈的民族性格。同时,也反映了我们民族性格的另一方面:心地善良,爱憎分明。好人遭到了不幸,总希望他有个好的结局,即使悲惨地死了,还是企求得到精神上的安慰。

二、关于主人公的设置与品格

西方悲剧的最早创造者亚里士多德所界定的悲剧，都是“英雄悲剧”。他在《诗学》中说：悲剧主人公“这种人名声显赫、生活幸福。”要求悲剧有一个君主或一个大名鼎鼎的人做它的主人公，不仅在中世纪人们的头脑里是一个心照不宣的准则，而且也是古典主义的金科玉律。表现在悲剧创作上，古希腊悲剧的主人公不仅出身高贵，而且带有神性。如《普罗米修斯》中的主人公是天神；《俄狄浦斯王》中的主人公是国王；《美狄亚》中的主人公是公主，且有神奇的法术。到了文艺复兴和古典主义兴盛时期，悲剧主人公不再带有神性，但仍出身高贵。如莎士比亚《奥赛罗》中的主人公是将军，《李尔王》中的主人公是国王，高乃依《熙德》中的主人公是朝廷大臣的儿女。正如英国诗人乔叟所说：“悲剧，如古书使我们记得那样，讲述一个人的某个故事，此人原先身居高位，功业显赫，后来一落千丈，陷入苦难的境地，终于悲惨地结束了他的一生。”

由此可见，西方悲剧的主人公一般都出身高贵，多为帝王将相、英雄人物；而中国悲剧的主人公，则多为下层人物，平民百姓，既没有高贵的身份，也没有非凡特殊的本领。如《赵贞女蔡二郎》中的赵五娘是农妇，《王魁负桂英》和《桃花扇》中的女主人公是妓女等。造成这种差异的原因是，我国的悲剧作家队伍来自民间，多为民间艺人，即使像关汉卿那样的文人作家，在元朝也是与青楼为伍的“贱民”。他们长期生活在社会下层，熟悉下层人民的生活，与下层人民保持着密切联系，所表现的当然也多为下层人民。而希腊的悲剧作家多出身于奴隶主阶级，文艺复兴和古典主义时期的悲剧作家则多是统治阶级的文人作家。他们所熟悉的生活和注目的对象，多在上层贵族，当然也就不大可能塑造出成功的下层悲剧人物形象。因此可以说，中西方悲剧作家这种不同的社会地位和生活经历，是他们在作品中塑造了各自不同的悲剧主人公的一个重要原因。关于主人公的品格，亚里士多德在《诗学》中指出，悲剧主人公是这样一个人，他既“不十分善良，也不十分公正，而他所以陷于厄运，不是他为非作恶，而是他犯了错误”。就是说，悲剧的主人公并非是一个善良的典范，而是一个易于犯错误的人。他们都有着自身无法克服的性格缺陷。如哈姆莱特的忧郁、奥赛罗的轻信、麦克白的野心、李尔王的暴躁等等；而中国悲剧的主人公性格善良，也没有易于犯错误的性格缺陷，悲剧的内容也多为平常的社会生活，是所谓“平常悲剧”。这种悲剧具有高度的可信性，更有悲剧的深度，更能有力地揭示社会生活的本质和历史发展的必然。

三、关于悲剧的情节结构

西方的悲剧，多一悲到底，一般不插入喜剧性的情节，其结构规律是：喜→悲→大悲。

当然，也有个别作家的个别作品里有喜剧性因素，如莎士比亚的《麦克白》。可是，这毕竟是个别作家的个别现象，不带有普遍性。

而中国的悲剧，一般是悲喜交集、苦乐相错的。剧情的发展波澜曲折，折与折之间有苦有乐、交替推移，甚至在一折之中“七情俱备”。往往在大悲之后，还有一点安慰性的小喜，情节发展规律是：

喜→悲→喜→悲→大悲→小喜。

造成中西方悲剧情节结构这种差异的原因，可从下列两方面去探求、理解：

第一，各自不同的悲剧形成过程。古希腊悲剧起源于酒神颂歌，是从酒神狄俄倪索斯的祭典发展起来的。狄俄倪索斯是酒神，也被希腊人尊为自然之神。在古希腊，对他的祭祀活动很广泛。人们为了祈祷或庆祝丰收，经常举行集会，边歌边舞，表演关于酒神的故事。后来，人们认为演唱酒神的故事是一件非常庄严的事，于是把其中的狂欢歌舞活动分离出来，正如亚里士多德在《诗学》第 4 章论述的：“抛弃了简单的情节和滑稽的词句，经过了很久才获得了庄严的风格。”可以说，悲剧这种庄严的风格，在古希腊就已定型了。以后西方的悲剧，基本上继承了古希腊的传统。

中国的戏剧，是在唐参军、宋杂剧的基础上形成的。唐参军、宋杂剧有一个共同的特点，就是“务在滑稽”。唐参军中的“苍鹘”“参军”，宋杂剧中的副净、副末，都是插科打诨的喜剧角色。直到元末，戏曲形成以后，这些角色转为净、丑固定了下来，长期保存在戏剧中，成为各种戏剧所共有的美学成分。悲剧在形成过程中，这种行当上的继承关系，便是它所具有的悲喜交集的美学特征的一个重要原因。

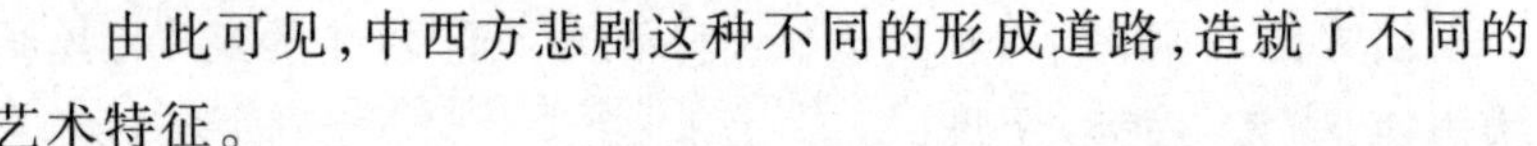

由此可见，中西方悲剧这种不同的形成道路，造就了不同的艺术特征。

第二，各自不同的悲剧美学观。亚里士多德认为：“悲剧是从幸福到苦难的变迁。”因而，西方人认为，悲剧应该写严肃而重大的事件，其情节变换只应是由福转到祸的一种，结局应该是大悲。亚里士多德之所以赞扬欧里底得斯为“最富于悲剧性的诗人”，就是因为他的悲剧结局都是悲惨的。亚里士多德还认为，善有善报，恶有恶报的情节，在逻辑上不宜于悲剧而宜于喜剧。伟大的悲剧都是提出问题，而不提供解决问题的办法。所以，西方悲剧一悲到底，很少插入喜剧性情节。特别是在悲剧结尾时很少出现喜剧性结局。

而中华民族的传统文化，自古以来就是以孔子为代表的儒家学说为基础的。孔了以“仁”为核心的思想体系，把个体人格的完善，人与人之间的伦理道德关系，推崇到了社会实践的第一位。退求善与美的和谐统一，自然也被作为中国民族文化艺术的起码标尺和最终追求。悲剧当然也不例外。这样，作家在安排悲剧的情节结构时，就把两类鲜明对立、彼此斗争的人物编织在一个悲欢离合、与世态人情相结合的故事框架里。以剪恶除奸的结局来完成歌颂忠良正义、惩治奸佞邪恶的主题,从而使作者的情感意志得到表露和宣泄。同时,也使观众在这种娱乐性极强的悲剧艺术里调节自己的生活和情绪,满足下层人民在黑暗统治的重压下,企求得到安慰和解脱的心理愿望。

(原载《青海民族学院学报(社会科学版)》1992 年第 2 期)

酒泉航天文化述论

航天文化是中华民族优秀的文化传统与新中国航天实践相结合的产物，从古代飞天到现代航天，中国人民谱写了一部壮丽的航天史诗。

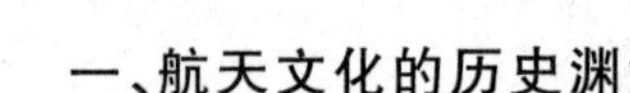

一、航天文化的历史渊源

（一）中国古代文化中的飞天情结

飞天梦、太空梦是一个古老而浪漫的中国梦。

早在远古时代，华夏祖先在为生存而劳作、奋斗的同时，就产生了离开大地、飞翔天宇的幻想。他们一方面用科学方法测量天体运行，制成了《黄帝历》《夏历》《太初历》等一百多种历法；另一方面，因为无法知道天空的奥秘，就通过如女娲补天、嫦娥奔月、牛郎织女、夸父追日等神话故事，以及许多文人墨客脍炙人口的诗词佳作，反映着古代人们登月、飞天的美好幻想。

古代先民们生活、劳作的环境条件极其艰苦，但他们并未被原始的生产状态所局限。他们渴望离开大地的束缚，到无限广阔的天空中遨游。在古代思想家庄子的《逍遥游》中，他描绘太空是"天之苍苍其正色邪？其远而无所至极邪？其视下也，亦若是则已矣"。

他知道天是"其远而无所至极"，所以他幻想有一条大鱼（鲲）变为大鸟（鹏），"背若泰山，翼若垂天之云"，可以高飞九万里，"绝云气，负青天"，而抵达"天池"。这虽然是寓言，但也是他对太空的一种想象。文学家屈原曾说："登九天兮抚彗星"，"援北斗兮酌桂浆"，他还在长诗《天问》中对宇宙提出了一系列的问题,他说:“斡维焉系,天极焉加?…… 九天之际,安放安属?……天何所沓,十二焉分?日月安属,列星安陈?……自明及晦,所行几里?……何阖而晦,何开而明?……”他对于日月星辰的安排、岁时昼夜的运转、天体各星座和地球的关系,都提出很具体的疑问。这些疑问没有人能够解答,因此他只能把遨游太空作为幻想,作为梦游。他说:“昔余梦登天兮,魂中道而无杭”,“欲释阶而登天兮,犹有曩之态也”,又说:“载营魄而登霞兮,掩浮云而上征”,反映了那个时期人们对太空的向往。

自古以来,人们对于天、对于宇宙,虽然想知道它,了解它,但始终无法知道。《易经》就说:“天险不可升”;汉朝人赵君卿作《周髀算经》以圆规率测天的时候,也引周公的话:“夫天不可阶而升也。”诗人李白曾说“蜀道难,难于上青天”,苏东坡“明月几时有?把酒问青天。不知天上宫阙,今夕是何年?我欲乘风归去,又恐琼楼玉宇,高处不胜寒。起舞弄清影,何似在人间……”辛弃疾的“可怜今夕月,向何处,去悠悠。是别有人间,那边才见,光影东头。是天外,空汗漫,但长风浩浩送中秋。飞镜无根谁系?嫦娥不嫁谁留……”这些脍炙人口的古代诗词,常常把上天、宇宙描绘成“太虚幻境”,同时也反映了古人欲探索茫茫宇宙空间奥秘的心理。人们在渴望飞天的愿望下,把它虚构成许多故事或传说。这些神话性的故事,尽管内容不同,而向往窥探宇宙奥秘的愿望,却是一样的。古籍中这类记载很多。如晋朝王嘉的《拾遗记》说:“尧登位三十年,有巨槎浮于西海,槎上有光,夜明昼灭。海人望其光乍大乍小,若星月之出入矣。槎常浮绕四海,十二年一周天,周而复始,名曰贯月槎,亦谓挂星槎。”这便是乘槎泛天河故事的起始,也可以说这是古代人们对于宇宙飞船的想象。这种理想主义的幻想,在当时强烈地鼓舞、激励着先民们进行奋斗,给他们以精神上的抚慰和愉悦,并且代代传承下来,积淀在文化传统的深层,成为一种激励与愉悦人们的精神力量。

晋人张华《博物志》和宗懔《荆梦岁时记》分别记载天河中有牛郎织女,指的就是银河系中的牵牛星和织女星,后来演化成为小说,编成戏剧。很显然,这是把天文学上的知识,演变成为民间故事。唐人牛峤的《灵怪集》叙述太原人郭翰遇织女,织女告诉他天上的情形:“人间观之,只见是星,其中自有宫室居处,群仙皆游观焉。”一年后织女与郭翰分离,郭翰寄以诗曰:“人世将天上,由来不可期。”这是牛郎织女神话故事的发展。虽然是神话,而织女说的“人间观之,只见是星”,已说明古人的想象力。因为无从知道星球上的事物,所以只能以人间的一切来想象。幻想总是美妙的,旧时代的实际生活总是痛苦的,于是人们又把太空作为天府,认为是神仙世界,寄托了种种幻想。

虽然古人不能深切地认识宇宙,但远在公元2世纪的汉朝,张衡就创造了“浑天仪”和“候风地动仪”,这是最早的测天仪器。自从这位杰出的天文历数家制造出测天仪器以后,人们便进一步认识了天体,初步了解了星际的运行。以后又出了许多天文家、历数家,对天文历象做出了伟大的贡献。

飞天是中国人古已有之的梦想,只是苦于没有交通工具,数百年间这个梦想一直萦绕在人们的心间。明朝时,由于当时国内的兵器工业取得了重大进步,尤其是“火箭”技术的提高,使一个名叫万户的人最终将这个千百年的梦想付诸行动,迈出了人类走向太空的第一步。

万户经过多年的研究,逐渐从军队广泛使用的火箭中得到了灵感,设计出一种前所未有的“飞龙”火箭,射程可以达到1000米。当时没有宇宙飞船,他就用椅子代替,椅子后面捆绑了47支“飞龙”火箭,想借助火箭向前推进的力量飞向太空。难能可贵的是,他还想到了着陆问题,手里准备了两个大风筝,这样就可以平稳地降落。这几乎是当时所能想到、所能用到的最先进的优势组合了。虽然万户的飞天行动最终以失败告终,但这也使他成为世界航天史上的第一人。

以古代火箭为基础,在随后的历史发展中,随着科学技术的进步,人类一步步将飞天的这一梦想逐步变成了现实。

(二)敦煌艺术中的飞天梦

飞天原是古印度神话中的娱乐神和歌舞神,因周身散发出奇特的香气,又称香音神。后来被佛教吸纳,列入天龙八部,在佛祖讲经说法时献花散香,载歌载舞,飞翔在佛国的极乐世界中,是自由欢乐的象征。在漫长的历史发展过程中,飞天形象几乎贯穿我国各地、各个时期的石窟、寺院。以不同风格,不同表现手段,不同绘制时间,形成了一种独立的艺术形式,其中以敦煌飞天最具有代表性。

敦煌飞天在同类题材中跨越时间最长,保存最完整、最集中、数量最多,风格最典型,艺术价值最高,影响也最大。从敦煌建窟伊始,飞天就出现于壁画中,一直延续了一千多年从未间断。据统计,仅莫高窟的429个洞窟,就有270个绘有飞天图像,共计5400身之多。最大的飞天在第130窟大佛殿内,每身约2米之高。最小的飞天只有5~6厘米高。绘制飞天数目最多的石窟是第209窟,共有飞天165身,加上敦煌地区的榆林窟、东西千佛洞等,飞天的数目近6000身之多。

敦煌飞天,飞动千年。古代画师们用"飞"表示他们的精神解放,用"飞"倾吐他们千百年来被压迫、被屈辱、被歧视的心声。从另一点来讲,他们创作飞天在空中飞翔,象征着人类征服自然、驾驭宇宙空间和对未来、自由、和平的向往、追求,也象征中华民族昂扬奋进的精神。因为它适应各民族人民的思想意识、风土人情和审美理想,所以在民族交往和时代变迁中不断变化,尤其是隋唐时期,敦煌飞天和敦煌壁画共同达到了前所未有的艺术高度,创造了具有中国气派、体现中国审美理想的时代风格和民族风格。敦煌飞天的创作方法是一个"现实—想象—意象—艺术形象"的完整过程。因绘制时代不同,每个洞窟的飞天,都风格迥异,有其独特的风格。

敦煌飞天是敦煌壁画中的一种风格独特的佛教造型艺术，也是一种浪漫主义与现实主义相结合的创作思想，其中包含了很高的历史价值和艺术价值。敦煌飞天不是一种文化的艺术形象，而是多种文化的复合体。飞天的故乡虽在印度，但敦煌飞天却是印度文化、西域文化、中原文化共同孕育而成的。它是印度佛教天人和中国道教羽人、西域飞天和中原飞天长期交流、融合为一，具有中国文化特色的飞天。

敦煌飞天的起源和意境是神学，是宗教，经过千百年的历史长河，神话融入社会，幻想贯穿于科学与技术。中国历史与飞天源远流长，中国地理与飞天天地不可分割，中华文化与飞天水乳交融。终于，神话变成佳话，幻想成为现实。飞天已经扎扎实实地成为中国自古以至现代宇航科技的重要组成部分。

中国壁画飞天在佛学、绘画艺术、文化历史遗产等领域的重要作用和特殊地位已经无可争议，人类航天事业巨大成就的事实证明，无论中国壁画飞天的创作初衷是否与科学幻想有关，壁画飞天已经实实在在地起到了宇航科学幻想的作用。

二、酒泉航天基地建设

酒泉卫星发射中心始建于1958年3月，位于甘肃省酒泉市东北部。是中国创建最早、规模最大的综合型导弹、卫星发射中心，也是中国目前唯一的载人航天发射场。50多年来，酒泉卫星发射中心建立起了一套完善的综合发射设施，拥有一支过硬的科技队伍，创造了中国航天发射史上的多个第一。酒泉卫星发射中心与苏联拜科努尔发射场、美国的肯尼迪航天中心同为世界著名三大发射基地。

（一）决策与选址

我国发展导弹尖端技术，最早是钱学森提出来的。钱学森从美国回国后不久，向中央呈报了《建立我国国防航空工业的意见书》。1955年1月14日，中央书记处扩大会议研究通过了发

图 1　酒泉卫星发射中心场区鸟瞰图

展我国的原子弹事业、制造核武器的决定。1956 年 4 月，周恩来总理主持召开中央军委会议，由钱学森介绍了美国导弹技术的兴起及导弹在未来战争中的作用。不久，毛泽东发出了“我们要搞人造卫星！”的号召。1956 年 10 月 8 日，中国第一个导弹研究机构——国防部第五研究院成立，钱学森担任院长，一批优秀的科学家会集北京，开始了导弹研究工作。1957 年下半年，中央决定筹建导弹试验靶场，并成立靶场筹建委员会。

一开始，具体负责选址和组建工作的是炮兵政治委员邱创成和副司令万毅。先后抽调了 20 兵团副司令孙继先、第一军械科学实验靶场场长张贻祥，以及吕琳、申建基、杜荣民等人。在炮兵大院专门给了一幢办公楼，内部叫导弹试验靶场筹备处，对外称“炮兵营房工程建筑部”。很快，又在北京东直门外左家庄设了个办事处。看着陆军、海军、空军、炮兵、装甲兵、工程兵、雷达兵、电话兵、卫生兵、文艺兵等着装五花八门的人进进出出，当地老百姓常常好奇地问：“你们到底是什么部队啊，怎么什么样的军装都穿啊？”有一天孙继先来到这里，正好碰上有老百姓在问一个战士，战士说：“我们是杂牌军！”孙继先自嘲道：“我从正经的兵团司令变成杂牌军司令了!”

1957年10月15日,我国和苏联签订了《关于生产新式武器和军事技术装备以及在中国建立综合性原子能工业的协定》。《协定》规定,苏联将向中国提供地地、地空、空空导弹样品和有关技术资料,派遣技术专家协助中国勘建导弹试验靶场。

根据中苏协定,1957年12月30日,以盖杜柯夫少将为组长的17名苏联专家来华,协助勘选导弹试验靶场场址和工程技术勘察。双方确定在“三北”(东北、华北、西北)地区勘选陆上导弹试验靶场,在渤海、辽海湾沿岸勘选海上导弹试验靶场。

1958年元旦后,张贻祥同苏联专家一起,对东北、华北的海拉尔、索伦、赤峰、二连浩特等地区进行了空中勘察,未选中理想的场址。陈锡联向彭德怀报告了勘察组的意见,并提出了重点勘察西北地区的建议。几天后的一个晚上,彭德怀把炮兵司令员陈锡联和总参作战部部长王尚荣叫到家里。彭德怀要求由陈锡联牵头,和王尚荣一起,到西北去选一个合适的地方。至于将来靶场的建制,可能放在炮兵,也可能不在炮兵。

图2 1966年3月,邓小平视察酒泉卫星发射中心

1958年1月18日，由陈锡联上将组织率领的导弹试验靶场勘察队（对外称炮兵营房建设场地勘察队）从北京出发。勘察队的很多人都是身经百战、拥有赫赫战功的将军，有总参谋部作战部部长王尚荣中将、中国人民志愿军第二十兵团副司令员孙继先中将、军械试验场场长张贻祥少将。还有总参谋部、总后勤部、有关军兵种的人员以及苏联专家组负责人盖杜柯夫少将共五十多人。当日，靶场勘察队人员乘伊尔－14飞机抵达兰州，以兰州军区司令部作为大本营。勘察队沿着河西走廊进行了几天的空中勘察，大家把目光聚焦到了酒泉。随后对酒泉进行实地勘察，详细了解了这一带的社会环境、交通条件、自然资源、气候气象、电力供应、通讯联络等方面的基本情况，还到酒泉以东、以北的戈壁、沙漠和周围几个县进行了勘察。最后，陈锡联及勘察队得出了初步结论，准备把场址定在酒泉。初步确定了靶场的选址后，陈锡联一行又乘飞机向西沿着将来导弹试验航区到了乌鲁木齐，准备在南疆一带选择弹着区。他们在南疆的一些地区勘察了几天，研究分析了各地区勘察的基本情况，经过全面衡量比较，最终确定了导弹综合试验靶场的场址。

图3　中央关于基地建设决定的文件原稿

2月14日，中央军委副主席彭德怀元帅主持会议，听取了陈锡联、钱学森和苏联专家关于导弹试验靶场勘察结果的汇报。聂荣臻元帅、军委秘书长黄克诚大将、海军司令员萧劲光大将、空军司令员刘亚楼上将、总参装备部部长万毅中将等总部和军兵种领导，以及内蒙古自治区主席兼内蒙古军区司令员乌兰夫上将等三十多位领导一起听取了汇报。会议最后决定，在地势平坦，地质、气象、水源情况较好的酒泉东北部的荒漠地区建设导弹综合试验靶场。并将勘查报告呈送党中央、毛主席、周总理。2月25日，中共中央批准了中央军委有关选择导弹试验靶场的报告，至此，基地的选址最终确定。

（二）艰难起步

中央批准建设导弹试验靶场后，中央军委立即决定组织一个工程勘察委员会，负责靶场各点和弹着区的定点勘察。由解放军工程兵司令员陈士榘上将任主任，成员有孙继先中将、总后勤部副部长张令彬中将、铁道兵第一副司令员李寿轩中将，以及张贻祥、赵东寰、高万祥、唐凯将军等。动用了这么多高级将领，足以显示国家为了加快导弹武器的发展所予以的高度重视和坚定决心。1958年3月7日，陈士榘亲自率领由中苏双方组成的勘察组乘飞机到酒泉，对靶场点号布局、弹着区、铁路公路走向的定点等进行了实地勘察。随后，陈士榘司令员派工程兵军事建筑部副科长刘万通和国家地质部水文地质局局长率领一名工程师、七名技术员、两名化验员、两名苏联专家、一名翻译和从北京饭店抽调的1名厨师组成的水文地质考察队，带上8辆解放牌汽车、1辆小吉普来到酒泉，先后打百米深井100多眼，顺利完成水文地质勘查任务。

1958年3月14日，中央军委决定，组成以工程兵司令陈士榘为领导，志愿军第19兵团领导机关为基础的特种工程指挥部，先后调来了12个工程兵团，两个工程兵师（即以李冠智为师长、马兆昆为政委的53师，以唐人为师长、马苏政为政委的54师）；

汽车36团、37团；一个工程技术大队，3所医院，1个通信营，1个勘察队，1个办事处（设兰州）。另有印刷、木材加工、机械修配、物资仓库、农牧场等7个单位；配属单位有：65军195师（后改为工程兵52师）、铁道兵第10师、通信兵工程团、空军建筑第6分部，还有北京建筑公司、兰州建筑公司等单位。1958年4月开始，几万大军浩浩荡荡，陆续开赴酒泉，开始导弹试验靶场的工程建设。这支浩浩荡荡的建设大军首先遇到的困难就是如何生存下来，如何施工。在这一片浩瀚荒凉、渺无人烟的沙漠，很难找到居民，更谈不上住房了。部队刚进入基地，立即搭起了一片片帐篷，投入了紧张的施工筑路。由于沙漠地区风沙太大，白天部队施工，晚上回来时，有的帐篷和行李已经被狂风刮走。沙漠地区的气温昼夜变化很大，白天还是骄阳似火，高达40多度，夜晚却是零下十多度，寒气逼人。常住帐篷总不是办法，于是大家开始挖地窝子，上面盖点东西，留个进出口，保温性比帐篷要强。缺点是里面漆黑，光线太差。后来又搞起了干打垒，建土坯房，一半在地下，一半在地上，上半部留个小窗，白天就有了阳光。

部队刚开进基地时，吃菜是最大的困难，平时的饭菜很难见到绿菜，经常是咸菜，最好的时候是干菜，后来才有了萝卜、土豆等蔬菜。由于沙漠地区无霜期短，气候干燥，水源又紧缺，种菜就非常困难，从外地运菜，因交通不便，新鲜蔬菜运到基地也就差不多烂了一半。部队在工地吃饭时，有时候遇到大风，饭菜就会掺入沙土，很难下咽。但就是在这样艰苦的环境下，工程一天也没停，在这原本无路的荒原上修筑起一条条路，保障了基地所需物资源源不断地运进来。

为了加快建设进度，基地发动全体干部战士大搞技术革新，改善劳动条件，提高工作效率。从1958年5月至1959年1月，部队的发明创造和技术革新就有2950多项，提出各种科学性建议5.2万多条。汽车流动装卸器、空气喷水散热器、手摇式切菜机、淘米机等先后问世。此外，基地官兵群策群力，烧砖、制瓦、织草席、编条筐，自力更生搞生产，使工程进度不断加快。

1958 年 5 月，从广州开进酒泉的建筑工程兵 109 团，修建了从 10 号基地到导弹发射场的“一路三桥”（五一桥、八一桥、向阳桥）。1959 年 4 月，从辽宁庄河县开来的步兵守备三师，修建一座面积 10.5 平方公里，库容量 1700 万立方米的水库，为基地的建设提供了充足的水源；1958 年 9 月 25 日，从山西大同开来的步兵 195 师先后又开进 14 号场区修建了一座当时亚洲最大的机场。为了保密，当时把基地各个工程都编成序号，卫星发射中心编号为 10，至今人们还习惯称它为 10 号基地，机场工区编为 14 号，所以 14 号机场的叫法延续至今。

1958 年 10 月 20 日，中华人民共和国国防部正式授予导弹试验基地部队番号，任命孙继先为部队司令员，栗在山为政委，李福泽、孙贻祥为副司令员。总参谋部批准基地使用“东风”为代号。

基地建设过程中，得到了中央的高度关心和关注，党和国家领导人曾多次听取基地建设情况的汇报，多次召集会议研究基地建设相关问题，并多次亲临基地视察工作。聂荣臻元帅从选址到建设，长期在基地亲自指挥建设和发射任务。

1963 年 3 月，国务院副总理陈毅到基地视察；1964 年 9 月，叶剑英元帅到基地视察；1965 年至 1966 年，周恩来总理先后五次莅临基地视察；1966 年 3 月，中共中央书记处总书记邓小平、国务院副总理李富春、薄一波莅临基地视察；1980 年 5 月，兼国防科委主任的张爱萍副总长、李耀文政委，陈彬、钱学森、朱光亚副主任到基地视察；1992 年 8 月江泽民主席莅临酒泉卫星发射中心视察；1999 年 11 月 20 日，吴邦国、张万年、曹刚川等中央和军委领导莅临神舟一号发射现场视察指导；2002 年 3 月 25 日，江泽民及吴邦国、曾庆红、于永波、曹刚川等亲临发射中心坐镇指挥“神舟三号”发射任务；2002 年 12 月 30 日，李鹏、吴邦国、贾庆林、曹刚川、宋健、李继耐、迟万春等亲临现场观看“神舟四号”

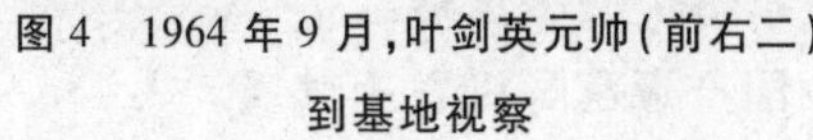

图 4　1964 年 9 月，叶剑英元帅（前右二）到基地视察

飞船发射；2003 年 10 月 15 日，胡锦涛、黄菊、吴官正、曹刚川、王刚等中央领导同志亲临“神舟五号”发射现场观察指导，吴邦国、温家宝、贾庆林、曾庆红、李长春、罗干等党和国家领导人亲临北京航天指挥控制中心视察指导；2005 年 8 月，在“神舟六号”发射前夕，李长春同志亲临发射现场视察指导；2005 年 10 月 11 日，温家宝、李长春、罗干、曹刚川、何鲁丽、顾秀莲、华建敏、刘延东、董建华等亲临发射现场坐镇指挥“神舟六号”发射；2008 年 9 月 25 日，胡锦涛等领导亲临酒泉卫星发射中心坐镇指挥“神舟七号”飞船发射。

三、导弹和卫星发射

基地建成后，走过了艰苦卓绝的光辉历程，这里从当年鲜为人知的导弹试验靶场已经发展成为世界知名航天中心。基地经历了我国国防事业发展的一系列重大事件，1960 年 11 月 5 日，这里成功地发射了中国制造的第一枚地地导弹。1966 年 10 月 27 日，中国第一次导弹核武器试验在这里发射成功。自 1970 年 4 月 24 日长征一号运载火箭成功发射中国第一颗人造卫星——

“东方红一号”以来，酒泉卫星发射中心用长征一号、长征二号丙及长征二号丁火箭成功发射了33颗科学实验卫星。1975年11月26日，中国第一颗返回式卫星在这里发射成功。1987年8月，为法国马特拉公司提供发射搭载服务，使中国的航天技术开始走向世界。1980年5月18日，中国第一枚远程运载火箭在这里发射成功。1992年10月，首次为国际用户执行发射任务，即利用长征二号丙火箭发射中国返回式卫星时搭载发射瑞典空间公司的弗利亚卫星进入预定轨道，获得成功。目前共发射700余枚火箭、41颗卫星，创造了我国航天事业和武器装备发展史上带标志性的十多个第一，为创建和发展我国“两弹一星”事业和国防尖端科技事业做出了突出贡献。

(一)第一枚国产近程导弹发射试验

为加快我国导弹试验进程，1958年10月11日，国防部长彭德怀任命吕琳为第一试验部(地地导弹试验部)部长，李濂、崔子高为副部长，张帮良为副政委，具体负责我国地地导弹试验工作。第一试验部下设综合试验、单元测试、地面设备、弹道、火箭发动机和弹头引信6个技术处，后来又组建成战斗使用、遥测试验和实验结果分析3个处。

1958年9月，根据和苏联达成的协议，苏制P-2地地导弹运至北京，国防部5院随即开展了P-2导弹的仿制工作。

1959年11月，第一试验部奉命从北京进驻东风场区，并立即展开了发射前的各项技术准备工作。根据国防科委的部署，1960年5月底到6月初发射一发苏制P-2地地导弹(代号101任务)。

1960年4月2日，孙继先司令员、栗在山政委向基地参试官兵下达了101任务第一号命令。正在这时，苏联专家以“中国生产的液氧不合格”为由，不让我们用自己的液氧发射导弹。按中苏国防科技协定，苏方应派专家到中国传授发射技术。当时，我国尚缺乏液氧推进剂的生产技术，兰州一家化工厂在缺乏资料的情况下,依靠科技人员和工人研究生产出了我国自己的液氧推进剂,经化验,完全合格。当时的专家组长契尔阔夫却借口要回国复核化验结果,硬是拖了一个多月的时间。最后,他们的回答是:"你们的燃料不合格!"孙继先要求他履行合同,帮助解决技术问题,他却说:"这是国家之间的事,有个责任问题,我们不便插手。"孙继先拍了桌子,说:"有责任,我们承担,你不必担心!"

契尔阔夫作出无可奈何的样子,表示:"非常遗憾,这是我们上级的指示,我们不能违抗。"当国产液氧从兰州运到基地时,契尔阔夫俨然以经验丰富的科学家口气劝阻中国人不要用这些燃料,否则会酿成难以挽回的后果。同时,他一再表示:"苏维埃社会主义共和国联盟一向最讲信誉,由苏联生产的液氧一定按合同准时运到!"就这样,我国自行研制的后来被证明是十分合格的价值150万元人民币的整车箱燃料白白地倒进了沙海。

图5　1965年3月,中共中央政治局委员、中央军委副主席、国务院副总理、外交部长陈毅视察酒泉卫星发射中心

契尔阔夫"讲信誉"的话说完没多久,苏联国防部就给中国国防部发来了电报:"因西伯利亚液氧厂发生不可抗拒的事故,

不能履行合同。”孙继先再也忍不下去了！他和栗在山代表20基地全体官兵上书军委,强烈要求用自己的液氧发射火箭。

为此,周恩来总理在紫光阁主持召开了一次高级军事会议,彭德怀元帅、聂荣臻元帅和国防科委的领导参加了会议。会上,聂荣臻明确指出:苏联停止燃料供应,绝不是技术上的原因,而是政治上的原因！彭德怀说:赫秃子欺人太甚,我们中国人不是随便让人捏的。最后,周恩来总理说:20基地的指战员们一致要求用国产燃料,他们自己检验这些燃料是合格的,我同意他们的意见。同志们的意见怎样？与会者一致表示同意。周恩来总理在基地打来的报告上亲笔批了二字:同意。

紫光阁高级军事会议结束后,周恩来总理招招手说:“孙继先你留下。”

周恩来问孙继先:“你坦率地回答我,第一次发射地对地导弹,你有多大把握?”

孙继先说了四五条天时、地利、人和等完全有把握的依据,但还是回答有“百分之八十的把握”。

周恩来又问:“那百分之二十呢?”

“因为是第一次,缺乏经验。”周恩来对这样的回答很满意说:“不错,万事开头难。这件事我们过去没干过,一定要认真细致,稳妥可靠,争取胜利。你们就大胆放手干吧。”

会后,张爱萍经过在20基地实地考察后,向军委写报告,建议在9月9日到15日期间,选择时机进行发射试验。

转眼间到了8月,苏联单方面撕毁合同,撤走专家,断绝援助。“老大哥”终于露出了真面目,他们一下子停止了对我国提供的一百多个援助项目,使我们的导弹试验部队面临着最艰难、最严峻的时刻:

刚刚建起来的火箭发射场,有许多仪器和设备将被搁置沙海之中;不少设施建了半截,被迫停了下来;主要技术资料和图纸全被苏联专家带走……

然而,20 基地的创业者们以加倍的努力来克服这些困难,他们决心依靠自己的力量,完成导弹发射试验任务！由于准备充分,1960 年 9 月 3 日,罗瑞卿总长亲自批准了 P－2 地对地导弹的发射计划。

9 月 10 日清晨,孙继先绕首区三号发射场转了三圈,他要从最坏的方面做好准备！

他又来到了消防队,作了试射前最后一次检查……

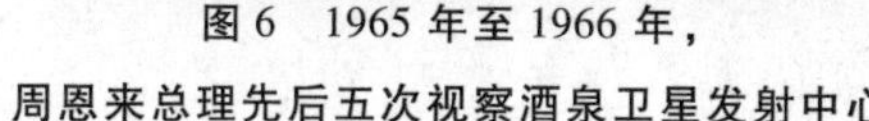

图 6　1965 年至 1966 年,
周恩来总理先后五次视察酒泉卫星发射中心

7 时 42 分,点火按钮启动,伴着一阵震撼大地的轰鸣和尾部燃烧的火光,导弹腾空而起,7 分钟后,准确地击中了安西弹着点的目标。在苏联专家撤走后 17 天后,20 基地用自己的液氧,成功地发射了第一枚地对地导弹。

地对地导弹试验部吕琳部长迅速将参试人员集合在发射场上,孙继先用洪亮的声音自豪地宣布:“苏联专家撤走后仅 17 天,我们在没有任何经验可提供借鉴的情况下,依靠自力更生,发奋图强,用国产推进剂,成功地发射了第一枚地对地战略导弹。这说明我们的基地有能力完成新武器的发射试验任务！参加这次任务的所有单位的人员都付出了辛勤劳动，我代表基地党委和领导，向全体参试单位和参试人员表示热烈祝贺和衷心感谢！”

图7 技术人员进行导弹的装配调试工作

第一枚使用国产燃料发射地对地导弹试验成功后，整个20基地又立即投入了第一枚国产地对地导弹发射试验前的紧张准备工作。

一天晚上，孙继先接到了周恩来总理的电话。总理说：“钱学森同志要亲临发射现场进行技术指导，我们的国宝——钱学森同志就交给你啦，你一定要保证他的安全！”

孙继先知道，苏联在进行火箭发射试验时，曾经有过几次液氧爆炸事故的教训。其中一次竟然死了一个元帅、两个上将和几个中将，共死了17名将军。这回我国第一次用自己生产的液氧发射国产的地对地导弹，必须保证万无一失。

1960年11月4日，聂荣臻和钱学森同机飞抵20基地。在孙继先等基地领导人的陪同下，他们视察了技术阵地和发射场，在询问了每一个关键性的细节后，聂荣臻十分关切地问道：

“能不能准时发射？”“不会推迟！”孙继先司令员回答。钱学森又提醒道：只有搞好预测，才能避免失败，因为这是科学。

为了保证万无一失，孙继先已组织过多次检测工作，对这次发射试验，他早就胸有成竹了！

11 月 5 日晨，撤离场区的警报器响了，孙继先司令员陪同聂荣臻、钱学森等进入了敖包山指挥所……

“三十分钟准备！”

“十分钟准备！”

“一分钟准备！”

“点火！”

“隆隆”的巨响，震撼着荒原。我国自己生产的第一枚地对地导弹“东风 1 号”在滚滚气浪中腾空而起，飞向大漠深处。几分钟后，导弹在预定弹着区爆炸，腾起冲天的烟柱！

“成功啦！”“成功啦！”基地沉浸在一片欢呼声中。

聂荣臻紧紧握着孙继先的手，激动地说：“我们成功了，谢谢你，感谢基地，感谢全体参射人员。你们为祖国争了光，争了气……这是我军军事装备史上一个重要的转折点，从此以后我们有了自己的导弹！”

图 8　1966 年 10 月，中共中央政治局委员、国务院副总理、中央军委副主席聂荣臻视察酒泉卫星发射中心

（二）第一枚导弹核武器发射试验

1964年10月16日，我国第一颗原子弹在罗布泊爆炸成功。同时，我国自行研制的东风2号地地导弹经过多次飞行试验，证明性能可靠，质量较高。为原子弹提供了运载工具，进行导弹核武器试验的条件已经成熟。

1965年，中央军委副主席兼国防科工委主任的聂荣臻向中央专门委员会（下称“中央专委”）提出将原子弹配置在东风2号导弹上进行飞行试验的建议，得到中央专委的批准，要求1966年第四季度做好导弹核武器试验的准备，为了保密，试验代号确定为21-2任务。

根据中央专委的统一部署，东方场区作为发射首区，马兰基地核试验场区作为实验落区。为保证发射安全，在工程兵设计院等有关单位的协助下，基地以工程兵109团为主，与1966年6至8月勘定和抢建了50号阵地作为简易发射场。基地还与马兰基地组成联合工作组，制订了发射场区、导弹飞行走廊的安全防护方案，并组成了以基地副参谋长江萍、后勤部长张志勇为领导的安全防护指挥部，成立了由基地防化排和马兰基地防化分队混编的防护保障部队，负责首区60公里以内的安全防护。导弹走廊内的居民疏散和安全防护则由总参谋部和兰州军区负责组织。

毛主席、周总理等党和国家领导人非常关心这次试验，做了许多指示。在导弹、核弹头运往发射首区时，正是“红卫兵”串联和“文化大革命”的高潮时期，为了保证产品的运输安全，周总理专门指示发一个布告：这趟列车不准任何人登车，不准随便靠近和检查。

1966年10月7日，顺利地进行了核导弹安全自毁系统的空爆试验。导弹飞行50秒时，由地面发出安全自毁指令，先炸弹头，后炸弹体，证明了地面安全自毁系统安全可靠。10月8日，张震寰副主任向中央专委汇报了空爆自毁试验的情况。11日，张震寰副主任向“21－2”试验临时党委传达了中央专委会议精神。周总理强调，冷试时要严格检查，整个过程都要记录下来；热试时要一点差错都没有才行，不能出乱子。10月13日、16日，先后进行了两次检验核弹头引爆控制系统的冷试验，除弹头未装核材料外，其他均与“热试”状态完全一样，弹头引爆装置在预定高度准确引爆。

10月20日，中央军委在人民大会堂福建厅听取了发射首区两次“冷试”和“热试”准备情况的汇报。中央军委叶剑英副主席指出：过五关斩六将，这是最后一关，一定要检查得更仔细，提出100条、若干条方案，坚决杜绝疏忽大意。周总理指示：这次热试只许成功，不许失败，一定要百分之百的完成。10月25日，中央军委聂荣臻副主席乘专机来到发射场区，亲自组织指挥这次发射试验。

10月27日凌晨5点多钟，发射阵地一切准备工作就绪，就等待加注推进剂了。阵地上安装有直通周总理办公室的专线电话。张震寰副主任在电话上向周总理作了汇报，请求加注、发射。周总理听了指示说：“可以加注，要安全发射，准时发射，祝你们成功！”紧接着，阵地上开始加注推进剂，进行临射前的各项检查。上午8时30分，按程序进入“30分钟准备”。此时，阵地上只有地下控制室的7名同志，担任现场指挥、测试、检查、液氧补加、点火发射任务，其余人员撤离到安全地带。

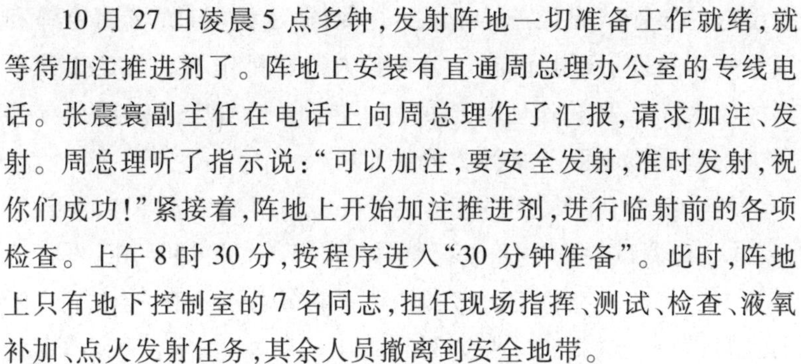

上午9时，王世成下达“点火”口令。操纵员佟连捷果断地按下了发射按钮。霎时，一声轰隆，核导弹喷着浓烈的火焰起飞了。几分钟后，从弹着区传来了激动人心的声音：“核弹头在靶心上空预定高度爆炸，试验成功！”

（三）第一颗人造地球卫星发射试验

我国第一颗人造地球卫星研制工程，是在中央专门委员会的主持下，于1965年开始的。当年4月，国防科委依据各有关方面座谈的意见，向中共中央呈报了关于研制人造卫星的报告，设想在1970—1971年发射我国第一颗人造地球卫星。5月初,周恩来总理主持召开中央专委第12次会议,原则批复了这一报告,并责成国防科委具体组织协调。从此,揭开了我国航天事业的新篇章。

根据分工,卫星本体由中国科学院负责研制,运载火箭由第七机械工业部负责研制,卫星发射场地由东风基地负责建设。电子、机械、冶金、化工、建材等工业部门承担协作配套任务。

早在1964年底,东风基地就根据国防科委指示和发射场建设技术要求,提出了发射场建设方案。1965年3月,国防科委组织七机部、工程兵设计院等有关部门,到基地进行现场勘察,随后向中央专委呈报了建场方案。8月,中央专委第14次会议在批准中国科学院关于发展我国人造卫星规划方案的同时,批准了国防科委的发射场建设方案;确定初期的卫星发射应充分利用已有的导弹试验设施,减少投资,缩短建设周期,增建导弹和卫星并用的发射试验设施。第一颗人造卫星发射场的建设是以东风场区2号发射阵地南工位为主展开的,适应于中远程导弹和中小型低轨道卫星发射试验。

整个工程有35个项目,其主要设施有用于完成导弹起竖、对接,并作为测试检查的工作场所,即高55米、重1400吨、可在连接两个工位的重型轨道上移动的活动勤务塔。还有一座高37米的发射塔,地下控制室,推进剂和高压气瓶库,供水系统,污水处理系统以及瞄准间和摄影间。整个工程得到了国家有关部门和各省、市、自治区的大力支持,仅参加非标准设备加工配套安装、测试工作的就有16个省的数十个单位。

发射场的土建施工由工程兵109团承担,工程兵技术总队负责设备安装。施工部队战胜了各种困难,争取了时间,于1966年11月竣工。同时也付出了血的代价,施工中有1人牺牲,7人受伤。

1966年12月至1970年1月,从这里发射了4发中程导弹和

2发远程导弹,使这项工程经受了考验。

1967年2至10月,乔平带领由酒泉卫星发射基地、中国科学院701工程处,北京工业设计院、北京邮电设计院等单位有关技术人员组成的勘察组,先后对新疆、湖南、广西、广东、云南、吉林、陕西、福建、山东、西藏等有关省(区)进行了详细勘察,确定了各卫星地面观测站的站址,并确定陕西渭南东南处为基地卫星测量部(即第6试验部)部机关的位置。1967年6月,基地成立卫星测量部,统一负责卫星测量台站的规划、建设及建成后的使用管理。1967年10月25日,毛泽东主席批准聂荣臻关于国防科研体制改革的报告,科学院701工程处由基地正式接管,并编入第6试验部。从此,从事卫星测控研究和从事火箭、导弹靶场测控工作的两支技术队伍汇集在一起,开始了我国卫星测控网的建设。根据卫星测控网的建设规划,地面测控台站的建设分两期完成。首期工程主要满足东方红1号卫星的观测要求,在卫星发射场区建设东风站,在卫星入轨区,建设湘西站、南宁站、昆明站、上海站。根据卫星运行观测要求,设置胶东站、喀什站等台站和渭南控制计算中心。

随着各测控台站基建工程陆续竣工,设备安装调试工作也在抓紧进行。1968年下半年,跟踪观测和数传、通信、时统等设备陆续运到各站。6部和研制生产单位的技术人员组成"三结合"小组,开始了设备安装盒调度。1969年完成了站内、站间联试。至此,我国卫星地面测控网初步建成。

卫星轨道计算是地面系统的重要任务之一,在台站建设、设备研制的同时就开展了卫星轨道的准备工作。1967年4月,轨道计算小组在南京紫金山天文台成立,这个小组由紫金山天文台、中科院701工程处、基地计算所等单位派员组成,由基地负责组织领导。早在1958年,紫金山天文台就开始了人造卫星运动研究,建立了观测系统,当时主要是观测苏联人造卫星,在轨道计算方面积累了一定经验。在各个技术部门的努力下,于1967

年第三季度完成了轨道确定、轨道预报方案及其数学模型等任务。1968 年,又相继完成了数据处理方案、信息流程方案、引导方案等。下半年,6 部部分台站的计算机安装完毕,调配了程序人员,投放运行,轨道计算组的人员随即携带所制定的方案分赴有关台站,与台站程序人员共同进行程序设计和调试。

1969 年底,发射卫星的各项先期准备工作大体就绪。长征 1 号运载火箭的第三级固体火箭与卫星联合试车获得成功。1970 年 1 月,作为运载火箭一、二级的中远程导弹飞行试验又获成功,发射第一颗人造卫星的基本条件已经具备。1970 年 4 月 1 日,2 颗东方红 1 号卫星和 1 枚长征 1 号运载火箭安全运抵东风场区技术阵地。

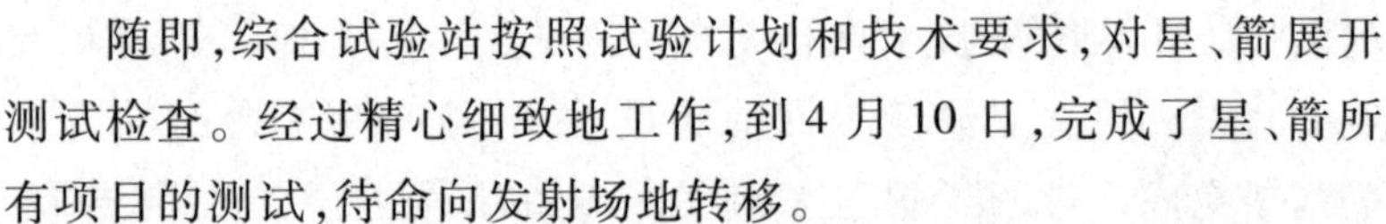

随即,综合试验站按照试验计划和技术要求,对星、箭展开测试检查。经过精心细致地工作,到 4 月 10 日,完成了星、箭所有项目的测试,待命向发射场地转移。

1970 年 4 月 24 日 20 时整,发射指挥员下达了“一小时准备”的口令,在地下控制室里,测试人员正在对星、箭进行最后的检查。突然,卫星应答机对地面触发信号失去反应。如果这个问题不解决,将会影响卫星跟踪测量的精度和预报的准确性。经报请中央同意推迟发射后,由技术人员进行分析检查,发现是地面触发信号源性能下降,功率太低,造成触发不良。21 时整,故障排除后,发射指挥员下达了“30 分钟准备”的口令,在 21 时 34 分,地下控制发射室发出了最后一个预备口令,“一分钟准备!”紧接着一声“牵动”口令,发射场区和航区的各种测量、记录设备同时开动起来。随着“开拍”口令的下达,光测设备开始拍照。21 时 35 分,当倒时计数器上出现“0”时,准时“点火”。霎时,大地震撼,巨大的火箭喷着橘红色的火舌,在山崩海啸般的轰隆声中拔地而起,直刺云天。火箭起飞后,发射场区各光测设备立即抓住了目标,大容量遥测车收到了遥测信号,单脉冲雷达和多普勒测速仪也捕获目标。5 分钟后,卫星进入南方入轨观测区。湘西站首先发现目标,接着是南宁、昆明、海南站,相继发现并跟踪卫星。在星、箭分离的时刻,各站几乎同时向临时控制计算中心报告:"星箭分离,卫星入轨。"1970 年 4 月 24 日 21 时 48 分,发射现场广播了"卫星入轨"的喜讯,至此,我国自行研制的东方红 1 号卫星发射取得全面成功。

(四)第一颗返回式卫星发射试验

卫星返回技术是载人航天飞行的先驱。迄今为止,已有不少国家能发射卫星,但能够回收卫星的,仅有美国、俄罗斯和中国。

发射返回式遥感卫星要解决一系列复杂的技术问题。其中主要有:具有足够推力的运载工具,功能完备的卫星本体,以及担负测量控制任务的航天测控网。和各个国家发展卫星的规律一样,我国的卫星、运载火箭也是由导弹的运载发展而来,即它的基础是导弹运载部分,但不完全同于导弹运载,它是按照卫星的运行轨道和技术要求而设计制造的。发射返回式遥感卫星,除了要求运载火箭有足够的推力,以使卫星具有入轨的高度和速度外,还要有精确的控制程序,使卫星在预定的时间和空间点进入轨道,这就要求运载火箭具有很高的技术水平。返回式遥感卫星的运载火箭是长征 2 号,它的起飞重量近 200 吨,是一个主要由总体结构、火箭发动机、控制系统、内外弹道测量以及安全和供电等系统组成的多级火箭。

长征 2 号火箭的研制是从 1965 年开始的,在总结了我国几种运载火箭研制经验的基础上,应用我国最先进的技术,采用最优化的设计方案,经过长期方案论证、预研攻关、各项地面试验,并经过多次靶场合练和数次试验的考验,才执行卫星发射任务。

返回式卫星的研制工作开始于 1967 年。1970 年,为加速返回式卫星的研制,国防科委建议将这一工程列为国家重点工程。周恩来总理批准了这一建议,并指示在北京组织大会战,由此全面展开了各系统的研制和发射准备工作。

对返回式卫星来说，在准备工作中，除需要技术指标很高的遥感仪器，并保持高精度的测控及安全可靠的回收系统外，还需要选定合适的回收区域，并配置地面、空中有机结合的回收设备和实验队伍。早在1969年，基地就与七机部一院、五院组成勘察组，对初步拟定的可供返回式卫星着陆地区进行踏勘。经国防科委组织分析，研究对比，决定在中国大陆腹地回收。1971年8月27日至10月3日，在成都军区和总参测绘局的指导下，复勘了四川省的7个专区、42个县，选定了四川盆地作回收区，中心在遂宁市附近。这里除地形开阔，交通方便外，还可满足卫星在返回前一圈运行中飞经中国上空的需要。

对地面测控网来说，除对卫星进行跟踪测量外，还要对卫星实施控制。返回式卫星的轨道设计与回收区的选择和观测台站的布局有密切关系，顾此失彼就会殃及全局。根据中国返回式卫星轨道倾角的要求，在地面测控网原有台站的基础上，又继续完成了若干个台站的建设，合理配置了若干个前置站、活动站和回收站，并综合利用一些非卫星测控网中的测量站的力量，形成了以渭南为测控中心，包括东风发射场区测量设备组成的一定规模的返回式卫星控制网。为了检验星上仪器设备和地面测控设备的性能及协调性，星上和地面主要工作程序的协调性，星上信标机与地面回收站及定向设备的协调性，并训练回收队伍，提高发现和回收返回体的能力，从1970年至1974年9月，分别进行了星地对接、空中跟踪定向，回收区联合空投等试验。1972年5月10日至6月10日，在成都军区领导下，基地第6试验部会同七机部五院等十多个单位，在四川盆地回收区内进行了第一次联合空投试验，投放了2颗模拟星，1颗结构星。在当地群众的协助下，参试单位紧密配合，互相支持，在一个月的时间里进行了3次试验。1974年9月，针对第一次试验遗留的问题，又在该地进行了一次空投试验，取得了圆满成功。

1974年8月，第一颗返回式卫星和长征2号运载火箭出厂测试合格，经叶剑英等中央首长批准，于9月12日进场试验。经过技术阵地和发射阵地的检查测试，加注推进剂，定于11月5日点火发射。11月5日，发射程序进入到“1分钟准备”后，卫星控制台操作员发现星上大部分仪器断电，发射被终止。断电后，立即组织查找故障，发现是卫星地面综合控制台电源容量较小，脱落插头长线电缆压力过大，造成星上电压不够而使一些仪器断电。找到原因后，迅速更改了卫星脱落插头供电方式，再次启动后，卫星工作正常。当日17时40分，再次组织发射。运载火箭起飞6秒后，出现越来越大的俯仰摆动，造成姿态失稳。20.3秒，安全自毁系统爆炸，火箭自毁。卫星及运载火箭残骸坠毁于发射台东南方向500米内，试验失败。

在第一次发射失利之后，中央军委副主席叶剑英立即作了明确指示：“失败是成功之母，不要颓废，要继续奋斗，再接再厉，一定要达到目的为止。”中央军委首长的指示，坚定了从事航天事业的每个人的信心，鼓舞了每个人的战斗意志，使大家从沉重的心情中解脱出来，从懊丧的情绪里平静下来，认真细致查找原因，组织力量继续再干。用了将近一年的时间，重新拿出了一个质量可靠的产品，再次运往东风场区。1975年10月16日，产品专列到达东风场区。这次发射任务在国防科委的领导下，由基地和七机部13人组成的试验临时党委现场指挥。11月24日，卫星发射试验临时党委根据试验准备工作已完备，建议于1975年11月26日发射卫星，试验领导小组负责人徐明、任新民等联合签署了“发射任务书”。经国防科委批准，开始加注、发射。

11月26日11时30分，载着返回式遥感卫星的长征2号运载火箭离开了发射台升空，在空中完成了关机、二级点火、分离等一系列动作后，把卫星送入了预定轨道。11月29日11时许，经过一系列指令操作后，返回舱携带着遥感试验资料，按预定的时间返回到地面，走完了上天、入轨、遥感、返回的全过程。中国首次回收卫星获得成功！

四、载人航天工程

1986 年 3 月,我国著名科学家王大珩等人联名向党中央提交了标志我国高科技发展的“863 计划”,其中一个领域就是“中国载人航天工程”。1992 年 9 月 21 日,中国载人航天工程被批准正式上马,工程命名为“921”,发射场定在酒泉卫星发射中心。1994 年 7 月 3 日,中国载人航天发射场在酒泉卫星发射中心奠基。1997 年底,“921”工程发射场顺利竣工。

中国载人航天工程实施 10 年来,已经在多方面取得了重要成果:工程的研制建设,继承了我国日益成熟的航天技术,探索出一条具有中国特色的载人航天发展之路,提高了我国航天科技的整体水平,先后发射了 10 艘神舟号飞船,实现了载人航天技术的新跨越。

1999 年 11 月 20 日 6 时 30 分 7 秒发射,使用新型长征二号 F 捆绑式火箭,这次发射,是长征系列运载火箭的第 59 次飞行,也是继 1996 年以来中国航天发射连续第 17 次获得成功。火箭起飞约 10 分钟后,飞船与火箭分离,进入预定轨道。1999 年 11 月 21 日 3 时 41 分在内蒙古自治区中部地区着陆,共飞行 21 小时 11 分/14 圈。搭载物品:一是旗类,有中华人民共和国国旗、澳门特别行政区区旗、奥运会会旗等;二是各种邮票和纪念封;三是各 10 克左右的青椒、西瓜、玉米、大麦等农作物种子,此外还有甘草、板蓝根等中药材。“神舟一号”首次采用了在技术厂房对飞船、火箭联合体垂直总装与测试,整体垂直运输至发射场进行远距离测试发射控制的新模式。我国在原有的航天测控网基础上新建的符合国际标准体制的陆海基航天测控网,也在这次发射试验中首次投入使用。飞船在轨道运行期间,地面测控系统和分布于公海的四艘“远望号”测量船对其进行跟踪与测控,成功进行了一系列科学试验。这是中国航天史上又一个历史性的突破,它标志着中国航天已经进入了一个划时代的阶段!

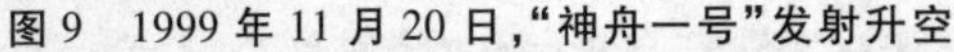

图 9 1999 年 11 月 20 日,“神舟一号”发射升空

飞船由轨道舱、返回舱和推进舱组成。轨道舱是航天员生活和工作的地方。返回舱是飞船的指挥控制中心,航天员乘坐其上天和返回地面。推进舱也称动力舱,为飞船在轨飞行和返回时提供能源和动力。这次试验飞行没有载人,主要验证了有关创新技术。

作为我国航天史上的又一里程碑,“神舟一号”试验飞船的成功发射与回收,标志着我国载人航天技术获得了新的重大突破。中共中央、国务院、中央军委致电表示祝贺。我国载人航天工程从 1992 年开始实施。飞行试验获得圆满成功,它是中国载人航天工程的首次飞行,标志着中国在载人航天飞行技术上有了重大突破。同时,这次发射,是长征系列运载火箭的第 59 次飞行,也是最近 3 年连续 17 次获得成功。是中国航天史上的重要里程碑。

2001 年 1 月 10 日 1 时 0 分 3 秒发射,采用新型长征二号 F 捆绑式火箭,此次发射是长征系列运载火箭第 65 次飞行,也是继 1996 年以来中国航天发射连续第 23 次获得成功。飞船起飞 13

分钟后进入预定轨道，2001 年 1 月 16 日晚 7 时 22 分在内蒙古自治区中部地区着陆，共飞行 6 天零 18 小时/108 圈。“神舟二号”飞船由轨道舱、返回舱和推进舱三个舱段组成。与“神舟一号”试验飞船相比，“神舟二号”飞船的系统结构有了新的扩展，技术性能有了新的提高，飞船技术状态与载人飞船基本一致。我国首次在飞船上进行了微重力环境下空间生命科学、空间材料、空间天文和物理等领域的实验，其中包括半导体光电子材料、氧化物晶体、金属合金等多种材料的晶体生长；蛋白质和其他生物大分子的空间晶体生长；植物、动物、水生生物、微生物及离体细胞和细胞组织的空间环境效应实验等。“神舟二号”飞船是中国第一艘正样无人飞船，它的成功发射和准确返回标志着中国载人航天工程进入了正式飞行试验阶段。

图 10　1992 年 8 月、2002 年 3 月，中共中央总书记、国家主席江泽民两次视察酒泉卫星发射中心

2002 年 3 月 25 日 22 时 15 分发射，采用新型长征二号 F 捆绑式火箭，这次发射是长征系列运载火箭第 66 次飞行，也是继 1996 年以来中国航天发射连续第 24 次获得成功。火箭点火升空 10 分钟后，飞船成功进入预定轨道，2002 年 4 月 1 日，在内蒙古自治区中部地区着陆，共飞行 6 天零 18 小时/108 圈。飞船上搭载了处于休眠状态的乌鸡蛋和进行空间试验的有效载荷公用设备10项,44件之多,包括卷云探测仪、中分辨率成像光谱仪、地球辐射收支仪、太阳紫外线光谱监视仪器、太阳常数监测器、大气密度探测器、固体径迹探测器、微重力测量仪等。其中微重力测量仪、返回舱有效载荷公用设备是第三次参加飞船试验;空间蛋白质结晶装置、多任务位空间晶体生长炉和轨道舱有效载荷公用设备是第二次参加飞船试验;其余设备均是首次在太空作试验。

“神舟三号”是一艘正样无人飞船,飞船技术状态与载人状态完全一致。这次发射试验,进一步完善了运载火箭、飞船和测控发射系统,提高了载人航天的安全性和可靠性。飞船上装有人体代谢模拟装置、拟人生理信号设备以及形体假人,能够定量模拟航天员在太空中的重要生理活动参数。这次发射,逃逸救生系统也进行了工作。这个系统是在应急情况下确保航天员安全的主要措施。飞船拟人载荷提供的生理信号和代谢指标正常,验证了与载人航天直接相关的座舱内环境控制和生命保障系统。

2002年12月30日0时40分发射,采用新型长征二号F捆绑式火箭,这是长征系列运载火箭的第69次飞行,也是自1996年10月以来我国航天发射连续第27次获得成功。火箭点火升空约10分钟后,飞船成功进入预定轨道,2003年1月5日19时16分在内蒙古自治区中部地区返回着陆,共飞行6天零18小时/108圈。搭载物品除了大气成分探测器等19件设备已经参加过此前的飞行试验外,其他的空间细胞电融合仪等33件科研设备都是首次“上天”。一场筹备了10年之久的两对“细胞太空婚礼”也在飞船上举行,一对动物细胞“新人”是B淋巴细胞和骨髓瘤细胞,另一对是植物细胞“新人”——黄花烟草原生质体和革新一号烟草原生质体。在微重力条件下,细胞在融合液中的重力沉降现象将消失,更有利于细胞间进行配对与融合这些“亲热举动”,此项研究将为空间制药探索新方法。

“神舟四号”是我国载人航天工程第三艘正样无人飞船，除没有载人外，技术状态与载人飞船完全一致。在这次飞行中，载人航天应用系统、航天员系统、飞船环境控制与生命保障分系统全面参加了试验，先后在太空进行了对地观测、材料科学、生命科学试验及空间天文和空间环境探测等研究项目；预备航天员在发射前也进入飞船进行了实际体验。飞船在轨飞行期间，船上各种仪器设备性能稳定，工作正常，取得了大量宝贵的飞行试验数据和科学资料。“神舟四号”飞船的成功发射和返回，表明我国载人航天工程技术日臻成熟，为最终实现载人飞行奠定了坚实基础。

2003 年 10 月 15 日 9 时整，新型长征二号 F 捆绑式火箭发射升空，这是长征系列运载火箭第 71 次飞行，也是继 1996 年 10 月以来，我国航天发射连续第 29 次获得成功。9 时 10 分，船箭分离，“神舟五号”载人飞船准确进入预定轨道。2003 年 10 月 16 日 6 时 28 分，在内蒙古中部阿木古朗草原地区着陆，共飞行 21 小时/14 圈。

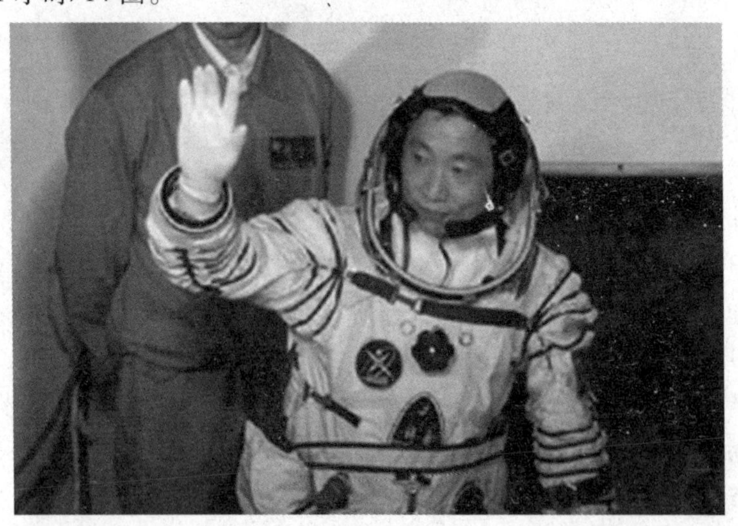

图 11　2003 年 10 月 16 日，杨利伟在出舱后向人们挥手致意

10月15日17时26分,中共中央政治局委员、中央军委副主席、国务委员兼国防部长曹刚川在北京航天指控中心与正在太空飞行的航天员杨利伟进行实时通话。曹刚川说:“祖国和人民期待着你凯旋。”杨利伟浑厚的男中音清晰地回响在指挥大厅中:“请首长放心,我一定努力工作,把后续工作完成好,向祖国和人民交一份满意的答卷。”10月15日18时40分许,“神舟五号”飞船运行到第七圈,杨利伟在太空中展示中国国旗和联合国旗。他在距地面343公里的太空中说:向世界各国人民问好,向在太空中工作的同行们问好,感谢全国人民的关怀。10月16日5时56分,在北京航天指挥控制中心的组织指挥下,“神舟五号”载人飞船返回舱与推进舱成功分离,成功进入返回轨道。飞船返回舱失去动力后,按照升力控制技术向预定着陆场降落。稍后,布设在新疆和田的活动测量站报告,“神舟五号”飞船进入中国国境上空。10月16日6时04分,“神舟五号”飞船再入大气层,飞船处于“黑障”阶段。10月16日6时07分,搜救直升机收到“神舟五号”飞船返回舱发出的无线电信号,机上的搜索人员目视到“神舟五号”返回舱。由5架直升机组成的空中搜救分队和14台专用车辆组成的地面搜救分队立即从不同的方向迅速向落点前进。10月16日6时许,杨利伟报告身体状况良好,返回舱引导伞已打开;稍后,杨利伟再次报告身体状况良好,主伞工作正常;稍后,主着陆区直升机驾驶员目视到飞船降落伞,地面搜索人员看到了降落伞,返回舱主伞已脱落。五架直升机跟踪正常。10月16日6时28分,地面搜索人员报告距“神舟五号”返回舱落点7.5公里。10月16日6时36分,地面搜索人员找到了“神舟五号”返回舱。10月16日6时38分,搜索人员报告,杨利伟身体状况良好。10月16日6时51分,杨利伟在“神舟五号”舱口向大家招手,神态自若。

10月16日6时54分,李继耐在北京航天指挥控制中心宣布:“神舟五号”载人飞船16日6时23分在内蒙古主着陆场成

功着陆,实际着陆点与理论着陆点相差4.8公里。返回舱完好无损。我们的航天英雄杨利伟自主出舱。我国首次载人航天飞行圆满成功。10月16日7时29分,中央军委主席江泽民给中国载人航天工程总指挥李继耐打电话,祝贺我国首次载人航天飞行获得圆满成功。江泽民说,我国首次载人航天飞行的成功,是我国改革开放和社会主义现代化建设的又一伟大成就,是我国高技术发展的又一里程碑,是中国人民自强不息的又一非凡壮举。在以胡锦涛同志为总书记的党中央正确领导下,充分发挥社会主义制度的优势,自力更生、自主创新,大力协同、集智攻关,我们就一定能够谱写我国航天事业以及整个科技事业更加绚丽的篇章!10月16日上午9时52分,杨利伟乘专机从内蒙古着陆场飞抵北京。中共中央政治局委员、中央军委副主席、国务委员兼国防部长曹刚川,中央军委委员、总装备部部长、载人航天工程总指挥李继耐,总装备部政委迟万春等到机场迎接。

"神舟五号"飞船是在无人飞船基础上研制的我国第一艘载人飞船,乘有1名航天员,在轨运行1天。整个飞行期间为航天员提供必要的生活和工作条件,同时将航天员的生理数据、电视图像发送地面,并确保航天员安全返回。飞船由轨道舱、返回舱、推进舱和附加段组成,总长8860mm,总重7840kg。飞船的手动控制功能和环境控制与生命保障系统为航天员的安全提供了保障。飞船由长征2F运载火箭发射到近地点200km、远地点350km、倾角42.4°初始轨道,实施变轨后,进入343km的圆轨道。

"神舟五号"除了搭载中国飞天第一人杨利伟外,返回舱内还搭载有一面具有特殊意义的中国国旗、一面北京2008年奥运会会徽旗、一面联合国国旗、人民币主币票样、中国首次载人航天飞行纪念邮票、中国载人航天工程纪念封和来自祖国宝岛台湾的农作物种子等。"神舟五号"尽量减少了机舱内的实验项目及仪器,以腾出更多空间来供航天员活动并执行科学观察任务,可以说这一次的任务主要是考察航天员在太空环境中的适应性。“神舟五号”首次增加了故障自动检测系统和逃逸系统。其中设定了几百种故障模式，一旦发生危险立即自动报警。即使在飞船升空一段时间之后，也能通过逃逸火箭而脱离险境。

“神舟五号”飞船载人航天飞行实现了中华民族千年飞天的愿望，是中华民族智慧和精神的高度凝聚，是中国航天事业在新世纪的一座新的里程碑。

关于“神舟五号”的技术进步点，中国载人航天工程副总指挥、中国航天科技集团公司总经理张庆伟指出：从 1999 年到 2003 年，我国先后成功地发射了四艘无人飞船和一艘载人飞船，突破了载人飞船再入升力控制、应急救生、软着陆、GNC 故障诊断、舱段间分离、防热等13 项关键技术。作为我国高技术领域的跨世纪工程，“神舟”飞船总体性能优越，达到了 20 世纪 90 年代国际先进水平。“神舟”飞船“三舱一段”的结构与总体方式具有鲜明的中国特色，“神舟”飞船起点高，一步到位，智能化程度较高。虽然中国载人航天工程起步较晚，但并不是从“加加林”时代的飞船起步：先搞无人飞船，再搞单人飞船，最后才是多人飞船，而是一步迈过美苏的40 年发展历程，实现了跨越式的发展。“神舟”飞船第一步就可载三人。第一次载人飞行，苏联加加林只绕地球飞行一圈，谢泼德只进行了亚轨道飞行，而中国航天员却在近地轨道飞行了一天。国外载人飞船是从搭载小动物开始试验航天员环境控制与生命保障系统的，我国则采用了先进的现代装置——模拟假人，模拟“航天员”所消耗的氧气与二氧化碳，通过先进的地面医监台测试“航天员”的生理信号变化。

“神舟”飞船适用性强，可一船多用，飞船轨道舱既能进行留轨对地观测，又能作为未来空间交会对接的一个飞行器。国外发射飞船一次是连续发射两艘，而我国的方案中是先发射一艘，其留轨舱与下一个飞船进行交会对接。即为实现交会对接，国外的发射是 2N 次，而我国的飞船发射是 N +1 次，只要发射次数 N >1，以 N 等于 5 为例，国外需发射 10 艘飞船，而我国只要发射

6 艘飞船，如此推算，我国发射的飞船总数量就少于国外，既节省了巨额的发射费用，又可利用空间留轨开展科学试验。中国走的是一条低成本、高效益的载人航天发展道路。

我国“神舟”飞船的起飞质量和座舱最大直径，都远远大于美国“水星号”和苏联“东方号”。“神舟”飞船的构形比“水星号”和“东方号”的两舱构形具有更多的功能，在舱段间的电、气、液路连接与分离技术等技术方面也更复杂。在电源方面“神舟”飞船采用了太阳电池阵为主的电源方案，这比“水星号”、“东方号”的电源系统技术上有了很大的进步。尤其是“神舟”飞船采用了升力式返回再入，由 GNC 分系统进行再入过程中的升力控制，这是比弹道式再入更为先进的返回方式，可以大大提高飞船返回着陆点的精度和降低再入过载峰值，减轻航天员返回地面时承受过载的痛苦。

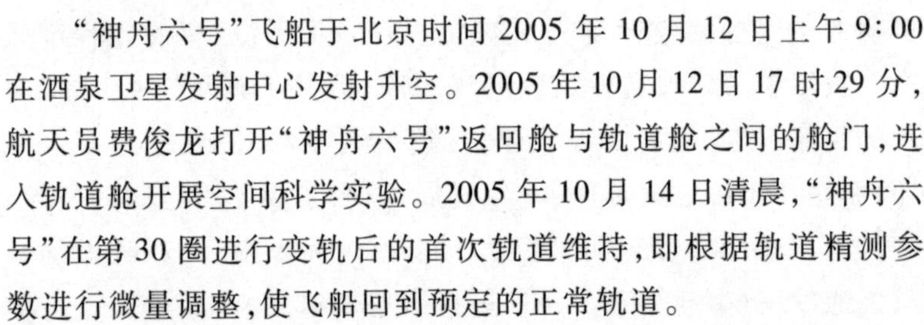

“神舟六号”飞船于北京时间 2005 年 10 月 12 日上午 9:00 在酒泉卫星发射中心发射升空。2005 年 10 月 12 日 17 时 29 分，航天员费俊龙打开“神舟六号”返回舱与轨道舱之间的舱门，进入轨道舱开展空间科学实验。2005 年 10 月 14 日清晨，“神舟六号”在第 30 圈进行变轨后的首次轨道维持，即根据轨道精测参数进行微量调整，使飞船回到预定的正常轨道。

完成预定飞行任务后，飞船采用升力再入方式返回内蒙古四子王旗的主着陆场。“神舟六号”载人飞船返回地面需要经历 4 个阶段：制动飞行阶段、自由滑行阶段、再入大气层阶段、着陆阶段。在此次绕地飞行中，“神舟六号”的轨道舱与返回舱分离后，还要继续在轨飞行六个月时间，进行一系列科学实验。

由于第一次的载人航天器“神舟五号”在太空只飞行了一天，主着陆场的天气变化可及时准确预测，因此未曾启用副着陆场；而“神舟六号”飞船将在太空飞行多天，气象难以准确预测，因此酒泉卫星发射中心的副着陆场将启用作后备着陆地点。为迎接飞船随时可能返回，地面共设置了 13 个着陆点。除内蒙古四子王旗和酒泉卫星发射中心主、副两个着陆场外,国内外还有11个应急着陆场。着陆场系统包括主、副着陆场分系统,陆上应急搜救分系统,海上应急搜救分系统,通信分系统和航天员医监医保分系统这5个分系统。

参与航天员搜救的装备包括:搜索救援直升机、搜索救护直升机、搜索摄录直升机、指挥调度车、航天员医监医保车、工程运输车、航天员运输车、返回舱吊车和小型搜索车。

为保证"神舟六号"和两名航天员安全回家,设计了4把巨型降落伞。返回舱在降落过程中,至少要先后打开引导伞、减速伞、主伞共3把伞,如果有必要,还要打开第4把备份伞。航天员返回舱降落伞能否顺利打开,直接关系着回收的成败。主伞不能一下子全部打开,否则会被高速气流吹破,返回舱也会被摔烂。太空船落地后也并非万事大吉,如果巨大降落伞被风吹鼓,就可能拖着返回舱快速滚动。为保证安全,返回舱落地一刹那间,航天员发出指令,舱上的切割器会切断伞绳吊带,让降落伞独自飘落,保证返回舱不被伞拖走。另外,根据"神舟五号"航天员杨利伟提出的意见,为使"神舟六号"着陆时对航天员的冲击降至最小,舱内航天员的座椅还首次安装了"赋形减震坐垫"——根据航天员形体不同的特征量体制造的吸能坐垫,可在发生撞击瞬间迅速分散人体的应力,避免人体损伤。

在2005年10月17日凌晨3时44分,太空船轨道舱与返回舱成功分离,并在3时45分,飞船的发动机成功点火,开始回航。在4时07分飞船推进舱与返回舱成功分离,返回舱自行重返地球。在着陆期间,在四子王旗主着陆场的夜空一直有一个光点,仿如流星划过夜空。返回舱在4时13分经过大气层时,产生高温,形成通讯黑障区,一度暂停与控制中心联络长达3分钟。在4时20分,返回舱打开主降落伞,在四子王旗主着陆场慢慢降落,在4时33分返回舱成功降落,两名航天员费俊龙、聂海胜并向控制中心报平安,控制中心工作人员鼓掌庆祝。在约半小时后,搜救直升机首先发现返回舱,实际着陆地点较预计相差仅1公里。工作人员打开返回舱门后,医疗人员为两名航天员检查身体,并建议两人可以自行出舱。

与“神舟五号”航天员杨利伟不同,费俊龙首先穿着太空衣,自行爬出返回舱,向现场工作人员招手。聂海胜亦爬出舱门,走下铁梯。两人坐在椅子上,接受工作人员献花,并感谢大家的关心。费俊龙表示,这次太空之旅非常顺利,他们在太空舱内的工作及生活很好,现在身体状况不错。两名航天员在太空逗留了115.5小时,是“神舟五号”太空船飞行时间的5倍多,创造了中国人在太空逗留最长的时间,圆满结束中国首次“多人多天”特点的太空旅程。费俊龙及聂海胜重返地面后,被直升机接走,接着由专机送返北京,暂时被隔离14天。

飞船上新增加了40余台设备和6个软件,使飞船的设备达到600余台,软件82个,元器件十万余件,做出了四个方面110项技术改进。围绕两人多天任务的改进:食品柜得到真正使用,通过水箱和单独的软包装两种方式准备了航天员用水。扩大了冷凝水箱,把所有裸露管线都贴上了吸水材料,确保飞船湿度控制在80%以下。轨道舱功能使用方面的改进:放置了食品加热装置和餐具等。轨道舱中挂有一个睡袋,供两名航天员轮流休息用。轨道舱中还有一个专门的清洁用品柜,航天员可以用里面的温巾等物品进行清洁。大小便收集装置这次也是首次使用。为提高航天员安全性的改进,对航天员的座椅缓冲器进行了重新设计,使返回前座椅提升后航天员可以看到舷窗外的情况。研制成功了返回舱与轨道舱之间的舱门密闭快速自动检测装置。研制出一种专用抹布,这种布不产生纤维、静电、异味,专门用来清洁舱门。持续性改进方面有,“黑匣子”不仅存储量比原来大了100倍,而且数据的写入和读出速度也提高了10倍以上,体积却不到原来的一半。

“神舟六号”飞船上搭载的物品共8类64种,主要是载人航天工程纪念品,如邮品、字画、旗帜和其他纪念品等,还有用来进行科学试验的微生物菌种和农作物种子。一些鸡蛋、蚕卵和云南普洱茶也随“神六”升空,以研究其基因变异的可能性。飞船上放置了盛有搏动的心肌细胞和贴壁伸展的成骨细胞的24个细胞培养盒,航天员和地面工作人员同步对两份相同的活体细胞进行一系列的科学对比实验,研究空间环境影响心脏和骨骼的细胞分子机理,并通过空间实时飞行验证放置在细胞培养液中、地面筛选出药物的防护效果。航天员分三个时段操作24个样品盒,操作时,航天员将把细胞培养带放置在腿上,按不同时段,挤破分别装着激活剂与固定剂的两种胶囊,激活或固定活体细胞,考察在飞船入轨前与入轨后不同重力条件下细胞样品的状态与变化。有10克特别的泥土,由9克大陆泥土和1克台湾泥土组成,寓意十全十美,寄望两岸可以实现和平统一。另外还有极地考察国旗、国际奥委会会旗、上海世界博览会会旗和“国防教育”、“见证中华腾飞”等旗帜,以及《六骏图》《神舟颂》《长征万里图》等书画名家的作品。

在“神舟六号”发射成功后,香港特别行政区行政长官曾荫权祝贺“神舟六号”发射成功,立法会议员发贺卡给中央政府。

苏联、美国在飞船正式载人太空飞行前,都进行过数次飞船载猴子、狗或猩猩试验,检验飞船的生命保障系统。而我国自1999年开始发射“神舟一号”飞船至今,却从没有在飞船内进行过动物试验。有关专家解释说,我国发射“神舟”号飞船之所以不进行动物搭载试验,主要基于3个理由:一是动物的生理系统和人的有区别,测量的数据未必可靠,一旦发生意外,不知道是什么原因。二是猴子上了飞船,不会老老实实地坐在座位上,容易闯祸。第三个原因,也是最重要的是,苏联和美国进行动物搭载试验,是因为那时人类还没有上天,长期的失重环境对人的生命有没有影响,还存在许多不确定因素,需要通过搭载动物进行探索和研究。现在国外已有载人航天的经验了,表明人在太空中进行飞行是可行的，如苏联有一个航天员曾在太空飞行、生活了400多天，回来后仍然很健康。同时，随着科学技术的发展，我们完全可以通过仪器模拟掌握真人在太空中飞行时身体的各种变化数据，并且通过飞船的环境控制和生命保障系统为航天员提供适宜的生活环境。因此，“神舟”号飞船在正式载人飞行前，就不需要再进行搭载动物试验了，而用模拟人进行太空轨道飞行试验，利用模拟人身上携带的科学装置，提供人在太空中飞行的各种数据。这样会使我们的试验更科学、更合理。

“神舟六号”创下了中国很多个首次。如首次多人遨游太空。“神舟五号”只有杨利伟一名乘客，而10月12日，太空迎来了两名客人——中国“神舟六号”的两名航天员费俊龙和聂海胜。人数的增加给飞行任务的各个环节和工程各系统都带来了不同程度的变化。比如，携带的装备要增加一倍，两名航天员存在协同配合的问题等等。双人飞行，比单人飞行更能全面地考核飞船和工程其他系统的性能。

首次多天空间飞行。“神舟五号”仅飞行了21个小时，绕地球14圈。费俊龙和聂海胜在轨运行多天，飞行圈数、距离大大增加。在空间停留的时间越长，意味着发生问题的概率越大，飞行控制越复杂。飞控系统人员对计算机终端进行了更新，数据记录方式也实现了更新换代。“神舟六号”制定了在轨运行时的150余种故障模式和对策，如果故障严重，飞船在每一圈都能应急返回。

首次进行空间实验。“神舟五号”飞行中，杨利伟一直待在返回舱内，没有进行空间科学实验操作。而在“神舟六号”，两名航天员从返回舱进入轨道舱生活并开展了空间科学实验。这是我国第一次有人参与的空间科学实验。科学实验如果没有人的参与，实验的内容和效果将受到很大的限制。人的参与将使空间科学实验实现质的飞跃。

首次进行飞船轨道维持。10月14日5时56分，在北京航天飞行控制中心的统一指挥调度下,“神舟六号”进行首次轨道维持。飞船发动机点火工作了6.5秒。稍后,航天员报告和地面监测表明,首次轨道维持获得圆满成功。因受大气阻力和地球引力的影响,飞船飞行轨道会逐渐下降。为确保正常运行,飞行控制专家按预定计划,决定在“神舟六号”飞行到第30圈时,对飞船轨道进行微调,使其轨道精度更高。

首次飞行达325万公里。杨利伟乘坐“神舟五号”飞行了60万公里,而“神舟六号”以每秒约7.820185公里的速度,在距地面343公里的圆形轨道飞行。飞行距离达325万公里,费俊龙和聂海胜因此成为飞得最远的中国人。

首次太空穿脱航天服。“神舟五号”飞行中,杨利伟一直穿着舱内航天服,而“神舟六号”两名航天员第一次脱下舱内航天服到轨道舱活动。航天服实际上不仅仅是服装,更是载人航天的个体防护保障系统。“神舟六号”使用的航天服虽然与杨利伟穿的一样,只不过杨利伟没有脱过。航天服重量达十多公斤,经过训练,他们都能在两三分钟内完成穿脱。

首次在太空吃上热食。“神舟五号”飞行的21个小时里,杨利伟只吃了小月饼等即食食品,喝的是矿泉水,而“神舟六号”两名航天员在太空中第一次吃上了热饭热菜。中国人喜欢吃热餐,长时间飞行一定要有食品加热装置,所以这次航天食品专家专门设计了一个食品加热装置,能在30分钟里加热食物。

首次启用太空睡袋。杨利伟只躺在座椅上睡了两觉,其间熟睡只有半个小时。而“神舟六号”的两名航天员第一次用上了太空睡袋,睡觉时间增多了。飞行时间加长后,航天员必须有足够的睡眠,才能保证身体的健康和科学实验的正常开展。这次专家们用保暖织物设计了太空睡袋,固定在轨道舱舱壁上,以供航天员休息。

首次设置大小便收集装置。杨利伟在太空没有上厕所,“神舟六号”首次在轨道舱里装备了大小便收集器。在太空上厕所是个麻烦事。杨利伟在飞行中使用了类似“尿不湿”的小便收集装置。“神舟六号”增加了一个大小便收集器，能够强力吸走排泄物，同时通过除臭装置除去异味。

首次全面启动环控生保系统。“神舟六号”首次全面启动了环境控制和生命保障系统。通过110多项技术改进，这艘飞船提高了冷凝水汽的能力，确保飞船湿度控制在80%以下；改进了座椅的着陆缓冲功能，不仅保护了航天员，还能让航天员在返回途中靠座椅提升仍然可以看到舷窗外的情况。

首次增加火箭安全机构。与上一枚火箭相比，发射“神舟六号”的长二F火箭有75项技术改动，更加安全、可靠和舒适，也有了更多的功能。为了确保航天员的安全，这枚火箭第一次在逃逸发动机上增加了安全机构，防止火箭误点火等现象的发生，进一步提高了火箭发射的安全性。

首次安装了摄像头。发射“神舟六号”的长二F火箭上第一次安装了摄像头，可以把火箭从起飞到船箭分离等动作的画面实时传回，以帮助地面更加准确地观测和判断火箭状态。这一次在火箭上增加了两个摄像头，一个装配在整流罩内，一个则被安装到火箭外面。

首次启用副着陆场。与“神舟五号”着陆场系统相比最大的不同在于，“神舟六号”飞行任务首次全面启用了位于酒泉附近的副着陆场。由于目前技术条件的限制，还无法对多天内的气象变化进行精确预报。因此，在选择飞船着陆时间时，无法保证主着陆场的气象条件适合降落。副着陆场与位于内蒙古中部草原四子王旗的主着陆场相隔1000公里，可以起到气象备份的作用。

首次启动图像传输设备。火箭的监视器——车载遥测站分布在酒泉、渭南、青岛三地，主要负责运载火箭发射飞行全过程中遥测测量任务，这些数据可以使地面指挥人员实时掌握火箭的运行状态。这次分布在酒泉的设备中新增了图像传输设备，是由我国自主研发并第一次使用。这一设备能够将发射过程的图像实时传送到地面，这和以前只能通过三维动画来模拟火箭的飞行状态相比，是一个大的飞跃。

首次使用新雷达。“神舟六号”的主着陆场首次使用了 LAP－3000 风廓线雷达和 102 米高的测风塔，大大提高了对浅层风的预报精度。

首次全程直播载人发射。在“神舟六号”发射过程中，中央电视台组织了强大的阵容，首次直播了载人航天发射的全过程，让全国人民乃至全世界都看到了“神舟六号”精彩的表演。

“神舟七号”载人飞船于 2008 年 9 月 25 日 21 点 10 分 04 秒 988 毫秒从中国酒泉卫星发射中心载人航天发射场，用长征二号 F 火箭发射升空。

点火第 120 秒火箭抛掉助推器及逃逸塔；第 159 秒火箭一二级分离；第 200 秒整流罩分离；第 500 秒三级火箭关机；第 583 秒飞船与火箭分离；随后飞船正常进入预定轨道，“神舟七号”飞船成功发射。

9 月 27 日 04:03 启动变轨控制程序，04:04 完成变轨。航天员出舱在飞船进入轨道运行，环绕地球超过五圈之后进行。16:35 航天员翟志刚打开舱门，开始出舱活动，翟志刚首先探出头，并向舱外默认的闭路镜头挥手，之后全身走出舱外。刘伯明也探头出机舱外，交给翟志刚一面小型五星红旗。翟志刚接过五星红旗，向镜头挥动片刻。随后翟志刚取回舱外装载的固体润滑实验试验样品。16:58 航天员成功完成舱外活动，返回轨道舱内。17:01 轨道舱门关闭。19:30“神舟七号”释放伴飞小卫星；9 月 28 日 16:54 飞船进入正常返回轨道；17:16 飞船返回中国上空；17:25 太空船离开“黑障区”，并且打开主伞。飞船于 2008 年 9 月 28 日 17 点 37 分成功着陆于中国内蒙古四子王旗主着陆场。“神舟七号”飞船共计飞行 2 天 20 小时 27 分钟。

“神舟七号”载人飞船是中国神舟号飞船系列之一，用长征二号 F 火箭发射升空。是中国第三个载人航天飞船。突破和掌握出舱活动相关技术。“神舟七号”载人飞船科研单位是中国航天科技集团公司所属中国空间技术研究院和上海航天技术研究院。长征二号 F 型运载火箭科研单位是中国航天科技集团公司所属中国运载火箭技术研究院。

“神舟七号”飞船全长 9.19 米，由轨道舱、返回舱和推进舱构成。“神舟七号”载人飞船重达 12 吨。长征 2F 运载火箭和逃逸塔组合体整体高达 58.3 米。

轨道舱——作为航天员的工作和生活舱，以及用于出舱时的气闸舱。配有泄复压控制、舱外航天服支持等功能。内部有航天员生活设施。轨道舱顶部装配有一颗伴飞小卫星和 5 个复压气瓶，无留轨功能。

返回舱——用于航天员返回地球的舱段，与轨道舱相连。装有用以降落的降落伞和反推力火箭，实行软着陆。

推进舱——装有推进系统，以及一部分电源、环境控制和通信系统，装有一对太阳能电池板。

“神舟七号”飞船载有三名宇航员，分别为翟志刚(指令长)、刘伯明和景海鹏。“神舟七号”飞船候补梯队航天员分别为陈全(指令长)、费俊龙、聂海胜。主要任务是实施中国航天员首次空间出舱活动，同时开展卫星伴飞、卫星数据中继等空间科学和技术试验。

2008 年 9 月 27 日 16 点 30 分，景海鹏留守返回舱，翟志刚(指令长)、刘伯明分别穿着中国制造的“飞天”舱外航天服和俄罗斯出品的“海鹰”舱外航天服进入“神舟七号”载人飞船兼任气闸舱的轨道舱。翟志刚出舱作业，刘伯明在轨道舱内协助(刘伯明的头部手部部分出舱)，实现了中国历史上宇航员第一次的太空漫步，令中国成为第三个有能力把航天员送上太空并进行太空行走的国家。

从“神舟七号”开始，中国进入载人航天二期工程。在这一

阶段里,将陆续实现航天员出舱行走、空间交会对接等科学目标。整个二期工程的所有发射任务全部由长征 2F 火箭担任。

飞行任务。“神舟七号”载人飞船飞行任务的主要目的是,实施中国航天员首次空间出舱活动,突破和掌握出舱活动相关技术,同时开展卫星伴飞、卫星数据中继等空间科学和技术试验。飞船运行期间,1 名航天员着中国的飞天舱外航天服出舱进行舱外活动,回收在舱外装载的试验样品装置。按计划,“神舟七号”载人飞船从中国酒泉卫星发射中心载人航天发射场发射升空,运行在高度约 343 公里的近圆轨道。航天员出舱活动完成后,飞船将释放一颗伴随卫星。还将进行“天链一号”卫星数据中继试验。神舟七号飞船完成预定飞行任务后,将返回内蒙古中部地区的主着陆场。

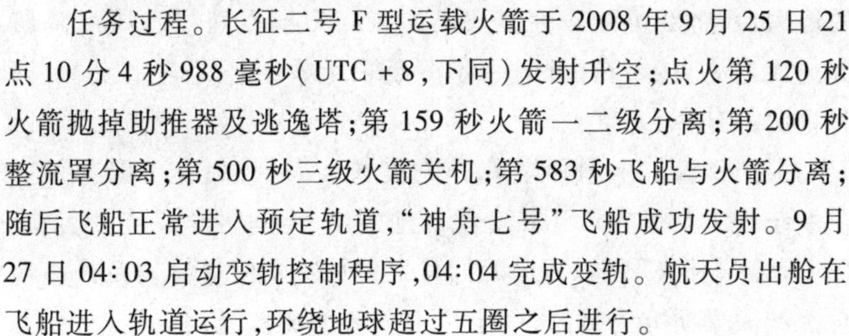

任务过程。长征二号 F 型运载火箭于 2008 年 9 月 25 日 21 点 10 分 4 秒 988 毫秒(UTC +8,下同)发射升空;点火第 120 秒火箭抛掉助推器及逃逸塔;第 159 秒火箭一二级分离;第 200 秒整流罩分离;第 500 秒三级火箭关机;第 583 秒飞船与火箭分离;随后飞船正常进入预定轨道,“神舟七号”飞船成功发射。9 月 27 日 04:03 启动变轨控制程序,04:04 完成变轨。航天员出舱在飞船进入轨道运行,环绕地球超过五圈之后进行。

16:35 航天员翟志刚打开舱门,开始出舱活动,翟志刚首先探出头,并向舱外默认的闭路镜头挥手,之后全身走出舱外。刘伯明也探头出机舱外,交给翟志刚一面小型五星红旗。翟志刚接过五星红旗,向镜头挥动片刻。随后翟志刚取回舱外装载的固体润滑实验试验样品。16:58 航天员成功完成舱外活动,返回轨道舱内。17:01 轨道舱门关闭。

火警误报。在航天员出舱 5 分钟左右时“神舟七号”曾经报告“仪表显示,轨道舱火灾”,后经证实,是误报。19:30 神舟七号释放伴飞小卫星。9 月 28 日 16:54 飞船进入正常返回轨道;17:16 飞船返回中国上空;17:25 太空船离开“黑障区”,并且打开主伞。17:36 成功着陆;18:22 航天员自主出舱。

发射条件。无降水、地面风速小于每秒 8 米、水平能见度大于 20 公里;发射前 8 小时至发射后 1 小时,场区 30 公里至 40 公里范围内无雷电活动;船箭发射所经过空域 3 公里至 18 公里高空最大风速小于每秒 70 米。“神舟五号”“神舟六号”和“嫦娥一号”的发射时间均在 10 月中下旬,而“神舟七号”的发射将提前到 9 月底升空。有关专家透露,9 月和 10 月均有较适合发射窗口,但因“神舟七号”将执行太空行走任务,9 月底升空时的太阳夹角更适合太空人出舱活动,能令飞船在最短时间内见到太阳,保证太空人出舱作业时有阳光。能否如期发射,主要是看当时的发射场天气等情况。小雨和气温一般都不会影响飞船的正常发射,但大风则可能导致飞船推迟发射,因为风速超过火箭的承受能力后,将有可能改变其飞行方向。中国空间技术研究院研究员庞之浩表示,在国际上,不管是白天发射还是晚上发射,两种情况都存在。

航天实验。中国科学院有关负责人表示,载人飞船工程应用系统的主要任务是开展空间对地观测、空间科学及技术实验。“对地观测任务”是以与国际同步发展先进空间遥感器及开拓地球系统科学研究为目的,确定了中分辨率成像光谱仪器、多模态微波遥感器(包括微波高度计、辐射计和散射计)、地球环境监测和遥感应用研究等在轨实验和应用任务。地球环境监测包括太阳常数监测、太阳和地球紫外辐射监测以及地球辐射收支探测。遥感器应用研究为中国遥感应用技术的发展奠定基础;开展成像光谱技术和微波遥感技术在海洋、陆地和大气方面的应用研究和应用示范。“空间科学研究”安排了空间生命科学、微重力科学(包括空间材料科学项目,微重力流体物理研究项目),还有空间天文项目、空间环境预报和监测任务,目标是全面提高我国空间科学水平。“空间生命科学和生物技术”研制了多种空间实验设备,开展空间生物学效应研究、空间蛋白质结晶、空间细胞培养、空间细胞电融合以及空间蛋白质和生物大分子分离纯化等研究;“空间材料科学研究”研制多工位晶体生长炉和晶体生长观测装置,开展二元和三元半导体光电子材料、透明氧化物晶体、金属和合金等材料研究和空间生长,研究空间晶体生长动力学;“空间环境预报和监测”研究可以建立空间环境预报中心,发布长期、中期、短期空间环境预报和警报,进行效应预测,保障航天员、载人航天器和空间设备安全。

“神舟七号”航天员。“神舟七号”载人飞船3名正选航天员包括入选过“神舟五号”及“神舟六号”计划的翟志刚以及两名也曾经入选过“神舟六号”的队友刘伯明与景海鹏。进行中国航天首次太空出舱活动的是曾经两次入选神舟计划的航天员翟志刚,第一备选是刘伯明。

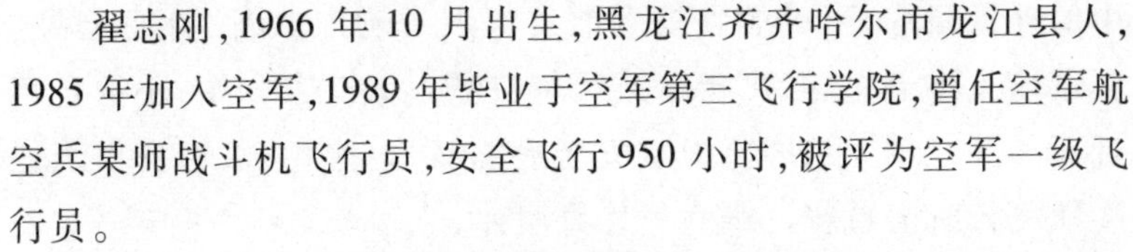

翟志刚,1966年10月出生,黑龙江齐齐哈尔市龙江县人,1985年加入空军,1989年毕业于空军第三飞行学院,曾任空军航空兵某师战斗机飞行员,安全飞行950小时,被评为空军一级飞行员。

1998年1月正式成为中国首批航天员,2003年曾入选我国首次载人航天飞行航天员梯队。2005年6月,入选“神舟六号”航天载人飞行乘组梯队成员。现为中国人民解放军航天员大队二级航天员。

刘伯明,1966年9月出生,黑龙江依安人。1985年6月入伍,曾任空军航空兵某师某团中队长,安全飞行1050小时,被评为空军一级飞行员。1998年1月正式成为中国首批航天员。2005年6月,入选“神舟六号”载人航天飞行乘组梯队成员。现为中国人民解放军航天员大队二级航天员。

景海鹏,1966年10月出生,山西运城人。1985年6月入伍,曾任空军航空兵某师团领航主任,安全飞行1200小时,被评为空军一级飞行员。1998年1月正式成为中国首批航天员。2005年6月,入选“神舟六号”载人航天飞行乘组梯队成员。现为中国人民解放军航天员大队二级航天员。

总指挥部成员中央军委委员、总装备部部长、载人航天工程总指挥、神舟七号任务总指挥部总指挥长常万全，总装备部政委、“神舟七号”任务总指挥部副总指挥长迟万春，总装备部副部长、载人航天工程副总指挥、“神舟七号”任务总指挥部副总指挥长张建启，载人航天工程副总指挥、“神舟七号”任务总指挥部副总指挥长陈求发，载人航天工程副总指挥、“神舟七号”任务总指挥部副总指挥长阴和俊，载人航天工程副总指挥、“神舟七号”任务总指挥部副总指挥长马兴瑞，载人航天工程副总指挥、“神舟七号”任务总指挥部副总指挥长王志刚。

伴飞小卫星。“神舟七号”任务中释放一颗伴飞小卫星。“神舟五号”“神舟六号”升空入轨后，均无法拍摄到飞船在太空中的外景照片，当时的电视直播也仅限于舱内。而“神舟七号”释放伴飞小卫星后，将能弥补这一缺憾。据专家介绍，小卫星可近距离环绕、伴飞，因小卫星安装有 CCD 立体相机，可提供飞船在轨飞行时的首张三维立体外景照片。

载人航天七大系统如下：

(1)航天员系统

航天员选拔中国航天员科研训练中心的前身是创立于 1968 年 4 月 1 日的宇宙医学及工程研究所，2005 年 9 月 30 日更名为中国航天员科研训练中心，成为继俄罗斯加加林训练中心、美国休斯敦航天中心之后，世界上第三个航天员科研训练中心，被誉为“中国航天员成长的摇篮”。

(2)飞天号航天服

“神舟七号”准备了两套航天服，一套是俄罗斯海鹰号航天服，一套是中国自主研究的飞天号航天服。飞天号航天服接口各方面都是按照中国的模式来做的。飞天号是我们的自主知识产权，以后航天员出舱可能依赖中国造的航天服，而不是俄罗斯的航天服。“神舟七号”外出行走的航天服是飞天号航天服。

(3)飞船应用系统

飞船应用系统是一个实用性的系统,它与人们的生活、环境息息相关。飞船应用系统的主要任务是利用载人飞船的空间实验支持能力,开展对地观测、环境监测,进行材料科学、生命科学、空间天文、流体科学等实验,安装有多项任务的上百种有效载荷和应用设备,飞船试验阶段的应用属试验性质,实验内容非常广泛,研究成果将广泛应用于医药发展、食品保健、防治疑难病症以及工业、农业等各行业之中。载人飞船系统采用由轨道舱、返回舱和推进舱组成的三舱、两对太阳电池帆板构型和升力控制返回、圆顶降落伞回收方案。其中轨道舱位于飞船的前部,装有船上各分系统为飞船自主飞行和留轨飞行工作所需的设备及有效载荷。

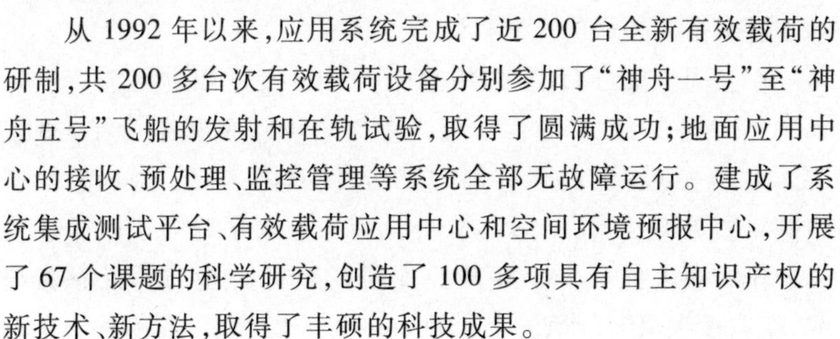

从1992年以来,应用系统完成了近200台全新有效载荷的研制,共200多台次有效载荷设备分别参加了“神舟一号”至“神舟五号”飞船的发射和在轨试验,取得了圆满成功;地面应用中心的接收、预处理、监控管理等系统全部无故障运行。建成了系统集成测试平台、有效载荷应用中心和空间环境预报中心,开展了67个课题的科学研究,创造了100多项具有自主知识产权的新技术、新方法,取得了丰硕的科技成果。

在对地观测方面,应用系统为我国成功地研制出中分辨率成像光谱仪、多模态微波遥感器、地球辐射收支仪、太阳紫外光谱监视器、太阳常数监测器等一批先进空间遥感器。其中,“神舟三号”中分辨率成像光谱仪,是继美国1999年发射MODIS之后进入空间的第二台中分辨率成像光谱仪,图像质量清晰,光谱分辨率好,应用部门已利用这些成果开展试验性应用研究,对其评价认为:“这标志着我国可见光和近红外遥感上了一个新的台阶,我国可见光和近红外遥感技术已跨入美国和欧共体等国际上先进行列”;“神舟四号”多模态微波遥感器,在轨运行取得大量具有应用价值的科学数据,一举试验成功微波辐射计、微波高度计和微波散射计，是我国空间遥感技术的重要突破；配合微波高度计的飞船精密定轨，达到我国低轨道空间飞行器全球定轨的最高精度；卷云探测仪具有探测大面积卷云和薄卷云的能力，结果超出预期，受到用户的高度评价；为我国首次实现对全球环境重要参数绝对量的探测，对太阳和地—气紫外、太阳常数和地球辐射收支状态等进行了系统监测，观测成果达到国际水平。

在空间生命及微重力科学领域，研制了一批先进的实验装置，进行了数十项空间实验。其中微重力液滴热毛细迁移的空间实验和理论研究，达到国际领先水平；空间细胞培养、细胞电融合、蛋白质结晶、空间生物效应和空间连续自由流电泳，以及在空间微重力条件下进行的金属合金、氧化物晶体、半导体光电子材料的生长实验，也取得了丰硕的科学成果，部分已经达到国际先进水平。

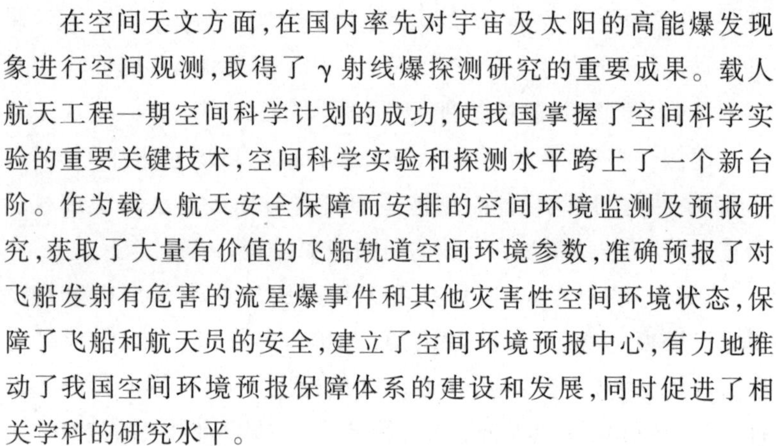

在空间天文方面，在国内率先对宇宙及太阳的高能爆发现象进行空间观测，取得了 γ 射线爆探测研究的重要成果。载人航天工程一期空间科学计划的成功，使我国掌握了空间科学实验的重要关键技术，空间科学实验和探测水平跨上了一个新台阶。作为载人航天安全保障而安排的空间环境监测及预报研究，获取了大量有价值的飞船轨道空间环境参数，准确预报了对飞船发射有危害的流星爆事件和其他灾害性空间环境状态，保障了飞船和航天员的安全，建立了空间环境预报中心，有力地推动了我国空间环境预报保障体系的建设和发展，同时促进了相关学科的研究水平。

(4)载人飞船系统

载人飞船构造：

第一，轨道舱呈圆桶形状，是航天员工作、生活和休息的地方。轨道舱调整了舱内布局设计以便安装应用系统设备及航天员食品和饮用水装置。轨道舱的后端底部设有舱门，航天员通过这个舱门可以进入返回舱。轨道舱外部两侧装有两个像鸟儿翅膀一样的太阳电池翼,轨道舱所需要的电能就是由这两个电池翼提供的。

第二,返回舱是载人飞船唯一返回地球的舱段,飞船起飞、上升到入轨及返回着陆时,航天员都在返回舱内。"神舟六号"的返回舱形状像钟,其舱门与轨道舱相连,航天员通过这个舱门,可以进入轨道舱。返回舱是飞船的指挥控制中心,舱内安装了航天员的座椅。飞船在起飞、上升和返回地面时,航天员是躺在座椅上的。返回舱内还安装了飞行中需要航天员监视和操作的仪器设备,航天员通过这些仪表可以随时判断、了解飞船的工作情况,还可以在必要时人工干预飞船的系统和设备的工作。

第三,推进舱形状也是圆柱形的,舱内安装推进系统发动机和推进剂,其使命是为飞船提供姿态高速和进行轨道维持所需的动力,飞船电源、环境控制和通信等系统的一部分设备也安装在这里。推进舱外部两侧也安装了两个太阳电池翼,为飞船提供所需的电能。

载人飞船的轨道舱和返回舱都是密封的舱段,舱内与外界完全隔绝,内部安装的环境和生命保障系统,将为航天员提供一个与地球环境一样的舒适生活环境。另外,还安装了供着陆用的主、备两具降落伞。返回舱侧壁上开设了两个圆形窗口,一个用于航天员观察窗外的情景,另一个供航天员操作光学瞄准镜观察地面驾驶飞船。

(5)运载火箭系统

"神舟七号"使用长征二号F火箭发射升空。火箭功能及性能满足工程总体和飞行任务要求;产品技术状态受控,研制质量良好,出现的质量问题已经全部归零或有不影响飞行任务的明确结论;完成了规定的可靠性、安全性项目试验,各项准备工作满足载人航天飞行产品出厂放行准则的要求。

长征2F运载火箭主要技术指标:

火箭的可靠性为0.7,安全性为0.97:0.7的可靠性就是说

100 次发射里,只有 3 次火箭可能出现问题;0.97 的安全性是指火箭出现 1000 次问题里,可能有 3 次会危及航天员的生命安全。这是载人火箭的特性。一般的商用火箭可靠性为 0.1 ~ 0.3,没有安全性要求。

火箭起飞重量为 479 吨:火箭加上飞船重量约 44 吨,其他都是液体推进剂。因此,火箭的 90% 都是液体,比人体含水量还大(水通常占人体的 60% 到 70%)。

飞船重量为 8 吨多,占船箭组合体起飞重量的 1/62:要把一公斤的东西送入轨道,火箭就得消耗 62 公斤。"神舟六号"飞船比"神舟五号"在重量上有所增加,因此发射"神舟六号"的火箭也重了不少。

火箭芯级直径为 3.5 米:我国铁轨轨距定为 1.435 米,按照这个轨距修建的铁路,能够运输的货物最宽为 3.72 米,去掉车厢外壳,只剩下 3.5 米。因此,用标准铁路进行运输的火箭最大直径只能达到 3.35 米。

火箭入轨点速度为每秒 7.5 公里:这个速度是音速的 22 倍。火箭轨道近地 200 公里,远地 350 公里:地球半径 6400 公里,火箭轨道与地球的距离,为地球半径的几十分之一。发射场系统中载人航天发射场的基本任务是,为运载火箭、飞船、有效载荷提供满足技术要求的转载、总装、测试及运输设施;为航天员提供发射前的生活、医监、医保和训练设施;为载人飞船发射提供全套地面设施;组织、指挥、实施载人飞船的测试、发射及飞行上升段的指挥、调度、监控、显示和通信;组织、指挥、实施待发段和上升段的应急救生;完成运载火箭上升段的跟踪测量和安全控制;为航天指挥控制中心提供有关参数和图像;提供载人航天发射区的后勤服务保障。

(6)测控通信系统

在"神舟"飞船七大系统中,测控与通信至关重要。如果航天器好比是风筝,测控站和分布在三大洋的远洋测量船就是牵住风筝的那一根线，地面的控制系统就像放风筝的人，测控与通信总体方案设计水平的高低，直接关系着载人航天工程的成败。

当运载火箭发射和载人飞船上天飞行以及返回时，需要靠测控通信系统保持天地之间的经常性联系，完成飞船遥测参数和电视图像的接收处理，对飞船运行和轨道舱留轨工作的测控管理。这个测控通信系统由北京航天指挥控制中心、陆上地面测控站和海上远望号远洋航天测量船队组成，执行飞船轨道测量、遥控、遥测、火箭安全控制，航天员逃逸控制任务。

我国航天器测控系统已经形成了以西安卫星测控中心为中枢，以十多个固定台站、活动测控站和远望号测量船为骨干的现代化综合测控网。在载人航天工程中，我国的飞船测控系统使用了统一 S 波段系统，通过同一套发射机和天线系统、接收设备发送或接收遥测和遥控信号以及话音和电视信号。探月的号角吹响后，我国的航天测控网又开始建设探月测控系统，月球探测二期工程将建设 35 米口径天线深空测控网，提高我国深空测控的能力。未来我国还将进一步加强深空测控领域的国际合作。

(7)着陆场系统

飞船着陆场系统是指担负对飞船再入轨迹的捕获、跟踪和测量，搜索并回收返回舱，以及对航天员出舱后进行医监医保、医疗救护和紧急护送等相关分系统的总称。

着陆场是我国载人航天工程新增加的一个系统。着陆场系统的主要任务是：飞船在太空飞行后，从返回舱再入大气层开始，利用先进的无线电测量系统，对目标进行捕捉、分析和落点预报，然后组织迅速逼近返回舱，并且对返回舱进行处置，且将其安全运回基地。着陆场系统还包括：飞船上升段陆上和海上应急返回搜救分系统，在海上救生区部署了专门的打捞救生船和直升机，配备了能在复杂海况下打捞漂浮在海面上的返回舱的设备。

要让在 300 多公里高空飞行的飞船准确降落在旋转着的地

球上的预定地点，肯定不是一件简单的事情，它需要多种技术保障，要有非常可靠的控制系统、跟踪系统和安全的着陆场系统。苏联曾有一次飞船返回时，因控制系统发生偏差，飞船偏离预定着陆点1000多公里。结果当飞船降落到距地面一定高时，3名宇航员从飞船弹射出来后（那时是乘降落伞着地，不是乘飞船直接着地），有两个宇航员落地了，还有一个宇航员掉到了森林里。由于直升机无法在森林着陆，只得专门派伐木工人紧急赶至现场，开辟一个停机坪，让直升机降落才把人救走。当时天气很冷，航天员在森林里冻了一天一夜，差点冻死。所以除了对飞船的控制、跟踪技术非常重要外，飞船着陆场地的选择和建设也是非常有讲究的。

当然，飞船的着陆场不是像跳伞员降落地点那样，在一块平坦的地面上画个圈，做个明显标志，跳伞员自己控制降落伞，落到里面就行了。飞船着陆场的选择远不是这样简单，而且它的建设是一个非常复杂的系统。

"神舟八号"飞船是一艘无人飞船，由轨道舱、返回舱和推进舱组成。"神舟八号"飞船在前期飞船的基础上，进行了较大的技术改进，一是具备了自动和手动交会对接功能，二是现在的飞船在前期具备57天自主飞行的能力基础上，已具备停靠180天的能力。"神舟八号"发射升空后与正在轨稳定运行的"天宫一号"目标飞行器成功进行了交会对接，完成了中国载人航天首次空间交会对接任务。标志着中国已经初步掌握空间交会对接能力，拥有建设简易空间实验室，即短期无人照料的空间站的能力。中国成为继苏、美后第3个自主掌握次自动交会对接的国家。

"神舟九号"飞船乘有景海鹏、刘旺和女航天员刘洋三位航天员。"神舟九号"与在轨运行的"天宫一号"目标飞行器进行载人交会对接，验证了手控交会对接技术和自动交会对接技术。

神舟九号与"天宫一号"自动对接形成组合体后，航天员在地面指挥与支持下,完成组合体状态设置与检查,依次打开各舱段舱门,通过对接通道进入"天宫一号"实验舱。组合体飞行期间,由目标飞行器负责飞行控制,飞船处于停靠状态。3 名航天员在飞船轨道舱内就餐,在天宫一号内进行科学实验、技术试验、锻炼和休息。同时,还全面验证了目标飞行器保障支持航天员生活工作的功能、性能以及组合体管理技术,首次实现地面向在轨飞行器进行人员和物资的往返运输与补给,开展航天医学实验及有关关键技术试验。"神舟九号"载着 3 名航天员实现与"天宫一号"的手控交会对接,由此为中国航天事业掀开突破性一章,向着"2020 年左右建成空间站"的太空筑巢之梦迈出关键的一步。

"神舟十号"乘有聂海胜、张晓光和女航天员王亚平三位航天员。"神舟十号"飞船升空后再和目标飞行器"天宫一号"对接,在完成一系列准备工作后,3 名航天员进入"神舟十号"飞船轨道舱,脱下舱内航天服,换上蓝色工作服。经地面科研人员对"天宫一号"目标飞行器舱内环境进行检查确认后,三名航天员依次进入"天宫一号",并对其进行短暂的有人照管试验。在"天宫一号"与"神舟十号"组合体飞行期间,3 名航天员进行了航天员空间环境适应性、空间操作工效研究,开展空间科学实验、航天器在轨维修试验和空间站有关关键技术验证试验,并首次开展中国航天员太空授课活动。航天员王亚平于 6 月 20 日上午 10:04 ~10:55 授课,在大约 40 分钟的授课中,航天员通过质量测量、单摆运动、陀螺运动、水膜和水球等 5 个基础物理实验,展示了失重环境下物体运动特性、液体表面张力特性等物理现象,并通过视频通话形式与地面课堂师生进行了互动交流。

五、航天文化的内涵与特征

航天文化是中华民族优秀的文化传统与新中国航天实践相结合的产物。从中国古代文化中的飞天情结,敦煌艺术中的飞天梦,到酒泉航天基地建设,十个“神舟”号航天飞船的成功发射,形成了中华民族独具魅力的航天文化。

航天文化是中华民族优秀的文化传统与新中国航天实践相结合的产物。系统研究航天文化的内涵、特征,对弘扬航天文化,实现中华民族的伟大复兴具有重大的现实意义和深远的历史意义。

(一)航天文化的内涵

航天文化有广义和狭义之分,广义的航天文化是指航天人在从事航天事业的实践中所创造的全部物质财富与精神财富的总和。狭义的航天文化是指航天人在从事航天事业的实践中所形成的具有航天特色的思想、意识、观念等意识形态和行为模式,以及与之相适应的组织体系和制度。航天文化可分为航天物质文化、航天行为文化、航天精神文化三个部分。

航天物质文化是指由航天人创造的产品和各种物质设施等构成的器物文化。是航天行为文化与航天精神文化的显现和外化结晶。它一方面受行为文化与精神文化的制约,具有从属性、被动性;一方面又是人们感受航天文化存在的外在形式,具有形象性和生动性。任何物质文化的形成都要经历这样一个过程,即:由物质生产力(包括劳动者、劳动对象和劳动工具)——物质生产过程——物质生产产物。这个过程是通过人的具体劳动将设计方案转化为感性实物的过程,它体现着人的思想、人的精神、人的行为。

航天物质文化,是航天人从事航天实践活动的物质基础和活动成果,是航天人劳动和智慧的结晶。每一代航天人都在一定的物质条件下从事航天实践活动,也就是说他们总是在自觉或不自觉的继承着前人创造的物质文化,同时每一代人又都在不断地改变着原有的物质文化,创造着新的物质文化,从而使我国的航天事业不断发展进步。

航天行为文化是指具有航天特色的组织体系、管理制度、道德规范、行为准则和习惯，是航天人在长期从事航天实践活动中所形成的一种行为模式，它规范着人们的行为，使整个航天队伍围绕着一个目标，朝着一个方向前进。行为文化是介于物质文化与精神文化之间的一个中介层，是人们在科研生产经营活动和人际关系（包括个人与个人、个人与组织、组织与组织）中形成的一种活动文化。航天行为文化包括航天事业的组织体系、组织目标、管理制度以及非制度形态的工作作风、工作习惯等。这些制约和影响人们行为的文化，一方面不断地向人的意识内化，促使精神文化的生成，另一方面又不断地通过人的物质生产活动外化，促使物质文化的生成，即创造出符合既定目标的物质产品。

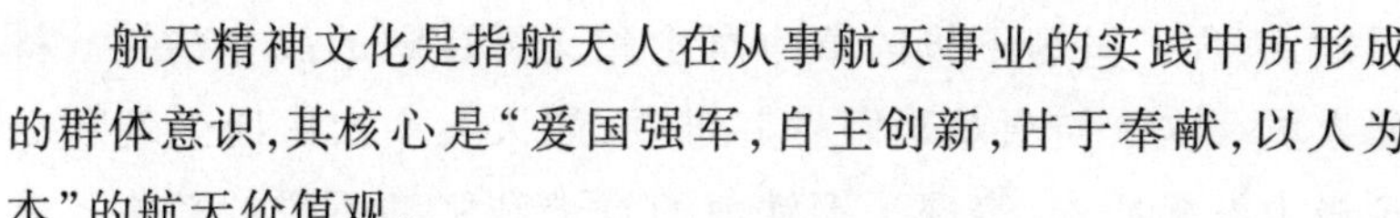

航天精神文化是指航天人在从事航天事业的实践中所形成的群体意识，其核心是“爱国强军，自主创新，甘于奉献，以人为本”的航天价值观。

航天精神文化反映了航天人的共同追求和共同认识，是航天事业之魂，是推动航天事业发展的强大精神动力。

航天精神主要有四点：

一是艰苦奋斗的精神。历尽千难成伟业，人间万事出艰辛。我国航天工程是在世界航天大国已经发展几十年后起步的。为了缩小差距，迎头赶上，航天工程开始实施就明确提出，要坚持做到起步晚、起点高，投入少、效益高，项目少、水平高，从总体上体现中国特色和技术进步，走跨越式发展的道路。茫茫戈壁、浩瀚海洋，洒下几代航天工作者辛勤的汗水，留下几代航天工作者奋斗的足迹。广大航天工作者为了早日实现飞天梦想，栉风沐雨，不辞辛劳，克服了无数困难，付出了巨大牺牲，以昂扬奋发的精神状态，创造了中华民族科技进步的奇迹。中国航天人始终以人民利益为最高利益，以苦为荣，以苦为乐，常年超负荷工作，默默承受着常人难以承受的困难和压力。航天工程的成功实践告诉我们，无论过去、现在还是将来，艰苦奋斗永远是我们战胜一切困难、夺取事业胜利的重要法宝。只有以艰苦奋斗精神作支撑，我们的民族才能自立自强，我们的国家才能发展进步，我们的各项事业才能永葆生机活力。

二是勇于攻坚的精神。航天工程是中国航天领域迄今规模最庞大、系统最复杂、技术难度大、质量可靠性及安全性要求最高和极具风险性的一项重点工程。这项空前复杂的工程在比较短的时间里不断取得历史性突破，一个极其重要的原因在于，中国航天人敢于攻坚、勇于创新。从试验室到各生产企业，从大漠深处的航天发射场到浩瀚三大洋上的远望号测量船，到处留下了航天人攻坚的足迹，洒下了航天人登攀的汗水。他们知难而进，顽强拼搏，在重重困难面前百折不挠，在道道难关面前决不退缩，表现了坚韧不拔的革命意志和义无反顾的战斗精神。科研人员一次次向艰难险阻发起进攻，航天人一次次向生理和心理极限发起冲击，表现了钢铁般的意志和坚韧不拔的毅力。航天人以惊人的毅力和勇气战胜了各种难以想象的困难，用满腔热血谱写了共和国航天事业的壮丽史诗。

三是开拓创新的精神。我国的航天工程，从飞船设计、火箭改进、轨道控制、空间应用到测控通信、航天员训练、发射场和着陆场等方案论证设计，都瞄准世界先进技术，确保工程一起步就有强劲的后发优势，关键技术就能与世界先进水平并驾齐驱，局部还有所超越。面对一系列全新领域和尖端课题，科技人员始终不懈探索、敢于超越，攻克了一项又一项关键技术难题，获得了一大批具有自主知识产权的核心技术和生产性关键技术，展示了新时期中国航天人的卓越创新能力。这些重大突破，使我国在一些重要技术领域达到了世界先进水平。中国航天人的成功实践告诉我们，一定要勇于站在世界科技发展的最前列，敢于在一些重要领域和科技前沿创造自主知识产权，大力提高核心竞争力，努力在世界高新技术领域占有一席之地。

四是无私奉献的精神。我国航天事业的建设者，是一支具有光荣传统、建立了卓越功勋的团队。中国航天人勇敢地肩负起攀登航天科技高峰的神圣使命,为了祖国的航天事业,淡泊名利,默默奉献。他们献出了青春年华,献出了聪明才智,献出了热血汗水,有的甚至献出了宝贵生命。他们用顽强的意志和杰出的智慧,将"一切为了祖国,一切为了成功"写在了浩瀚无垠的太空中。老一代航天人甘当人梯,新一代航天人茁壮成长,一大批能够站在世界科技前沿、勇于创新的高素质人才,为我国航天事业实现新的突破积蓄了强大的发展后劲。

(二)航天文化的特征

航天文化的特征,突出表现在四个方面:

航天产品是综合国力和国防实力的重要体现。它在反对侵略、保卫国家安全和社会主义制度等方面具有强大的震慑力量,对于争取一个良好的国际和平环境和周边环境具有十分重要的意义。航天产品的特殊使用价值决定了航天文化鲜明的政治性。

努力赶上世界先进水平,尽快拿出高水平、高质量的航天产品为国争光,为中华民族争光,成为航天文化的主旋律。航天人在发展航天事业的过程中,时刻把国家利益放在第一位,把富国强军、增强国防实力当作自己最大的政治任务和神圣使命。无论在航天事业初创时期,还是在"文革"动乱的年代,无论是在历经坎坷的过去,还是在改革开放的今天,一代又一代航天人,时刻牢记党和人民的期望,肩负重担,把献身航天当作最大的光荣。在这种精神的鼓励下,涌现出一大批像罗健夫、杨敏达那样的英雄模范人物,他们的精神既是航天文化的重要组成部分,又为航天文化的发展谱写着新的篇章。

航天事业作为一个尖端科技领域,处于科学技术发展的前沿,涉及众多新学科、新技术。而且所有相关的学科和技术都必须进行新的探索和攻关。这种探索和创新正是航天事业发展的动力,这就决定了航天文化的创新性。航天事业的每一项成果,都是航天人不怕困难、敢于创新、勇于攀登的结果。在科技不断创新的实践中形成的航天文化,其创新性尤其突出。在这种文化的熏陶下,一代又一代航天人在瞄准世界先进水平、跟踪世界先进技术方面进行着不懈的努力,创造着新的业绩。这种不断进取、勇于创新、立志攀登科学技术高峰的精神,成为中国航天人的优秀品格。

航天工程是一项复杂的系统工程,每一个型号的系统性、复杂性和严密性都是其他产品难以相比的。航天产品的这一特点决定了航天文化的统一性。

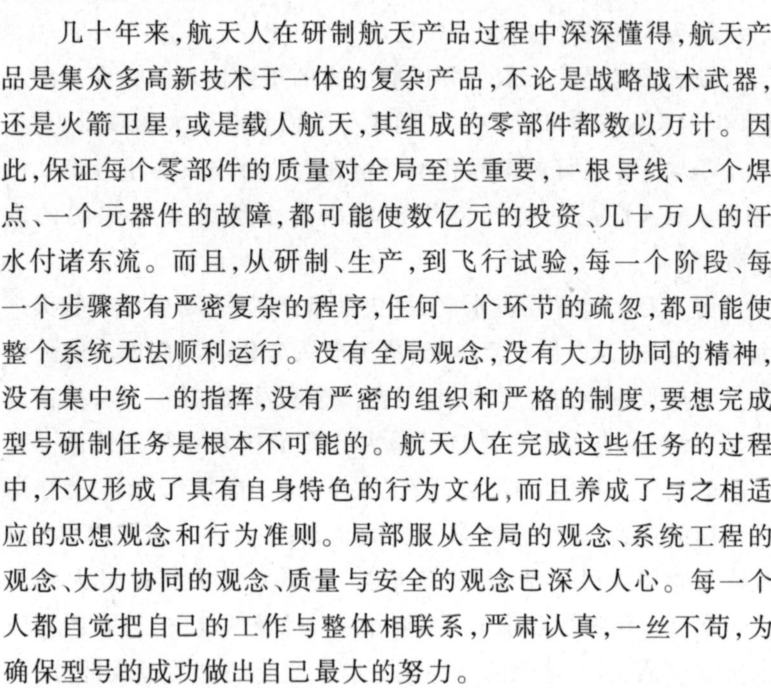

几十年来,航天人在研制航天产品过程中深深懂得,航天产品是集众多高新技术于一体的复杂产品,不论是战略战术武器,还是火箭卫星,或是载人航天,其组成的零部件都数以万计。因此,保证每个零部件的质量对全局至关重要,一根导线、一个焊点、一个元器件的故障,都可能使数亿元的投资、几十万人的汗水付诸东流。而且,从研制、生产,到飞行试验,每一个阶段、每一个步骤都有严密复杂的程序,任何一个环节的疏忽,都可能使整个系统无法顺利运行。没有全局观念,没有大力协同的精神,没有集中统一的指挥,没有严密的组织和严格的制度,要想完成型号研制任务是根本不可能的。航天人在完成这些任务的过程中,不仅形成了具有自身特色的行为文化,而且养成了与之相适应的思想观念和行为准则。局部服从全局的观念、系统工程的观念、大力协同的观念、质量与安全的观念已深入人心。每一个人都自觉把自己的工作与整体相联系,严肃认真,一丝不苟,为确保型号的成功做出自己最大的努力。

航天文化是在我国航天事业的实践中产生和发展起来的,同时又指导和推动着新的实践活动。多年来,我国的航天事业经历了几个较大的发展阶段,登上了一个又一个新的高峰,取得了世人瞩目、国人称颂的巨大成就。这每一个发展阶段,每一次新的攀登,都凝聚着航天人的辛勤汗水,丰富和发展着航天文化的内涵。与此同时,航天文化又以它强大的力量,激励着航天人去克服一切困难,攻克一个又一个难关。航天文化不仅为航天事业的发展提供了强大的精神动力和组织制度保障,而且培养和造就了一代又一代高素质的航天人,为航天事业的持续发展奠定了坚实基础。

(原载《发展》2013 年第 7 期、第 8 期、第 9 期、第 10 期)

千锤百炼铸丰碑

——写在《酒泉市志》出版之时

酒泉作为敦煌故里、飞天之都,自古就是人类文明的发祥地之一。在这片神奇的土地上,历史遗存丰厚壮美。肃北马鬃山恐龙化石和玉门昌马鸟化石为代表的考古新发现,展现了一幅威武雄壮的“史前史”;肃州清水和玉门火烧沟为代表的“四坝文化”遗存,折射出人类最初的智慧光芒;敦煌莫高窟和瓜州榆林窟为代表的敦煌石窟艺术,代表了古代世界艺术的最高水平。自西汉张骞“凿空西域”以来,历代酒泉人民巧手织锦绣,汗水泽绿洲,为历史的推进、社会的发展、时代的进步,创造了不可磨灭的功绩,积累了极为丰富的经验。生活在这里的汉、回、蒙、哈萨克、裕固、东乡等各族人民和睦相处,携手共进,谱写了一曲曲民族融合,团结进步、共同繁荣发展的历史交响乐。

酒泉为无数英雄俊杰提供了展示特殊才华的广阔舞台。他们当中,有的血脉得自酒泉,有的肩负使命来到古郡,有的只是途经祁连山下,但当命运将他们与这里特有的大漠黄沙、长廊雪山、边关长城联系在一起的时候,他们的生命都焕发出了奇异的光芒。探险家张骞,军事奇才霍去病、李广利、窦融、班超、张奂,一代“草圣”张芝、索靖,农学家氾胜之,地方官皇甫隆、仓慈,隐士宋纤,大学问家刘昞、郭瑀,西凉王李暠、北凉王沮渠蒙逊、外交家裴矩、边塞大诗人岑参、高适,大旅行家法显、玄奘、马可波罗,军政领袖张仪潮、曹议金,政治家左宗棠,教育家胡文炳,敦煌学开拓者张大千、常书鸿,铁人王进喜,航天英雄杨利伟等,都在这片神奇的土地上大显身手,书写了名垂青史的不朽篇章。他们中有治国安邦的文臣武将,也有博通经史的名士硕儒;有满怀豪壮之气的诗人，也有敢于靖难安民的官员；有科技成就卓著的大家名流，也有誉满西陲的技艺百工。他们同酒泉人民一道，为世界文明做出了巨大贡献，创造了独具特色的敦煌文化、横跨欧亚的丝路文化、大气磅礴的边塞文化、连绵不断的长城文化、气贯长虹的航天文化，构成了积淀深厚、内涵丰富、博大精深、魅力无限的“酒泉文化”。这些丰厚的历史文化资源，是酒泉人民的宝贵财富，也是再创酒泉新辉煌的动力源泉。

“治天下者以史为鉴，治郡邑者以志为鉴”。编史修志历来是中华民族的优良传统，史称孔子修《春秋》而乱臣贼子惧，司马迁忍辱著《史记》，开创了华夏史学的成功范例。从此，编史修志成为传统，代代相续，历久不衰。在中国史籍的浩瀚海洋中，地方志著作居功至伟，成为具有历史文化和学术价值的地情书、国情书，长久地发挥着“资政、教化、存史”的三大社会功能。

盛世修志，正逢其时。2003 年，撤地设市后的酒泉市委、市政府从发展先进文化、建设文化旅游大市的高度出发，全面启动了《酒泉市志》的编纂工作。在市委、市政府的正确领导、社会各界的大力支持和广大编纂人员的辛勤努力下，《酒泉市志》历经五载，十易其稿，今天，终于成功问世了！正如李沛文同志在《酒泉市志》审定会上所指出的：《酒泉市志》的完成，在我市经济与社会发展史上具有里程碑的意义，是我市文化旅游大市建设的一项重大成果。

《酒泉市志》的编纂借鉴了省内外优秀志书的成果。本着突出酒泉特色、略古详今、纵横结合、内容全面的原则，全书采用了编、章、节、目的体例，分为序、凡例、概述、大事记、附录和正文四十五编，内容涉及政治、经济、军事、文化、社会事业等方面，分上、中、下三卷，共 476 万字，比较系统地记录了酒泉上下五千年的历史变迁和时代变革。

在编纂过程中，我们以抓质量为重点，以创精品为目标，通过建立和落实主编负责制、督察通报制、初稿评审制等制度，从资料搜集、文稿撰写、审核校对、编辑总纂等方面认真把好政治关、史实关、体例关、文字关和印刷关，力求观点正确、资料翔实、编纂精细、特色鲜明。

——多形式培训编写人员。编纂工作启动后，我们编印了《酒泉市地方志编纂行文规范》《酒泉市入志人物标准》及《酒泉市志大事记入志标准》等培训教材，采取多种形式培训编修人员。2004 年 8 月，举办了酒泉市地方志编写人员培训班，各县（市、区）和市直机关大多数修志人员接受集中培训。为扩大眼界，增长见识，我们先后组织各县（市、区）地方志办公室主任、编辑人员分 3 批参加了全国、全省地方志编纂培训班，还组织部分县志办主任和市志办工作人员到西安、延安、张家界、韶山、长沙、武汉、南昌、北京、大连、青岛、济南等地进行了考察学习。在编纂过程中，我们坚持每两周开一次研讨会，集中研究相关问题，让修志人员在干中学、学中干，切实提高了工作能力和业务水平。

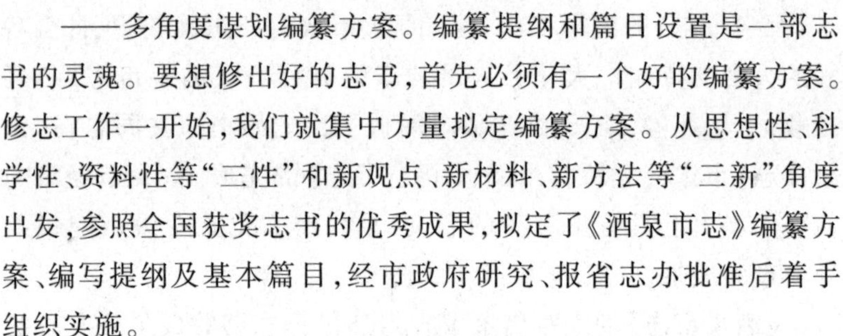

——多角度谋划编纂方案。编纂提纲和篇目设置是一部志书的灵魂。要想修出好的志书，首先必须有一个好的编纂方案。修志工作一开始，我们就集中力量拟定编纂方案。从思想性、科学性、资料性等“三性”和新观点、新材料、新方法等“三新”角度出发，参照全国获奖志书的优秀成果，拟定了《酒泉市志》编纂方案、编写提纲及基本篇目，经市政府研究、报省志办批准后着手组织实施。

在篇目的设计上，我们努力把握实用性、典型性、可操作性“三项基本要求”，注重时代性、地方性、专业性“三大特点”，体现三个突出：第一，立足酒泉历史文化博大精深、底蕴深厚这个根基，突出悠久历史和厚重文化。鉴于《酒泉市志》是全市有史以来第一部综合史书，酒泉及甘肃省均无通史的情况，我们突出了“历史沿革”部分，编写了 7 章、十多万字。为了突出酒泉文化，我们单独设置了“文学艺术”一编，对各种文学艺术形式的演变做了较为系统的阐述。第二,突出古代“飞天”和现代“航天”两大品牌。单独设置了“敦煌学”和“酒泉卫星发射中心”两编。第三,突出地域特色和发展特点,采用升格办法、浓墨重彩地记述了酒泉经济发展过程中的独特现象。单独设置了“玉门油田”“农垦”“疏勒河项目建设”三编。另外,在各编之首均设有无题概述,追本溯源,概括全貌,标示特点,增强了全书内容的整体性和系统性。

——多渠道征集入志资料。酒泉市修志工作起步较晚,无现成资料可利用。为此,我们十分重视资料征集工作。一是重视各部门、各单位资料报送质量。资料征集工作开始后,市志办分别给各部门、各单位拟定了入志资料要素及要求,由各单位根据实际情况,提出资料提纲,与市志办共同研究确定后,正式下达各报送单位组织撰写,提高了报送资料的质量和采用率。二是组织力量广泛收集。本着先内后外、先近后远、先易后难、先普查后细查、先口碑后文献、先文字后实物、先直接后间接的“七先七后”程序,采取网上查阅资料、电话核对资料、翻录档案资料、购买现成资料、索取信函资料、获取口碑资料、实地考察资料、互相交流资料等多种形式搜集资料。市志办先后购买了《中国通史》等各类书籍300余册,征订新出版的地方志书20多部,征订《中国地方志》《方志研究》等史志类刊物7种,尽量满足编辑人员查录、阅读的需要。我们还组织修志人员赴北京、上海、天津、陕西、新疆、江苏等省(市)档案馆、图书馆查阅和收集档案资料600余卷,复制资料1680余页,挖掘、整理出具有史料价值的口碑资料50余份。

——多措施保证市志质量。对各部门、各单位报送的市志资料,要求一把手审定签字、单位盖章;对难度大、学术性强的章节,集中力量组织攻关,并请有关专家、学者审改、把关,确保志稿质量;对重大历史事件和关键问题,反复考证,寻找可靠证据;对专业性较强的篇章,找相关业务单位反复核对,确保了志稿内容的真实可靠,杜绝了专业性错误的发生。

——多方面征求意见。《酒泉市志》初稿形成后,本着对历史负责、对人民负责的精神,反复征求了各方面的意见,确保了酒泉市志观点正确、事实准确、数字精确。一是专题意见征求。我们分两次将成型志稿附上市志编委会的征求意见通知,按专题和行业,送各县(市、区)、市直各部门、驻酒泉各单位按专题进行征求意见。请单位组织人力修改,并由主要负责人签字、加盖单位公章后反馈回市志办。对征求到的各种意见,进行了认真研究,对缺失资料和薄弱部分,进行了补充完善,使志稿的内容更加全面、资料更加翔实。二是专家学者和老干部意见征求。我们把"疏勒河项目建设""酒泉卫星发射中心""敦煌学""酒泉民俗""玉门油田"等专业性、学术性较强的五编分送有关专家学者进一步审阅、把关。同时,将征求意见稿分送副地级以上(包括离退休)干部,请求指导,征求修改意见。使其经得起推敲、经得起时间和实践的检验。三是网络媒体意见征求。为了使意见征求范围更广泛,我们在酒泉市人民政府公众信息网、《酒泉日报》上发布征求意见和再次征集人物资料的通知,在酒泉电视台新闻节目和专题节目中,播报市志编纂进展情况,号召社会各界为编纂酒泉有史以来第一部综合史志献计献策。

结合征集到的意见、建议,我们增补了社会关注的"夹边沟农场""青海油田敦煌基地"等内容,使内容更全面、更完善。四是省史志办意见征求。初稿完成后,我们先后3次将征求意见稿呈送省地方史志办公室审阅。并对省志办提出的意见,做了认真、细致的修改。对部分疑难问题,我们又进一步组织考证、修订,并邀请熟悉本地发展历史与现状的老领导、老同志及部分专家学者专题研究,修改、完善。五是出版社征求意见。向方志出版社两次报送了样书,方志出版社进行了初审、复审和终审,三次提出了审改意见,使《酒泉市志》更趋成熟。

2007年11月30日,市委书记、市志编委会主任李沛文主持召开了《酒泉市志》市级审定会议。会议认为《酒泉市志》的编纂结构完整,体例合理,资料翔实,内容全面,决定通过市级审定,尽快报省上审批。2008 年 3 月 20 日,省地方史志编委会正式批准出版。

《酒泉市志》的出版发行,一是得益于市委、市政府的正确领导。修志工作开始后,市上成立了高规格的市志编纂工作委员会,时任市委书记的李沛文任主任,市长陈春明,市委副书记周秀山,市委常委、常务副市长詹吉有,副市长柴绍豪任副主任,市委、市政府 20 个部门主要负责人为成员,为统筹、协调市志编纂工作创造了条件。同时,成立了地方志工作的常设机构——酒泉市地方史志办公室,调配了专职工作人员,为修志工作顺利开展奠定了强有力的组织基础。二是得益于各县(市、区)、市直各部门的大力配合。编纂工作启动后,各县(市、区)、市直各部门都成立了编委会或编纂领导小组,由一把手负总责,为《酒泉市志》提供了扎实、丰富的第一手资料。三是得益于社会各界的关心和支持。在《酒泉市志》编纂过程中,各行各业、社会各个阶层,广大离退休干部积极参与,献计献策,提出了许多好的意见、建议。四是得益于广大编纂人员的辛勤努力。为了给当代和后世留下一部经得起历史考验的名优志书,广大编写人员加班加点、辛勤耕耘、夜以继日、精益求精,做出了艰苦的努力和巨大的牺牲。借此机会,我向全体编修人员和所有关心、支持《酒泉市志》编修工作的各级领导、各界人士表示诚挚的谢意!

地方志事业是社会主义先进文化的载体和重要组成部分,是一项益在当代、惠及子孙的社会系统工程,更是一项具有长期性和延续性的工作。正如江泽民同志曾经指出的:上一轮修志结束之日,便是下一轮修志开始之时。《酒泉市志》的完成,只是我市史志事业迈出的第一步。酒泉历史文化博大精深、资源丰富,许多领域都有待于我们进一步发掘、研究。我相信,只要我们继续发扬《酒泉市志》编纂中的勤奋敬业精神,勇于开拓、扎实工作，我们就一定创作出更多更好的史志精品来，一定能为酒泉文化的大繁荣、大发展，为建设文化旅游大市做出更大的贡献。

（原载《酒泉时报》2008 年 7 月 24 日）

后 记

酒泉历史文化博大精深，但除敦煌学之外，研究成果不多。为此，我将自己关于酒泉及河西历史文化的一些论文整理出版，意在抛砖引玉，期望更多的学者来关注、研究酒泉历史文化。也欢迎专家学者们提出宝贵意见。

在多年的历史文化研究过程中，西北师范大学敦煌学研究所所长、博士生导师李并成研究员给了我多方面的指导、帮助。论文结集后，李先生在百忙之中写了序言。在此，我向李先生表示诚挚的谢意！

孙占鳌
2016 年夏于酒泉